前言

歷史總是讓人惦記，歷史也從來沒有走遠。對於人類的任何行為來說，其發展史都是一個難於割斷的實際存在，厚重的歷史給我們明確的身分與位置，凝練的歷史指示我們該往何處去，瞬間的歷史片段讓我們思索，綿長的歷史長卷讓我們回味……歷史是屬於每一個人的，而每一個人又將從中看到屬於他自己的歷史。古羅馬政治家西塞羅說：「一個不知道自己出生前發生的事情的人……是一個永遠長不大的孩子。」失去過去就會沒有歷史，而沒有歷史就會失去身分的認同感，沒有認同感就會沒有歸屬感，而沒有歸屬感就會沒有向心力與凝注力，沒有向心力與凝注力就會讓民族的特性消逝，精神疆域一旦崩潰，地理疆界的崩潰也將只在朝夕之間……

四十七億年前，地球是如何透過原始的太陽星雲形成的？三十、四十億年前，地球上的生命是怎樣從無到有演化的？人類又是從什麼時候開始進化的？我們的先祖最初是如何透過言語交流的？由同一祖先又是怎樣在間冰期演化出了現在不同的四色人種？當人類征服地球的使命已經完成，當地球成為人類的家園後的如今，「在一個有限的世界上如何發展，使之依然或更為動人」就成了我們眉睫之間的問題。巴比倫帝國、鄂圖曼土耳其帝國、波斯帝國、古羅馬帝國、阿拉伯帝國這諸多的王國是怎樣你方唱罷我登場紛紛走上歷史舞台的？你能明白英法兩國之間幾百年來的貌合神離嗎？你清楚中東戰爭為什麼在以色列的立國歡呼聲中爆發嗎？為什麼讓美國世貿大廈坍塌的恐怖主義頭目賓．拉登成了極端主義者心目中的英雄？人類的才智在紛擾與戰爭中得到了最直接的檢驗……《人類簡史：一趟橫跨人類三百萬年的時空之旅》不僅會告訴你從古至今人類幾百萬年的變遷過程，還會告訴你包括眾多「歷史迷霧」的真實面目。

人類是從什麼時候開始進化的？不同的人類史研究者有不同的看法。生物學家曾經認為人類最早的起源在一千四百萬年前，而分子生物學家則認為人的歷史肯定沒有這麼早，而且他們之間的分歧還很大，差不多相差了五百萬年。為了解決人類的起源分歧，在一九八二年，人類古生物學家與分子生物學家在羅馬召開了一次人類起源學術會議，經過協商，最終將人類的起源時間確定為七百五十萬年。不過，由於紛爭仍在繼續，人類的起源時間與起源地點還沒有最後確定。所以本書在書名方面取了這樣一種說法，即人類的起源時間為三百萬年。最終的具體時間確定還是交給古生物學家和古分子生物學家吧！

我們從人類社會的發展史中得到的教益就是從中汲取先進的文化，「人類的歷史證明，一個社會集團，其文化的進步往往取決於它是否有機會吸取鄰近社會集團的經驗。一個社會集團所有的種種發現可以傳給其他社會集團；彼此之間的交流越多樣化，相互學習的機會也就越多。大體上，文化最原始的部落也就是那些長期與世隔絕的部落，因而，它們不能從鄰近部落所取得的文化成就中獲得好處。」F．博厄斯如是說。在人類歷史上，不同文化的接觸除了經由短暫的戰爭和軍事佔領外，在其他時期，文化的傳播多是透過點與線的形式來進行的。兩河流域的文化傳到埃及是透過商業往來傳播的；佛教是透過中印僧人的互動來傳播的；中國的絲綢之路更是著名的文化傳播之路……在農耕時代，能夠到處活動的主要是商旅和一部分文人，即使在工業化初期也是如此。到了工業化後期，由於交通和通訊的發達，文化的傳播和接觸的途徑已經不限於人和人面對面，也不限於傳統的載體如書刊和通信等，不同文化的接觸開始具有全方位的趨勢，網路、通訊軟體多種工具紛紛登場。

事實上，人類在自然科學、社會科學領域中透過交流已取得了不斷的成功，在這中間，「一切成功的實踐，背後一定有一個正確的、可以認識和可以解釋相關領域中的所有問題的一種理論的支持」，人類就是透過這種理論的支持，要麼用來指導正確方向的實踐，要麼依靠其發現實踐中的錯誤，並找到糾正錯誤的方法或啟示，不斷進步，走向更加文明的明天。

人類自有它的歷史，同樣會有它的未來，而且人類對自身的未來總是充滿了好奇。在這本書中，我們對人類的未來同樣給予了足夠的關注。兩百年、一千年後的人類是什麼樣的？人類的結局可能會是什麼？歸宿在哪裡？也許在幾百萬年甚至幾十億年後，外星人會來到地球，那時的地球已經進入冰河時代，而人類已經從地球上消失。外星人對人類創造的諸多文明感到驚奇，但他們也不知道人類最終去了何方。

也許，當地球不再適合人類居住的時候，人類會告別故鄉，開始新的旅程。當人類尋找的太空站與太空殖民地其能量消耗殆盡之後，它們終將毀滅，到時候，人類或者說知性的生命體終將走向何處？而最終，地球、太陽乃至銀河系、宇宙最終將回歸於怎樣的虛無？「生命原本來源於塵埃，最終又復歸於塵埃」嗎？

人類的社會發展史提供給我們更多的是一種思辨能力，是更寬的視角和更深的視野。為了瞭解人類的過去，為了從人類過去所發生的事情中汲取教訓，總結經驗，獲得人文思想的感受，提升人類自身的素質修養；為了從人類的現在中探尋未來，為了讓人類能更好地生活在這個藍色的星球，於是就有了這本圖書，它是一本告訴讀者有關人類社會發展的歷史、歷史觀和未來的圖書。它力圖透過深刻平實的語言，在活潑生動的故事性描述中貫穿以高度的思想性，對人類的歷史與未來做一個概述。它不僅涉及人類歷史中最重要的人物、事件以及處於人類轉捩點時關鍵階段的描述，而且涉及人類的未來生活與展望，這樣讀者就可以掌握人類歷史的概況和總貌，可以明瞭人類的未來。

在本書中，我們希望對人類社會發展的描述能給讀者提供一種關於「故鄉」的回憶，這種回憶也許不是對於縱橫的阡陌、低小的茅簷以及純樸的父老的具體再現，而是一種故鄉的時空交織，一種對故鄉的溫馨感受，一種對故鄉的熟悉熱愛之情。我們在這本人文歷史圖書中還附有大量的精美插圖，當然，這些插圖最大的價值並不在看圖識史，儘管圖文並茂是我們所追求的，但我們並不希望這大量的插圖僅僅是文字的延伸，我們希望這些插圖能讓讀者提出更多的問題和引發更多更深的思考。

這部對於人類發展中的事件有著精準把握、事件背後有著深刻細緻剖析、將歷史史實與當前現實結合在一起的作品，想必應該能為讀者提供一個瞭解人類自身的視窗，讀者可以透過把玩欣賞，在人文歷史的浪漫風景中感受書中的睿智思想，在歷史與現實的時空中縱橫馳騁、神遊八荒，成為一個讀「有趣的書」的「有趣的人」。

梅朝榮

目錄 CONTENTS

Chapter

2 文明之光

Chapter 3

工業社會

Chapter

4 後工業社會

Chapter

5

人類的未來

引子

生物的起源

蔚藍的天，潔白的雲，青青的山，碧綠的水，映於我們眼簾的是天高地遠，勃勃生機。芬芳的鮮花，是如何從絲絲縷縷的大氣演化而來的？啁啾的靈鳥，又是怎樣一步步演變過來的？追尋鮮花靈鳥的進化歷程，我們就會對生物的起源有更多更深的認識。

地球的任何一部分歷史，猶如一個士兵的生活，
由長期的無聊與短期的恐怖所組成。

——德雷克·V·埃基爾

大約五十億年以前，大量的氣體塵埃雲形成了太陽系，五億年以後，原始的太陽星雲經過分餾、坍縮和凝聚等過程，人類生活的搖籃——地球誕生了。在這個過程中，首先是星子聚集成行星胎（塵粒在運動中發生碰撞，並相互結合而增大，當形成一些較大塵粒後，吸積過程開始，較大的塵粒吸附較小的塵粒，當壯大到不會因碰撞而破碎時就成為星子。吸積過程繼續進行，一些特大的星子就在目前的行星軌道附近形成，這就是星胎。）星胎在一定的空間範圍內，把所有的星子吃掉，使自己加速壯大，然後再增生而形成原始地球。原始地球所獲得的星子是比較冷的，由於星子的衝擊效應、壓縮效應以及放射性衰變等，原始地球開始變熱，於是開始了全球性的發育過程。

原始地球形成後的幾億年，由於上述三種效應，其內部逐漸變熱使局部熔融並超過鐵的熔點，使得原始地球中的金屬鐵、鎳及硫化鐵等熔化，並因密度大而流向地球的中心部位，形成液態鐵質地核。由於地球的平均溫度進一步上升（可達約兩千℃），引起地球內部大部分物質熔融，輕清者上升，重濁者下降，把熱量帶到地表，經冷卻後又向下沉積。在這種對流作用控制下的物質移動，使原始地球產生全球性的分異，演化成分層的地球，即中心為鐵質地核，表層為低熔點的較輕物質組成的最原始的陸核，陸核進一步增生、擴大形成地殼。地核與地殼之間為地幔。分異作用是地球內部最重要的作用，它導致地殼及大陸的形成，並導致大氣和海洋的形成。

最初的氣體如氫、氦、甲烷、水和氨充斥於整個宇宙，當原始地球變熱並部分熔融時，水汽大部分逸散，形成大氣圈，變成包圍地球、輻射線不易穿透的雲層。在雲層之下，地球的溫度開始急速地下降，雖然地球中心仍是熔融狀態，但地殼表面逐漸冷卻凝固、擠壓、褶皺和斷裂，形成深谷和高峰。隨著地表的繼續冷卻，雲中的蒸汽變成水就開始降雨，大雨一直持續了幾千年，大約三十億年前，瓢潑的大雨停止，由於水流衝擊地球上不穩定的和有火山活動的地表，把岩石顆粒、碎塊和含有化學物質的溶漿夾帶入深谷形成海洋，在大自然的放電和太陽能的輻射作用下，這些化學物質開始構成複雜的分子。這些複雜的分子是怎麼演變成生命的呢？正如生命的起源至今還是個謎一樣，生命如何向前發展的問題目前對我們來說也還是個謎。不過聰明的人類透過在實驗室的演化得知：在經過十億年的演化之後，在溫暖、有蔭蔽的海岸和河流出口處的水中，一些類似海藻的生物大量繁殖起來，和大氣相接觸的海面就是這些浮游生物的棲息地。透過光合作用，釋放出如今人類所需的四分之一的氧氣。同時，光合作用使光能微妙地轉變為所有生物必需的食品——醣類，並釋放出能量。這個過程的精巧程度超乎我們現代人的想像，它比現代所有的化學合成物的生產過程要精巧得多。同時，透過微小的海生植物的呼吸作用——吸進氧氣，排出二氧化碳，最後產生了水及可用的能量。因此，在光合作用開始時吸進的水和二氧化碳，最後又被釋放出來；而光合作用放出

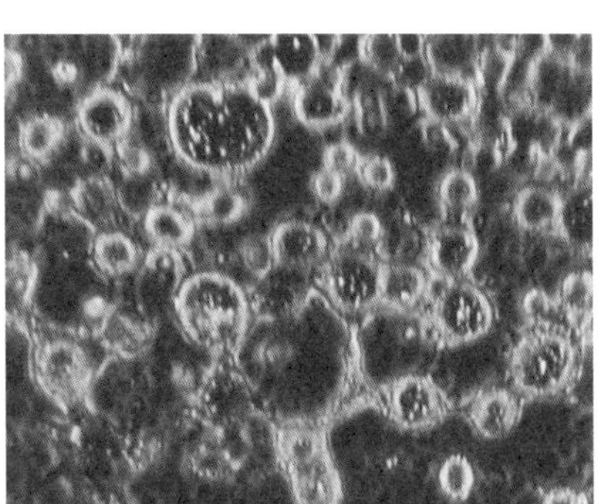

▲水泡狀的太空原始生命體

來的氧，又透過呼吸作用重新吸收回去。到距今十八億至十三億年的這一段時間裡，出現了有細胞核的真核生物——綠藻等，以後接著又有了紅藻、褐藻、金藻……它們組成了絢麗多彩的藻類世界。真核生物的出現，預示著一個熙熙攘攘的生命大繁榮時期即將到來。這些藻類進行光合作用，放出大量氧氣，海洋生物的光合作用還在地球上空形成了臭氧保護層，減弱了日光中紫外線對生物的威脅力，使水生生物有可能發展到陸地上來，也為低等動物的興起提供了食物。這些藻類是最初的多細胞生物，但是它們與現在的動物無關，更與人類無關。在有生命的歷史已過去了六分之五的光陰時，最初的多細胞動物終於誕生了。生命的形式開始出現分支，這段時期被科學家稱為「寒武紀物種大爆發」。從此，生命的形式就突然變得多姿多彩和生機盎然起來。

這一時期的單細胞生物如裸藻，能利用鞭毛不停地在水中運動，所以人們說它是動物。但是它又能利用陽光進行光合作用，為自己製造食物，所以，毫無疑問它還是屬於植物。這種既像動物又像植物具有雙重性的現象，充分證明了動植物的共同祖先，就是如同裸藻之類的遠古時代的原始單細胞生物。在十三億至十二億年前，由於細胞結構的不斷分化，導致生物營養方式上的一分為二：一支發展自身具有製造養料的器官如葉綠體，朝著完全「自營」的方向發展，成了植物；另一支則增強運動和攝食本領以及發達的消化機能，朝著「異營」的方向發展，成了動物。大概在四．五億年時出現了動物，海中的魚類逐漸演變成兩棲動物，鰭像腿一樣幫助牠們爬過被海水沖刷的湖泊沼澤地。後來也發展出肺，能呼吸氧氣。在大約七億年的時間內，數以千萬計的物種經歷了形成和絕滅的演化歷程。

現在我們回顧一下整個生命起源和進化、演變的漫長歷程。如果把地球生成以來的漫長的地質年代「壓縮」到一年的十二個月中，那麼我們可以這麼說：地球一月形成，地殼二月凝結，原始海洋三月產生，最初的生命在四月裡出現，最早的化石在五月裡形成，恐龍在十二月中旬主宰一切，最早的靈長類動物在十二月下旬出現，而人的時代在一年最後一天才開始出現。事實上，真正演變為人，應是十二月三十一日夜晚十點鐘左右。

Chapter 1

蒙昧時代

蒙昧時代始於人類的幼稚時期，終於陶器的使用，可分為低級、中級、高級三個階段。低級階段終於食用魚類和用火；中級階段終於弓箭的發明；高級階段則終於陶器的發明和使用。美國人類學家路易斯·亨利·摩爾根在《古代社會》一書中認為蒙昧時代的主要成就是分節語的形成、家族和氏族組織的建立。

我們不需要一系列證據來證明演化的事實，正如我們不需要一系列證據來證明山脈的存在一樣。

——薩瓦奇

我們是猿的後裔！天哪，真希望這不是真的。果真這樣的話，讓我們祈禱不要讓大家知道。

——沃斯特主教夫人

自然中的人是什麼？是相對於無限的虛無，是相對於虛無的全部，是空無與全部的中間。

——布萊斯．帕斯卡

導讀

我們的地球大約已有四十五億歲的年齡，三十多億年前開始有生命，最初的生命來自海洋裡的微生物。由海洋向陸地遷徙是人類和動物逐漸演進和進化過程中的最初階段。在漫長的發展史上，早期的人類逐水而居，海洋成為人類必然的選擇。那些生活在沿海地區的原始人，最早和海洋接觸。他們最初在沿海灘採拾海貝、蝦蟹和下海捕魚，向海洋索取一些能直接利用的資源。

兩千五百萬至兩千萬年前開始了人類的發展，人屬動物開始從哺乳綱靈長目的其他科屬中分化出來，這次遺傳道路上的分野，標誌著一個不可逆轉的出發點。對人類來說，這是人之所以為人的一個重要轉捩點，它切斷了人類變成長臂猿科（如長臂猿）或黑猩猩屬（如黑猩猩、倭黑猩猩）的可能性。一旦人類的祖先越過了這個分叉點，選擇了向人類的進化之路，人類的演化與發展就只剩下兩種可能性：進化成人，否則因不適應環境而遭到淘汰。幸運的是，人屬中唯一生存下來的就是智人，也就是人類。

大約在四百萬至兩百萬年前，估計就出現了可以直立行走的「猿人」，他們的前肢解放了出來，逐漸發展成為雙手。在後來的幾百萬年裡，這種「生物」的腦量增長了三倍，從「猿人」變成了「能人」。這時他們已經可以使用石木工具。由於這個時期的主要工具是用石頭做成的，因此人類歷史的前五十萬年就稱為石器時代。約在五十萬年前，人類的直系祖先——直立人取代了更新世的靈長類動物。從石器時代人類到現代人類即「智人」，還經過了相當漫長的一段路程。

社會

人類的蒙昧時代主要指原始社會，原始社會包括原始人群和氏族公社兩個階段，氏族公社又包括母系氏族公社與父系氏族公社。遠古時期，在非洲、歐洲和亞洲都有原始人群。經過漫長時間的發展，原始人群進入到母系氏族公社。當人類的智慧讓人類轉入相對定居的生活後，他們的採集、狩獵和捕魚等活動都有了較大的發展，這種情況為不同的小集團之間的聯繫（包括婚姻）提供了條件。同時，人類在實踐中逐漸認識到近親通婚的害處，於是婚姻形態就從最初的血緣婚轉入了普那路亞婚（群婚），當普那路亞婚實行到一切兄弟姊妹間，甚至母方最遠的旁系親屬之間的婚姻關係都被禁止的時候，就組成了一個確定的、彼此不能結婚的女系血緣集團，也就是轉化為母系氏族了。

▲群婚生活時代

在母系氏族公社時期，除了在非洲、歐洲和亞洲有原始人生活外，在美洲和大洋洲也已經有人生活。大約從距今一萬年前開始，人們從勞動實踐中發展出原始畜牧業和農業，生活有了更多的保障，母系氏族公社開始進入繁榮時期。從原始人群到母系氏族公社繁榮時期，人類一直都使用簡單的石器和棍棒。

大約在六、七千年前，西亞居民開始石器和銅器並用。後來，埃及、印度和中國相繼發明了冶金術，青銅器時代和鐵器時代來臨。隨著生產力的提高，母系氏族中的男子不再以狩獵、捕魚為主，而是代替婦女從事農業和飼養業，農業和飼養業已成為人們的主要生活來源。婦女在經濟上退居次要地位，她們的職能已轉向主要從事於家務勞動和生兒育女。於是，母系氏族制瓦解，父系氏族制產生。

在父系氏族公社後期，隨著生產力的提高，氏族公社內部以男子為中心分裂成為若干個大家庭，各大家庭內部又分裂為若干個一夫一妻的小家庭。生產由集體勞動變為以家庭為單位來進行，勞動產品也歸各個家庭擁有，這樣以小家庭為單位的私有制產生了。生產的個體化、剩餘產品的增多和交換的發展，使氏族內部的貧富分化加劇，氏族長和部落首領越來越多地侵奪別人的財產，成為貴族。貧富分化加劇導致了奴隸和奴隸主兩個對立階級的出現。於是，沒有階級、沒有剝削的原始社會解體了。

在原始社會後期，為奪取生活資源的戰爭逐漸增多，為了對付共同的敵人，或者為了保障生存區域的安全，兩個或兩個以上的部落聯合組成了一個更大的部落聯盟。部落聯盟的形成，擴大了各部落之間的經濟和文化聯繫，擴展了地域關係，同時也加強了聯盟首領的權力，出現了王權的萌芽。部落聯盟是更進一步的社會組織——國家形成的基礎。

居住

我們的祖先曾經有很長一段時間居住在樹上。當時，人們因為與大自然爭鬥的能力還很差，為了逃避侵襲，只能巢居樹上，像猴子一樣在樹間攀緣。如果風和日麗，皮粗肉壯的先民露宿林間尚能忍受，但若是遇到雨季，或是到了冬季風雪漫天飛舞之時，這樣的生存狀況十分惡劣。為了更容易生存，他們從樹上跳下來，住進了可避風寒的洞穴。

洞穴生活自然比在樹上要方便得多，既可躲避猛獸又可避烈日及風寒，這是非常必要的生存手段。但是，隨著人口的繁衍和勞動生產力的不斷提高，尤其是農業的出現，迫使人們必須走出洞穴，到平原或丘陵地帶去創造一種更適合他們生存的田園式定居生活。起初他們並不會建造房屋，只是在地面上挖個坑穴，然後棚上樹枝樹葉以避風雨。這種穴居式的建築，陽光常年照射不進去，同時由於這種建築沒有換氣孔，使得濕度相當高。人們長年居住在這樣的環境裡，身體健康受到了嚴重的威脅，因此人們要在地面上墊上乾草或獸皮等東西防潮與禦寒。同時為了遮擋雨雪和風沙，人們在坑穴的入口部用椽木搭成棚架，然後覆蓋上茅草，早期的「廊簷」形成了。

古代的先民們就居住在這樣惡劣的環境中，尤其是在黑夜降臨時，兇猛的野獸會無預警地攻擊這些低矮的草棚，給人們留下無邊的恐怖。如遇到綿綿陰雨，雨水來不及排出，坑穴在雨水的浸泡中隨時都會有塌陷的危險。先民們整日懷著恐懼，企盼著能擺脫如此不利的生存條件。於是他們為了滿足自身發展的需要，開始改造居住環境，他們來到土地肥沃的河流兩岸，在近水的高台地上開始搭建房屋。人類在智慧的激勵下不斷地一步步摸索著前進，房屋建築的飛速發展，體現出人類在朝高度智慧的方面邁進。

飲食

在人類發展的歷史上，飲食方面突然有了變化。人類最初的飲食方式，與一般動物並沒有什麼區別。在獲取食物後，不過就是直接生吞活剝而已，即所謂的「茹毛飲血」，然而這種飲食方式導致人類暴露在細菌及寄生蟲感染的風險之下，當人類進入新石器時代，認識到火可以煮熟食物以後，飲食方式就發生了根本的變化，人類飲食中熟食的比重逐漸增加，烹飪的方式也由簡單轉向複雜，烹飪技藝逐漸發展且完善起來。當時的烹飪方式主要還是燒烤，即將食物放在火中直接烤熟，聰明的人類還進一步發明了「炮」法，即用黏泥包住食物後隔火烤熟。這兩種烹調方法現今人類仍在使用，也許是在發達的現代文明中，人類始終還保持著原始人類的某些特性吧。

火的使用擴大了人類的食物來源，以往那種血腥味十足、難以下嚥的動物食品，如野豬、野牛、狐狸、刺蝟、野兔和鼠類，如今都成了噴香撲鼻的美味。而且火的使用也改變了食物的內部結構，使其更有利於人體消化與吸收。同時，火還有消毒殺菌的作用，使熟食比生食更衛生，減少腸胃疾病的發生，增強體質，並延長了壽命。人類最早使用的是天然火，包括火山熔岩火、枯木自燃火、閃電雷擊和隕石落地所燃之火等。在火成了必不可少的生活資源以後，人類接著又發明了取火和保存火種的方法，這樣就有了光明和溫暖。「摩擦生火使人首次支配了一種自然力，並最終將人同所謂動物給區分開了。」火的控制產生了根本而深遠的影響，它使大量過去不能攝食的塊根植物和植物種子成為熟食，豐富了食物來源，使人類祖先得以經歷冰河時代而倖存下來，也使他們有可能遷出過去無法離開的溫暖大草原，分散到全球各地。

工具

當人類從棲身的樹上下到比較危險的地面後，他們空出了前肢，可以從事更多的勞作。在人類大範圍地獵取食物的過程中，他們逐漸學會製造工具。最初的人類只會使用簡單的工具，例如使用現成的石頭、棍棒等。他們手持石頭敲擊小貝殼，或者使用木棒打死野鴨子，當然由於資源的競爭，他們也會用手來打死同類。後來他們發明了打製石器和磨製石器，以及長矛和弓箭，學會挖掘陷阱，並用索套捕獵野獸。他們用越來越好的工具挖空樹幹，作為舟船使用。很快他們就學會用梭鏢和漁網捕魚。這時的人類已經有了飛躍性的發展，開始進入創造性勞動時期。他們的知識和勞動技能，一代一代接著往下傳。我們可以推測，當人類從樹上下來後，他們已經是一種社會性的動物，至少是透過這種習性的改變而成了社會性動物。因為在地面上，單獨個體很容易遭到食肉動物的捕食，如果我們的祖先當時不團結在一起，就不是牠們的對手。人類一定是在發明語言之前就成了社會性動物，而語言的發明也許比他們獲得社會性要晚得多。因為自然中還存在著聲音溝通形式之外的社會性動物（例如社會性昆蟲），能夠透過有效的相互聯絡來維持其必要的社會合作。

藝術

隨著勞動生產率的提高，人類不再需要把全部時間和力量用於狩獵和採集，而開始關注對其他事務的開發。他們開始用牙骨、貝殼和珍珠製作手鐲和項鏈，用石料和骨料塑造形象，用雕刻裝飾他們的武器和工具。這時也產生了人類最初的偉大藝術品，例如位於現今法國的拉斯科洞窟壁畫及現今西班牙北部的阿爾塔米拉洞中的繪畫。

就我們所知，直到西元前四千至前三千五百年，才出現了作為文字手稿前身的楔形文字的記錄，而且那時也只在蘇美地區才有這類文字。那些業已湮滅的人類社會留下的物質遺跡（不包括已經釋讀並譯解出來的書面文獻）可以向我們提供一些資料來推測人們當時的生活情況。原始人類留下的那些簡單的燒製陶器以及語言、記號、文字、繪畫、雕塑、音樂、舞蹈等的萌芽，是邁向原始文明歷史進程中的重要標誌。製造和使用工具的生產勞動，真正把人與所謂的動物給區分開來。

石器的製作，宣告了「人類」的誕生。此時期的人類在強大的自然面前顯得弱小無力，為了自身的生存，他們必須勇敢地挑戰環境，去利用環境和改造環境。因此，人類社會發展的歷史，同時又是一部人類征服、改造自然的歷史。隨著時間的推移，人類社會開始擺脫了蒙昧野蠻的狀態，一步步走入文明，走入發達的今天。

人科的起源爭論

在國際學術界，關於人類的起源時間與地點一直以來都有著非常熱烈的爭論。分子生物學家與古生物學家關於人類的起源問題的大爭論從二十世紀七〇年代一直進行到八〇年代，結果是分子生物學家解決了人類起源年代問題，古生物學家解決了地點問題。為了弄清楚人類的起源問題，我們先將生物學上的生物分類簡單介紹一下。生物學的分類系統是個層級體系，它包括界、門、綱、目、科、屬、種，例如人就屬於動物界，脊索動物門，哺乳綱，靈長目，人科，人屬，智人種。

一八五九年達爾文發表《物種起源》，人由古猿演變而來的見解經過漫長的爭論後逐漸得到公認，但由於此演變過程中的若干環節不甚清楚，所以人們對人類的起源時間與地點產生了不同的看法。古生物學家認為人類起源時間為一千四百萬年前，地點是亞洲和非洲。這是因為在二十世紀六〇年代以來，在亞洲的巴基斯坦與印度接壤處、中國的雲南以及非洲的肯亞都曾發現了距今一千四百萬年的臘瑪古猿的下頜骨碎片和牙齒，其犬齒和頜骨很像人的犬齒和頜骨，所以古生物學家將臘瑪古猿視為最早的人科成員，認為人是由亞洲和非洲的臘瑪古猿演變來的。

但是分子生物學家有不同的看法。一九六七年，美國分子生物學家威爾遜和薩里奇根據各種靈長目動物血清白蛋白氨基酸的差異性以穩定的速率積累，蛋白質分子就像以穩定速率運行的「分子鐘」，透過分子鐘可以推算各種靈長類系統的親緣關係和分歧的時間。根據這個假設，他們的研究結果是人類與舊世界猴分歧的時間約為三千萬年，與非洲猿（黑猩猩）分歧的時間約為五百萬年，因此人類的起源根本沒有一千四百萬年之久。但是，部分古生物學家對分子生物學證據不屑一顧，認為分子鐘有缺陷且不可靠，堅信他們手頭上的臘瑪古猿化石才是真正有說服力的證據。

為了解決古生物學家與分子生物學家的分歧，一九八二年於羅馬召開了一次人類起源學術會議，會議上出示的兩個證據證實了分子生物學家理論的正確性。其一是哈佛大學古生物學家皮爾比姆在巴基斯坦發現了第一個臘瑪古猿的面部與猩猩臉的近似程度遠大於與黑猩猩臉的近似程度。其二是舊金山加州大學的洛溫斯坦在臘瑪古猿牙齒中發現活性蛋白，他將蛋白萃取物注入兔子體內形成抗體，這些抗體對猩猩的抗原產生了無可置疑的反應。這都說明臘瑪古猿與猩猩關係密切，而不是與人類關係最近的黑猩猩關係密切，因此臘瑪古猿便不是最早的人類，最早人類的時間必須重新界定。後來在古生物學家與分子生物學家的嚴肅考慮和協商下，得出一個較為合適的人類起源時間：七百五十萬年前左右。

現在比較清楚的事實是：最古老的人類是非洲南方古猿屬，分別包括南猿纖細種、南猿粗壯種、南猿鮑氏種和南猿阿法種等幾種。南方古猿身高一二〇公分左右，腦容量四四〇至五〇〇毫升，已能直立行走和使用工具，活動於四百萬至兩百萬年前，是正在形成中的人類。南方古猿演化出早期人類——人屬。其中南猿阿法種較完整的化石標本即著名的「露西」（化石被發現時，考古隊員正哼著披頭四合唱團的〈鑽石天空中的露西〉，故名），露西身高一〇四至一二一公分，肢體靈巧，兩足行走，腦型和牙齒比較原始，腦量亦小。一些學者認為，阿法種在進化系統上的地位是人屬和南猿纖細種及粗壯種的共同祖先。由阿法種直接發展到能人（早期猿人），再發展到智人，而粗壯型則從其起源地南非散佈到東非等地後逐漸滅絕。

人屬的演化分為三步，第一步是由阿法種直接發展到能人，能人的活動時間約在兩百萬年前，腦容量約六八〇毫升，比南方古猿大，能直立行走、製造工具，並能打獵。當然，他們不是有效率的獵人，因為比較可靠的證據顯示，大約十萬年前人類狩獵大型動物的本領尚未成熟，推測兩百萬年前的祖先更是缺乏效率。第二步是從能人到直立人（直立人並不是指此時我們的祖宗才開始直立行走在大地上，這是一個物種名與化石名），直立人生活在兩百萬到一百五十萬年前。至三十萬到二十萬年前，在全世界各地均有發現，其傑出代表是北京周口店的北京人，腦容量達一千毫升以上，直立行走，會製造工具，而且他們還會使用火。第三步是從直立人到智人，代表是二十萬年前至五萬年前的早期智人以及兩萬年前的晚期智人（又稱新人）。他們的腦容量與現代人相似，還與現代人同屬智人種。至此，由猿到人的過程有了較明確的認識。

人類的起源時間至此已有了明確的說法，但人類的誕生地又在哪裡呢？對這問題人們的看法比較一致。科學家們大都認為人類的誕生地是非洲。在二十世紀六〇至八〇年代非洲的考古資料證明人科的最早成員是南方古猿，早期人類的第一階段「能人」也只發現在東部非洲。考古學家們還找到了地質學上的證據，距今八百萬年前的非洲大陸發生了一次地質構造運動，從南端的坦尚尼亞向北經過整個東非，一直到紅海，形成一個大裂谷，將整個非洲分為東西兩部分，裂谷西部保持著森林，東部則演變為開闊的熱帶草原。變化了的環境以及地理隔離使得人與黑猩猩的共同祖先向不同的方向演變。西部共同祖先繼續適應樹棲環境形成了黑猩猩科，東部共同祖先則適應開闊環境，發展出一套全新的技能，他們就是人科。

智人的日常生活與婚姻狀況

在人類的發展過程中，人類的演化經過能人、直立人，在距今三十萬到二十萬年前至五萬年前出現了直立人的後代——早期智人，然後人類繼續演化，大約四、五萬年前進化成晚期智人，智人繼續進化，發展成了現代智人，或稱為解剖學上的現代人。

一八五六年八月，在德國尼安德河谷的一個山洞裡，考古學家發現了一個成年男性的顱頂骨和一些四肢骨骼的化石，根據考古學的命名原則他們被命名為尼安德塔人。尼安德塔人的生存時代為距今四三萬至二·五萬年間。在這以後，尼安德塔人的化石開始在西起西班牙和法國、東到伊朗北部和烏茲別克、南到巴勒斯坦、北到北緯五三度線的廣大地區被大量發現。考古學家根據化石判定，尼安德塔人的腦量已達到一三〇〇至一七〇〇毫升；與直立人相比，頭骨比較平滑和圓隆，顳骨厚度減小；面部（從眉脊向下到下齒列部分）向前突出的程度與直立人相似；鼻骨異常前突，顯示他們擁有一個像現代歐洲人那麼高，同時又像現代非洲人那麼寬的大鼻子，鼻孔可能更朝向前方。研究結果還顯示，尼安德塔人可能已經掌握了語言，他們還懂得用火烤魚吃，尼安德塔人還開始有埋葬死者的習俗。尼安德塔人創造了被稱為莫斯特文化的石器工業，以細小的尖狀器和刮削器為代表。

生活在三、四萬年前的法國克羅馬儂人被發現於法國多爾多涅省的克羅馬農克羅馬儂山洞，生活在距今大約二萬年前的中國山頂洞人則發現於北京市周口店龍骨山的山頂洞。山頂洞人遺址位置正好在北京人遺跡的頂部，考古學家們透過推演發現，山頂洞人所處的自然環境和現在當地的情景相似，山上有茂密的森林，山下有廣闊的草原。山頂洞人生活在洞穴中的上室（洞穴中靠入口的地方），將死者埋葬在下室（洞穴中靠後的地方）。山頂洞人以漁獵和採集為生，在遺址中發現鯇魚、鯉科的大胸椎和尾椎化石，說明山頂洞人已能捕撈水生動物。把生產活動範圍擴大至水域，這標誌著人類認識和利用自然的能力有所提高。在遺址裡還發現了野兔和斑鹿個體的大量骨骼，估計這是他們狩獵的主要對象。

山頂洞人的石器雖然不典型，但骨器和裝飾品製作得十分精美。他們掌握了鑽孔、磨製和染色技術，這些都是以前所沒有的，這些新技術的運用顯示出人類生產技能的提高，也使人類的生活內容更加豐富。骨針的出現意味著當時的人類已會縫紉；而裝飾品的出現則表明山頂洞人已經有了審美觀念。我們再來說說人類的繁衍與婚姻。當人類還處於混沌初開、極其原始的年代時，我們的祖先也許根本就不懂得性到底是怎麼一回事，他們把生兒育女看成是上天的安排，是神聖的。人類的婚姻是經由何種形式發展而來的呢？對於這個問題，古今中外的學者們做了各種解釋，其中最有影響的當推美國人類學家路易斯．亨利．摩爾根，在其《古代社會》一書中根據不同的親屬稱謂，還原了不同形式的婚姻形態。

原始群前期的人類保留的猿類體質特徵較多，這時人類的婚姻形態屬於不分輩分的亂婚時期。在早期智人階段，他們的婚姻形態有了一定的進步，此時人類的婚姻只在同輩間進行，即「血緣群婚」，在血緣群婚中，婚姻是按照輩分來劃分的。所有的兄弟姊妹，包括堂兄弟姊妹之間都可以結為夫妻，而祖父母和孫兒（如果有這樣的幸運者的話，因為那時的人壽命很短，如尼安德塔人就很少活過四十歲以上）、父母和子女，則排斥了結為夫妻的權利和義務。和原始群的雜交亂婚相比，這種婚姻形態無疑是一大進步。在血緣家族內部「人人生而平等」，他們共同勞動，共同分配。由於生產力十分低下，生活資源不易獲得，所以這種集團估計只有二十至四十人。為了尋找食物，整個集團不得不經常過著遊蕩的生活，因此集團與集團之間沒有什麼聯繫。

血緣家族進一步發展，在逐步形成氏族的基礎上產生了母系氏族。在這個階段後期，採集、狩獵和捕魚都有了較大的發展，人類轉入了相對定居的生活，這種情況為不同集團之間的聯繫（包括婚姻）提供了條件。同時，人類在實踐中逐漸認識到血親通婚的害處。於是婚姻形態就從血緣婚轉入了普那路亞婚（族外婚）。普那路亞婚制是人類婚姻史上第一種族外婚制，這使人類自身的生產得到了巨大的發展，然而無可避免的近親性行為仍然阻礙著進一步的性文明，同時不可否認的是，其中仍保留有血緣婚的習慣，兄弟共妻，姐妹共夫。孩子稱所有的男人為父親，稱所有的女人為母親。

在實行普那路亞婚的過程中，由於人的感情的私密性，就決定了他（她）在眾多可能的對象中，會有所偏好，有所選擇。選擇的結果，便多少有了一男一女結成配偶過同居生活的事實，即形成對偶婚。對偶婚不像多偶婚那樣無固定的性夥伴，但又不像單偶婚那樣有嚴格而固定的單一性夥伴。對偶婚最初萌發於性關係形成的伴侶。在這種婚姻制下，每個男子在其若干個妻子中，有一個是主妻，反過來說女子也是如此。「對偶婚」制的魅力是如此強大，生命力是如此持久，以至於延續了一萬多年以上！今日雲南麗江永寧地區的部分納西族人仍然保持著這種古老的自由婚制。對偶婚以族外群婚作為自己的母體，是向一夫一妻制過渡的橋樑和媒介。

在上述的血緣婚、普那路亞婚和對偶婚這幾種婚姻形態中，由於經常出現孩子不知道誰是自己的父親以及父親不知道誰是自己的孩子的奇特現象，所以與人類文明階段相對應的婚姻形式——「以經濟條件為基礎，而不是以自然條件為基礎」的一夫一妻制終於出現了。這種婚姻形式目前在世界上絕大多數的國家和地區都實行著。

大辯論：現代人究竟起源於何時何地？

研究人類起源是當今生物科學中的重大課題之一。由於化石及其他資料的不充分以及不同學者對現有的證據持有不同的假設，因此到目前為止，還沒有一個人類學家能講清人類史前時代的每一個細節。然而，關於人類史前時代的總輪廓，研究者們的認識在很大程度上還是一致的。如在關於人科的起源問題上，人類學家們最終達成了一個基本共識：最早的人類起源於七百五十萬年前的非洲。但現代人的起源問題卻不如人科的起源問題一樣已有定論，現代人的起源問題成了古人類學界的一大研究熱門。

現代人類是指世界各地的具有不同膚色的地區性變種如白種、黃種和黑種等不同種族的人，這所有的種族都是智人種。種族的出現發生於人類進化相當晚近的階段。那麼，具有不同面貌的這些現代人類是怎麼起源的呢？

事實上，關於現代人的起源存在兩種針鋒相對的學說，一種是多地區起源說，另一種是非洲起源說。多地區進化說又稱直接演化說或連續說，以美國密西根大學教授沃爾波夫為主；非洲起源說又稱入侵說、代替說，支持者以已故分子生物學家威爾遜為主。

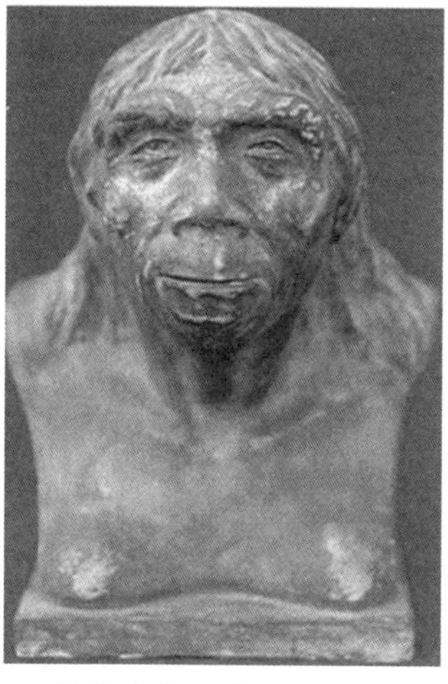
▲北京人復原像

多地區進化說認為現代人類是包括整個舊大陸的事件，是由當地的早期智人以至直立人經過幾十萬年的時間演化而來的。現代人出現於任何有直立人群體的地方，直立人群體在接近兩百萬年前從非洲向外擴張，定居於整個舊大陸，地區性群體之間的基因交流在整個舊大陸維持著遺傳的連續性，在有直立人群體的地方和諧地發生了朝向現代人的進化趨勢。由於長期以來的基因交流，所以保持為一個人種。例如歐洲的白種人是由當地的尼安德塔人逐漸演變來的，亞洲黃種人則由當地早期智人和北京人、爪哇人等演變而來。多地區進化說提出了一些化石證據，指出不同地區的最早人類種群與現代人之間的骨骼特徵的連續性。

非洲起源說認為解剖學結構上的現代人類是在非洲形成的，起源在大約二十萬年前，早期的現代人類離開非洲，然後向亞洲和歐洲擴散，取代已存在那裡的直立人和智人。他們之中的一支在亞洲地區完全取代了原來生活在這一地區的古人類，成了包括華人的

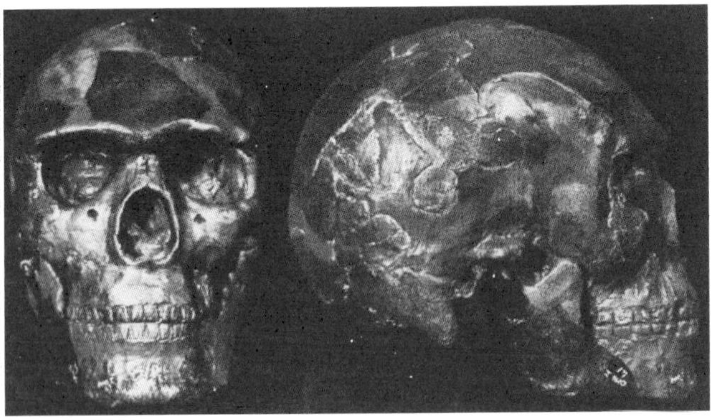

▲經過復原的奧莫1號化石和2號化石，哈佛大學古人類學家厲柏曼說：「這是一個證明現代人在二十五萬年前到十五萬年前起源於非洲的堅實證據。」

現代人的祖先，發展成現代黃種人。另一支則侵入歐洲的尼安德塔人區域，消滅了土著尼安德塔人而形成現代的歐洲人。

威爾遜等人從二十世紀八〇年代開始選擇人體細胞內的粒線體DNA作為研究進化的「活化石」。粒線體是母性遺傳，若一位母親粒線體發生變異，就會傳給子女，並保留在後代的粒線體DNA上，因此根據現代人類的粒線體DNA差異就可以追溯其母系族譜。威爾遜小組分析了各個地區婦女胎盤細胞內的粒線體，發現它們有些互相接近，有些則差別較大。根據這些差異製作出系統樹——樹的根部在非洲，樹枝和樹梢則指向世界各地。他們還根據已知粒線體DNA的突變速度，計算出樹根的年代距今二十九萬至十三萬年，平均為二十萬年。由此得出結論，二十萬年前的一位非洲女性是現今全世界人的祖先，她的後裔在二十萬年前離開非洲家鄉，分散到世界各地，代替了當地土著居民，演變為現代人類。

非洲起源說提出後，在學界引起強烈反響。多地區進化論者反駁說，古人群體和現代人群體之間在骨骼上有種族連續性的跡象，現代種族特徵早已有之，根本不是入侵者替代土著後才形成現代種族特徵。他們還舉例說在以色列和巴勒斯坦地區，考古人員曾經發現過許多大約十萬年前、屬於「第三模式」的石器。由於該地區是從非洲走進歐亞大陸的唯一陸路通道，如果現代華人的祖先真是約十萬年前走出非洲、六萬年前到達中國並完全取代原來生活在亞洲大陸的古人類的話，這些途經西亞的祖先就應該學會了「第三模式」的技術，亞洲大陸此後的舊石器自然也應該屬於「第三模式」或更高級的模式。而事實是，亞洲大陸的舊石器技術，百分之九十八以上的時間停留在「第一模式」的水準上——在中國目前發現的一千多個舊石器群中，其他模式的古文化相當少。非洲起源論者受到攻擊後立即發表了反對多地區進化說的證據。他們指出，考古學家所依據的化石記錄支離破碎、參差不齊，不能提供完整準確的資訊，所謂古人類和現代人類在解剖學上的聯繫不過是他們都保留著更古老人類的多種特徵。

對於這兩種假說，大多數人類學家在全面權衡各種依據後，較傾向於現代人起源於非洲假說。在激烈的爭論中，「非洲起源說」逐漸佔上風。

目前多地區進化說與非洲起源說的爭論仍在進行，雙方都在尋找更多證據：更可靠的化石資料，粒線體DNA以外的其他證據，如Y染色體上的DNA以及古老化石骨骼中的DNA，還有改進統計分析方法等。

人類起源問題是古生物學的傳統課題，現代分子生物學以全新的方法和理論介入這一領域，帶來了引人注目的重要進展。但是，關於人類起源的任何重要結論，只有得到分子生物學和考古學兩方面的支持之後，才能成為真正的科學結論。看來，在現代人類的起源問題上，人類還有許多工作要做。

母系氏族：女性當家

母系氏族公社是以母親的血統關係結成的原始社會的基本單位，是在氏族的基礎上產生的以女性當家作主的時期，是世界上各民族在發展過程中普遍經歷的階段。在舊石器時代中期，氏族制度還處於萌芽階段，到了舊石器時代中晚期，隨著生產力的發展，人類轉入了相對的定居生活，同時人們認識到家族內部同輩之間近親結婚對人類體質的危害，形成了普那路亞婚制，這樣，原先的血緣家族為氏族公社取代。在氏族內部，各成員地位平等，集體勞動，平均分配，財產共用。公共事務由氏族首領管理，重大事務由氏族成員組成的氏族會議決定。氏族成員往往用一種動物或植物作為本氏族的圖騰標記。在氏族制度下，它的成員只有在氏族之外才能找到通婚的對象，美國傑出的人類學家摩爾根說：「氏族的自然起源在於普那路亞家庭。」因此氏族不可能單獨產生，它是和部落同時出現的。氏族社會先後經過母系氏族社會、父系氏族社會，大約在銅石並用時代由於私有制的發展而解體。

母系氏族又稱為母系社會，是舊石器時代晚期的基本社會細胞。在當時極端低下的生產力水準下，一個種群要戰勝其他種群，而不被其他種群消滅，最簡單的辦法就是組成聯盟，擴大本種群的力量，爭取數量上的優勢。而實現聯盟的方式，不外乎建立經濟上的或血緣上的聯繫這兩條管道。但純粹出於經濟原則的聯盟只能發生在一定的生產條件下，而原始群當時還處於狩獵——採集時代，不可能存在以一定生產條件為前提的經濟活動，因此這種聯盟最初只能透過聯姻來實現。為了使聯盟穩固，聯姻就必須制度化，具體表現即禁止「族內婚」，而以「族外婚」取而代之。到了四萬至一萬年前，當石器時代進入晚期時，一系列婦女雕像的出現，表明這既是人類進化的必然結果，也是氏族制度形成的標誌。現在可以肯定的是，晚期智人階段的中國山頂洞人和法國的克羅馬儂人已經進入了母系氏族社會。當時，男人主要從事漁獵活動，收穫很不穩定，而婦女由於從事採集和原始農業，她們的活動對於氏族集體的利益具有重要的社會意義，對維繫氏族的生存和繁衍起著極為重要的作用，成為氏族的主體。因此，初期的氏族集團必定是由母系的血緣關係聯結而成，世系只按母系來計算。諸多原因使得婦女在氏族公社裡占有重要的地位，普遍受到重視。

在母系氏族制前期，人類體質上的原始性基本消失，被稱作「新人」（晚期智人），屬於考古學上的舊石器晚期。到母系氏族制後期（屬新石器早期），現代意義上的人種形成。

母系社會指一個氏族的血統世係由女性傳承，並不意味著氏族的政治、經濟權力也由女性掌握。美國人類學家羅伯特．F．墨菲在其《文化與社會人類學引論》一書中指出：「在母系社會裡，血統家系經由女性，但權力仍透過男性傳遞。」說明即使在母系社會中，涉及氏族政治權力的公共事務如戰爭、外交、狩獵、宗教儀式等仍然是由生理條件優越的男性把持，女性由於妊娠、哺乳、培育幼子等家務纏身，自然與政治權力無緣。因此，一個母系氏族，儘管可以把其來源追溯到一個至高無上的女性始祖，但其現實的酋長仍是男性，權力仍由男性掌握並由男性傳承。

母系氏族公社是人類社會非常重要的發展階段，原始農業、原始手工業都出現在這個階段。在母系氏族公社長期的社會生活實踐中，人們逐漸認識到一些植物的生長規律，並且進行人工培育，最終出現了原始的農業。原始農業的出現使人類有了比較固定的衣食來源，這就為人類社會的第一次社會大分工做好了充分準備。人類的定居生活，得益於原始農業的出現。以後人類社會的三次社會大分工都與定居後農業的發展密不可分。世界各地的母系氏族公社的典型形態，在文字的出現前已大部分消逝，中國西安的半坡氏族聚落遺址是研究母系氏族社會典型的定居村落。在近現代部落民族中，只有少數處於母系氏族階段，如北美印第安人的易洛魁部落。

冰天雪地的環境改變了人類自身

在人類的進化史上，冰河期的出現對人類的影響是非常大的。西亞和歐洲的各種考古證據顯示，歐洲的尼安德塔人可能是由於大冰河期的到來而完全絕滅，並且被從西亞來的古人類取代。在那場大冰河期中，三分之一的陸地被冰雪覆蓋，冰雪隔絕了各區域各色人種的往來，各色人種只能在特定的地區內頑強地獨立發展。漫長的冰河期使得特定地區、特定環境的人種進化成了現今不同膚色的人種。

冰河期是指在地球上氣候寒冷、具有強烈冰川作用的地史時期。其中第四紀的冰磧層分佈最廣，是最早確定的冰河期，後來人類逐漸識別了更古老的石炭——二疊紀冰河期、前寒武晚期冰河期。冰河期有廣義與狹義之分，廣義的冰河期指第四紀冰河期、石炭——二疊紀冰河期等，狹義的冰河期是指低一層次的與間冰期相對應的冰河期。也有人使用大冰河期一詞代替廣義的冰河期，而冰河期僅代表狹義的冰河期。在大冰河期中，氣溫是寒冷與相對較溫暖的時期循環地變化著。大冰河期中較寒冷的時期叫做冰河期，該期間冰川作用最強烈，高寒地區的雪線顯著下降，冰體覆蓋面積加大，冰層增厚，海水量相對減少，致使海平面下降導致海面退縮。大冰河期中相對溫暖的時期叫做間冰期。間冰期冰川作用相對變弱，雪線升高，由於冰體大量消融，冰融水注入海洋使海平面上升。

大冰河期及冰河期的形成，有多種不同的說法。有人認為當太陽運行到近銀心點區段時，其光度最小，使行星變冷而形成地球上的大冰河期；有人認為由於銀河系中物質品質分佈不均，當太陽透過星際物質密度較大的地段時，由於太陽的輻射能量降低，形成地球上的大冰河期。

第四紀大冰期最盛時，北半球的格陵蘭、冰島、整個加拿大至紐約、斯堪的納維亞南延至歐洲北半部以及西伯利亞北部均為冰體覆蓋。地球的年平均氣溫比現在低十℃至十五℃，冰川面積達五千兩百萬平方公里，冰厚一千公尺左右，海平面下降了一三〇公尺，致使英吉利海峽和白令海峽消失。東亞地區出現了距今十萬至四萬年間的化石斷層，斷層時間大致與第四紀冰期相符。也就是說，分佈在中國東北、西北和西南的山區及高原地區的冰川沉積，可能是由於在約七．五萬年前在蘇門答臘島發生的大規模的火山噴發，使得全球進入冰河期造成的。

自然界的冰河期大變化，雖然使許多動物和植物絕種，但是它並無法將現代人類的祖先猿人（特別是直立人）消滅。在這些大變化裡，猿人一次又一次地得到鍛煉，得到新的發展。由於冰川的大規模發育，大量海水經過蒸發變成雨、雪和冰，沉積在大陸上，海平面大幅度下降，使得現在的白令海峽變成了連接亞洲和美洲的陸橋。於是一批生活在西伯利亞一帶的黃種人追趕著他們的獵物，穿過這個陸橋勇敢地踏上了北美大陸，並在隨後的歲月裡逐漸發展散佈到了整個美洲。

▲滅絕於第四季冰河初期的長毛象。

冰河期過後，世界面目全非，地球上出現了四色人種。現代四種膚色人種的共同先祖其膚色應當是特定的、不同於現在各人種的膚色，在環境的影響下，在自然進化的作用下，現代人類有了四種不同的膚色。

美國《探索頻道》雜誌曾撰文說，有跡象表明第五紀冰河期即將來臨。此前，加拿大一些科學家在經歷了一九九六年的大風雪以後也公開宣稱，地球已經踏入了一個新的冰河期。德國波茨坦氣候變化學研究所的研究人員斯台芳·拉姆斯托夫透過模型證明，全球氣候暖化將改變海灣暖流的流向，導致歐洲大陸進入冰河期。中國科學院蘭州高原大氣物理研究所的湯懋蒼等專家認為，一個新的大冰河期很可能會降臨地球，他們還根據自己的模型推測第五紀冰河期大概將在一億年後來臨。

說到這兒，可能有人會問，目前不是大家都在關注「溫室效應」和「全球氣候暖化」嗎？那麼地球到底將會越來越熱還是越來越冷呢？其實這個問題是局部與整體的關係問題，「溫室效應」與「全球暖化」是由人為因素導致的短暫氣候變化，它與地質歷史上的冷暖變化比起來是極其微小的，只是一個局部現象，對整個地球氣候變化的總趨勢產生不了影響。當然溫室效應的加劇會導致短期氣候異常，進而影響人們的正常生活。

如同生活在一個很舒適的「太平世界」、在第四紀冰河期中大量動植物因不適應環境的變化而滅絕一樣，人類似乎也正面臨生死挑戰。因為如果人類不能不斷提高自身機體的抵抗能力，而只滿足於享受「舒適」的自然環境和高科技帶來的「免疫」能力，那麼，可以想像在下次大冰河期來臨時，人類將面臨怎樣的殘酷命運。

人類是怎樣開始牙牙學語的？

地球的形成，生物的產生，人類的出現，任何一個事物的出現都有其發生和發展的過程，語言的出現也是如此。那麼，什麼是語言呢？語言是一種已經存在的事物的表徵。這一表徵包含於一種世界觀的產生中，它們不只是簡單地複製世界，自然世界實際上是透過用來討論它的語言和概念而被定義的。

人類最早的有聲語言是怎樣產生的呢？在語言的產生問題上，從古至今有多種說法。遠古時期的人們由於當時科學文化水準的低下，無法解釋語言這種奇妙的現象，只得歸之於神的恩賜。他們把語言說成是神賜給人類的一種力量。在不同的時間、不同的地點，「神授說」有不同的說法。這可以見諸各式各樣的傳說。在哥白尼打碎了神的世界、達爾文發表了《物種起源》後，人類又提出了各式各樣的「人創說」，如有人主張「擬聲說」。認為語言起源於人類對外界各種聲音的模仿。人類在接觸自然的過程中，模仿各種事物發出的不同聲音，這樣就產生了語言。但這種假說無法說明人類語言的起源問題，因為在任何一種語言裡，與動物叫聲有相似之處的擬聲詞如貓（miao）這樣的畢竟是極少的，絕大多數的詞都無法用擬聲來說明它們的來源。

▲圖坦卡蒙王狩獵，埃及古畫。

有人認為人類在使用有聲語言之前，經歷過一個手勢語言的階段，主張「手勢說」。認為當時的人類像動物一樣用手勢來表達觀念，進行交流。這種觀點用來解釋人類有聲語言產生之前，人類沿用動物語言進行觀念交流，有一定道理，但卻無法解釋無聲的手勢語言是如何發展為有聲語言，不能從根本上解釋語言的產生。還有些人認為人類的有聲語言是從抒發情感的各種叫喊中演變來的，主張「感嘆說」。因為人類最初的詞都是表達感情的，各種語言中都有感嘆詞這一類。人類是先有唱歌而後有語言的，但這種觀點無法解釋嘆詞如何衍生出具有理性意義的其他詞語。

一些人認為人類的有聲語言是從人們勞動時的叫喊聲演變來的，主張「勞動叫喊說」。原始人類在集體勞動時由於肌肉高度緊張，可能會發出一些叫喊，這些叫喊後來演變為勞動號聲，進而發展成為人類的有聲語言。這種觀點有很大的合理成分，但勞動號聲畢竟不是語言，勞動號聲是如何演變為人類語言的還是沒辦法說清楚。

一些人則認為原始人類起初沒有語言，後來為了相互交際，就透過彼此約定，規定了各種事物的名稱，這樣就產生了語言，主張「社會契約說」。但這種觀點自相矛盾，既然語言產生於人們的相互約定，那麼人們在還沒有語言的情況下，又拿什麼來相互約定語言呢？

我們現在知道，語言的產生和其他事物一樣，肯定有它的物質基礎。這個物質基礎應該包含咽腔（喉骨、聲帶等）成熟、神經系統的成熟等。當哺乳類動物在用四肢行走時，由於其頭部位置較低，喉嚨的發展受到限制和壓迫，所發出的音階數量很少，聲音過於單調，沒有任何音階上的連續變化。這些表白由於過於單調，只能發出和接受，而不能交流。換句話來講，牠們只有語而沒有言。

自人類實現直立行走之後，原始人的喉嚨從此不再遭受壓迫，獲得徹底解放並不斷增大，不斷的循環使用使得所能發出的音階和音頻不斷提升；直立行走還使人類的肺部等生理器官得以發展，這也為語言的產生準備了初步的條件；同時，人類的腦量和勞動精密度的不斷增加也促進了語言的發展。

早期直立人的腦量為八〇〇毫升，到晚期則增加到一二〇〇毫升；大腦結構也有所變化。當語言在某一方面的預先適應與大腦進化到關鍵體積相一致、神經生理狀況成熟時才會導致語言的產生，同時語言的使用也改善了腦的容量和結構，這樣良好的循環更加促進了語言的產生。人類的狩獵還會使直立人產生複雜的行為，包括製造更複雜的工具，使他們的腦進行複雜的活動，而腦的活動又促使腦組織擴大，於是腦、手和工具相互促進。狩獵獲得的肉食，也促進了腦和手的發展。語言就是在這樣點點滴滴的進步中發展起來的。

同時，直立人由於更多地依靠狩獵，使他們獲取食物的所需時間減少，可以有更多的自由時間用來交往；其次，狩獵是有計劃性的、合作性的活動，這使人群之間能有更複雜的社會交往機會，在交往的過程中，他們能逐步把一個或幾個不同的音階和音頻交叉組合，並能固定地表示在生活中的某種意思，不斷積累，互相傳播、互相交流，逐步形成傳播和使用範圍內互相認同的人類族群語言。「沙皮爾——沃爾夫假設」指出：是語言創造了心理範疇，然後人們透過這種範疇來理解世界。世界是透過由語言產生的概念網而得到過濾。而且，對於特殊語言慣常的、規則化的使用，產生了具有文化特定性的習慣化的思維模式——思想的世界。

人類語言的出現不僅能發揮經驗交流、工作交流、生活交流、技術交流、文化交流和學術交流的作用，還能發揮相互理解，實現共生性的統一步調，使人類生活得更加和諧等作用。語言的出現對推動人類文明社會的不斷發展有著極其深遠的影響。

然而，歷史再一次無法準確記載最初的音節符號產生於何時，現在我們只是知道人類的語言產生於西元前七千年左右，此後又經過了二、三千年的演化，到西元前四、五千年時，人類的音節符號已相當豐富，交流越來越多、越快、越流利，具備了學習理解較高深知識的能力。

父系氏族：男權至上

母系氏族在人類歷史上存續了幾萬年的漫長時期，隨著社會的不斷發展，勞動生產率的不斷提高，以父親血緣關係為中心結成的原始社會晚期的基本單位——父系氏族產生了。父系氏族是在母系氏族公社生產力發展的基礎上產生的，大約產生於青銅時代和鐵器時代早期。

父系氏族出現前的實際情況應該是這樣的：由於農業及飼養業的不斷發展，男子不再以狩獵、捕魚為主，而是代替婦女從事農業和飼養業，此時的農業和飼養業已成了人們的主要生活來源。婦女在經濟上已退居次要地位，她們的職能已主要轉向家務勞動和生兒育女。在母系氏族時期處於失落地位的男子這時成了生活的主角，開始粉墨登場。

在父系氏族公社內部，以男子為中心分裂成為若干個大家庭，各大家庭內部又分裂為若干個小家庭；夫居婦家制度變成了婦居夫家制，男子居於支配地位，妻子從夫而居，婦女的地位逐漸下降。不穩定的對偶婚逐步向一夫一妻制或一夫多妻制過渡。輩分從父系計算，財產由父系繼承。原來由全體成年男女參加的氏族議事會，現在由全體成年男子參加。

圖騰的出現就是父系氏族時期興盛的表現。我們只要稍加注意，就會發現所謂的圖騰無一例外都是男性，比如《詩經》上說「天命玄鳥，降而生商」。以玄鳥為圖騰的商族，資格最老的一位女首領名叫簡狄，是商人之祖契的母親，契的母親簡狄於玄丘河之濱，拾到一隻玄鳥蛋，吞了下去，就生下了契。這個神話可以告訴我們從母系制到父系制是從男性生殖崇拜轉化而來，因為「鳥」和「卵」都是對男性生殖器官崇拜之象徵，男性生殖崇拜證實了父系氏族社會的誕生。其他的如禹的母親吞食了薏苡仁生下了禹，姜嫄踩巨人足跡而生后稷等，都是類似的例子。

在世界各民族之中，一旦完成了這一歷史轉變，圖騰制度便悄然退場了，代之而起的是以男性為家長的「一夫一妻制」。在這種「父權制家庭」中，丈夫掌握著主宰家庭的權柄。

到野蠻的原始時代晚期，冶鐵、建築等技術發展起來了，出現了犁耕農業，使父系獲得了絕對權力，這個時期實行一男數女的婚姻，人類進入父權制家庭時期。這種父權制家庭的影響力，遠遠超出氏族之上。雖然這個時期仍然如同父系氏族社會一樣，依照父系來分配財產，但這時的財產分配與氏族時期無論是母系氏族還是父系氏族時期的財產限制（在本氏族內，財產是公有的，財產不得流轉出本母系或父系氏族之外）不同。由於已經產生了個體家庭，因而也就需要有家庭財產，即私有財產。由於男子地位的上升，逐漸出現了父權制家庭及專偶制家庭等個體家庭，個體家庭作為財產的擁有者，越來越發揮出它的主導作用而成為原始社會末期的基本單位。這就使得原始社會的歷史發生了重大變革，給人類留下了深刻印象，以至於人類歷史上有文字記載的最初歷史，多留下了這個時代的印記。至此，以血緣為紐帶的氏族公社瓦解，代之以地緣為紐帶的農村公社形成，以小家庭為單位的私有制產生。隨著生產力的進一步發展，富有家庭的出現，家庭變成了社會經濟單位。隨著勞動產品的剩餘，氏族長和部落首領越來越頻繁地侵奪他人的財產，成為貴族。父系氏族公社就此解體。

編年表

太古代……經過了天文期以後，地球正式成為太陽系的成員。大約又經過了二十二億年，地球發展便進入到地質時期的太古代時期。太古代（約四十七億至二十六億年前），此期的海洋單細胞生物如藍藻，獨自沐浴著陽光，渡過了幾十億年的漫長歲月，為今天的地球提供了寶貴的氧氣。

元古代……從二十五億六億年這段時間，地球發展經歷了二十億年的悠久歷史，稱為元古代。早期大氣的氧氣含量逐步提高。末期的埃迪卡拉紀生物大爆發開始出現許多新的動物門，如腔腸動物、環節動物及節肢動物等。

古生代……複雜的多細胞生物出現了，地球終於迎來了生機盎然的全新時代。

古生代……大約是從六億年前持續到二．五億年前，比起太古代和元古代來，這段時期相當短暫，但從地球的發展來看，卻是一個重要的時期，猶如人生的青年時代。古生代分為寒武紀、奧陶紀、志留紀、泥盆紀、石炭紀和二疊紀。

從茶杯口大小到手掌般大小的埃迪卡拉水母，還有稍小一些的狄更遜水母，靜靜地躺在前寒武紀（約五．四億至四．八億年前）那光禿禿的海底大平原上。牠們的世界令人羡慕，只可惜好景不長，因為隨即出現了寒武紀生物大爆發（約五．四三億至四．九億年前），成千上萬種新生物在海底誕生，最早是形狀像香檳酒杯一樣的動物和生活在管狀和角狀結構裡的動物。不久，長有硬殼的草食動物和最早的掠食動物出現。

奥陶紀

（約四．九億至四．三八億年前）的海底世界就有幾分像我們今日所見到的了，因為這一時期的海洋生物是現代動物的最早祖先。珊瑚、古老海星、三葉蟲、與現代牡蠣有關的軟體動物，以及看起來與軟體動物相似的腕足動物都生活在海底。自志留紀早期開始，陸地終於不再是生命的禁區，生命體在海水裡浸泡了三十、四十億年後終於離開了襁褓。最早直接呼吸到空氣的是植物和昆蟲：木虱在矮小的濱岸植物中爬行，蠕蟲以腐爛的植物為食，像蜘蛛、蠍子一樣的捕食動物和則以草食性動物為食。

在志留紀又經歷了四千萬年以後，富於冒險精神的脊索動物從水中爬上岸邊，成為最早的兩棲類動物，這裡的植物和草食性動物為牠們提供了充足的食物，由於沒有更大的動物與之競爭，兩棲類迅速擴散開來，陸地上的生命開始繁榮。一些有頜、齒和鰭的小魚悄然出現在四．四億年前無頜類動物橫行的海平面下，越長越大，最終取而代之。這些新的魚類中有與無頜類同樣具有軟骨的軟骨魚類（鯊魚、魟魚）。

三．六七億年前的泥盆紀時期，三到六顆巨大的天體接連撞擊地球，漫天的火光和連環閃電劃破星空、刺進大海，喧囂的海底世界頓時沉寂了下來。

經歷過大劫難的生靈們隨同大地母親一起走進了石炭紀和二疊紀(三．六三億至二．五一億年前)。這時候，森林大片大片地出現，生命的主角從此擺脫了對海洋的依戀，在地面上陸續演繹著各自的傳奇。然而二．五億年前一場比泥盆紀時期更大的不幸降臨到了二疊紀芸芸眾生的頭上，生物史上最大規模的火山爆發了。許多陸生生物、超過九成的海洋生物成為這次大滅絕事件的殉難者。

中生代

到了中生代的三疊紀（二．二五億至二．〇八億年前）時期，整個地球發生了巨大的變化。會飛的爬蟲動物——翼龍第一次飛向天空；巨大的爬蟲動物第一次暢遊了大海，牠們還從爬行的過程中學會站立和行走。這一時期也出現了最早的哺乳動物。

始於中生代侏羅紀（二・〇八億至一・四六億年前），截至白堊紀（一・四六億至六千五百萬年前）的漫長時期，是恐龍的天下。六千五百萬年前，巨大慧星撞擊地球所造成的白堊紀大滅絕結束了中生代盛世。

新生代

從恐龍滅絕的六千七百萬年前起延續至今，屬於地質年代中的新生代。新生代只有第三紀和第四紀兩個紀，這兩個紀又進一步分成古新世、始新世、漸新世、中新世和上新世（以上為第三紀，於六千七百萬年前延續至距今二六〇萬年前）和更新世與全新世（以上為第四紀）。其中，最早的人屬成員出現在中新世之初。隨著鯨類的祖先在五千萬年前開始回歸大海，哺乳動物才贏得了陸、海、空的全面勝利。

在新生代的第三紀，哺乳類、鳥類和被子植物繁盛，類人猿出現。三千萬年前森林古猿出現在地球上，南方古猿生活在距今四百萬到一百萬年間的東非大裂谷，當然南非也有他們的足跡。最早的人屬成員是非洲的能人，出現距今不到二百萬年。身高不到一五〇公分，頜骨厚重，眉脊發達，腦量為五百至六百毫升。能人開始製造石質工具，還不會講話。能人之後是直立人，距今兩百萬年到距今二十、三十萬年間。在非洲、歐亞大陸及南亞群島都發現過直立人的化石。早期直立人腦量為八百毫升，晚期則增加到一二〇〇毫升，大腦結構也有所變化——有這樣的腦量就可以掌握有聲語言，同時語言的使用也改善了腦的容量和結構。同時身高也長到一六〇公分以上，下肢結構與四肢比例同我們今天大體一致。雲南元謀人、陝西藍田人和北京人，都是這一時期的人屬成員。

從掌握音節分明語言的智人開始，人類歷史步入了一個新的階段——蒙昧人階段。早期智人的化石主要在歐洲被發現。二、三萬年前人類發展到晚期智人階段，具有遺傳意義的現代人種也就形成了。到了距今一萬年的全新世，一種動物：脊索動物門，哺乳綱，靈長目，簡鼻亞目，類人猿下目，人科，人屬，智人種成了地球的主宰。

Chapter 2

文明之光

儘管在遠古的蒙昧時代，人們愚昧、落後，但在茹毛飲血之中，人類的探索文明之路卻從來沒有停止過。語言的產生、文字的出現，這點點滴滴的進步在漫長的古代文明之中孕育出了現代文明的種子，現代文明就是在這樣的絲絲縷縷的發展中進步的，文明之光就這樣產生了。

在人與世界的戰鬥中，世界不是發起者。

——加斯東・巴歇拉爾

黃金和財富是戰爭的主要根源。

——塔西佗

我思故我在。

——笛卡兒

導讀

文明之光照耀了人類歷史文明的近空，它從最早的文明古國一直持續到一六四〇年英國內戰前夕。

世界上最早的文明由四大文明古國創造。西元前三千年左右，位於非洲的埃及就出現了統一的奴隸主階級專政國家，亞洲的印度達羅毗荼人也進入了奴隸社會。西元前二十一世紀，中國第一個具有典型意義的國家夏朝建立。西元前十九世紀，古巴比倫王國建立。這四個古王國是世界文明的發祥地。

隨後，非洲和亞洲又相繼出現許多奴隸制國家。西元前一千年左右，東非努比亞建立了奴隸制國家；西元前六世紀，亞洲的波斯國興起，繼而向外擴張，成為疆域遼闊的大帝國。在非洲，西元後興起的奴隸制國家有阿克森姆、加納、辛巴威、剛果、馬里和桑海等。在亞洲，西元前後朝鮮半島出現了高句麗國，後來又出現了百濟國和新羅國；西元二世紀末，在日本也出現了奴隸制國家。「軍事是政治關係的延續」，在奴隸制國家的興起過程中，戰爭的慘烈與血腥相伴相隨。特洛伊戰爭、亞述帝國的壯大、新巴比倫王國的建立、波斯國的興起、印度邦國的林立、馬其頓的統一、中國第一個中央集權的封建王朝——秦朝的建立等等，無不是透過戰爭來改變的。

古代希臘和羅馬

歐洲最先進入奴隸社會的是古代希臘和羅馬。古代希臘是歐洲文明的發祥地。西元前八世紀至西元前六世紀，許多奴隸制城市國家在古希臘形成，如斯巴達、雅典就是其中最早的奴隸制國家。雅典剛開始與斯巴達一樣，國家由奴隸主貴族統治，但由於平民和貴族間的爭鬥非常激烈，西元前五九四年，古希臘七賢之一——梭倫為了緩和階級矛盾，實行改革，使工商業奴隸主取得了參與雅典國家統治的權力。此後，貴族勢力被不斷削弱，雅典成為奴隸制共和國，奴隸同自由民的矛盾成為社會的主要矛盾。西元前五世紀，伯里克里斯擴大了自由人民的權利，雅典民主政治得到了發展，經濟空前繁榮。西元前五世紀後半期後，希臘各城邦國家由於長期爭奪霸權和奴隸的不斷起義，逐漸衰落。西元前三三八年，奧斯曼馬其頓帝國統治了希臘。

古羅馬共和國大約建立於西元前五〇九年，是貴族專政的奴隸制國家，平民與貴族之間的矛盾是社會的主要問題。在羅馬的強盛時期，它不斷發動侵略戰爭，掠奪了大量奴隸，奴隸制高度發展，奴隸與奴隸主的矛盾也隨之尖銳化，先後爆發了西西里奴隸起義和斯巴達克斯起義，這兩次起義極大地動搖了奴隸制基礎。為了加強統治，奴隸主階級於西元前二七年建立起奴隸制軍事帝國，以代替奴隸制共和國。隨後，羅馬帝國大肆擴張，成為地跨歐亞非三洲的大帝國。輝煌的背後沉積著大量的統治危機，巴勒斯坦猶太人創立了反對羅馬的基督教；奴隸們紛紛起來反抗統治階級。奴隸的反抗迫使奴隸主改變剝削方式，實行隸農制。「巴高達運動」和「阿哥尼斯特運動」動搖了帝國的根基，日耳曼人的入侵加速了羅馬帝國的滅亡。三九五年，羅馬帝國分裂為東西兩部。四七六年，西羅馬帝國滅亡，西歐奴隸制度崩潰了。

西歐

世界各地封建制度的形成雖有先後，但就全世界範圍而言，封建生產方式居於統治地位的時期，是從西羅馬帝國滅亡到一六四〇年英國內戰前夕。

西歐封建社會的形成是羅馬帝國內部封建因素與日耳曼人原始社會解體所產生的比較溫和的隸屬形式相互結合而形成的。日耳曼人在西羅馬帝國的廢墟上所建立的眾多「蠻族」國家中，只有法蘭克的勢力得到持續發展，疆域不斷擴大，到九世紀初形成查理曼帝國，成為西歐封建社會的重心。

西歐封建區域就是在法蘭克的影響下逐漸形成的。如一〇六六年法國的諾曼第公爵威廉對英格蘭的入侵；八至十五世紀歐洲基督教國家發起的「收復失地運動」。德國的薩克森王朝和法蘭克尼亞王朝的歷代國王和皇帝所奉行的對外擴張政策，將法蘭克的封建制度的影響擴及到了英國、西班牙、波蘭、捷克和匈牙利等地。

十一至十二世紀西歐各國相繼確立了封建制度，社會生產關係的這一新的調整大大促進了社會生產力的發展，這為城市的興起提供了必要的前提和條件。西歐城市的興起和發展，既促進了西歐商品貨幣關係的發展，逐漸使封建依附關係發生鬆弛，也大大改變了西歐封建社會的階級結構，使西歐王權增添了新的支持力量，這也對西歐各國以王權為中心的中央集權的民族國家之形成發揮了積極的推動作用。英法兩國的議會君主制的形成便是城市市民階級力量壯大的結果，英法兩國的王權因此也擴大了其統治的階級基礎。

十四至十六世紀初，西歐的生產力進一步發展，擴大了社會分工，促進了商品生產的增長和國外市場的形成，為資本主義生產方式的出現創造了條件。義大利最早出現了資本主義的生產萌芽，手工工廠主人、城市的富商和銀行家成為一個新興的階級。資本主義的產生，引發西歐各國探尋新航路。新航路開闢之後，西、葡、英、法等國相繼在海外進行殖民掠奪，大量財富被運回西歐轉化為資本。新航路開闢使歐洲的商路和貿易中心從地中海地區移到大西洋沿岸，促進了英國工商業的發展。英國為了適應毛紡織手工業發展的需要，進行了圈地運動。圈地運動使大批農民破產，為英國資本主義的發展提供了雇傭勞動力。

後期勞動力的不足讓那些老牌的資本主義國家開始盯上了非洲的黑人，於是人類史上最殘酷最黑暗的一幕發生了。「我們買賣的人，從頭到腳都是黑的。他們的鼻子是如此之扁平，我們根本不可能對他們產生一點同情」、「因為人們不能想像，智慧的上帝會將高尚的靈魂放進一個完全黑色的身體……」在西方資本主義發展的歷史上，公開的人類血肉貿易竟然延續了四百年的歷史。葡萄牙是黑奴販賣運動的開山鼻祖，緊接著，西班牙、英國、荷蘭和法國紛紛效仿，歐洲的進步完全是以非洲的不斷淪入黑暗為代價的。

西歐在封建制度日趨解體、資本主義不斷發展的時期，階級間的爭鬥空前激烈。文藝復興運動就是新興資產階級在思想意識領域裡對封建神學的挑戰，思想由此得到開展，產生了新的階級文化和近代自然科學。十六世紀，德意志興起宗教改革和農民戰爭，這是西歐反封建爭鬥的第一次大決戰。尼德蘭爆發階級革命，建立獨立的荷蘭，資產階級取得政權。這預示著資產階級革命即將到來。

在整個西歐封建社會，以羅馬教宗為首的天主教會在各國的政治生活中一直處於舉足輕重的地位。這主要是由於西歐各個日耳曼國家建立之初，原始落後的國家機構需要借助於作為羅馬文明載體的天主教會，以及封建制度確立後，為分裂割據所困擾的各國王權無力效法羅馬帝國的做法，將本國天主教會納入國家政權控制之下所致。這便產生了世俗政權與教宗權力之間的爭鬥，產生了羅馬教宗組織發動各國國王和封建主組成十字軍入侵地中海東岸各國等事件。隨著西歐各國王權的不斷加強和民族意識的產生，不僅教宗作為歐洲政治事務仲裁人的作用逐漸喪失，而且各國教會也逐漸歸附於王權的控制之下，形成了各自的民族教會。

東歐

東歐封建社會的重心是拜占庭帝國，拜占庭帝國由於其獨特的經濟結構和優越的地理位置，所以古羅馬帝國的分裂對其影響並不十分嚴重。它不僅長期保持著比較有效的中央集權統治，國內局勢穩定，外族不致侵入，而且在查士丁尼一世統治時期，帝國還曾出現了一度強盛的局面。拜占庭的封建制度就是在這樣的政治環境下逐漸形成的。

但拜占庭帝國在查士丁尼一世去世後開始走向衰落，「燒死那幾隻飛蛾」的力量再也沒有顯現。其對周邊地區的影響主要是透過東正教的傳播而實現的，基輔羅斯就是透過接受東正教而被納入東歐封建區域的。

基輔羅斯國家是在東斯拉夫人原始社會解體的基礎上，由諾曼人的征服而建立的，九八八年，弗拉基米爾統治時期接受了東正教，加速了其封建化的進程。近現代俄羅斯是在基輔羅斯國家解體、由莫斯科公國在反抗蒙古人統治的基礎上發展而來的。當莫斯科大公伊凡三世於一四八〇年徹底擺脫了蒙古人的統治的時候，拜占庭帝國已於一四五三年被鄂圖曼土耳其人滅亡，莫斯科便開始自稱第三羅馬，近代俄羅斯開始崛起。

西亞

在西亞，六世紀前後，西亞地區（包括阿姆河流域以西的中亞、伊朗、兩河流域、小亞細亞、敘利亞、巴勒斯坦和阿拉伯半島等地）的政治局勢由拜占庭帝國與薩珊王朝操縱。它們之間對東西方商路的爭奪使阿拉伯半島上依靠商貿的阿拉伯人的生活陷入困境。由於阿拉伯人的社會發展水準比較低下，在渴望擺脫困境感到力量不足時，便幻想借助神的力量，伊斯蘭教的產生正反映了阿拉伯人的這一願望。正因為伊斯蘭教在阿拉伯人社會中的這一特殊作用，所以它在整個阿拉伯封建社會歷史上都發揮著非常重要的作用。

阿拉伯統一國家形成後，很快就走上了擴張的道路，阿拉伯人在四大哈里發時期和奧米亞王朝時期，擴張力最為強盛。隨著阿拉伯帝國的擴張，伊斯蘭教也衝出半島，成為世界性的宗教。阿拔斯王朝時期阿拉伯帝國出現了政治分裂的局面，但是，阿拔斯王朝是阿拉伯文化最為繁盛和輝煌的時期，阿拉伯文化的主要成就是在這一時期創造的。

十三世紀以後，阿拉伯帝國為蒙古人所滅。但是，無論是蒙古所建立的伊兒汗國和帖木兒汗國以及跟隨蒙古人來到西亞的突厥人所建立的鄂圖曼土耳其帝國，它們雖然在軍事上取得了一系列輝煌的勝利，但在文化卻只能接受伊斯蘭——阿拉伯文化。

東亞

在東亞，韓國和日本兩國的封建制度都是在中國唐朝封建制度的影響下形成。韓國的中央集權政治經歷了新羅、高麗和李朝三個發展階段，中央集權政治的每一次重建，都著手進行全國的土地丈量和分配，大力扶植小農經濟，增加國家稅收。而隨著小農經濟的削弱，中央集權政治便開始走向衰落。日本自從大化革新確立了封建制度以後，政治上和經濟上都經歷了不同於中國和韓國的道路。大化革新建立的班田制並不完全否定私有土地的存在，到了九世紀，隨著土地私有制的發展，班田制逐漸瓦解。隨之而來的是莊園制的建立和武士制度的產生，繼而是以天皇為首的中央集權制律令式國家的衰落和幕府政治的產生。此後的日本歷史，便出現了天皇與幕府將軍同時並存的局面，但國家政權則是掌握在幕府將軍之手。這種局面一直持續到近代的明治維新。

在封建社會時期，是非洲和美洲歷史發展的重要階段，雖然只有少數地區社會文明比較發達，非洲文明同樣是世界文明的一部分，自有它獨特的歷史。非洲和美洲以它們自己的獨特方式，同樣為整個人類文明做出了特殊的貢獻。

神奇的「美索不達米亞」

蘇美城庫爾臘就是《聖經》中伊甸園的誕生地，也是諾亞放飛和平鴿的地方。在底格里斯河和幼發拉底河河水的灌溉中，孕育了美索不達米亞平原，也誕生了燦爛的古人類文明。蒼茫的美索不達米亞曠野，正是人類文明的朝陽初升之地。

六千年前，古希臘人把兩河流域叫做「美索不達米亞」，意思是「兩河之間的地方」。幼發拉底河和底格里斯河的河水，日夜不停地潺潺流向海灣，造就了這片神秘神奇的土地。與埃及的尼羅河一樣，兩河河水也是定期氾濫，時漲時落，但與現在的河水氾濫造成災害不一樣，這裡的河水氾濫帶來的是更多的肥沃的沖積層土壤，這樣就形成了沖積平原和三角洲。在這片肥沃的土地上，當時的人們並不需要花費多少勞力就可以獲得豐厚的農業回報。兩河流域的沖積平原從西北伸向東南，狀似新月，故有「肥沃新月」之稱。

兩河流域相當於今天伊拉克和敘利亞一帶。「美索不達米亞」分為兩個部分，北邊叫西里西亞，簡稱亞述，以古亞述城為中心；南邊叫巴比倫尼亞，意思為「巴比倫的國土」，以巴比倫城為中心。巴比倫尼亞又分為兩個地區，南部靠近波斯灣口的地區為蘇美，蘇美以北地區為阿卡德，兩地居民分別被稱為蘇美人和阿卡德人。美索不達米亞文明最初就是由蘇美人創造出來的，後來的阿卡德人、巴比倫人、亞述人以及迦南人繼承和發揚了蘇美人的成就，使兩河文明成為人類歷史上最輝煌的文明——蘇美文明、亞述文明、巴比倫文明相繼產生於這裡並且輝煌於世，其中古巴比倫人的成就最突出，所以兩河文明也叫巴比倫文明。當中歐人還在四處游獵和採集時，蘇美人已經創造了人類歷史上第一個高度文明，打造出了文明史上的第一座城市，人與神的關係在這裡第一次被思考。

兩河文明最早的原住民是西元前四、五千年的蘇美人，經過埃利都、歐貝德文化時期（前四三〇〇至前三五〇〇年）、烏魯克文化時期（前三五〇〇至前三一〇〇年）到達捷姆迭特．那色文化時期（前三一〇〇至前二九〇〇年）時，文化已有明顯進步，有人推測以神殿為中心的城市國家此時已經形成。

蘇美早王朝（前二九〇〇至前二三七一年）是蘇美地區奴隸制城邦的繁盛時代，又稱古蘇美時期。當時城邦國家林立，這些國家一般由中心城市連同周圍的農村公社組成，領土面積不大，居民少則二、三萬，多則十幾萬人。城市以神廟為中心，也有王宮建築，周圍建城牆。國家的統治階級是貴族奴隸主，被統治階級是奴隸、手工業者和公社一般成員。當時的城邦國家基什、烏爾、拉格什等國之間為爭奪水權、土地、奴隸、貿易道路和游牧民族的進貢等事務進行了長達幾乎一千年的持續不斷的戰爭，至早王朝中期，基什可能一度稱霸於蘇美。現在記錄最早的國際外交調停事件就發生在基什、拉格什和溫瑪之間，當時的老大基什城邦國王麥西里姆作為調停人，為兩邦立石劃界。

約西元前二七〇〇至前二六〇〇年，烏爾國比較強盛。在西元前二三七一年，盧伽爾．札吉西吞併了蘇美的所有城邦，建立起兩河流域的第一個大帝國。「美索不達米亞……的居民，為了得到土地，把森林都砍光了……」西元前四〇〇〇年左右，因幼發拉底河改道，烏爾周圍地區的灌溉系統遭到破壞，良田變成了沙漠，烏爾城逐漸衰落，最後湮沒無聞。

在「美索不達米亞」，由於其特殊的地理條件，蘇美人不僅提供了人類歷史上最早的巨大的農業灌溉系統，還為人類貢獻了獨特的建築樣式。由於兩河流域缺乏石頭和木材，因此蘇美的建築都是用泥磚製造的，磚與磚之間因為沒有灰漿之類的銜接物，這些建築隨時間的流逝會損毀，因此它們過一段時間就得被拆除、剷平和重造，所以城市的地基因此不斷被抬高。蘇美人最壯觀和最著名的建築——塔廟，被建築在巨大的平台上。塔廟和宮殿使用更加複雜的結構和技術如密室和黏土釘子等。

▲楔形文字。

世界上最早的文字——「東方的拉丁語」——楔形文字也是在兩河流域形成的。蘇美人將沖積平原上的黏性泥土製成泥版，用蘆葦做成的書寫工具在上面刻字或畫圖，形成的文字符號的每一筆按壓的部分痕跡寬深，拖出的部分窄淺，就像木楔一樣，所以人們把這種文字稱為楔形文字。世界上最早、為王室和神廟培養書吏和書記員的學校就誕生在蘇美的尼普爾。蘇美人還制定了世界上最早的天文曆法，他們根據月亮的盈虧將一年分為十二個月，共三百五十四天，設閏月。一星期七天，以天上星辰諸神的名字命名：星期天（太陽神）、星期一（月神）、星期二（火星神）、星期三（水星神）、星期四（木星神）、星期五（金星神）、星期六（土星神）。

蘇美的每個城市都有它自己的神和神學，而且隨著時間的變遷這些神也發生變化。蘇美人的信仰是最早有記錄的信仰。蘇美人相信地面是一塊平板，天空則是一個蓋。他們相信人死後會成為不安地在陰間遊蕩的鬼魂。他們的這種信仰還影響了世界上的其他人，懷海德曾說：「我們從兩河流域的閃族人那裡繼承了道德和宗教……」

隨著社會生產力的發展，剩餘產品的出現，逐漸出現了奴隸。當時，蘇美人也使用奴隸，但是奴隸並不是蘇美經濟的支柱。女奴隸被用於織布、印刷，男奴隸則用於做搬運一類比較繁重的工作等。後期的蘇美法律保護婦女，而且婦女可以達到相當高的地位，但在整個社會生活中還是男人做主。

在政治上，美索不達米亞把它政治制度中最重要的兩項內容——城邦和神聖王權傳給了西方文明，城邦制度分佈在整個地中海周圍的大多數地區，君權神授、君應向神們述職的概念傳入到西方社會的本質之中，今天英國君主的加冕儀式可以說是美索不達米亞儀式的再現。在法律上，美索不達米亞把成文法傳給了西方——美索不達米亞的法律照亮了文明世界的大多數地方，希臘和羅馬透過與東方的接觸而受到影響，伊斯蘭世界只是在征服了古代美索不達米亞的中心地帶之後才有了正式的法典。英國歷史學家賽格斯在其所著《偉大屬於巴比倫》一書中這樣說：「有關抵押方面的法律最終都可追溯到……古代東方。」

蘇美人的許多發明對後來的技術和文化的發展都產生了重要影響。他們在美索不達米亞引入了密集的農業，許多重要的農作物（大麥、小麥、黍子、洋蔥、大蒜、韭菜）和牲畜（牛、驢、綿羊、山羊和豬）都是從這裡擴展出去的；他們發明的文字是目前已知的最早的文字書寫系統；他們可能是最早的記錄天文學現象的人；他們引入了將一小時分為六十分鐘、每分鐘分為六十秒的計時系統。有可能他們還發明了軍事陣列。可以說蘇美人是早期最有創造性和發明精神的人類。

尼羅河畔的先民

人類社會發展的決定因素是生產方式，隨著社會生產力的不斷提高、生產關係的不斷改變，社會的結構、制度和性質隨之發生深刻的變化。「物質生活的生產方式決定著社會生活、政治生活以及精神生活的一般過程。」不容忽視的地理環境和地理條件，有時也會對歷史發展產生不小的影響，對某些國家和地區的政治、經濟、文化的發展起著明顯地加速或延緩的作用。古代埃及文明與它所處的地理位置就有力地說明了這一點。

尼羅河流域對埃及文明產生了極大的影響。現代考古證實，在數百萬年以前，尼羅河兩岸就有原始人群活動，就現代人類而言，這塊土地上的最初居民是當地的土著黑人，後來閃米特人和含米特人從亞洲進入尼羅河流域，與當地居民融合，形成了古代埃及人。西元前四、五千年時，尼羅河地區雨量逐漸減少，河谷以外的地區漸漸變成了不毛之地，原來從事狩獵和游牧的埃及先民開始向河谷地帶轉移，於是，一塊由尼羅河谷形成的狹長綠洲就成了古代埃及人的生息之地。這片綠洲南北長數百公里，東西最窄處不足一公里。

關於尼羅河這個名稱的來源有兩種說法：一是來源於意思為「不可能」的拉丁語「尼祿」（nlie）。當時由於瀑布的阻隔，使得居住在尼羅河中下游地區的人們認為要瞭解河源是不可能的，故名尼羅河。二是認為「尼羅河」一詞是由古埃及法老（國王）尼祿斯（nilus）的名字演化來的。尼羅河是由卡蓋拉河、白尼羅河、青尼羅河三條河流匯聚而成，流經非洲東部與北部，是地球上最長的河流。古埃及人在這裡創造出高度的文明，「計算尼羅河水漲落期的需要，於是產生了埃及的天文學」。

▲尼羅河。
圖片來源:Stanley and the White Heroes in Africa (H. B. Scammel, 1890)

幾千年來，尼羅河每年七至十月定期氾濫，八月份河水氾濫最厲害，於是人們紛紛遷往高處暫住，十月以後，河水退卻。氾濫的河水帶來了適於耕種的肥沃泥土，埃及先民不用費多大的力氣就可以獲得好的收成，他們在肥沃的土地上栽培棉花、小麥、水稻、椰棗等農作物，所以歷史學家希羅多德說「古代埃及是尼羅河的贈禮」、「古代埃及的農業與尼羅河活動規律緊密相連……是尼羅河規定了古代埃及農民的生活節奏，它關係著農業的豐歉和社會的興衰。」有了這些肥沃的土地，埃及人的日子過得可是太順心了。

在人類社會早期，人類對地理環境有著較強的依賴性。這種依賴程度要比人類社會的高級階段時的依賴性大得多，因此，人類社會早期良好的地理環境對人類的生存、生產力的提高以及勞動效益的增長有著十分重要的作用。尼羅河的自然環境提高了古代埃及人的社會生產力，他們在使用石器、銅器等原始簡陋工具的金石並用時代獲得了較高的社會生產效率，創造出了較多的剩餘產品和社會財富。由於這片肥沃的土地，相當多的人來到了這裡，從此有了神廟，有了以原始城市為中心的王國，有了文字，有了智慧，也有了紛爭。根據人性的相通性，沒有永遠的朋友，也沒有永遠的敵人，只有永遠的利益，這些王國互相傾軋、爭鬥，毫不厭倦地折騰了好幾百年。

經過多年的征戰，在西元前三一〇〇年左右，在尼羅河沿岸終於形成了兩個霸主王國——北部的上埃及和南部的下埃及，出現了重要的經濟文化中心希拉康波里以及其他一些城鎮。據考證，當時尼羅河流域共有這類城鎮共四十二個，其中上埃及有二十二個，下埃及有二十個。上埃及國王戴白冠，以神鷹為保護神，以白色百合花為國徽；下埃及國王戴紅冠，以蛇神為保護神，以蜜蜂為國徽。上下埃及之間的征戰持續進行，在隨後的慘烈戰爭中，上下埃及在上埃及國王美尼斯手中得到統一，他在戰勝地建立白城，這就是統一後的埃及首都孟斐斯城。在埃及史上，他統治的王國被稱為「第一王朝」，它是古埃及文明興起的標誌。在他身後，有了埃及歷史上永恆的輝煌，古埃及的三十個王朝從此而生，綿綿漫長如尼羅河水。

前面說了埃及人的生活環境以及古埃及的建國，接下來我們再來說說埃及人的日常生活。當時大多數普通的埃及人都透過耕種來謀取食物，肥沃的土地加上他們處於領先地位的精湛耕作技術，讓他們生活得很是幸福。他們不僅擁有精湛的耕種技術，而且擁有技藝精湛的手工藝。他們種植小麥和大麥，以牧牛、釣魚、捕捉野雁為生，以大麥、小麥等穀類為主食，也吃禽類和牛肉，同時人們也會出外捕食尼羅河的各種魚類。他們編織亞麻布，用泥磚蓋房子。和其他地方的新石器文化一樣，陶器相當普遍。當時工匠已經是一種專業，他們能製作精美的石器和象牙工藝品，並且已經開始使用黃銅；婦女會製作啤酒和麵包，也會織布，埃及人很早就知道織布及染色的技巧。

古埃及人奉貓為聖明，埃及貓被認為是世界上最早出現的家貓，古埃及人是最早馴養貓的人。早在四千多年以前，在古埃及一些寺廟的壁畫上，就繪有貓的圖案。在古埃及人的觀念中，貓是神的化身，因為貓眼能在黑暗中發亮，所以他們認為貓眼能儲存陽光，這種陽光可以驅散黑暗之鬼，所以貓被看作是神聖的動物。在埃及，貓死後必厚葬，有些人還拿一些小老鼠或毛線球作為貓的陪葬品，對這一寵物極盡「生榮死哀」之待遇。十九世紀末，在埃及的一個古墓中還曾發現了三十多萬個貓體木乃伊。

中國的「三皇五帝」

關於現代人的起源問題，專家們的意見是不一致的。一些專家認為現代人類是透過不同的途徑演化而來，即支持多地區起源說。中國科學院院士吳新智將多地區連續演化說中涉及中國的部分擴展開來，透過研究提出了新的假說，即「連續進化附帶雜交」假說，主張中國古人類以連續進化為主，但在更新世間中國人在進化的過程中與其他地區人群有少量的雜交。還有人認為中國歷史的發展特點是遵循「一元多支」和「眾支融合」的模式和過程發展與壯大起來的。中華早期文明就是這種「一元多支」和「眾支融合」的模式形成於原始時代中的五帝（稱他們為「帝」，是因為他們為人類的文明發展做出了傑出的貢獻，是後人對原始社會部落聯盟軍事首長的尊稱，並不是說他們是某個帝國的首領）時代，處於仰韶文化晚期、龍山文化早期。

人們常說「自從盤古開天地，三皇五帝到如今」，按照最早的西漢大史學家司馬遷的說法，三皇指天皇、地皇和泰皇，其中以泰皇為貴。宋代又稱為天皇、地皇和人皇。也有三皇為伏羲、女媧和神農的說法，還有將燧人、祝融代替神農的。我們所熟知的神農嘗百草、火神祝融就是關於三皇的。五帝的說法就更複雜了，有指黃帝、顓頊、帝嚳、堯、舜的（《史記》中〈五帝本紀〉的提法），有指太昊、炎帝、黃帝、少昊、顓頊的……長期以來，三皇五帝由於年代久遠，只見於古籍記載，而無出土文物證實，因此，被認為只是傳說甚至神話中的人物而已，不久的將來，我們或許就會得到最接近歷史真實的答案。現在，我們只要瞭解他們所生活的時代、中華文明從那時濫觴即可。

在五帝時代，神州大地出現了不少區域性的文明中心，中華文明的形成，就是各區域文化相互碰撞與融合的結果，黃河、長江流域文化以及淮河、遼河流域文化之間的融合，逐漸從多源一體走向以中原為核心、以黃河流域和長江流域為主體的多元一統格局。五帝時代是中華文明的初級階段，黃帝時代則是中華文明的源頭。五帝時代主要部族集團的活動，是以中原及其周邊的東方、東南沿海以及燕山南北地區為重點，以四周向中原聚集為主的匯聚型，而不是以中原向四周放射為主的擴散型，這是五帝時代諸文化發展交流的主流態勢。一些考古發現表明，五帝時代除黃河流域外，在其他流域已有許多文明同時興起，只是後來在「夏夷之辨」、「中原政治文化一元論」的影響下，其他流域的文明被逐漸刪除了。

關於黃帝，還有這樣的說法：大約在四千多年以前，黃河、長江流域一帶就有許多氏族和部落居住，黃帝是傳說中最有名的一個部落首領，他們最早住在西北方的姬水（今河南新鄭市南部）附近，後來搬到涿鹿（今河北省涿鹿、懷來一帶），開始發展畜牧業和農業並定居下來。另

▲伏羲女媧圖。

▲內黃縣顓頊、帝嚳陵。

一個部落首領叫做炎帝，最早住在西北方姜水附近。據說跟黃帝族是近親。有一次，九黎族的首領蚩尤侵佔了炎帝的地盤，炎帝起兵抵抗，但被蚩尤殺得一敗塗地。後來，黃帝聯合各部落人馬，在涿鹿的田野上和蚩尤展開一場大決戰，最終黃帝打敗了蚩尤。然而後來在炎帝族和黃帝族之間也發生了衝突，雙方在阪泉（今河北涿鹿縣東南）地方交戰，炎帝失敗。從此，黃帝成了中原地區的部落聯盟首領。

傳說中的黃帝時代，有許多發明創造，像製造宮室、造車、造船、製作五色衣裳等等，這些當然不會是一個人發明的，但是後來的人把這些都記在黃帝賬上了。還說黃帝有個妻子名叫嫘祖，嫘祖教婦女養蠶、繅絲、織帛。從那時候起，就有了絲和帛了。黃帝還有一個史官倉頡，創制過古代文字。只是我們沒有見過那個時期的文字，無從考查。

儘管黃帝目前還是傳說，但是對於各地眾多的黃帝故里我們不應一概絕對否定。黃帝部族興起於河南新鄭一帶的可能性很大，但隨著氏族人口的增長，又同時受到以河南淮陽為基地的炎帝部族的巨大壓力，黃帝的一支或後裔不斷遷徙，但黃帝活動的北線地域限於燕山南麓。

五帝時代的少昊氏活動的地域隨著當時文化的發展也發生了轉移，從魯東南向北遷移。在大汶口文化向龍山文化過渡的時期，隨著文化交匯的進一步擴大，以彩陶、尖底瓶為主要考古文化特徵、以粟作農業為主要經濟活動的中原文化區；以鼎為主要考古文化特徵、以稻作農業為主要經濟活動的東南沿海及南方文化區；以筒形陶罐為主要考古文化特徵、以漁獵為主要經濟活動的東北文化區具有了更多的共同時代特徵。此時，一方面出現了以城市出現為標誌的眾多古國，另一方面，文化出現了以西北地方為一方，以東南為另一方的主流形勢。在龍山晚期，少昊氏遷移至魯中南、魯西地區。

帝嚳是黃帝的曾孫，「生而神靈，自言其名」。十五歲時，因輔佐顓頊有功，封於高辛。三十歲時，代顓頊為帝，都於亳，領部落八個。執政後游察四方，向百姓普施恩德，並以仁德、信義和勤勞施教人民，各部落以和睦友好為上，使各部落互相親善。

高辛集所在的地方，正是一處高出地面二公尺，範圍約十平方公里的原始社會新石器文化遺址，內有仰韶文化至龍山文化的大量遺物，遺址內還有許多戰國至西漢時期的空心磚和石棺墓群。

帝嚳的元妃姜嫄生了棄（即后稷），棄是周的始祖。帝嚳的次妃簡狄感玄鳥而生契，契是商的祖先。次妃慶都生了堯，堯是歷史上有名的聖賢之君、五帝之一。次妃常儀生了摯，摯繼承了嚳的帝位，九年後禪讓給堯。

五帝時代中原文明是中國的原生文明，是「上帝」烙在這個民族身上的永遠不能磨滅的「胎記」。中原文明核心形成後，匯聚千流，吸納百川，使中原文化具有優良的融合性與滲透性，這就造就了文明起源的多元性，從文化、政治、宗教、思想、哲學等諸多方面為文明核心源源不斷地提供多樣化的養分，以保持中原文明經久不衰的生命力。五帝時代過後，中國歷史上形成了一個具有典型意義的國家政權——夏王朝，從此正式進入文明時代。

「天下四方之王」：阿卡德帝國

當蘇美人已經步入文明時代時，鄰近的阿卡德人才剛開始進入氏族、部落時期，剛開始步入農耕與定居生活。在蘇美人眼中，他們是不折不扣的「鄉下人」。然而隨著時間的流逝，這些鄉下人後來卻成了他們的主人。

阿卡德人是閃米特人中的一支，阿卡德的名稱來源於阿卡德語，阿卡德語是由蘇美語和閃族語發展而來的。在西元前三千年左右，阿卡德人陸續來到兩河流域北部定居，居住在蘇美人以北的平原上，這些「鄉下人」和蘇美人又貿易，又搶劫，持續了好幾百年。在定居兩河流域北部的時候，這些「鄉下人」像海綿一樣，積極地吸收蘇美人的種種知識，他們不僅學習各種文化知識，還學會了使用車輪並開始組建自己的戰車方隊，這為他們未來奪取蘇美人的天下奠定了良好的堅實基礎。

西元前二三七一年，一個名叫盧伽爾·札吉西的溫馬王首次統一了蘇美世界，將疆土「從大海擴張到了大海」，即從波斯灣口擴展到了北敘利亞的地中海沿岸。然而，盧伽爾·札吉西還沒有來得及享受的戰鬥成果，轉眼就被閃米特語的阿卡德人薩爾貢攫取。

「薩爾貢」一詞在阿卡德語中意為「真正的王」。薩爾貢是個傳奇人物，但他出生卑賤，史書記載說其「母卑，父不知所在」，然而薩爾貢卻智慧超人，曾做過基什王烏爾札巴巴的侍衛，大約於西元前二三七一年，烏瑪人入侵基什王國，國王烏爾札巴巴無法抵抗，薩爾貢利用一次武

▲薩爾貢王的銅像。

▲薩爾貢王的銅像。
Photograph by Rama, Wikimedia Commons, Cc-by-sa-2.0-fr

裝起義奪取了政權，將王冠戴在了自己頭上，但仍以「基什」為國號，薩爾貢即位之後，貧民貴族多有不服，於是薩爾貢開始招兵買馬，準備用長刀短劍捍衛其王位。在當時優渥的招募條件下，阿卡德人紛紛參加，沒幾天就招募到了四、五千強悍士兵，並在城裡實行嚴格的「武器管制」，建立起西亞史上第一支常備軍。鞏固了政權後，薩爾貢以阿卡德城為首都。

當蘇美地區各城邦混戰之時，薩爾貢抓住這天賜的良機，帶領著阿卡德人不失時機地登上了歷史的舞台，創造了兩河流域的阿卡德大帝國。阿卡德王薩爾貢出征三十四次，最終擊敗了盧伽爾．札吉西，武力征服了蘇美的主要城邦。一則尼普爾銘文以幸災樂禍的筆調記述了盧伽爾．札吉西的命運：「阿卡德的君主，這個國家的君王薩爾貢將烏爾城變成廢墟，毀壞了它的城牆。他與烏爾人作戰，征服了他們；他與盧伽爾．札吉西作戰，俘擄了他，並給他套上頸枷帶往尼普爾。」接著薩爾貢揮兵南下，征伐拉格什「洗劍於波斯灣」，在蘇美各地都歸入阿卡德的版圖之後，薩爾貢建立起了中央集權的君主制度，即「天下只有一張嘴」，各地皆聽命於中央，最終成就了他孫子納拉姆辛「天下四方之王」的夢想。儘管在軍事上薩爾貢取得了勝利，但由於蘇美文明要遠遠高於阿卡德文明，阿卡德人幾乎全盤接受了蘇美文化，包括文字乃至宗教。

薩爾貢去世後，全國各地的暴亂此起彼伏，他的兒子里姆什繼位後，蘇美等地又多次爆發大規模起義，導致阿卡德王國國勢稍稍衰落。不久，瑪尼什吐蘇（里姆什長兄）對波斯灣沿海國家發動戰爭，並發展了同梅露哈（古代印度）、馬幹（阿曼沿海地區）及狄爾蒙（巴林及波斯灣西部沿海）的海運貿易。為了緩解國內的階級矛盾，瑪尼什吐蘇制定了一些條文，條文說明各城邦擁有一定的獨立性，國王不能隨意把各城邦的土地據為己有。瑪尼什吐蘇之子納拉姆辛在位二十六年，在平定了因祖父橫徵暴斂而引起的一系列暴動之後，他進行了大規模的征戰：在西方重創埃布拉，在南方波斯灣重征馬幹，在東北山區與盧盧卑人交戰。當時納拉姆辛威勢無雙，雄姿英發，自號「天下四方之王」。

阿卡德帝國之所以四處征討，主要是為了控制運輸外地產物及珍貴材料的商業大道。在這樣一個充滿野心的帝國裡，於是，一種新的藝術觀念——頌揚國王的榮耀與萬能——應運而生，這個時期的刻印藝術除了從上個時期傳承下來的英雄與動物格鬥的傳統圖案外，還出現了神話的場景。在阿卡德時期彙集而成的眾多圖像，對後世的印章雕刻藝術產生了深遠的影響。

然而，阿卡德人的輝煌很短暫。納拉姆辛死後不久，其子沙爾卡利沙利被宮廷政變推翻。大約西元前二二三〇年，阿卡德王國被庫提人所滅，《蘇美王表》曾發出了這樣的悲嘆：「誰是國王，誰不是國王。」來自東北山區的庫提人給其的最後一擊，使他們成了蘇美和阿卡德的臨時主人。

古希臘文明的主人

當四大文明古國古代埃及、古代印度、古代中國、古代巴比倫文明在東方出現的時候，在西方的希臘克里特島，也產生了自己的文明——愛琴文明，這似乎印證了所有的早期文明都和水有關的事實。

愛琴文明指西元前第三千紀末和前第二千紀分佈於克里特島及其周圍地區以及希臘大陸的青銅時代文化，是希臘文明最早的一個歷史階段，也是西歐文明的發源地。愛琴文明中最突出的是米諾斯文明（邁諾安文明）和邁錫尼文明。

米諾斯文明是愛琴文明的重要組成部分，因克里特國王在希臘神話中被稱為米諾斯而得名，所以有人也稱之為克里特文明。米諾斯文明的興起並不突然，早在西元前六千年這裡就進入了新石器時代，到西元前二五〇〇年已進入金石並用時代，石瓶、印章、金首飾等都很精美，印章是為確認物品私有而雕刻的，這說明當時克里特社會已出現了貧富分化，跨進了文明的門檻。西元前一九〇〇年左右，克里特島上建立起奴隸制國家，米諾斯文明形成，從此期到西元前一五〇〇年，米諾斯文明處於鼎盛時期，米諾斯人開始建造城市，並創造了一種有一百三十七個不同符號的線形文字。在目前，米諾斯人是如何稱呼自己的文明仍然是一個未知數，不過，古埃及人所稱的「Keftiu」和閃米特人的「Kaftor」或「Caphtor」都指米諾斯時期的克里特島。

▲邁錫尼遺址的山門一獅子門。
為最典型的希臘古建築形式。

米諾斯文明的經濟以農業為主，工商業與海外貿易發達。著名的歷史學家希羅多德在《歷史》中稱米諾斯為「海上統治者」，說他「是一個征服了許多土地並且在戰爭中經常取得成功的國王」。而修昔底德則在《伯羅奔尼撒戰爭史》中指出：「他是第一個組織海軍的人。他控制了現在希臘海的大部分，統治著西克拉底斯群島。在這些大部分的島嶼上，他建立了最早的殖民地，並封了自己的兒子做這些島嶼的總督，因此，他必盡力鎮壓海盜，以保障自己的稅收。」當時的國王米諾斯擁有的龐大海軍多用於貿易，當然，只要有機會，克里特人還會大肆進行殺人越貨的海盜活動。史詩《奧德賽》中寫道，有一次國王涅斯托耳客氣地問奧德修斯的兒子忒勒瑪科斯：「你是商人還是強盜？（這是當時極受人尊敬的兩種職業，沒有什麼太大的區別，只不過是海員獲取自己所需物品時可選擇的不同方式而已）」

鼎盛時期的米諾斯總人口在十萬以上，可能是當時地中海區域最大的城市。各級書吏控制社會經濟生活的各個方面，農業生產和工商製造業受到嚴密監督，所有這些都是為了替國王搜刮財富，徵收賦稅。但據說米諾斯人過著比較幸福的生活，百姓間沒有明顯的財富差別，無論出身高低和職業如何，他們都可以參加公共勞動。米諾斯人喜歡各種遊戲和運動，諸如賽跑、跳舞、拳擊、音樂等等。婦女具有同男子平等的地位，克里特人崇拜女神，例如「動物的女主人」，她是一個女獵人，或許就是古典的阿爾蒂米斯（即森林女神狄阿娜）的起源。繪畫、雕塑是米諾斯最傑出的成就。

大約西元前一七〇〇年，克里特島出現了一場動亂，可能是一次火山爆發，也可能是一次地震，也有學者認為是邁錫尼人的入侵。此後，人口再次增加，宮殿修建得比以前更大。大約西元前一四五〇年，當米諾斯王國如日中天之時，極其壯麗的宮殿再一次遭到原因不明的毀滅性打擊。接下來不久，即西元前一四二〇年左右，島國被邁錫尼人征服，他們採用了米諾斯人的文字來書寫他們的原始希臘語。在這之後，大多數克里特城市走向衰亡，而米諾斯得以保留其行政中心的地位，直到西元前一二〇〇年。

西元前二二〇〇年左右，原來住在多瑙河、頓河一帶的游牧民族移居希臘半島，他們帶來了米諾斯人沒有的東西——兩匹馬拉的輕型戰車。這些移民，包括亞該亞人（也稱邁錫尼人）、愛奧尼亞人、伊奧尼亞人和多利亞人，他們自稱是神明希倫的後代，因而獲得了「希臘人」的稱號。邁錫尼人定居伯羅奔尼撒後，快速地融入當地人當中。有證據顯示這些邁錫尼人曾經和另一入侵希臘的日耳曼部落——赫梯人有過貿易來往。

邁錫尼人顯然比米諾斯人落後，當米諾斯文明已進入它的繁盛時期之時，邁錫尼人才在米諾斯文明的直接影響下，於西元前一六〇〇年建立起自己的王國，其中傑出的國王就有著名的阿伽門農（特洛伊戰爭中的希臘首領）。在米諾斯文明毀滅之前，約西元前一六〇〇年，曾傳到了希臘大陸，在大陸上經歷了逐漸蛻化的階段，這種大陸文明就叫邁錫尼文明。邁錫尼文明不僅影響到地中海東部，而且對古希臘文化的發展起到了一個承前啟後的作用。邁錫尼文明後期，邁錫尼等許多城邦組成聯軍遠征特洛伊，十年戰爭損耗了本身的實力。邁錫尼文明於西元前一一〇〇年左右衰退並最終被另一支入侵的日耳曼部落——多利安人給毀滅了。

在西元前七五〇年前後，多利安人將鐵器製造技術引進到希臘半島。斯巴達和柯林斯就是這些多利安人的後裔，斯巴達人和柯林斯人在希臘的歷史中扮演了非常重要的角色。多利安人時代歷史上稱為荷馬時代，因為我們除了從荷馬的作品、荷馬史詩《伊利亞德》和《奧德賽》中對此略窺一斑外，我們對這個時代就一無所知了。顯而易見，荷馬時代的人都是些好戰的人，他們勇敢、堅定，我們可以從所有的相關記載中斷定這種秉性為大多數荷馬時期人所具有。

多利安人從此接替邁錫尼人逐漸進入城邦時期，每個城市都有一個高聳的堡壘，叫做衛城，在這裡城市中重要的居民可以避難或者朝拜上帝。在衛城以下的區域逐漸發展成為居民點和貿易區，他們和衛城共同受中央集權的統治，這樣的一個群落稱為城邦，政治（politics）一詞就是由希臘語城邦（polis）演化而來的。

在邁錫尼文明終結的時候，鐵器代替了青銅；並且有一個時期，海上霸權轉到了腓尼基人的手裡。邁錫尼的傾覆使得大批的邁錫尼人逃離伯羅奔尼撒，其中一大部分人到達了今天土耳其東海岸，這些海岸居民就是愛奧尼亞人。愛奧尼亞文明秉承了許多邁錫尼文明的豐富內涵，並融進了呂底亞文化的因素。這個文明最終在雅典繁盛到極致，誕生了著名的愛奧尼式柱（又稱為女性柱，由於其優雅高貴的氣質，廣泛出現在古希臘的大量建築中，如雅典衛城的勝利女神神廟和伊瑞克提翁神廟）。

▲荷馬。

希臘文明對我們如今的社會產生的影響巨大，可以說如果沒有希臘文明，就幾乎沒有我們今天現代社會的一切。現代的許多科學學科、技術發明，以及民主制度，早在古希臘時代就已經產生出了其雛形。古希臘文明更是直接催生了中世紀歐洲的文藝復興，導致近代科學的產生、民主制度的萌芽。這是希臘文明對整個人類世界做出的最重要的一個貢獻。

印度河畔的浩劫

印度這一名稱來源於巴基斯坦境內的印度河，由於古印度河的存在，沿河兩岸的游牧民有了種植農田的良好條件，這極大地促進了農業生產的發展，所以古印度河流域是南亞文明的濫觴之地，大約出現在古代兩河流域文明一千年之後。古代印度是一個歷史地理名稱，包括今天的印度、巴基斯坦、孟加拉和尼泊爾等國，七十多個屬國分別屬於東、西、南、北、中五天竺，西漢人稱古印度為「身毒」，東漢人稱其為「天竺」，唐代著名佛教高僧玄奘在其所著的《大唐西域記》中始譯為印度。

在如今巴基斯坦信德省的拉爾卡納縣南部的印度河右岸，有一座半圓形的佛塔廢墟，這裡是信德沙漠的邊緣，白天黃沙漫天，夜晚黃雲籠罩，盡收眼底的只有一望無際的沙礫。多少年來，這裡一片荒蕪，滿目淒涼，一直被當地人稱為「死人之丘」。

一九二二年，印度一些考古學家想在這裡的佛塔廢墟中找到一些佛教遺物，然而等待他們的卻是驚天的發現。他們在這裡發現了許多城市和村落的遺址，以後又在其他地區陸續發現了二百五十多處類似文化，其中最大的兩座城市，一座叫哈拉巴，一座叫摩亨佐·達羅，兩城相距約六百公里，遵照以首次發現遺址地點命名的習慣，學者們稱這種文明叫哈拉巴文化。這一考古發現，把公認的古印度文明（西元前一千年起源）向前推進了一千三百年，向世人證明了印度河文明與兩河流域的蘇美文明同樣古老而燦爛。

摩亨佐．達羅是西元前二三〇〇年前後青銅器時代的一座世界名城，是「青銅時代的曼哈頓」。這個城市的居民是南亞次大陸的叫「達羅毗荼人」的古老居民，他們為人類的發展做出了卓越的貢獻——他們是世界上最早種植棉花並用棉花織布的民族之一；他們還創造了結構獨特的文字；發明了相當精密的度量衡方法；建立了高度發達的城市經濟；而且廣泛地和其他各文明民族進行著貿易往來，如在美索不達米亞西元前二三〇〇年的廢墟中就發現了印度河流域的印章，在波斯的巴林島上也發現了一些古印度河流域的產品。

▲摩亨佐．達羅遺址。

當時的哈拉巴和摩亨佐．達羅均為建在高地上的真正的城市，有高大的城牆和寬闊的街道，城牆周長約五公里，城裡住著三、四萬居民。這兩座古城都分衛城和下城兩部分。衛城是城堡區，有防禦城牆、護城河、公共建築等設施，衛城中央的建築物是一個磚砌的大穀倉，占地幾千平方公尺。穀倉下建有通風管道，這樣可以防止穀物發黴。這類通風的穀倉，在人類的考古發現中是絕無僅有的。第一位前來從事挖掘工作的馬丁．夏爾驚嘆說：「簡直就像幾千年前從未知世界中搬來的一樣。」

城裡的街道大部分是東西向和南北向的直路，成平行排列，或直角相交。最寬的街道寬約十公尺，下面有排水道，用拱形磚砌成，形成了一個獨特的排水系統。街道旁有居住區，可能還有手工業和商業區，因為這裡的一些房子的牆上繪著各種裝飾性圖案，有的圖案暗示著房主的職業，有的圖案表現出這個行業所崇拜的神靈。另有一些房子比較寬大，可能是專門出售貨物的商店。

古城裡的建築物都用火磚——幾千年前的人們在印度河邊取土和泥，脫坯入窯，然後用火將泥坯燒結成堅硬無比的方磚，學者們給這種建築材料取名為——砌成。街道上房屋排列整齊，但大小不等，小的只有兩間房，大住宅裡面則有大廳和許多間房屋。凡是大的住宅，都有幾間房間面向中央庭院，另有一扇側門通向小巷。在這些住房中間，最突出的是一幢包括許多間大廳和一個儲存庫的建築物，它可能就是當時摩亨佐．達羅城的國王或首領居住的地方。由於城記憶體載著明顯的貧富分化跡象，並設有行政機關、公共倉廩等反映國家職能的機構，因此估計此時已形成國家，但其時的國體、政體不清。

城市是文明發展水準的一個重要標誌，與古埃及、古巴比倫比較一下我們就可以知道當時古印度的文明程度。古巴比倫的房屋用太陽曬乾的泥磚砌蓋，古埃及的房屋用石塊構建，而且這些地區的平民區的公共設施少得可憐，排水系統或處於初創水準，或者根本就沒有。所以有學者認為類似摩亨佐．達羅這樣先進發達的城市規劃只有一千多年後的古羅馬時代才能達到同等的水準。

哈拉巴文化已經有文字，主要保存在石、陶、象牙等製成的印章上。迄今所知的符號已有五百個，其中一些是發音符號，一些是象形文字。這種文字至今尚處於解讀過程中，還沒有得出滿意的結果。不過，文字的出現本身就說明其文明已達到了較高的水準。

可是，哈拉巴文化大約從西元前一七五〇年突然衰落，其中有些地區如摩亨佐·達羅更是遭到了巨大的破壞，哈拉巴文化從此湮沒無聞。人們不知道它衰落的確切原因。印度的史學家根據遺址和遺物提出了種種假說，較有影響的有以下幾種：

一是地質和生態變化說。這種假說認為印度河床的改造、地震以及由此而引起的水災，給古城文化帶來了巨大的破壞。另外，河水的氾濫、沙漠的侵害以及海水的消退也會引起生態的巨大變化。《百道梵書》所記載的當洪水毀滅世界之時，只有人類的始祖摩奴一人在神魚的啟示和幫助下造船得救，這也許就是對印度河文明毀滅的一個回憶。

二是外族入侵說。這種假說認為，大約在西元前一七五〇年左右，印度河流域的一些城市遭到巨大的破壞，摩亨佐·達羅經過一次大規模的入侵後，居民東奔西逃，從此古城荒涼了。同樣的，哈拉巴文化區的其他城鎮也遭到了或輕或重的破壞。

最近有一種說法認為古文明的衰落是多種因素相互作用的結果。主要是王城內部階級關係緊張所致，同時，由於人們對自然規律認識有限，破壞了生態平衡，造成水土流失，河流改道，雨量減少，災害頻頻，這一切又給了外族入侵的可乘之機，最終導致了文明的衰落。因此這種假說認為文明的衰落是個漸進的過程。哈拉巴文明雖然衰亡了，但這一古代文明的某些因素卻保留了下來，同後來的雅利安文明結合，最終成了印度文明的基礎。

中國第一個家天下的王朝：夏

西元前二一〇〇年前後，世界文明古國古巴比倫產生，而古埃及正走向沒落，同時代的中國，正準備進入第一個家天下的王朝——夏朝。

世界各地的中華民族後代，都說自己是炎黃子孫、華夏後人，這個「夏」就來自夏王朝。夏是一個重要的歷史時期，它開創了中國歷史上第一個家天下的王朝。說夏朝離不開禹，我們也順便說說禹的父親鯀。

堯帝時天下洪水滔天，各部落首領向堯帝舉薦能吃苦的夏部落首領鯀負責治水。鯀接受治水工作後，因治水策略不對頭，致使埋頭苦幹的九年毫無成果，後被放逐羽山。在神話裡，鯀是一位了不起的英雄。《山海經》說：「鯀竊帝之息壤以堙洪水，不待帝命。帝令祝融殺鯀於羽郊。」為堵塞洪水，從天帝那裡偷來可以自己生長不息的土壤——「息壤」，當鯀的堤壩快建成時，天帝發現「息壤」被鯀盜取，派火神祝融奪回「息壤」，並將鯀處死於羽山。因此，水患未能根治。

禹後來接替了他父親的工作，繼續聯合太行山東麓的共工氏以及其他眾多的部落開展治水工作。為了治水，大禹結婚僅四天就去了治水現場。在治水的十三年中，他曾三過家門而不入。在治水中，他一改過去以塞為主的錯誤

▲大禹像。

做法，以疏導為主，即依據地勢之高下，疏導高地之積水，使肥沃的平原能少受洪水氾濫的災害。由於禹治水為民立了大功，後人尊稱他為大禹。

經過治理之後，原來集中在大平原邊沿地勢較高地區的居民，紛紛遷移到比較低平的原野中，開墾那些肥沃的土地。於是社會生產力有了顯著的提高，這為國家的建立提供了必要的經濟基礎。

舜去世後，部落聯盟首領的位子禪讓給禹。禹接任時稱部落聯盟為「夏后」。在有崇部落（鯀所在部落）所在地——嵩山之陽建立陽城（今河南登封縣告成鎮）作為都城，「鑄九鼎」以「定九州」，後來遷都到陽翟（今河南省禹州市）。

為了鞏固王權，禹又沿潁水南下，在淮水中游的塗山（今安徽蚌埠西郊懷遠縣境），大會夏、夷諸部眾多邦國或部落的首領，這就是「塗山之會」。這次大會，是夏王朝正式建立的重要標誌。原來的眾多部落首領，到此時大都轉化成世襲貴族，分別成為各個邦國的君長。與各級貴族相對立，從事田間耕作的勞動者，統稱為「民」，其中主要的是「黎民」，還有泛稱為「眾」的，他們大多數是被奴役在田間耕作的奴隸群眾。此外還有「平民」，即一般的自由民，他們大都是各級貴族比較疏遠的宗族成員，或由原來的氏族公社一般成員轉化來的。他們雖然保持有自由民的身分，但同為各級貴族的屬民，同樣受到各級貴族的剝削和壓迫。

禹死後，各部落首領擁戴禹的兒子啟繼位，於是，禹根據禪讓制確定的接班人伯益出來與啟爭奪王位，但最終伯益被啟趕到冥南山南邊殺掉了，即《竹書紀年》中所記「益干啟位，啟殺之」。然後，啟召集眾部落首領齊聚鈞臺（河南省禹州市），舉行盛大的「鈞臺之饗」。之後，啟放棄陽翟，遷都安邑（山西省夏縣）。

啟正式確定了世襲制度，開始了中國歷史上「家天下」的局面。這下有人不悅了。與夏同姓氏的部落有扈氏起兵反對，在甘澤（河南省洛陽市東南）大敗啟。啟於是趕緊修明政治、禮賢下士，重新積聚力量，準備攻打有扈氏。啟在準備討伐有扈氏時，曾在「甘」（今陝西戶縣西南）發佈戰爭動員令，即後來的《甘誓》（迄今發現最早帶有軍法性質的規範）。《甘誓》中說：「有扈氏威侮五行，怠棄三正。天用勦絕其命。今予維共行天之罰。左不攻于左，右不攻于右，女不共命；御非其馬之政，女不共命。用命，賞于祖，不用命，僇于社，予則帑僇汝。」即說有扈氏犯了「威侮五行」和「怠棄三正」兩條罪。「威侮五行」就是不敬上天；「怠棄三正」就是不重用大臣，引起「天怒」，所以啟奉天討伐。啟在打敗有扈氏後深感天下太平，生活逐漸腐化。啟的小兒子武觀看到父親這麼瀟灑，也想坐坐皇位，於是興兵造反。啟派出大將彭伯壽出兵討伐，殺了武觀，平定了叛亂。

夏啟是透過暴力奪取政權的，他破壞了氏族成員共同選舉部落首領的原始民主制度的傳統習慣；然後夏啟過著不勞而獲的生活，成為凌駕於社會之上的最高統治者；夏朝統治者設立了各種官吏和軍隊以及監獄等作為國家政權的暴力機關；同時，打破了按血緣關係為基礎的部落界

▲會稽山，大禹陵。

限，開始按地域劃分居民，初步形成了從中央到地方的行政管理體制。在夏啟執政之時，夏啟稱他的「六卿」為「六事之人」。當時地位較高的官尹既管「黎民」之民事，也統軍旅，在他們之下，還有級別不同的各級屬僚。由此可見，當時的國家統治機構是比較龐大的。

啟的兒子太康繼位後，在腐化方面是變本加厲，吃喝玩樂是行家，尤其喜歡外出打獵。當時居住在黃河下游的夷族部落首領后羿趁太康外出打獵之機佔領了都城安邑，並派兵守住洛水北岸，使在南岸打獵的太康無法回來，最後客死異鄉。后羿將太康的兄弟仲康扶上王位，傀儡仲康又難受又恐懼，不久大病而亡。

仲康死後，后羿就把仲康的兒子相趕走，自己當起王來，自稱有窮氏，後人稱為有窮國。後來后羿被手下的「大賢」寒浞帶人射殺，傳說中的神箭手死在他最拿手的箭下。於是寒浞自封為王，寒浞死後，他的大兒子澆當了有窮國王。此時相的遺腹子少康在有虞氏的首領虞思的幫助下，發展壯大起來。少康結束了后羿與寒浞四十年左右的統治，后羿開創的有窮國徹底結束，恢復了夏朝的政權，定都舊都陽翟，史稱「少康中興」或「少康復國」。少康死後，子杼立。他重視發展武裝和製造兵甲，形成了夏代中興的局面。

然而，從杼的兒子槐起，夏家天下就江河日下，沒再出現什麼有作為的王了。到孔甲時，內部矛盾日趨嚴重。從孔甲經皋與發，到履癸（即夏桀）內亂不止。履癸文武雙全，赤手可以把鐵鉤拉直，但荒淫殘暴。他為了制伏叛離的諸侯，以武力威逼東方的諸多邦國，激起了有緡等諸侯的叛亂。履癸出兵征討有緡，有緡雖然戰敗了，但夏也元氣大傷。履癸「不務德而武傷百姓」，商族的首領湯等諸侯有背反夏朝之心，西元前一六〇〇年，履癸為商湯所敗，死於南巢（安徽巢湖北岸），謚號為桀。

夏朝的國家機構直接來源於部落聯盟機構，國家直接管轄的範圍僅限於本氏族內部。超出夏族本部落的事務由其他部落首領處理，他們享有較為獨立的管理權和統治權；對於夏王，他們則以臣服和納貢的方式表示其相互關係。在政權形式及管理制度方面，具有專制、民主二重性，表明了國家制度由氏族民主政體向君主政體過渡。

在夏朝，農業文明到了很高的程度，傳說禹的大臣儀狄開始造酒，夏王少康又發明了秫酒（黃酒）的釀造方法。為了適應農業生產的需要，人們探索出農事季節的規律，現代仍舊使用的「農曆」就是那個時代發明的。此外，畜牧業也有一定發展，製陶業、青銅的冶煉、青銅器的製造，在夏朝可能已經成為了獨立的極為重要的行業。

持續了約五百年的夏朝在桀手裡徹底完結，退出歷史舞台，中國歷史上第一個家天下的王朝就這樣滅亡了，歷史進入了第二個王朝——商朝。

艱苦卓絕的猶太先民

在非洲和亞洲之間，有一片叫做阿拉伯的大沙漠，其東邊是約旦河與死海，西邊是地中海，在靠近地中海東岸處有一片弧形地區，它的形狀像一彎新月，這是一塊富饒的土地，它的位置相當於今天的巴勒斯坦一帶。這片神奇的土地就是猶太人的發祥地，當然，猶太人並不是這裡最早的住民，迦南人（實際上就是腓尼基人）也不是，那裡最早的居民是胡里特人。西元前三千年使用塞姆語的迦南人進入那裡，很快就與胡里特人融合，共同建立了迦南，因此古代人稱這片土地為「迦南」或「迦南地」。在迦南人發展以青銅文化為特徵的農業文明時，猶太人的先祖——希伯來人在其首領亞伯拉罕的帶領下來到了這裡。

希伯來人於西元前第二千紀後半葉進入迦南，這是一群受古巴比倫文化影響的游牧部落。在西元前兩千年的漢摩拉比古巴比倫帝國時代，他們生活在繁華的大都市烏爾，後來，他們沿幼發拉底河北上，然後向西進入迦南。在後來的西元前十二至前十一世紀，有一支海上民族腓力斯丁人進佔了這片沃土，並在這裡定居下來。古代希臘人稱腓力斯丁人的居住地為「巴勒斯坦」，意即「腓力斯丁人的國家」，於是這塊地方被改稱為巴勒斯坦。

在迦南，如同外來的阿卡德人向他們的老師蘇美人學習一樣，希伯來人利用迦南人的豐富經驗，開始從事農業生產活動。在與迦南人的長期衝突中，希伯來人和迦南人逐漸混合雜居，其中以色列部落居住在北方，猶太部落居住在南方。由於迦南是當時的兵家必爭之地，弱小的希伯來人處境慘澹，在一場遍及全國的饑荒迫使下，希伯來人在亞伯拉罕的孫子雅各的帶領下前往埃及避難。在埃及，雅各的十二個兒子在此繁衍擴展成猶太人的十二支部落支派，人丁興旺。

然而好景不長，精明的猶太人越來越難與埃及人相處，在埃及法老的殘酷鎮壓下，猶太人在他們的首領摩西的帶領下，逃出埃及，在艱難的沙漠之旅中，摩西登上西奈山接受了上帝賜予的十條誡命（即《十誡》），被稱為人類歷史上第二部成文法律，第一部是《漢摩拉比法典》）。

▲摩西、亞倫與十誡（The Ten Commandments）。

「希伯來文明崇高而充滿憂傷、堅韌而缺少空間。它從一開始就處於動盪不安的流浪之中，因此把宗教當作了自己的疆土。」

猶太人在西奈沙漠上流浪了近四十年，在摩西的勸說下，猶太人有了回到迦南與迦南人、腓力斯丁人爭奪土地的信心。摩西去世後，在約書亞的帶領下，猶太人同迦南人經過無數次的戰鬥，征服了故土，終於回到迦南定居下來，然而他們仍是一盤散沙，往往只是在受到外來威脅時，才在被稱為「士師」的領袖的統領下聯合起來進行抵抗。在西元前一〇二八年，各個部落透過抽籤的方式產生了以色列的第一個國王——掃羅，建立了君主國。

北方十部擁戴的以色列王掃羅在與腓力斯丁人的戰鬥中捐軀後，南方二部推舉的猶太王大衛（西元前一〇〇〇至前九六〇年在位）繼續了這一事業。大衛於西元前一〇〇〇年統一巴勒斯坦，徹底擊敗腓力斯丁人，進而征服其餘的迦南人居住區，定都耶路撒冷，建立起統一的以色列——猶太王國。大衛的兒子所羅門把王國發展成為繁榮的商業強國，並在耶路撒冷興建了神教聖殿。

大衛、所羅門在位期間，以色列——猶太王國控制著經巴勒斯坦的商路，和埃及、阿拉伯各地都有商業聯繫，帝國的經濟有較大發展。隨著經濟的發展，國家機構也日臻完備，王國中央實行貴族政治，除國王外，還有長老會議和民眾會。大衛時期的官員已有專門分工；為徵收賦稅，所羅門把帝國劃成十二個區，派員負責。在國內，猶太人是全權自由民，包括大小奴隸主和貧困的非奴隸主階層，其次是地位近於奴隸的異族人依附者及奴婢。

榮華沒有持續多久，西元前九二二年，所羅門去世，王國積蓄已久的矛盾爆發出來。由於當時南北方存在著較大的差異，北方的土質肥沃，經濟發達，但政治地位不高，處於劣勢；南方雖然經濟落後，但王國的統治者如大衛、所羅門都來自南方，所以他們把賦稅多加給北方，導致南北矛盾激化，南北雙方經常為了爭奪霸權而同室操戈。矛盾激化的結果是帝國分裂成兩個王國：一個是以色列王國，都城設在撒馬利亞；一個是猶太王國，以羅波安為王，都城設在耶路撒冷。羅波安至亞瑪謝時期，猶太王國國勢衰微，曾一度臣服於以色列。但在烏西亞統治時期，國勢強盛，一度成為反亞述聯盟首領。

繁榮本來是靠全體成員的協力才能實現的，由於同族間的戰爭，南北以色列民族的政治和軍事實力都迅速衰退。從那以後，外敵入侵就頻繁起來。西元前七二二年，亞述帝國國王薩爾貢二世攻陷了以色列王國首都撒馬利亞，俘擄走兩萬七千多人，存續了三百年的以色列王國，從歷史上消失了。由於猶太王國較為富有，命運因此稍稍要好一些，謙卑的猶太王國國王以二十四噸黃金的代價保住了國王的寶座，成為亞述帝國的附庸。此後，希伯來人的王國就只剩下了一個猶太王國，於是，希伯來人也就被稱為猶太人。猶太王國斷斷續續地存續到羅馬人統治之初。

然而在這段存續時期，猶太王國也是多災多難，古埃及、新巴比倫王國、波斯帝國、馬其頓帝國、西羅馬都曾征服過它。尤其是新巴比倫王國國王尼布甲尼撒二世於西元前五九一年和西元前五八六年，兩次攻佔耶路撒冷。他下令把猶太人中所有的貴族、祭司、商賈、工匠一律作為俘虜，成群結隊地押解到巴比倫城，只留下一些極其貧苦的人在耶路撒冷修整葡萄園和耕種田地。這就是猶太歷史上的「巴比倫之囚」。

猶太人被擄到巴比倫之後，昔日的聖城耶路撒冷成為一片廢墟，四周的城牆被摧毀，聖殿和王宮被火焚燒，城中所有的金銀器皿全都被帶到了巴比倫。幾十年之後，波斯人居魯士滅亡了新巴比倫王國，才放猶太人回耶路撒冷重建家園。

▲所羅門寺被燒毀。

古巴比倫王朝的興替

阿卡德王國的國王沙爾卡利沙利被宮廷政變推翻後，在西元前二二三〇年，阿卡德王國被庫提人滅亡。西元前二十一世紀末期，昌盛一時的烏爾第三王朝（烏爾第三王朝又稱為烏爾帝國，在阿卡德王國幾世紀後興起。烏爾．納姆在約西元前二一一三年建立起烏爾第三王朝，在位期間稱霸美索不達米亞南部諸城邦，並頒佈目前所知最早的法典——《烏爾．納姆法典》）也為東方的古國埃蘭所滅，而他們的國王伊比辛更是成了被鐵鏈拴著的奴隸。烏爾城的淪陷，令美索不達米亞失去的不僅僅是一個單純意義上的城邦，更主要的是，失去了一個重要的屏障。隨著那片富饒土地化為殘垣斷壁，新月的腹地一下子就完全地暴露在那些「蠻族」閃亮的刀鋒之下了。蘇美人走了，阿卡德王國滅了，兩河流域卻並沒有停止前進的腳步，一個全新的階段伴隨著孕育時的陣痛到來了。

使用著不同語言的民族如潮水一般的湧入了這片肥沃的土地。西元前二〇〇七年，一支來自敘利亞草原的自稱為「亞摩利人」的閃族人的侵入更是引人注目。「閃族」又叫做「閃米特族」，據《聖經》相傳他們是閃的後裔，閃是諾亞的長子，而諾亞是人類之父亞當的第九世孫。

來到美索不達米亞的亞摩利人不久就遇到了一個如何生存下去的問題，然而，這些閃族人幾乎是憑藉本能就找到了一條適合於他們的出路。儘管此時這些閃族人尚處於氏族部落時期，可是他們驍勇善戰，在學會了原住民先進的技術後，他們就統治了原住民，令土著們大為頭疼。不久之後，美索不達米亞平原的中部就出現了由亞摩利人所建立的兩個新城：伊新和拉爾沙。雖然新建立起來的城市看上去不那麼賞心悅目，但這些閃族人憑藉著堅忍的毅力、先進的技術、好戰的天性和狂野的氣息，瘋狂地學習著先進的技術以便更快地統治這些原住民。當原住民臣服於他們後，很快地，他們將戰火燒向了自己的同胞。

伊新和拉爾沙之間的對峙持續了二百餘年之久，「攘外是否需要安內」是個問題。西元前十九世紀初，一支名為阿姆納努姆的部落在巴比倫擺脫了伊新的控制，並在他們的首領蘇木阿布的率領下，成功地建立了一個新的王國——古巴比倫第一王朝，王朝大致在當今的伊拉克共和國版圖內。這個原本是幼發拉底河邊的一個不知名的小城市，這個曾經由蘇美人建立，曾經為阿卡德人征服的小城市，從此在歷史上寫下了濃墨重彩的一筆。

由於伊新和拉爾沙的衰落，原本戰火紛飛的兩河商路因戰爭停息而漸漸復蘇。豐富的水源、肥沃的土地、來來往往的商旅給巴比倫帶來了滾滾的財富，同時，所有這些還促進了這個城邦的發展。

說起古巴比倫，我們不能不提「月神的後裔」——漢摩拉比這個名字。正是在漢摩拉比（古巴比倫王國第六代國王）的手裡，古巴比倫王國達到了一個巔峰。

即位之初，漢摩拉比的日子其實並不好過，雖然此時巴比倫的國力、軍力、物力都遠遠超過了鄰近的那些邦國，可也並沒有達到能完全無視這些城邦而僅僅憑藉著一城之力就統治兩河流域的地步。天才的漢摩拉比採取了類似於中國古代「連橫」的辦法（要知道，「連橫」的提出是在西元前二五〇年前後的春秋戰國時期，比漢摩拉比晚多了），他成功地利用城邦之間的矛盾對敵視他的聯盟加以分化，首先爭取到的是拉爾沙，接著劍指伊新，在虎狼之師面前，伊新轉眼間灰飛煙滅。接著，漢摩拉比揮師橫掃拉爾沙，接著是馬里。至此，整個美索不達米亞已沒有可以與巴比倫一較高下的對手了。

漢摩拉比統一兩河流域之後，自稱世界四方之王，並制訂了一部曠世法典，即以他的名字命名的《漢摩拉比法典》，這是一部「公平的法律」，是迄今發現第一部較為完備的成文法典。《漢摩拉比法典》刻在一塊高二．二五公尺、用黑色玄武岩製成的石柱上。上部浮雕為太陽神（正義之神）沙馬什（右）將權標授給面前的漢摩拉比；下部則是用楔形文字銘刻的二八二條法典條文。整部法典詳細規範了國王、奴隸主與自由民、奴隸之間的階級關係，還有保護孤寡老人的條文：

當莊嚴神聖的安努，安努納基之王以及貝勒，皇后天土的主宰兼巴比倫命運的決定者，伴同馬爾都克，對全人類進行統治時……當諸神鄭重提及巴比倫之名時，當諸神就全世界特別選定巴比倫，並在這裡建立一萬年堅固不摧的王國時，安努及貝勒叫道：漢摩拉比，值得

▲漢摩拉比法典石柱上半部。

稱讚的人君，諸神的虔誠者，你當使正義傳播四方，你當剷除邪惡……你滿足了百姓的需要，你保全了巴比倫的生命財產……你的所作所為，使我們深感高興。

在漢摩拉比手中，帝國得到了前所未有的發展。豪華雄偉的宮殿，巍峨壯麗的神廟，橫跨幼發拉底河的大橋，跨海運輸的商船……這一切無不顯示出巴比倫的輝煌與興盛。巴比倫城不僅是強大王國的首都，而且成了世界性的大都會。

漢摩拉比所建立起的高度專制統治也讓人嘆為觀止，他設立了中央政府機構，委派總督管理較大的地區，委派行政長官管理城市和較小的地區；強化了對經濟的控制，國家對地方徵收各種賦稅，並統一管理全國的水利系統。同時還在國家經濟的強力支持下，建立起了一支龐大的常備軍，有效地威懾了帝國內外的種種反對勢力。

漢摩拉比去世後，他的繼承人薩姆蘇伊盧納根本無力駕馭如此龐大的帝國，不但先後遭到赫梯人和喀西特人的侵襲，內部也發生諸多的反債務奴役爭鬥，此時的巴比倫雖然還擁有帝國之名，可是日漸衰微。西元前一二〇〇年左右，古巴比倫帝國終於被亞述帝國吞併。

◎關鍵詞解說：

帝國、皇帝

我們平時所說的帝國有兩種，一種是稱謂意義上的帝國，另一種是影響力意義上的帝國。在稱謂意義上，只要一國君主自稱皇帝，並被外國認可，就可算是帝國。如明治早期的日本，力量並不強大，但在稱謂上也叫日本帝國；又如二十世紀的衣索比亞，雖然弱小，受英、義等國欺凌，但也是帝國。

在影響力意義上，只要一國夠強大，有足夠的實力，並實行君主制，就可稱帝國。如俄國、若干伊斯蘭國家、匈奴、蒙古乃至古代亞述、波斯和馬其頓等，後人認為它們的制度和影響力符合帝國的標準，也稱它們為帝國。

皇帝和國王之間也有區別。對於皇帝的稱呼，有中國和歐洲兩個系統。西元前二二一年，秦始皇建立起中國第一個中央集權的封建王朝。在推行各項改革的同時，秦始皇認為「天下大定，今名號不更，無以稱成功，傳萬世」，於是將以前的稱謂「王」改為「皇帝」。在歐洲，只有征服義大利，並接受教宗加冕的強者，才可獲得皇帝這一殊榮。無論在中國還是在歐洲，「帝」的地位都高於「王」，如英國的國王可以是印度的皇帝，南唐皇帝李璟在周世宗柴榮的打擊下自去帝號改稱國主，這都說明「帝」高於「王」。

超級帝國：埃及

古埃及人建立了一個超過三千年的文明，據統計，在這段時期至少曾有五千萬人生活在尼羅河這片土地上。上下埃及在美尼斯手中得到統一後，至第三代國王阿哈，埃及的統一大業又獲得了長足的進展，他首次採用王冠、王銜雙重體制，即王冠用紅白雙冠，王銜則用百合花和蜜峰雙標，分別代表上下埃及，並最終定都孟斐斯城。後來在相當長的時間裡，埃及中央政權逐漸衰落，國家分崩離析。直到西元前二〇四〇年前後，以底比斯為中心的南方勢力重新統一了埃及，並定都底比斯，埃及王朝才得到了統一。

西元前第三世紀一位埃及祭司在他關於埃及歷史的著作中，將埃及歷史劃分為三十個王朝，後代學者多沿用此一劃分法，偶爾會多加一個第三十一王朝。古埃及（前三二〇〇至前三四三年）通常分為以下幾個時期：統一埃及國家的第一個法老美尼斯以前的時期被叫做「前王朝時期」，第一王朝到第八王朝稱為「古王國」，第十一到第十四王朝稱為「中王國」，第十八到第二十王朝稱為「新王國」，第二十五到第三十朝稱為「王朝後期」。古王國和中王國之間的第九到第十王朝被看作是「第一中間期」；中王國和新王國之間的第十五到第十七王朝構成「第二中間期」；新王國和王朝後期之間的第二十一到第二十四王朝成為「第三中間期」。

漫長的埃及王朝歷史相當複雜，這個我們暫且不去管，我們來看看他們中的一些佼佼者，他們之中有中央集權的胡夫，以及自稱太陽之子的埃赫那頓以及驍勇善戰的獨裁者拉美西斯二世等人。在金字塔中擁有盛名的胡夫，想必大家相當熟悉，這裡就不再講述。埃赫那頓，原名阿蒙霍特普（意為「阿蒙的滿意者」），古埃及第十八王朝的法老，也是埃及歷史上一位頗有爭議的法老。十八王朝是古埃及史上的鼎盛時期，但是由於當時的宗教勢力強大，祭司們飛揚跋扈，其他的貴族和民眾相當不滿，這嚴重地影響了王朝的統治基礎，阿蒙霍特普上台後採用了一種獨特的形式進行改革，主持了世界上最早的宗教改革。後世的歷史學家們對這位上古時代最獨特的人物也評價不一，有歷史學家曾這樣評價埃赫那頓：「一位真正的理想主義者和自我主義者，完全為他自己活著。」

他依靠對「阿蒙」祭司不滿的中小奴隸主貴族與「阿蒙」祭司爭鬥，接著利用太陽城的「拉」神來對抗底比斯的「阿蒙」神，後來，阿蒙霍特普一不做、二不休，創立了一個崇拜「阿頓」的神教，宣佈取消對「阿蒙」神和其他地方神的信仰，只有宇宙間唯一的太陽神「阿頓」允許信仰。他還把自己名字中的「阿蒙」二字換成了「阿頓」，取了一個新名字，叫「埃赫那頓」，意為「對阿頓有益的人」。為了徹底與「阿蒙」祭司集團決裂，他還把首都遷出底比斯。在底比斯以北三百公里的黑爾摩波里斯附近，即現在的泰爾·埃爾·阿瑪爾納另建新都，取名埃赫塔頓，意為「阿頓光輝照耀之地」。然而改革者的理想因眾人的反對而未能實現，據說他的父親和妻子都反對他的改革，西元前一三二六年，埃赫那頓在新都清冷的王宮裡，孤寂地離開了人世。至死，他的妻子都沒有原諒他，沒來看他最後一眼。一代改革家落得如此下場，是歷史的不幸還是埃赫那頓個人的不幸？

第十九王朝是埃及政治上的極盛時期。拉美西斯二世在位長達六十七年。埃及在他的統治下空前繁榮，無論是威望還是財富在當時的世界上都首屈一指，他功勳卓著，被歷史學家奉為「大帝」。拉美西斯二世在位期間修建了無數壯麗雄偉的建築，遍及阿布辛博、卡爾納克、盧克索、阿比朵斯和孟斐斯等地區，另外他在底比斯還為自己修建了祠堂。拉美西斯二世還是埃及史上最浪漫的法老，是唯一一位為王妃建造神廟的法老，他還在方尖碑上刻了一句話：「為了納菲爾塔莉的愛，太陽從東方升起！」

拉美西斯死後帝國立即陷入無政府狀態，隨後拉美西斯三世即位，在短時間內恢復了和平和秩序。拉美西斯三世在位二十一年，他死後統治埃及的是權勢日盛的阿門教士。

在數次政權的交迭中，埃及文明被替代，人種被同化。「埃及文明一開始就缺少明澈的理性，沉醉於自負的神秘。它以龐大的雄姿切斷了自己被外部世界充分理解的可能，其實也就切斷了自己的延續使命。」文學大師余秋雨這樣評述埃及文明的衰落。隨著法老王朝的滅亡，古埃及走完了它幾千年的歷程，退出了世界文明史的舞台。

▲拉美西斯二世。
作者:Ebers, Georg Moritz, 1837-1898

在古埃及文化中，信仰是其精髓，宗教是古埃及人最重要的精神生活，他們既在意死亡，也關心來世（木乃伊、金字塔就是對來世關心的最主要的表現形式），並把這些關心都混進了對神明的崇拜之中。世界上沒有哪個國家的神明數量能超過埃及，尤其是對太陽神的崇拜，法老們多以太陽神的化身自居。

在國家政治方面，埃及人也走在世人的前列。在當時的國家財政組織中，設置了記錄官、出納官、國庫長官、監督官等官員，官廳會計成為其不可缺少的組成部分。古埃及還建立了比較完善的內部牽制制度，國庫糧物錢幣的出入，必須由記錄官、出納官和監督官分別登記、檢查。民間會計的發展以早期的商業會計和莊園會計的進步為代表。當時民間已存在土地買賣、繼承、轉讓以及債權債務的結算關係。

古埃及對周邊國家和地區，尤其是地中海東岸和西亞各國的發展產生了十分重大的影響。比如，地中海東岸的腓尼基人就是在古埃及二十四個表音符號的影響下創造了二十二個字母，這二十二個字母不僅構成了腓尼基表音文字的基礎，而且後來又衍生出希臘字母，希臘字母則是現代歐洲一切字母直接或間接的源頭。

古埃及帝國是一個橫跨西亞、北非，規模空前的軍事大帝國，是世界文明發源地之一。古埃及的肥沃的農田生產出大量剩餘產品，成為古代著名的穀倉。古埃及的手工業具有相當規模，造船業開始出現並在帆船規模和裝飾技藝上有了迅速的發展，古埃及人還發展出了卓越的天文、工程、數學及醫學等知識，也發展出有系統的徵稅制度，以及具備執法人員與法庭的司法制度……

還有世界級的古老建築——金字塔作為古埃及文明的象徵，展現了無與倫比的建築藝術和科技實力，至今仍矗立在北非的沙漠上。

法老時代結束後，埃及臣服於外來的統治者，連續被外族統治長達二三〇〇年（波斯人、希臘人、羅馬人、拜占庭帝國、阿拉伯人、鄂圖曼土耳其人和大英帝國）。現代埃及國家的獨立元勳納賽爾總統毫不誇張地指出，繼埃及最後一位法老那克塔內二世於西元前三四三年被波斯人廢黜以來，他是第一位行使主權的埃及本土人士。

天生高貴與天生低賤：吃人的種姓制度

婆羅門教是古印度宗教之一，但和後來的諸多世界性宗教不同，它沒有明確的具體創教人，係由不同的宗教信仰和哲學派別匯合而成的宗教思想體系，這些不同的教義與思想派別都代表了不同地域不同種族的文化內涵，它的起源可以追溯到西元前二〇〇〇年前後侵入印度次大陸的雅利安人（意為高貴者，這是入侵者的自稱）。雅利安人來自波斯，經興都庫什山和帕米爾高原進入印度西北，西元前一千年左右，「需要更多牛羊」的雅利安人揮舞著戰斧與長矛，「天真無邪」地征服了原來的印度土著達羅毗荼人，從印度河流域向朱木拿河、恆河流域推進，改變了原有的社會結構，創造了最初的奴隸制國家。

征服者雅利安人為了確保自己的特權地位，他們根據流傳在印度河流域的梵天神創造萬物的神話，創造了一套宗教教義——婆羅門教。婆羅門教形成於早期吠陀時代，是從原始吠陀宗教演化而來的。婆羅門教所奉最高主神為婆羅摩，即大梵天（創造神），另外兩位主神是毗濕奴（保持神）和濕婆神（破壞神）。

婆羅門教所據的經典很多，根本者為《吠陀》四部本集。吠陀究竟是什麼？它是不同時期的各種天才詩人在不同條件下，出於各種目的創作的詩歌選集。吠陀的原意指知識，在古代漢譯為明論。《吠陀》四部本集指《梨俱吠陀》、《娑摩吠陀》、《阿闥婆吠陀》和《耶柔吠陀》。《梨俱吠陀》為關於諸神的讚歌和祭祀禱文；《娑摩吠陀》和《阿闥婆吠陀》中載有《梨俱吠陀》的重要讚頌並補充了有關祭祀的指導；但《娑摩吠陀》主講蘇摩祭法，而《阿闥婆吠陀》則多有咒誦。《耶柔吠陀》比前三部晚了約一千年，多敘述如何在祭祀中使用讚頌。與中國的《詩經》一樣，《吠陀》中贊詩的音樂與語言的關係十分密切，音樂的曲調即是語言音調的昇華和藝術化。這四部經書的注解是《梵書》、《森林書》和《奧義書》。

婆羅門教的基本教義是業報輪迴，因果報應。所謂「業」即人的實踐結果，該教認為人因欲望而生的行動會

▲濕婆神殿。

造成不同的業。造業即有報應，善有善報，惡有惡報，報應的體現是死後輪迴，靈魂轉世。現世的階級、等級差別與壓迫皆為前生註定，而改變差別的希望則只能寄託於在現世行善守道，以便來世時來運轉。這是統治階級從思想上禁錮下層人民，使他們變成逆來順受的順民。

為了維護其特權地位，雅利安人中的統治者將人分為四個等級（四種種姓，有膚色、形象、品質等含義，是人之社會地位的血緣標誌），最尊貴者是僧侶貴族，也就是婆羅門；其次是羅惹尼亞的王族，也就是剎帝利；一般平民稱為吠舍；原來的土著以及一些失去土地的雅利安人稱為首陀羅，也就是地位低下的奴隸。在這四種種姓之外，還有比首陀羅地位更低的賤民階級，當時稱為「不可接觸者」。在劃分種姓制度時婆羅門教還有一套有關種姓制「合理性」的解釋——四種姓係由眾神所分割的原人（普魯沙）肢體所生，婆羅門由口變成、剎帝利由雙臂變成、吠舍由雙腿變成、首陀羅則由雙腳變成，人體中較高部位變化出來的人在社會生活中當然應該處於較高的等級。

種姓制度的森嚴等級造成的後果是相當可怕的，是典型的「龍生龍，鳳生鳳，老鼠生兒會打洞」，不可能存在任何的「基因變異」。另外，婆羅門還有維護種姓制度、等級制度的法典——《摩奴法典》。「摩奴」一詞原指「人類」，後轉指人類之祖。摩奴既是人類之祖，同時也被認為是社會、道德秩序的創立者，甚至於是律法的創制者。《摩奴法典》全書以婆羅門的觀點給整個社會的各色人等制定了從生到死乃至再生的不可逾越的神聖規定，實際上是為貴族、奴隸主、封建主定下了永恆的剝削和統治的依據。「如果崇信神明，奉行吠陀的規定，死後可以投入『天道』（神的地位）；次之，可以投入『祖道』（人的地位），轉生為婆羅門、剎帝利、吠舍等；至於不信奉神明，違逆種姓義務的，則沉淪於『獸道』，即地獄之中，來世變為首陀羅和動植物等。」《摩奴法典》全書著重安排的是統治階級和附屬於他們的寄生者的生活，而勞動人民（包括當時的工商界平民）則以服務於統治者為天職，法典只對他們的「越軌」行為定下了嚴酷的懲罰，對於生產和一般社會生活則毫不在意。

婆羅門教是赤裸裸的統治階級宗教，「文明每前進一步，不平等也同時前進一步。隨著文明而產生的社會為自己所建立的一切機構，都轉變為它們原來的目的的反面」。因該教保守、反動，而且在西元前六世紀至前五世紀，印度社會的經濟發展促成了社會的分化，也產生了一大批自由思想家（佛教與耆那教的創始人便屬於其中），婆羅門教受到了一些新宗教派別的抨擊。

盛極一時的孔雀王朝推崇佛教，使婆羅門教相應衰落下去，然而婆羅門教的影響卻不絕如縷。婆羅門教於西元前一世紀起逐步復興，至四世紀時的笈多王朝繁盛起來。隨著各種宗教文獻的編纂、宗教思想的改革，婆羅門教逐漸轉化成今天在印度佔優勢地位的印度教。

窮兵黷武的亞述帝國

在西元前二六〇〇年左右，屬於閃族部落的塞姆人來到西亞北部定居，他們構築了亞述城，所以被人們稱為亞述人。隨著歷史車輪的隆隆前進，當地的土著蘇巴列亞人已經部分地與塞姆人融合了。在古巴比倫受制於喀西特人時，古巴比倫王國的藩屬亞述趁機坐大，當亞述帝國興起之時，強大的古埃及已然衰敗，古巴比倫四分五裂，而米底和波斯（現今的伊朗一帶）尚未興起。

最早的亞述帝國位於今日伊拉克北部底格里斯河上游的一小塊地區，其疆界東至札格羅斯山，西北至馬希奧斯山，西與遼闊的敘利亞——美索不達米亞草原接壤，南臨下札步河，北接亞美尼亞高原。從事畜牧業讓亞述人擁有馬上征戰的能力和養成了彪悍的性格，窮兵黷武的亞述王從不滿足於已佔有的土地，幾乎每一任國王都秉承血腥的擴張政策，不斷出征，企圖統一當時他們所知道的世界。

亞述人崇尚武力，認為武力是解決一切問題的手段，所以血腥的勝利與悲慘的失敗總是在他們身上交替出現，不是處於君臨天下、睥視寰宇的地位，就是處於被征服的悲愴境地。西元前一六〇〇年左右，巴比倫和亞述都受到了美索不達米亞以外的外族的統治。西元前一四〇〇年左右，侵略者被驅逐之後，亞述控制了巴比倫。西元前一二〇〇年，亞述帝國在國王格拉派爾塞強而有力的統治下曾一度繁榮昌盛，然而在格拉派爾塞去世後，帝國一度衰落。西元前八八三年至前六二七年，在國王辛拿切利甫和國王阿西巴尼浦等人執政期間，帝國先後征服了小亞細亞東部、敘利亞、腓尼基、巴勒斯坦、巴比倫尼亞和埃及等地，除了希臘和義大利，地中海沿岸幾乎都被它佔領了。

西元前八世紀後，鐵器的普遍使用讓亞述統治者有了對外實行軍事擴張的有利工具。統治者把國家建成了一個龐大的軍事機器，常備軍的規模大大超過了近東任何其他民族。有人說，亞述人對人類最大的貢獻就是戰爭的藝術。西元前七四五年至前七二七年，亞述國王提格拉特帕拉沙爾實行了卓有成效的軍事改革，他改組軍隊，實行募兵制，建立了一支由戰車兵、騎兵、重裝步兵、輕裝步兵、攻城兵、工兵組成的世界上兵種最齊全、裝備最精良的常備軍；他同時還注重武器的改進和軍事工程的建造；偵察兵和諜報員也有其特殊地位。軍事在亞述發展成為完善的、有系統的科學。亞述軍隊還擁有當時最強大的攻城武器「投石機」和「攻城錘」，還有渡河的充氣皮囊。提格拉特帕拉沙爾在位時，帝國軍隊打敗了勁敵烏拉爾圖，並征服了整個敘利亞地區，兼併了巴比倫，進而使疆域東臨伊朗高原，西抵地中海以至埃及，北到南高加索，南至波斯灣，以底格里斯河畔的尼尼微（今伊拉克摩蘇爾附近）為都城，建立起一個龐大的軍事帝國。看來，拜倫所說的「亞述王如餓狼撲向羊群般襲來」所言不虛。

尚武的亞述人使用極其殘忍的手段懲治敵國民眾，他們把成千的戰俘綁在上端削尖的木樁上，讓他們在痛苦中慢慢死去；他們敲碎戰敗國居民的頭顱，割斷他們的喉管，燒毀他們的房屋，搶走他們的財產，擄走他們的妻兒，甚至襁褓中的孩子也不放過，毫無人性。西元前七四三年，亞述軍隊進攻敘利亞首都大馬士革，城破之後英勇頑強的大馬士革士兵被亞述軍隊斬下的首

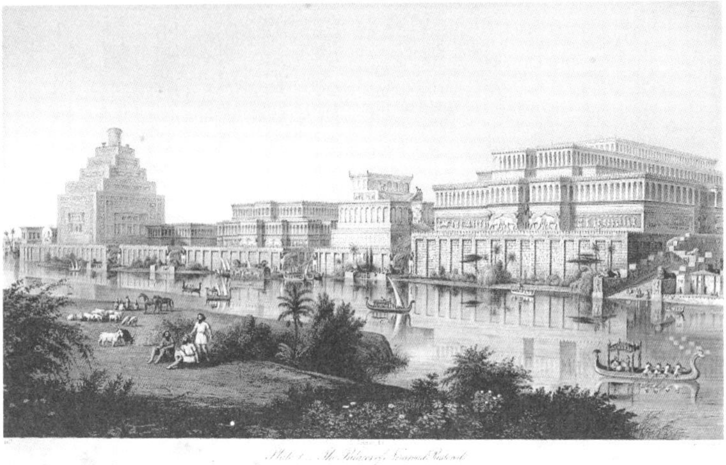

▲尼尼微王宮復原圖。Author：James Fergusson / Date:1853

級竟然堆成了一座小山……由於亞述人的行為異常殘暴，猶太人將尼尼微稱為「血腥的獅穴」。

西元前七二二年，薩爾貢二世即位。在他統治時期，亞述軍隊打敗了以色列、埃及，鎮壓了埃及支持的敘利亞和腓尼基等地的起義。薩爾貢二世使亞述帝國進入鼎盛時期。薩爾貢二世的長子辛拿切利甫在位期間竭力擴大先父的戰鬥成果。儘管辛拿切利甫的戰績卓然，但真正讓歷史銘記他的還是他興建的皇宮。這座皇宮建在山上，圍牆長達十二．五公里，山石至少有五處因修造城門而被斷開。皇宮包括兩座亞述風格的大殿、一幢橢圓形建築物以及一座植物園和一座涼亭。宮殿四周花園環抱，園林水源充足，蔥翠繁茂；殿內設施齊全，由水井、滑輪、吊桶等組成的精緻的供水設施可將水送到國王的浴室；一個帶輪子的火爐在冬天為房間供熱。

在這座宮殿的西北，辛拿切利甫還為他的后妃們蓋了一座後宮，為皇太子蓋了一座東宮。辛拿切利甫還加寬了尼尼微的馬路，增建了城市公園，修建了供水網，從郊外六十公里處引水入城。

在辛拿切利甫之後的亞述王阿薩爾哈東手中，亞述帝國達到又一高峰。西元前六七一年，阿薩爾哈東遠征埃及，攻佔孟斐斯城，使亞述成為地跨西亞、北非，版圖幾乎囊括整個西方文明世界的大帝國。

阿薩爾哈東之後繼位的是世界文明史上赫赫有名的亞述巴尼拔，他受過良好的教育，博學多才，堪稱政治家和外交家。亞述巴尼拔興建了巨大豪華的亞述巴尼拔王宮，並在宮中設置泥版圖書館，收集當時亞述人所知的全世界各地的書籍。亞述巴尼拔曾對一位巴比倫大臣下令，「只要你知道而亞述沒有的稀世碑匾，都給我找來」。圖書館的藏書室裡堆滿了刻有亞述楔形文字的大大小小的泥版，內容涉及語言、歷史、文學、宗教、醫學及天文等領域，是研究當時歷史最寶貴的資料。在軍事方面，他身上同樣有著他喝血的先輩們的殘忍。為了威嚇不順從的人，他下令把敢於反抗亞述統治的居民，不論老人、婦女或兒童都斬盡殺絕。

亞述帝國雖然幅員遼闊，但其立國的方式註定了它不可能永世長存——它借助血腥掠奪、殘酷鎮壓建立，所以它不可能鞏固。看來歷史真的是相通的，二千多年後的中國元朝也有一個龐大的疆域，但由於統治者信奉「馬上得天下，馬上治天下」的信條，其統治最終只持續了一百六十餘年。亞述巴尼拔去世後，亞述帝國迅速瓦解，埃及宣告獨立，敘利亞和腓尼基也不再俯首聽命；西元前六二六年，迦勒底人和米底人結成反亞述同盟。西元前六一四年，米底人攻下亞述城，在這血腥的城市裡，戰車飛馳，戰馬嘶叫，騎兵飛奔，矛頭鋒利，劍光閃閃，碧血橫飛。城中居民遭到屠殺，連兒童也不能倖免。亞述帝國最後的國王辛沙立希孔和他的宮殿一起被燒成灰燼。西元前六〇五年，亞述軍隊在卡爾赫美什進行了它歷史上的最後一次激戰，然後這個龐大帝國連同它的首都就從地面上消失了。

亞述軍事帝國的殘暴征服和它所採取的高壓統治政策以及對社會生產力的破壞，給各地人民都帶來了深重的災難，也激起了被征服者的不斷反抗。曾在歷史上稱雄一時的亞述帝國滅亡，帝國遺產被新巴比倫王國和米底王國瓜分，此時距亞述的鼎盛時期不過五十餘年。指望軍事強盛帶來的權力和安全，到頭來卻成了笑料。黷武主義曾贏得了輝煌，但最終卻是遺恨千古的悲哀，以戰爭而稱霸，也以戰爭而使自身最終滅亡。

從氏族到國家：古羅馬王政時代

在西方文化史上，古羅馬具有重要的代表意義。它延續了一千二百年，經歷了王政時代、共和時代和帝政時代，版圖不斷擴張，橫跨歐洲和北非，在一個相當長的時期內，農業、工商業和高利貸業興盛，奴隸制經濟取得巨大的發展，在物質和精神文化方面取得了許多成就，對後世的西方文化有相當大的影響。威廉．麥克尼爾說：「羅馬政府是個集貴族政治、寡頭政治和民主成分於一體的奇特混合物。」而馬文．佩里則說：「它超越了城邦制狹隘的政治框架，創立了一個將地中海世界的不同國家合為一體的世界國家。」這裡我們先說說古羅馬王政時代。

如果說尼羅河是埃及人民的生命之源，黃河是東方文明的搖籃，那麼台伯河就是羅馬人民的母親之河。關於羅馬建城立國有一段優美的傳說：古希臘人攻破特洛伊城後，特洛伊人伊利亞特帶領著一幫人逃了出來。逃亡者的船隻在大海裡漂泊了很久，最後海風把他們吹到岸邊，疲憊不堪的逃亡者決定在這裡定

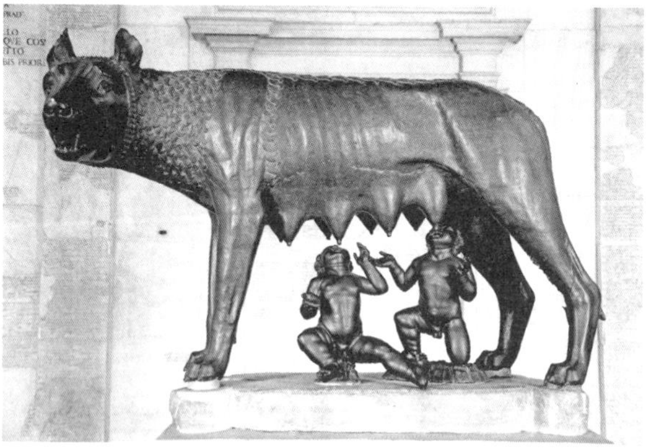

▲孿生子與母狼。
《The Capitoline Wolf》現存於羅馬卡比托利歐博物館。

居下來，這裡是義大利東岸的台伯河畔拉齊奧區。伊利亞特的兒子在拉齊奧區建立了一座城市，取名為亞爾巴．龍伽城。此後王位代代相傳，至國王努米托爾時，王位被其弟阿穆略篡奪。為了防止哥哥的後代向他復仇，阿穆略強迫努米托爾的女兒西維亞做了女祭司，由於女祭司是不准結婚的，所以阿穆略認為哥哥不會再有後代，不會有人向他報仇了。

然而戰神馬爾斯卻愛上了西維亞，並讓她生下了一對雙胞胎。阿穆略聽到這個消息後又恨又怕，他馬上派人殺死西維亞，並讓女奴把兩個嬰兒裝到籃子裡扔到台伯河裡去。由於當時台伯河正在氾濫，白浪滔天，戰戰兢兢的女奴把籃子放在河邊轉身就走了。

沒想到籃子被河水沖到岸邊的一根樹枝上，一頭到河邊飲水的母狼循著孩子的哭聲走了過來，這頭母狼剛剛失去幼崽，牠不僅沒有吃掉這兩個孩子，反而用狼奶餵養他們。剛好看到這一幕的牧人於是在母狼離開後，就把這兩個小孩帶回家，並分別為他們取名——羅慕洛和勒莫。後來兄弟倆在明白了他們的身世後，一起領導了亞爾巴．龍伽城人民起義，殺死了殘暴的阿穆略，又找到隱居鄉間的外公，把政權還給了他。

羅慕洛和勒莫做完這些事後，不願再留在亞爾巴．龍伽城，他們決定在台伯河旁的七座山丘上、母狼發現並哺育他們的地方另建新城。只是兄弟倆在給新城取名時發生爭執——他們都想用自己的名字命名，最後羅慕洛失手打死了勒莫，並以自己名字的頭幾個字母（拉丁字母Roma）作了城市的名字——這就是著名的羅馬城城名的來由，所以羅馬又稱「七丘之城」。羅馬城的建立標誌著羅馬王政時代的開始。

事實上，在西元前第一千紀初期，拉齊奧地區已接受了維蘭諾微文化，經濟有了較大發展，這裡的平川地帶土地肥沃，且有良好牧場，農牧產品北運於伊達拉里亞以換取其工藝較高的金屬產品，同時在台伯河入海口的奧斯提亞附近有鹽場出產優質食鹽，由此循台伯河將鹽東運內地，這樣就形成了南北向和東西向的貿易大道，它的一個主要交叉點熱鬧非凡、商賈雲集、經濟發達，這就是日後的羅馬建城之處。

這裡不僅地位適中，各種影響能夠遍布義大利整個東岸地區，而且由於台伯河上還恰好有一座小島，便於搭橋渡河，東岸俯臨此島的還有巴拉丁、卡彼托林諸丘，有利於當地居民控制大橋和保護商旅。因此隨著經濟的發展，原來屬拉齊奧邊緣地帶的這個渡口便受到拉丁人的重視，一些人相繼來此定居，這就是羅慕洛建城的歷史背景。

在羅慕洛執政期間，羅馬在人口規模和經濟水準上已接近建立奴隸制小國的條件，但社會制度仍屬於軍事民主制。羅馬王政時代的七王可明顯地分為兩個階段：前四王拉丁族人、薩賓族人交替時期尚屬原始社會末期，後三王的伊達拉里亞統治時期才開始真正建立起國家。

前四王的軍事民主制表現在羅馬社會仍盛行氏族制度，以父權制家族組成的氏族仍是社會的基本細胞，氏族之上有胞族（庫里亞），各胞族聚集組成部落（特里布），故羅馬歷史上的民眾會分別有庫里亞會議和特里布會議之名。十個氏族組成一個庫里亞，十個庫里亞組成一個特里布。當時羅馬、薩賓部落聯盟，亦即日後的羅馬城市公社包括三個特里布、三十個庫里亞、三百個氏族，總稱「羅馬人民」。此時部落內部已無拉丁、薩賓族系之分，反映了聯盟基礎之牢固，同時也顯示了地緣關係將代替血緣關係新趨勢的最初萌芽。

軍事民主制的三要素——人民大會、長老議事會和軍事首領在當時的羅馬則分別體現為庫里亞會議、元老院與「國王」。庫里亞會議由氏族全體成年男子參加，但議事投票以庫里亞為單位（即每個庫里亞有一票之權）。庫里亞會議有權透過或否決一切法令，選舉包括國王在內的各級軍政人員，決定戰爭和審判重大案件。

元老院由三百氏族長組成，它為庫里亞會議準備議案並作國王的顧問，按理並無實權，實際上卻能操縱庫里亞會議並對國王施加決定性影響，因為元老院代表氏族貴族勢力，氏族成員已處於他們的統治之下，故實際上元老院有審批或否決庫里亞會議決議之權，選舉國王

▲元老院。
《Cicero Denouncing Catiline》by Cesare Maccari

亦由其一手包辦，終於形成元老院在外交、財政、徵兵、搆和等大政有決定權的傳統，在以後的羅馬歷史上也長期不變。

國王集軍事首長和最高祭司的職能於一身，但一般說來尚無民政權力，氏族部落的內部事務皆由庫里亞和氏族自行集會處理。每當老王去世，元老院宣佈「虛位」，王的權力暫歸元老院。在此期間，元老院指定一名貴族元老擔任「攝政」，五天之後由他指定新的攝政並移交權力，依次輪流，直至選出新王為止。儘管此時王位並非世襲，但由於氏族長和參加元老院的元老一職往往由每一氏族中的顯貴家族世代相傳，也就是說，氏族貴族的權勢實際上已是世襲，這確定了日後羅馬社會中貴族勢力始終根深蒂固的傳統。

羅馬的軍事民主制在第四王安庫·馬爾修斯死後以伊達拉里亞人奪得王位而宣告結束。當時羅馬在城市建設、水利開發、工商業經營等方面都得依靠伊達拉里亞人，特別是在國際貿易方面，不僅農牧產品的北運和海鹽的內銷主要由他們經手，當時新發展的一種貿易——販運來自海外的雅典陶器、油、酒和工藝品等等，更全歸他們壟斷。不少伊達拉里亞的貴族、商人、奴隸主連同大批工匠紛紛移居羅馬，形成不小的社會勢力，最終他們奪得王位。

到第六個國王塞維·圖里烏斯時，此時羅馬已經有了階級分化，不但出現了奴隸主和奴隸，而且還有貴族和平民。塞維·圖里烏斯針對當時階級變動的情況，進行了一些改革。在軍事方面，他將能服兵役的公民按財產劃分為五個等級，每個等級提供數目不等的軍事百人隊，共計一百九十三個百人隊；在行政方面，他創立百人隊大會，取代了庫里亞大會的宣戰、選舉、審判權力。一百九十三個百人隊，每隊有一票表決權；他還將氏族部落按地區劃分為四個區。塞維・圖里烏斯的改革完成了古羅馬由氏族制向國家的過渡。

由於圖里烏斯限制了貴族的勢力，提高了富有平民的政治地位；平民也被允許參加氏族的全民會議，儘管其表決權受到一定的限制。這樣，羅馬社會向前發展了一大步。

在圖里烏斯的兒子趕走了篡奪父王王位的姐夫後，羅馬人民決定他們不再需要王，而是選出兩名最初稱為行政長官、後改名為執政官的官員，任期一年。第一任執政官是圖里烏斯的兒子和盧修斯・塔克文・柯拉汀。西元前五〇九年，建立起由羅馬貴族掌權的羅馬共和國。

「巴比倫之囚」與「空中花園」

西元前七世紀中期，曾經無比風光的軍事強國亞述帝國終於在內憂外困中奄奄一息了。當初它所踐踏的王國如今都想在它的心臟上插上一刀，壓垮這匹駱駝的絕不是一根稻草，而是來自巴比倫迦勒底人的兇狠一刀，帶血的長矛和盾牌是他們攻防俱佳的武器。

迦勒底人是牧羊民族，夜晚他們一邊看守羊群，一邊眺望美麗動人的夜空，長期的星象觀察使他們對天體運動有了種種新的發現。他們把天上顯著的亮星用想像的虛線連接起來，並描繪成各種動物和人的形象，確立早期一些星座的人就是迦勒底人。西元前六三〇年，巴比倫迦勒底人的首領那波帕拉薩趁亞述內亂之際，逐漸取得了對巴比倫尼亞的控制。西元前六二六年，自立為巴比倫王。

西元前六一二年，迦勒底人聯合米底人攻陷了曾經強悍的亞述帝國首都尼尼微，瓜分了亞述的江山。由於迦勒底人建立的帝國也是以巴比倫城為首都的，為了和那個被亞述滅掉的古巴比倫王國相區別，歷史上稱之為「新巴比倫王國」。

為爭奪亞述的財產，西元前六〇七年至前六〇五年，新巴比倫王國與埃及賽斯王朝在幼發拉底河上游不斷發生衝突，西元前六〇五年春天，雙方在幼發拉底河西岸的卡爾赫米什進行決戰。最後埃及軍隊慘敗，新巴比倫王國國王尼布甲尼撒下令窮追，終於在哈馬什將埃及軍隊全殲。接下來的二、三年中，尼布甲尼撒還對周邊一些小國發動一系列的征服戰爭，大馬士革、西頓、泰爾以及耶路撒冷都被迫納貢稱臣。

西元前六〇一年，尼布甲尼撒再度與埃及交戰，結果折翼而返，趁著這個機會，三年來一直臣服於尼布甲尼撒的猶太國王約雅敬投向了埃及人的懷抱。西元前五九八年底，投降埃及的猶太國王約雅敬去世，他的兒子約雅斤即位。尼布甲尼撒認為這是進攻猶太王國的最好時機，於是親率大軍攻向耶路撒冷。經過兩個多月的圍攻，在猶太內部親巴比倫派的推動下，猶太國王帶著所有的大臣一起出城投降。尼布甲尼撒廢黜了約雅斤，封約雅斤的叔叔為猶太王，並為其改名西底家，讓他宣誓效忠新巴比倫王國，不得反叛。然後下令將猶太王室的大部分成員和猶太王國的能工巧匠一齊押往巴比倫。臨行前，又下令對耶路撒冷的神廟進行洗劫。

▲巴比倫城。作者：Erasmus Francisci

西元前五八八年，埃及人向巴勒斯坦地區發動新的進攻。猶太國王西底家和這一地區其他臣服於新巴比倫的小國，這時紛紛起來響應埃及人。不久，尼布甲尼撒率新巴比倫軍隊對耶路撒冷發動了第二次圍攻。這次圍攻歷時十八個月，由於饑荒和內部分裂，耶路撒冷終於在西元前五八六年被攻陷。尼布甲尼撒在猶太國王西底家的面前殺死了他的幾個兒子，然後挖去了西底家的眼睛，接著又用銅鏈鎖著西底家把他帶到巴比倫去示眾。耶路撒冷全城被洗劫一空，城牆被拆毀，神廟、王宮和許多民宅被焚燒，全城大部分人口（尤其是貴族和手工業者）幾乎全被擄到巴比倫，尼布甲尼撒用「怒火熔化了無用的銅、錫、鐵、鉛」。

讓世人記住尼布甲尼撒的事蹟，還包括古代世界七大奇蹟之一的「空中花園」（亦稱「懸苑」）。西元前六一四年，尼布甲尼撒娶了米底王國公主賽米拉斯。由於婚前的生活環境山巒起伏，森林茂密，而現在卻滿眼黃土，賽米拉斯生起思鄉病來，這下可急壞了尼布甲尼撒。於是他下令召集了幾萬名能工巧匠，用人工堆砌了一座邊長一百二十多公尺，高二十五公尺（用石柱和石板一層一層向上堆砌，直達高空）的大假山。假山共七層，每層鋪上浸透柏油的柳條墊，以防滲水。上面再鋪上兩層磚頭，還澆鑄了一層鉛。採取這些措施以後，才在上面一層一層地培上肥沃的泥土，種植奇花異草。這些花木遠看好像長在空中，所以叫做「空中花園」。空中花園裡除了奇花異草，還建造有富麗堂皇的宮殿。據說，賽米拉斯從此興高采烈，思鄉病一下子全好了。

尼布甲尼撒還重修了巴比倫城，把首都巴比倫城建成一座堡壘般的城市。城市是方形的，每邊長二十二．五公里，圍繞城市的城牆大約有八．五公尺高，是用磚塊和油漆澆灌而成的；四匹馬拉的戰車可以在寬闊的城牆上奔馳。全城有一百扇用銅做成的城門，因此詩人荷馬又把巴比倫城稱為「百門之都」。

在尼布甲尼撒統治時期，巴比倫的國力最為強大，巴比倫城人口達到十多萬，且因地處交通要衝，世界各國的商人都到這裡來，是當時亞洲西部著名的商業和文化中心，被稱為「上天的門戶」。當時政治相對穩定，經濟繁榮。但是，強盛的背後埋藏了許久的危機，被征服的外族人對巴比倫奴隸主的仇恨日益增強、反抗不斷發生，本族的貧民和農民因破產淪為奴隸，也加劇了國內的階級矛盾，奴隸主階級內部爭權奪利的矛盾也越來越激烈。尼布甲尼撒去世後，國內政局立即動盪起來，六年中八個國王被廢，其中兩個被殺。在東面，力量越來越強大的波斯帝國征服了巴比倫的盟邦米底，對巴比倫形成了大軍壓境的局面。西元前五三九年，波斯王居魯士二世率兵進攻巴比倫尼亞，對當時的末代王那波尼德不滿的神廟僧侶迎居魯士二世入巴比倫城，那波尼德兵敗被俘，新巴比倫王國滅亡。此後，兩河流域再也沒有出現過獨立的完整國家，直到二十世紀的伊拉克王國。

擴張與衰落：波斯帝國的盛衰轉變

西元前兩千年以前，生活在伊朗高原和印度河流域的幾個部落結成了一個部落聯盟，他們講著相似的語言，有著相近的風俗，史學上多稱之為雅利安部落和雅利安人。大約在西元前十世紀至前八世紀，雅利安人的支系——米底和波斯部落先後從鄰近地區遷移到伊朗高原，並且逐漸強大了起來。

西元前七世紀，米底人脫離亞述人的統治建立起米底王國，定都愛克巴坦那，成為伊朗歷史上第一個講伊朗語的部族建立的國家。不久，米底人組織起強大的軍隊，征服了波斯人，後來又和兩河流域的迦勒底人一起將稱雄西亞、北非的大帝國亞述滅亡。

到了西元前五五三年，居魯士領導波斯聯盟的十個部落開始反抗米底人的統治，在這場爭鬥中，居魯士利用那些不滿米底國王阿斯提亞格的米底貴族，於西元前五五〇年率軍打敗了米底國王的軍隊，並俘擄了企圖謀害他的外祖父米底王，吞併了米底，正式成立了波斯帝國。波斯帝國的統治範圍與今伊朗近乎一致，因而古代伊朗文明也稱為波斯文明。不過，伊朗人更習慣自稱為雅利安人。「伊朗」的字面意思即「雅利安人的國家」，這一稱呼比「波斯」更能反映出伊朗多民族、多文化的歷史。

在征服米底後，西元前五四九年，居魯士接著征服了歷史悠久的埃蘭，這是一個與兩河流域的國家、部落都有著密切交往的古國。居魯士把埃蘭的首都蘇薩變成了波斯的第三個都城（米底都城是它的第二個都城）。在接下來的十年中，他先後征服了原屬米底王國的帕提亞、希爾卡尼亞和阿爾明尼亞、呂底亞以及伊朗和中亞的一些地方。西元前五三九年，居魯士率軍進攻新巴比倫王國，次年十月二十九日，居魯士刀不血刃地進入了巴比倫城──這座當時世界上設防最堅固的城市。於是，一長串的頭銜「我是居魯士，宇宙的王，偉大的王，強而有力的王，巴比倫的王……世界四方的王……」出現於居魯士的文告中。

居魯士在巴比倫推行寬容政策，不像其他征服者那樣「沒有錢的就要他的妻子，沒有妻子的就要他的腦袋」，他尊重巴比倫的宗教和傳統，釋放「巴比倫之囚」中的以色列先民，使他們回到了那塊「流著奶和蜜之地」──迦南，幫助他們重建了耶和華聖殿，重建了猶太教；他使原來臣服於巴比倫的腓尼基、敘利亞和巴勒斯坦等歸順波斯。就這樣，居魯士建立了西起地中海、東至錫爾河（今葉河）的強大帝國。

居魯士對征服土地有著狂熱的興趣，這一點最後卻害死了他。西元前五三〇年，居魯士率軍遠征中亞游牧部落馬薩吉特人。居魯士先派人送給馬薩吉特女王托米麗絲一封信，表示要「娶」她──其實，居魯士想「娶」的不過是她的國土。在女王回絕居魯士之後，居魯士軍隊勢如破竹，殺死了女王之子。然而，西元前五二九年，托米麗絲把居魯士的軍隊誘至馬薩吉特腹地，居魯士戰死疆場。

歷史上，勝利者的高呼聲多是伴隨著失敗一方的哭聲、坍塌聲來的；征服者盛大的喧囂背後，人類文明一個個沉寂。然而，居魯士大帝征服了那麼多的國家，但諸多的文明沒有因此而毀滅沉寂，反倒是那些本已銷聲匿跡的文明得以重生。所以，與其說居魯士是一個文明的征服者，不如說他是一個文明的崇拜者。

居魯士去世後，他的兒子岡比西斯即位，此時國內發生內亂，在平定內亂的過程中，大流士脫穎而出，西元前五二二年，大流士為波斯王，稱大流士一世。大流士一世建立起了世界上第一個地跨歐亞非的大帝國，為了頌揚自己，他讓人用埃蘭文、波斯文和巴比倫文三種文字把其戰績刻在懸崖上，史稱「貝希斯敦銘文」。

侵希戰爭的失敗是波斯帝國歷史的轉捩點，此後波斯國勢漸趨衰落。事實上，波斯文明幾乎是依靠著兩個偉大的君主（指居魯士與大流士一世）的個人魅力才巍然立世。這畢竟只是天才們的私人霸業，因此很難繼承和延續。西元前四九〇年，大流士一世派米底人入侵希臘，但在馬拉松一役中戰敗，被迫撤退，不久抱憾西去，他的兒子薛西斯進攻希臘同樣慘遭失敗，此後，帝國再無力西侵。以後諸王如阿爾塔薛西斯一世、薛西斯二世、大流士二世在位期間，宮廷陰謀和各地叛亂紛至遝來，但由於希臘內部有雅典和斯

▲萬國之門

巴達爭霸的矛盾，帝國利用金錢和外交手段才得以保持對小亞細亞的控制。帝國末代帝王大流士三世雖非庸懦君王，但此時馬其頓已以狂飆之勢崛起。西元前三三三年秋天，馬其頓國王亞歷山大率領以馬其頓人為骨幹的希臘聯軍對亞洲發動遠征。經過伊蘇斯和高加米拉兩場大戰，亞歷山大打敗了大流士三世，並很快佔領了波斯全境。西元前三三〇年，帝國都城波斯波利斯被攻陷，大流士三世在逃亡中被巴克特里亞總督拜蘇斯殺害，波斯帝國至此滅亡。

波斯帝國在藝術方面為後人留下了寶貴的遺產。波斯的建築融合埃及、巴比倫、希臘各民族的藝術成就，構成自己獨特的雄偉壯麗的風格。大流士一世的新都波斯波利斯的宮殿以石雕聞名於世，宮殿建築在巨石壘成的高台上，有大王聽政的殿堂和百柱大廳，柱高七．六二公尺，以聖牛、角獅和人面形為柱頭；高台階陛側面的壁上浮雕有萬人不死軍、廷臣和各個被征服民族進奉貢物的圖景。蘇薩的宮殿遺址有彩色釉磚的牆壁，上面描繪著大王的侍衛和各種野獸，這一切旨在表現帝國的偉大和大王的尊嚴。

在亞歷山大大帝征服波斯後，據說征服者們在城裡住了三個月之久。有一天，亞歷山大酒醉，衝進王宮縱火。當宮廷燃起熊熊烈火之時，亞歷山大突然清醒過來，下令士兵救火，然而為時已晚，一代名都的結局同一百年後中國著名建築阿房宮一樣毀於火海。

深入人心的中國儒家學說

在古代中國，有一種比佛教和道教傳播範圍廣泛得多、影響力巨大得多的「宗教」——儒教。「儒」是春秋戰國時代「百家爭鳴」中的一家，是一個學術派別。「儒」這個字原本是古代對學者的尊稱，它的字義是「優」與「和」的意思，即是說學者們的思想學問能夠安定別人，足以說服別人。

孔子是中國思想文化的創立者、奠基者和集大成者，是儒家學說的創始人，是中華乃至世界上最偉大的思想家、教育家之一。他的思想包羅萬象，博大精深，中華文化發展的所有豐富性特徵都可以從孔子那裡找到根源。不僅如此，儒學思想還滲入華人的生活與文化領域中，它還影響了世界上其他地區的一大部分人近二千年。近年來，世界各國紛紛開設了孔子學院。

孔子（西元前五五一年至前四七九年），名丘，字仲尼，「吾少也賤，故多能鄙事」。年輕的時候做過「委吏」（管理倉廩）與「乘田」（管放牧牛羊）。雖然生活清苦，但孔子十五歲時就「有志於學」，他不僅虛心好學，而且還善於學習。孔子痛感當時社會「禮崩樂壞」，於是他適當地吸收了老子（李眲）對禮制的一些見解，而又擯棄了老子思想中的消極成分，在老子思想的基礎上加以改造和創新，早期的儒家學派於是誕生。

▲孔子像。

孔子的出生地魯國是周公旦長子伯禽的封國，同時也是殷商遺民的主要聚居地。由於伯禽在東行就國時曾將大量的周典章帶往魯國，因此魯國一開始就有很高的文化基礎，「周禮盡在魯矣」。到了春秋時期，由於周王室的影響力日益萎縮，西周初年所建立的禮樂制度幾乎蕩然無存，但是，魯國由於特殊的歷史原因，得以保存了較為完整的西周典章制度。在這種特殊的文化環境中，孔子親眼目睹列國紛爭，越發感到西周那種以道德為本位、以天子為核心的典章制度能給人以肅穆莊重的感染力，「周之德，其可謂至德也已矣」，於是想將周禮與當時人們的生活透過一種制度或學說聯繫起來。

儘管孔子對周的制度非常欣賞，也相當博學，但要系統地將周禮中的典章制度與日常生活中的大事小情聯繫起來是一個很艱難的過程，這個創立儒家學派的具體過程並不簡單。儘管孔子在年輕時就有了遠大的志向，「吾十五而有志於學」，但他一生顛沛流離，「知其不可而為之」，遭受了極大的挫折與打擊。到了晚年，孔子最終回到魯國，他除了偶爾對現實發表一些議論外，基本上是只發言，不行動，將精力主要用於培養弟子和整理古代文化典籍上。在這個過程中，包括此前周遊列國時的收徒講學，最終使孔子學派日益壯大，「弟子蓋三千焉，身通六藝者七十有二人」，孔子終於開創了儒家學派。

仁是孔子思想體系的理論核心，是孔子社會政治、倫理道德的最高理想和標準，也反映了他的哲學觀點，對後世影響亦甚深遠。孔子主張任何人都應該有一種為「仁」的願望，應該誠心誠意去求「仁」，如果這樣做了，就會得到「仁」。孔子「仁」的一個重要體現就是「己立立人，己達達人」和「己所不欲，勿施於人」，孔子認為「仁」就是「愛人」。「仁」體現在教育思想和實踐上是「有教無類」，體現在政治上即強調「德治」。孔子關於「仁」的學說不是一種純粹思辨性的形而上的理論體系，更多的是結合具體行為方式告訴人們應該怎麼做，是一種對一般民眾人格昇華、人性解放的終極關懷。孔子還認為「志士仁人，無求生以害仁，有殺身以成仁」，為了崇高的「仁」的境界，絕不做違背最高道德準則的事，必要的時候要不惜犧牲自己來成就這一事業，所謂「殺身成仁」。

孔子思想體系的理論核心還包括「義」，即行為適合於「禮」。孔子把「義」作為評判人們的思想、行為的道德原則；「禮」是孔子及儒家的政治與倫理範疇。在長期的歷史發展中，「禮」作為中國封建社會的道德規範和生活準則，對中華民族精神素質的培養有著重要影響，但隨著社會的變革和發展，特別是封建社會後期，它越來越成為束縛人們思想、行為的繩索，限制了社會的進步和發展；智（同「知」）是孔子認識論和倫理學的基本範疇。孔子認為「知」是一個道德範疇，是一種人的行為規範知識；「信」是儒家的「五常」之一，指待人處事誠實不欺心、言行相一致的態度，為上者只有講信用才能獲取老百姓的真情相待；「恕」指寬恕、容人之意；孔子認為「忠」是表現於與人交往中的忠誠老實；孔子還認為「孝」、「悌」是「仁」的基礎，是「為仁之本」。

孔子所闡發有關人生必須遵行之天理，除了「修成康之道，述周公之訓」，繼承和損益前人智慧精華外，唯有運用天賦靈性深度「內省」，總結自身生活實踐經驗，徹悟「性與天道」交匯的大本大源之理，方可發前人所未發，創建系統的完整的指引「人之所以為人」、「當行之路」的偉大學說。

孔子之後的孟子（孟軻），繼承和發展了孔子的學說，使得儒家學家逐漸形成了比較完備的體系。「大成」是孟子對孔子的評價，他說：「孔子之謂集大成。集大成者，金聲而玉振之也。金聲也者，始條理也；玉振之也者，終條理也。」先秦時期，儒家和諸子地位平等，為百家之一。到漢武帝時，「罷黜百家，獨尊儒術」，自此，儒學成為顯學，成了封建帝王統治百姓的理論基礎。儒家思想逐漸發展為強調大一統、君臣父子、華夷之辨的理論。它尊崇過去，輕視現在；尊崇已確認的權威，輕視變革，成為了保持各方面現狀的極好的工具。到了宋代，儒家思想中添加了程（北宋理學家程顥、程頤）朱（南宋理學家朱熹）理學，強調天人合一，君權、父權、夫權是天命不容違抗的；鼓吹存天理滅人欲。這實際上已經嚴重地背離了以前的儒學。

儒家文化是中華民族的寶貴遺產。當代英國歷史學家湯恩比認為在「不道德程度已近似悲劇，而且社會管理也很糟糕」的今天，傳統文化中，特別是儒家的仁愛「是今天社會之所必需」，人類應該廣泛地學習儒家文化。現代哲學家、哲學史家馮友蘭認為，「孔子頗似古希臘的蘇格拉底」，而且孔子又是「學術普遍化之第一人，為士之階級之創立者，至少亦係其發揚光大者；其建樹之大，蓋又超過蘇格拉底」。

民主政治權利的先行享受者：雅典公民

西元前五世紀，當世界各地的人們還處於蒙昧狀態時，當希臘其他城邦還在為土地人口征戰不休時，雅典的公民已走在世界的前列，開始享受民主政治權利了。

雅典的民主政治同世界上的其他民主政治一樣，同樣是多次激烈的政治爭鬥的結果，它透過一系列立法改革而逐步形成。這些旨在推進民主政治的立法相當於以後的國家根本法，所以贏得了雅典「憲法」的稱號。由於雅典「憲法」所達到的高度成就以及它對後世所產生的巨大影響，人們將雅典稱為民主制度的搖籃。

當然，一個制度的產生肯定有它的社會基礎。雅典民主制的產生同樣如此：雅典是一個領土狹窄的城邦國家，山多平原少，不具備從事穩定和有效的農業生產條件，但這裡卻是種植經濟作物橄欖的好地方，而且銀礦多，又擁有天然的港口，所以商業活動成為雅典的主導；商業活動的加強推動了雅典城邦的發展與壯大，在對外擴張的過程中，貴族們佔有越來越多的奴隸，這些奴隸幾乎是沒有成本的勞動力，在他們創造價值、促進經濟發展的同時也加劇了貧富分化，貧富分化極易導致社會不穩定，社會不穩定將直接影響上層階級的地位和經濟進一步發展的可能。於是一些貴族成員表現出他們開明的一面，改革不可避免地發生了。而雅典人享有的民主政治是經過幾次改革逐漸確立的：

西元前八世紀左右，提秀斯進行了改革，設立以雅典城為中心的中央管理機關。此時，雅典邦法還處於習慣法階段（即律法直接存在於民族的共同意識之中）。

西元前六二一年，在平民反對貴族操縱司法的抗爭中，九人立法小組成員之一的德拉古（也是執政官之一）將習慣法加以整理，頒佈了雅典第一部成文法。他主要的改革舉措是：規定公民權取得的條件，即只有自備武裝能力的人才有公民權（雅典當時的軍隊是自備武裝，能準備得起大棒和長矛者成為輕甲步兵，有能力為自己購置盔甲、盾牌和標槍者成為重甲步兵，備得起馬匹和盔甲者成為騎兵）；將貴族會議選拔官吏改為由公民抽籤選舉；組成一個由公民選舉產生的四〇一人議事會。由於德拉古法維護貴族利益，帶有殘酷性，所以又被稱為「苛法」，但它在一定程度上對貴族有所限制。同時他所做的，是對越來越多的罪犯或者不利於社會穩定的活動加重法律制裁，這對整個社會的發展並沒有太大的幫助，矛盾只是被暫時壓制住了。

西元前五九四年，梭倫當選為執政官，進行了一系列的立法改革。他的改革是一場動搖根基的革命，卻兵不血刃地拯救了工農階級。梭倫立法後來成了希臘化國家法典的楷模。

梭倫改革的主要內容是：頒佈「解負令」，拔除立在債務人份地上的記債碑，作為債務抵押品的土地無償歸還原主；禁止人身奴役和買賣奴隸，因債務抵押為奴者一律恢復自由；禁止對他人包括奴隸在內的人員進行暴力傷害，允許外邦人獲得雅典公民權；廢除貴族在政治上的世襲特權，代之以財產確定其資格；國家重大事務由公民大會透過，元老院（由雅典的四個部族各出一百人構成）要保證法律的有效實施；首創陪審法院的新制度，這是司法民主化的重要措施，是公民「參與審判」權利的表現，是雅典民主制度的重要組成部分。中國倫理學的元老周輔成教授曾撰文指出：經過梭倫改革後的雅典，社會生活力求以中庸與和諧為中心，而「人的生活，無不需要和諧與節律」，梭倫的改革讓當時的希臘人多了平和、安定之心。

梭倫的改革讓平民也有權議政，開闢了「主權在民」的新道路。他的法典以完善、簡潔、富於彈性為後世稱道，成為羅馬法的「競爭對手」（羅馬法是古代法中反映商品生產和交換的最完備最典型的法律，對後世各國的立法有巨大影響。德國法學家耶林曾經說過：「羅馬曾三次征服世界：第一次以武力；第二次以宗教；第三次則以法律。而這第三次征服也許是其中最為平和、最為持久的一次。」）西元前五五九年，梭倫去世，各種利益團體開始奪權，山嶽派代表以前的貧民和破產的手工業者，平原派代表貴族地主，而海岸派則是工商業者的代表。最後政權落入獨裁者之手。

西元前五〇八年，雅典政治家克里斯提尼當選為執政官，他鞏固並改善了梭倫的改革：根據地域原則重新劃分居民，削弱以氏族為基礎的貴族勢力；將以前的四個部族強行分為十個部族，每個部族都平等地包括山嶽派、平原派和海岸派；每個部族選出一名將軍，十名將軍負責雅典軍事；每個部落選出五十名議員，五百人議會取代梭倫時期的四百人元老院，成為最高立法機構，議會任期一年；設立「陶片（貝殼）放逐法」制度，即每年春天召開一次非常公民大會，用口頭表決的方式提出是否有要被放逐的人，然後召開第二次公民大會，每個人在陶片或貝殼上寫下他認為應被放逐人的名字。凡被大多數人投票（票數超過六千票）認為應被放逐的人，就要在限期內離開雅典，十年後方可返回。設立該制度的目的在於防止陰謀奪取政權的僭主政變。可惜歷史給克里斯提尼開了一個天大的玩笑——他自己成了雅典第一個被放逐的人。

此時，雅典民主政治已兼有「主權在民」和「輪番為治」的特色。

西元前四六二年，阿菲埃爾特出任雅典執政官，他的改革舉措主要有：制定新「憲法」；剝奪貴族特權，剷除貴族殘餘的政治勢力；建立對不法行為的申訴制度，即每個雅典公民若發現現行立法中有違反民主制度的條款，均可向陪審法院進行申訴，要求予以修改或廢除。繼阿菲埃爾特後，西元前四四三年，伯里克利開始任雅典首席將軍，成為雅典實際上的最高統治者。伯里克利繼續進行的改革使雅典的民主法制發展到了頂端。

伯里克利認為「人是第一重要的，其他都是人的勞動成果」。他曾對民眾說：「不要對於這些東西（指房屋和耕地）過於重視，你們應當把這些東西和你們的力量的真正泉源衡量一下，在比較之中，你們知道這些東西的價值不過和那些與財富俱來的花園和其他奢侈品是一樣的。」伯里克利把人看得高於一切，重視人的重要作用。根據這些認識，他在實踐中推進了民主政治，做到了尊重公民的獨立人格，最大限度地發揮公民的積極作用。

伯里克利根據雅典民主制的實踐給民主制訂了一個明確的定義：我們的政治制度所以被稱為民主政治，是因為政權是在全體公民手中，而不是在少數人手中。他指出這種主權在

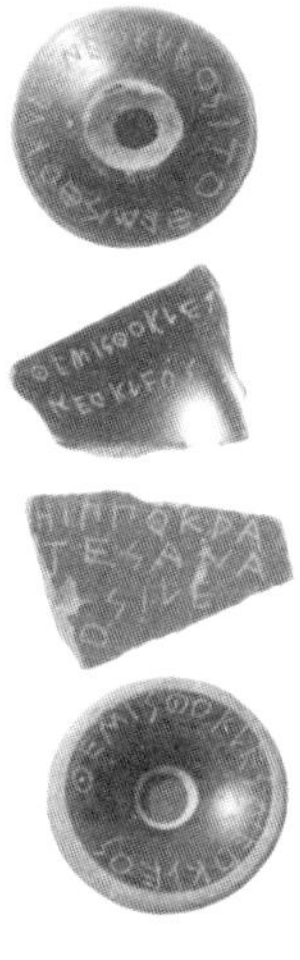

▲雅典公民投票時使用的陶片。

民的民主政治奉行著三條基本原則：平等、自由與法治。伯里克利指出：在雅典，每個人在法律上都是平等的，在政治上也是平等的，任何人只要能對國家有所貢獻，絕不會因貧窮而在政治上「湮沒無聞」；伯里克利認為雅典民主政治是自由而公開的，在日常生活也是這樣的。關於法治，伯里克利指出：「在我們私人生活中，我們是自由而寬恕的，但是在公家的事務中，我們遵守法律。這是因為這種法律深使我們心悅誠服。」他還說：「我們服從法律本身，特別是那些保護被壓迫者的法律，那些雖未寫成文字，但若是違反，就算是公認恥辱的法律。」

在伯里克利時期，官職向所有等級公民開放，取消任職資格的財產限制；實行公職津貼制，吸引下層公民參與城邦管理；擴大民眾大會的權力，民眾大會基本上成為雅典的最高權力機關；五百人議事會成為民眾大會常設機構，陪審法院對民眾大會決議有最後批准權。這和後來資本主義國家實行的三權分立制度是相似的，從中我們可以看出雅典人的聰明睿智與遠見卓識。

伯里克利的政治理念與倫理思想密切地結合在一起，是實踐的倫理學，也是那個時代精神文明的重要組成部分。伯里克利在陣亡將士國葬典禮上發表的演說，堪稱為世界上最早的民主宣言，表達了雅典民主政治的基本精神。這些基本精神一直到現在仍受到許多愛好民主和自由的人們的肯定與讚賞。

希臘城邦的戰火

古老的希臘不僅擁有燦爛的文化藝術，而且其軍事和戰爭也聞名世界。西元前四百多年前，古希臘兩個城邦國家同盟——以斯巴達為首的伯羅奔尼撒同盟，與以雅典為首的提洛同盟之間展開著名的伯羅奔尼撒戰爭，戰爭的結果是繁榮的古希臘開始由盛轉衰，而後來的馬其頓王國撿了個便宜，反而成了古希臘的老大。

在這場戰爭前，希臘還與波斯帝國進行了曠日持久的希波戰爭。繼希波戰爭中馬拉松戰役和溫泉關戰役後，在進行薩拉米海戰的最後一年，雅典聯合大量希臘城邦國家組織了強大的聯盟，將波斯軍隊趕出了希臘本土。這一場戰爭取得勝利的意義是巨大的，因為在此之前「希臘人只要一聽到波斯人的名字就感到恐懼」，而現在他們「看到穿波斯服裝的人而敢於勇敢地面對」。雅典在希波戰爭結束後，為了防範波斯人，組織了一個海軍同盟，其總部設在提洛島。這一共同防衛的同盟性質後來卻發生了一些變化，雅典人逐漸把它變成了一個有利於自己的帝國，它把同盟的總部和金庫從提洛遷移到雅典，而商業上發生的爭執也都是提交雅典的法庭解決，它開始不是為了共同防衛的目的，而是為了自己的城邦而動用同盟的金庫。而且，它開始強迫一些城邦加入同盟，並不准已加入的城邦退出同盟，為此它採用了一系列血腥殘暴的手段鎮壓同盟中成員的反叛，接管其海軍，勒索其貢賦。這樣，雅典的迅速崛起，同盟向雅典帝國的轉化，招致越來越多的恐懼、猜疑和怨恨。希臘世界出現了分裂：一邊是人們公開稱之為一種「暴政」的雅典帝國；另一邊是由斯巴達和一些支持斯巴達的城邦組成的伯羅奔尼撒同盟。

雅典人的擴張引起了斯巴達人的擔心，畢竟「一山難容二虎」、「臥榻之旁，豈容他人酣睡」，於是一場為爭奪希臘霸權而爆發的長年戰爭——伯羅奔尼撒戰爭在所難免。《伯羅奔尼撒戰爭史》的作者修昔底德曾這樣說：「使戰爭不可避免的真正原因是雅典勢力的增長和因而引起斯巴達的恐懼。」雅典人勢力的擴張最終引發了伯羅奔尼撒戰爭，這雖然不是他們所情願的，但他們還是對此有所準備。伯里克利在推進雅典帝國時已經預感到與斯巴達必將有一戰。他在戰爭爆發後坦率地對有些動搖的雅典人說：「對政治漠不關心的人真的認為放棄這個帝國是一種正確且高尚的事，但是你們已經不可能放棄這個帝國了。事實上你們是靠暴力來維持這個帝國的，過去取得這個帝國可能是錯誤的，但是現在放棄這個帝國一定是危險的。」

西元前四三五年，伯羅奔尼撒同盟中的科林斯與其殖民地克基拉發生爭端。二年後，雅典出兵援助克基拉，逼科林斯退兵。次年秋天，伯羅奔尼撒同盟集會，在科林斯的鼓動下，他們向雅典提出要它放棄對提洛同盟的領導權的強硬要求，遭雅典拒絕，伯羅奔尼撒戰爭爆發。從西元前四三一年到西元前四二一年，經過了「十年戰爭」、兩敗俱傷的雅典與斯巴達簽訂了《尼西阿斯和約》，承諾在五十年內不進行戰爭。然而，導致戰爭的基本矛盾依然存在。

《尼西阿斯和約》對於強者來說，似乎總只是一張紙，特別是在利益攸關之時。在和約簽定不到六年的西元前四一六年，西西里島的雅典盟邦塞蓋斯塔首先點燃了戰火。次年五月，雅典將軍阿爾基比阿德斯、尼基阿斯和拉馬科斯率軍遠征西西里。途中，阿爾基比阿德斯因涉嫌赫爾墨斯神像被毀事件，逃亡斯巴達。他向斯巴達人獻上兩條計策：一是要他們從陸上出兵，佔領雅典城北二十公里的狄克利亞高地，封鎖雅典的對外通道；二是要他們趕快派海軍到西西里島，去解救被雅典人包圍的敘拉古城（在戰爭期間，雅典人冒險地做了一次致命的擴張嘗試：向西西里島敘拉古邦國大舉派遣遠征軍，正是這一次遠征讓雅典元氣大傷）。

在阿爾基比阿德斯的幫助下，雅典人完全陷於被動。雅典城被斯巴達人封鎖以後，疫病流行、饑荒嚴重，二萬多名奴隸乘機逃到斯巴達。而在西西里島上，在斯巴達人的援助下，即將被雅典人攻破的敘拉古城守住了，雅典的海軍被打敗，歷史學家修昔底德對這次戰爭的描述時這樣的：「雅典的艦隊和軍隊統統從地球表面消失掉，什麼也未能保全下來」，四萬多名雅典陸軍戰士也陷入絕境。所有的通道都被敘拉古人封鎖了，東面有輕甲兵設下的埋伏，西邊有騎兵的阻擊，雅典人一天只能行軍七公里。這種艱難的行軍，讓雅典士兵有了「風聲鶴唳，草木皆兵」的切身感受。

▲伯羅奔尼撒戰爭圖。

屋漏偏逢連夜雨，船遲又遇頂頭風，不久拉馬科斯陣亡，軍隊由尼基阿斯一人指揮。在這種情況下，尼基阿斯萌生退意，然而在此時刻竟然出現了月蝕，在占卜師的建議下，尼基阿斯決定二十七天後退兵。在等待之中，斯巴達和科林斯援軍向百無聊賴的雅典軍隊發起了猛烈的進攻。西元前四一三年九月，尼基阿斯戰死，雅典軍隊全軍覆沒，損失戰船二百艘，被俘七千人，從此失去海上優勢。

為了挽回頹勢，雅典邦國動用其全部財力重組艦隊，並於西元前四一二年和西元前四一一年先後在阿拜多斯、基齊庫斯打敗斯巴達艦隊。然而，希臘的宿敵波斯在關鍵時刻幫了斯巴達的大忙，斯巴達很快就恢復了元氣，他們於西元前四〇五年在赫勒斯滂海峽（今達達尼爾海峽）附近之羊河口重創雅典海軍，繼而從海陸兩面包圍雅典，迫使其於西元前四〇四年四月投降，接受屈辱和約。該和約規定，雅典宣佈解散提洛同盟而加入伯羅奔尼撒同盟；拆毀從雅典城到出海口的長牆工事；撤除所有海軍並只允許保留十二艘船隻。長達二十七年的伯羅奔尼撒戰爭結束了，斯巴達人取得了希臘霸權。

伯羅奔尼撒戰爭在古代軍事史上佔有重要地位，雙方鬥智鬥勇，較量涵蓋了政治、經濟、軍事和文化。兩大同盟對海陸通路的爭奪，對敵方的封鎖和侵入都達到了很大規模；奪取要塞創造了許多新方法如使用水淹、火燒和挖掘地道等；方陣雖還是戰鬥隊形的基礎，但步兵能以密集隊形和散開隊形在起伏地伺機行動；職業軍人開始出現等等。這些對希臘以及西歐軍事都產生了深遠影響。

雅典在這場戰爭中戰敗了，雖然後來還有一些英勇、試圖復興的努力，但雅典還是無可挽回地衰落，曾經讓世人昂首仰視的雅典民主制度衰亡了，雅典的精神逐漸凝結成了歷史。而這也可以說是整個希臘世界的衰落，是希臘人所無比珍視的城邦制度和生活方式的衰落；甚至還可以說是人類精神和道德的一次滑入低谷，是人性旋律的一次趨於低沉。

戰爭給古希臘帶來了前所未有的破壞，戰火燒遍了幾乎整個希臘世界，不僅各城邦之間互相進行戰爭，許多城邦內部也發生了內亂，持續時間還相當漫長。在戰爭中，眾多手工業者破產，不少城邦喪失了大批勞動力，工商業停滯倒閉。中小奴隸制經濟逐漸被吞沒，大量財富集中在大奴隸主、大土地所有者、投機商人和高利貸者手中。貧民過著衣不蔽體、食不果腹的生活，因而不滿富人和豪強的統治，城邦的統治基礎動搖了。因此，在很多城邦都曾先後發生過貧民起義，風起雲湧的起義打擊了奴隸主的統治，進一步加速了希臘城邦的衰落。伯羅奔尼撒戰爭不僅結束了雅典的霸權，而且使整個希臘奴隸制城邦制度逐漸退出歷史舞台。

伯羅奔尼撒戰爭使斯巴達稱霸於全希臘，其寡頭政治得以推行，各城邦國家民主勢力遭到迫害；寡頭式的蠻橫統治又引起各城邦的強烈不滿，各地起義不斷，伯羅奔尼撒同盟漸趨瓦解。西元前三世紀前半期，希臘境內戰火連綿不絕，在戰爭中，各邦力量被無限地消耗，後來終於被早已對其覬覦的外敵馬其頓消滅。

禪釋人生：佛教的興起

佛教和其他的宗教一樣，都是人們對生活中的人、事、物的思考，然而佛教展示的不是宇宙的生成變化諸如世界是永恆的，世界不是永恆的；或者世界是有限的，世界是無限的；我是誰，我因何為我等等。佛教闡述的是苦的輪迴規律，一個人即使自殺也不能將生命泯滅掉，只能在輪迴中得到新的苦與死，唯有解脫才能擺脫輪迴之苦。若想獲得解脫，就需要覺悟，覺悟需要透過禪定達到，而禪定只能透過正確的生活方式（慈、悲、喜、捨）獲得。

佛陀不是人格的神，也不是所謂創造宇宙及主宰宇宙的上帝，他是實實在在的歷史人物，佛陀降生於西元前五六〇年，滅度於西元前四八〇年。佛陀的出生地位於今尼泊爾境內，當時的國家名為迦毗羅衛。與迦毗羅衛城邦鄰近的國家中，以中印度的拘薩羅國的國力最強大，到了佛陀的晚年，迦毗羅衛即被它征服，後來東方的摩羯陀國打敗了拘薩羅國，建立了更強大的帝國。

迦毗羅衛的居民是強大的雅利安人，在種族上被稱為釋迦族，根據《佛本行集經》中的記述，釋迦族是雅利安人的剎帝利階級，是甘蔗王的後裔，甘蔗王族則是古仙人瞿曇（又譯作悉達多）的後裔，所以釋迦族又以瞿曇或悉達多為氏。這個由釋迦族組成的小國家，背後是雄偉的喜馬拉雅山，雨量豐富，卻少有洪災，農作物相當富饒，盛產稻米；在其南方，又和恆河流域的大平原相接，氣候宜人。不過，有人懷疑釋迦族不是純粹的雅利安人，甚至有人說他們是蒙古西藏血統的黃種人。

佛陀的父親名叫淨飯王（意為純淨的稻米），他的父親另有三位兄弟，分別叫做白飯、斛飯和甘露飯。兄弟四人，均用飯（原意為稻米）命名，是很有趣的事，原因是當時的印度盛產稻米，米飯是非常美味的食物。佛陀的母親是摩訶摩耶（意為偉大的摩耶），但在佛陀降生一週後去世了。佛陀是在其姨母及父王的照顧下長大的，不過，當他沒有出家之前，大家都稱他為悉達多太子。

悉達多太子常常一個人在月桂樹下冥思苦想，這每每讓淨飯王想起先知阿氏陀仙「登上智慧之船，他將拯救世界」這句話。為了防止兒子出走以「拯救世界」，淨飯王決定用女色、醇酒和音樂來讓太子安心待在王宮以繼承王位，淨飯王為他娶了一位非常漂亮的妻子耶輸陀羅。傳說太子見到耶輸陀羅時，「心中的陰霾一掃而空」。當然，太子難免這種人性的要求，但他認為這種快樂不是長久滿足的人生。從表面上看，太子有時候也會浮現出微笑，而他的內心深處卻是益感空虛和孤獨，「他的神思總像鴿子離巢那樣飛去」。

待在皇宮的日子裡，悉達多太子曾多次出遊，他目睹步履艱難的老人，有感於人生老苦，心生憂鬱；見到無藥可救的病人，心生憐憫，心自憂懼；看到冰冷僵硬的屍體，有感於心，惶恐苦悶。終覺自己也將老邁、生病乃至死亡。後來，他看見一出家之人，圓頂緇袍，相貌不俗，精神朗澈，威儀有度，出家人告訴他修行解脫之道。王子聽後，下定決心棄絕富貴享樂，刻意修行，以求解脫「老」、「病」、「死」之苦。

在拒絕了父親與妻子的挽留後，悉達多出家了。他開始接受老師傳授給他的瑜伽苦修訓練，曾在菩提樹下修習禪定，整整七天七夜，冥思苦想宇宙之諸般真相：苦是什麼，如何消除它；真我與假我；不論世俗的縱欲與享受，還是苦行者的磨難，都不是生命的正道……他所發現的是正道也即解脫之道。他確信，世界有著自己的進程，走著必然的輪迴之路。在這之中盲目、無知的眾生，不停地隨輪迴而流轉……

在菩提樹下開悟後，悉達多為實現自己拯救蒼生的願望準備下山傳道。在路上，他遇到一位婆羅門僧侶。兩人交談之後，婆羅門僧侶感喟地說：「你是釋迦牟尼啊（『釋迦』是其種族名，意思是『能』；『牟尼』意思是『仁』、『儒』、『忍』、『寂』。『釋迦牟尼』也即『釋迦族的聖人』之意）。」釋迦牟尼創立佛教基本教義後，接著廣收門徒，組建僧團，度人不計其數。總計其一生，說法四十餘年，談經三百餘會，功德無量。

釋迦牟尼八十歲時，一日到了拘薩羅國城外娑羅雙樹林間，這地方四面各有兩株娑羅樹，枝枝相對，葉葉相映。釋迦牟尼在河中洗澡後，在繩床上頭北面西、右脅著席、疊足安臥，中夜之時，他對弟子說完最後的遺教，安詳圓寂。釋迦牟尼滅度後，他的出家弟子和世俗弟子們無不泫然流涕，紛紛從四面八方趕來，瞻仰其遺容，緬懷其功德。七日後，由大弟子摩訶迦葉主持了葬禮，在拘薩羅國城天冠寺舉火焚化。薪盡火滅，摩訶迦葉取出舍利（高僧遺體焚燒後留下的珠狀物），分為八份，用淨器裝盛，分送八國造塔供養。

佛教是一個智信的宗教，舉凡業力、因果、三法印、四聖諦、八正道、三十七道品等各種教義，都是為了開啟眾生的智慧，幫助眾生認識人生實相，進而解決煩惱痛苦，獲得解脫自在。佛教創立不久即在世界各地獲得了廣泛的傳播，自西漢末年傳入中國，三國兩晉南北朝時期空前盛行，「南朝四百八十寺，多少樓台煙雨中」。唐朝時隨著玄奘西遊，中國對佛教的研究更進一步，然後佛教再由中國傳入韓國、日本。唐朝時期，日本把中國當成佛教的母國。

佛教是東方傳統文化的集中表現，是東方智慧的結晶，是東方文化寶庫中稀有難得之瑰寶。佛教自釋迦牟尼創立以來，歷經二千五百餘年，一直影響著東方人的物質生活和精神生活，幾乎涉及了哲學、科學、文學、藝術（建築、雕刻、音樂）、美學、教育學、心理學以及倫理道德等社會的各個方面。歷史學家斯塔夫里阿諾斯在《全球通史》中說：佛教之所以能為印度以外地區的人們所接受，與其說是因為僧人盡心竭力地從事傳教活動，倒不如說是由於愛好和平的旅行者和移民使印度文化逐漸傳播開來的緣故。佛教的傳播不是倚仗武力，而是憑藉其教義和儀式的吸引力。德國著名哲學家尼采曾說：「佛教是歷史上唯一真正實證的宗教。它視善良和慈悲為促進健康，不可以仇止仇。」英國哲學家伯特蘭．羅素說：「多種宗教中，我所贊成的是佛教」、「我覺得不論是智慧還是人格……佛陀都超過耶穌。」

印度河畔的超級大帝國時代：孔雀王朝

印度的早期歷史分為史前時期（又稱前哈拉巴時期，西元前二三〇〇年以前）和印度河文明時期（又稱哈拉巴時期）。西元前二三〇〇年左右，前哈拉巴文化結束，印度河文明開始。印度河文明是當地居民在特定的環境中的卓越創造，其存在時間約為西元前二三〇〇年至西元前一七五〇年，分佈在印度河流域的廣大地區，其面積至少一百三十萬平方公里。

西元前一千年至前五百年的後期吠陀時期，印度——雅利安人進入恆河中下游地區，並開始使用鐵器。部落共同體逐漸過渡到地域性共同體，奴隸制國家開始形成。據佛經記載，西元前六世紀至前五世紀時，印度開始進入列國時代，當時有十六個邦國，主要有摩羯陀、迦尸、拘薩羅、俱盧、般遮羅和犍陀羅等。在難陀王朝統治末期，馬其頓國王亞歷山大大帝入侵印度，北印度局勢十分動盪，這些邦國割據一方，彼此殺戮以爭奪更多的土地與人口。在戰爭中，摩羯陀王國越戰越勇、越來越強，經過幾百年的廝殺，到了西元前三二五年，摩羯陀王國的貴族旃陀羅·笈多趕走了馬其頓駐軍，統一了北印度，征服了恆河流域的大部分地區，建立了統一的奴隸制帝國，成了印度歷史上的第一個大帝國。由於旃陀羅·笈多出生於孔雀宗族，所以此時又稱為孔雀王朝。同時由於佛教在此期產生，所以史學上又把這一時期稱為「早期佛教時代」。

旃陀羅·笈多晚年因癡迷於大雄創立的耆那教絕食而死，帝國第二代國王是與佛陀同時的頻毗娑羅，此期，唯有國王有權擁有常備軍和接受貢奉，這些權力標誌著剎帝利對婆羅門長期爭鬥的勝利，但婆羅門仍然擁有大權。西元前二七三年，頻毗娑羅王病逝，為了爭奪王位，阿育王兄弟姊妹間展開了殘酷的爭奪戰，阿育王在一些王公大臣的幫助下，成功地奪取了王位。約西元前二六九年阿育王即位後，他開始透過武力征伐以擴大王朝的版圖，典型的一個修羅（人們普遍意識中的修羅來自佛教中的解釋，而西方人對修羅的理解就是他們自己宗教中的惡魔），是歷史上著名的嗜血君王之一。修羅王四處討伐，開疆拓土，所到之處生靈塗炭，等待反抗者的命運除了被征服還是被征服。約西元前二六二年，在阿育王執政的第八個年頭，他開始大舉進犯南印度的羯陵伽王國。據銘文記載，羯陵伽王國被征服，其中十五萬人被俘，十萬人被殺，傷者更是不計其數。阿育王統一了除邁索爾地區外的印度全境，其統治時期成為古代印度史上空前強盛的時代，印度古代奴隸制君主專制的集權統治達到頂峰。這一戰是阿育王一生的轉捩點，也是印度歷史的轉捩點。阿育王被伏屍成山、血流成河的場面所震撼，深感痛悔，他與佛教高僧優波毱多次長談之後，決心皈依佛門，徹底改變統治策略。

政治鬥爭和王國的興衰，本質上是短暫而無常的，它們和印度人一貫強調的對人類和宇宙秘密的無止境探索相比，不具備值得記錄下來的價值。所以後人應該感謝阿育王在執政期間所留下的刻在岩石和柱子上的文字，讓我們明白了阿育王觀念的改變和他施政的目標。阿育王在執政期間，把他陳述官方政策和提供指導及建議的詔書刻在廣泛散佈於印度全境的岩石和柱子上。

根據他刻在岩石上的詔書我們現在可以看出，阿育王在發動征服羯陵伽的戰役後，看到他貪圖更大權力所造成的大屠殺，並對此深感悲痛，斷然放棄進一步擴張以支持他所稱的「贏得正義」，他開始追尋正義、讚揚正義、指導維護正義，把正義的勝利看成是一切勝利中最偉大的勝利。所以人們把阿育王前半期稱為「暴惡阿育王」，後半期稱為「正法阿育王」。阿育王從此轉而信仰佛陀的教導，發誓用他的餘生以及他的偉大皇權和威望，來傳播那些高尚的真理。在他即位後的第十七年，他在華氏城（今巴特那）舉行第三次佛教結集，國內信教者日眾。據傳阿育王在位期間，曾建造八萬四千座佛塔。阿育王公開派遣佛教使團前往錫蘭，後來又派傳教士到緬甸和爪哇，使這兩個國家幾乎完全改信佛教並一直持續至今，同時將佛教作為一門新宗教向東南亞和非洲其他國家推廣，並遠及斯里蘭卡、緬甸、敘利亞和埃及等國。對於佛教來說，阿育王是僅次於釋迦牟尼的第二重要人物。印度文化在這一時期的向外傳播，標誌著廣大東南亞地區諸多國家的印度模式文字、文化的開始，東南亞文明的這一起源特點至今仍然十分明顯。

阿育王不僅要傳佈佛教，而且還要在行政方面樹立一個能說服其他地方人仿效正義的榜樣——更人道的帝制形式。他宣佈，所有地方的所有人都是他的孩子，他削弱了旃陀羅．笈多推行的國家控制手段中較嚴厲的方面，提倡非暴力觀念，號召用朝覲代替狩獵……他仍然牢牢地站在政治舞台上，儘管他的精神已經上升到了一個新的高度。

建立在武力基礎上的帝國，大都不長久，孔雀王朝也一樣，儘管阿育王在後期推行了寬鬆的政策。孔雀帝國在約西元前二三二年阿育王去世後，很快就瓦解了，帝國內戰頻仍，儘管後幾位統治者仍定都於原都城華氏城，繼續保留著孔雀之名。在這個普遍的政治空位期內，最穩定的是印度次大陸的南端地區，阿育王未曾征服的一些王國這時期仍然存在。西元前一八七年，孔雀帝國最後一位國王被手下人殺害。西元前一八五年，孔雀王朝滅亡，繼之而起的是巽伽王朝。到約西元前一八〇年，印度又回復到更常見的地區性獨立王國的分治局面之中。月氏人、貴霜人等外族相繼侵入北印度，但是都沒能建立起鞏固的統治。在南印度，畔地亞、哲羅、朱羅三國鼎立對峙。北印度的笈多王朝（三二〇年至五四〇年）開始了印度的古典時期，經濟與文化空前繁榮。笈多王朝後期，匈奴入侵，在北印度建立了政權。六〇六年，戒日王統一了北印度，中國高僧玄奘訪問了戒日王的國家，中國四大名著之一的《西遊記》即是以這段史實為原型而展開的。

▲阿育王石柱頭

到了十四世紀後期，和蒙古人有血緣關係的突厥人帖木兒在今天的哈薩克、烏茲別克、土庫曼、塔吉克和阿富汗北部的中亞細亞一帶起兵，建立起了強大的帖木兒汗國，不久，帖木兒的第六代子孫巴布林在印度建立了莫臥兒帝國。遵循一般帝國的發展規律，莫臥兒帝國先是極盛，接著轉入衰落，最終淪為大不列顛帝國的一個小小公司，然後被一腳踢開。

亞歷山大馬其頓帝國的擴張之路

馬其頓原是位於希臘北部邊陲一個貧瘠落後、默默無聞的城邦，馬其頓人屬於多利亞人分佈於希臘北部的諸多部族之一，是希臘人的近親，但文明開始比希臘晚。腓力是上馬其頓國王阿明塔斯二世的小兒子，十五歲時在希臘城邦底比斯作人質，這讓他一度以為自己是希臘人而非馬其頓人。在底比斯，他接受良好的希臘文化教育，增長了見識，這段人質的經歷與現在的出國留學應該沒有什麼太大的區別。

在底比斯當了三年人質後，十八歲的腓力獨自一人回到了馬其頓。不過，他悲哀地發現自己曾經的王國上馬其頓已經被下馬其頓吞併了，但他勇敢地招兵買馬，向自己的叔父下馬其頓王叫戰。西元前四世紀中期，腓力統一了馬其頓。

由於腓力年輕時曾在底比斯作人質，還曾獲得過古希臘奧運會馬車賽的冠軍；同時由於他對希臘諸邦的情況有較深的理解，所以在他執政時希臘人不再視之為蠻族之王。腓力二世執政後，國力迅速崛起。在位期間，他實施了多項重要改革，如進行鞏固王權、消除部族首領的軍事割據以及推行富國強兵的改革：加強王權，限制貴族議會的權力，將全部軍政財權集中到國王手裡；經濟上實行貨幣交換方式以利於貿易；設立由國王直接指揮的常備軍，並在底比斯軍隊陣形的基礎上，創立了以長矛盾牌為主兵器、攻防兼備的馬其頓方陣。

據說腓力二世一生有兩大特點，其中第一大特點是「寡人之疾」；第二大特點在馬其頓崛起後暴露無遺。內部整頓完畢後，他利用希臘城邦彼此傾軋削弱之機開始向希臘擴張。腓力二世首先征服了邊鄰伊利里亞（阿爾巴尼亞的先祖）和色雷斯，使馬其頓有了穩固的後方。西元前三四九年，腓力二世率大軍揮師南下，進攻奧林托斯，雅典雖然派軍馳援，但腓力二世還是攻佔了奧林托斯，與雅典簽訂了菲洛克拉底和約，所佔領土得到承認。西元前三四〇年，雅典、麥加拉、科林斯、加斯等城邦組成了反馬其頓同盟，兩年後，兩軍會獵於中希臘，在著名的喀羅尼亞戰役中，馬其頓大敗希臘聯軍。接著，馬其頓大軍主力南下伯羅奔尼撒，使斯巴達完全孤立，基本實現了對希臘的征服。西元前三三七年，腓力二世在科林斯召開全希臘會議（僅斯巴達缺席），會議約定成立馬其頓——希臘的永久性同盟，盟主是馬其頓。會議決定維持現存法律及秩序，並決定東征波斯。所有這一切熄滅了希臘人一向高舉著的自由火炬，科林斯會議標誌著希臘城邦時代的結束。

西元前三三六年夏天，馬其頓王國的舊都皮拉正在舉行腓力二世女兒盛大的結婚典禮。喜氣洋洋、身穿節日白袍的腓力二世在一群喜慶的賓客簇擁下走進禮堂。然而，不幸在此時發生了。當腓力透過禮堂入口時，一名裝扮成衛兵的人突然拔出短劍往腓力胸前奮力刺去，腓力二世未及躲閃，轉瞬間就倒在血泊之中。

腓力遇刺後，馬其頓宮廷的騷亂與希臘起義並起，腓力二世與奧林匹亞斯的兒子亞歷山大迅速平定了馬其頓貴族的謀叛，鞏固了王位。在擊敗了國內所有反對派之後，他開始東征波斯。亞歷山大遠征東方波斯的藉口，是波斯人曾蹂躪過希臘聖地，又參與了對腓力二世的謀殺。據說在臨出征前，亞歷山大把自己所有的地產收入、奴隸和畜群全部分贈他人。當時有位將領迷惑不解地問道：「陛下，您把所有的東西分光，把什麼留給自己呢？」「希望！」亞歷山大乾脆俐落地答道，「我把希望留給自己！它將給我帶來無窮的財富！」就這樣，亞歷山大懷著對無窮財富的渴望，離開故土，踏上了千里迢迢的征程。西元前三三四年春天，由三萬名步兵、五千名騎兵和一百六十艘戰艦組成的東征軍在亞歷山大率領下，渡過赫勒斯滂海峽，踏上了波斯帝國的亞洲領土。在格拉尼卡斯河畔與波斯大軍牛刀初試，通向小亞細亞道路從此洞開。

西元前三三三年秋天，波斯王大流士三世親率大軍與亞歷山大會戰於敘利亞的伊蘇斯城郊，即著名的伊蘇斯戰役，統率三萬人的亞歷山大不僅打敗了十六萬人的波斯軍隊，俘擄了大流士三世的母親、妻子和兒女，還搜羅了各種物品和黃金。這次勝利使亞歷山大揮師橫掃敘利亞、巴勒斯坦和埃及，亞歷山大還攻下了中東文明古城泰爾，將頑強抵抗的泰爾城中的三萬居民全部賣為奴隸。至此，亞歷山大佔領了半個波斯帝國。亞歷山大在尼羅河的入海口處建立了一座新城——亞歷山卓，日後成為帝國經濟和文化的中心。

一年半後，亞歷山大與大流士三世在亞述古都尼尼微近郊的高加米拉進行最後的決戰，史稱高加米拉戰役。擁有二十萬人之眾和兩百輛裝有鋒利刀劍戰車的波斯軍隊在馬其頓方陣的打擊下落荒而逃，亞歷山大乘勝東進，佔領了東方最大的城市、古代東方的文化中心巴比倫，並為自己加了一個稱號——「巴比倫及世界四方之王」。此後，亞歷山大又率兵從巴比倫出發，勢如破竹地佔領了波斯帝國的蘇薩、波斯波利斯和埃克巴塔那等三座城市。逃到中亞巴克特里亞的大流士三世被當地謀叛的總督擒殺，亞歷山大藉口為大流士三世報仇而進軍中亞，在殺掉那個總督之後繼續東進。

▲亞歷山大與波斯作戰圖。

西元前三二七年，亞歷山大進軍印度河流域，數次打敗印度的城邦軍隊。由於瘟疫、酷熱以及將士的厭戰情緒，西元前三二四年，雄心勃勃的亞歷山大帝王無奈地停止了近十年的掠奪性戰爭。遠征軍連續作戰十年，行程萬餘里，進行了上百次強渡江河、圍城攻堅以及山地、平原地和沙漠地作戰。作戰中，亞歷山大正確選擇戰略方向，合理運用馬其頓方陣戰術，善於組織步兵與騎兵、陸軍與海軍協同作戰，軍事手段和政治手段並用等，在世界軍事學術史上留下了光輝一頁。

亞歷山大東征給當地人民造成了深重災難，但客觀上也促進了希臘與亞非諸國的經濟和文化交流，在歷史上具有深遠影響。「把戰爭帶給亞洲，把財富帶回希臘」在他身後實現。此時，在馬其頓大軍的身後，已經是一個西起希臘、馬其頓，東至印度河流域，南臨尼羅河第一瀑布，北界多瑙河與錫爾河的當時世界上最大的帝國了。

亞歷山大的東征，極大地促進了東西方文化的交流。東方的城市出現了優美的希臘式雕塑和建築，東方的天文學和數學知識也得以傳入希臘和西方，豐富了西方的知識寶庫。亞歷山大的東征，還開闢了東西方貿易的通路，亞歷山大在東方建立的幾十座城市逐漸發展成為商業中心。亞歷山大還鼓勵波斯人和希臘人相互通婚，並宣導各民族地位平等，他將希臘思想律法散佈於各地，開創了希臘化時代文化。

西元前三二三年，年僅三十三歲的亞歷山大因罹患惡性瘧疾在巴比倫病逝，他「攻佔波斯和印度，不過沒有找到源泉，高燒回到巴比倫等死，於著魔的世界中著魔」，由於死亡突然降臨，亞歷山大未能明確指明他的接班人，導致王權爭奪激烈。在爭鬥中，他的母親、妻子和兒女都被反對派殺死。其部將為爭奪地盤，互相混戰。西元前三〇七年，橫跨歐亞非三大洲的馬其頓帝國分裂為馬其頓王國、塞琉古帝國和托勒密王朝統治下的埃及王國（著名的埃及豔后克麗奧佩脫拉就是托勒密王朝統治下的埃及王朝終結者）。西元前一六八年，羅馬軍團在皮德納會戰中擊潰了馬其頓方陣，馬其頓王國被羅馬分解為四個行省，讓今天的希臘人和馬其頓人驕傲的古代馬其頓的歷史就此結束。

「六王畢，四海一」

夏王朝被商湯推翻後，歷史又一次重演。西元前一〇四六年，陝西一帶周部落首領周武王滅掉商紂王，以鎬京（今陝西長安縣西北）為中心建立了一個新的聯盟——周王國。周王國的前期稱為西周，持續到申侯聯合犬戎攻殺周幽王時的西元前七七一年。西周的「名人」有「防民之口甚於防川」的周厲王，有「烽火戲諸侯」以博美人一笑的周幽王……東周從西元前七七〇年周平王東遷到洛邑（今河南省洛陽市）開始，又分為春秋和戰國兩個時期。從周平王元年（前七七〇年）到周敬王四十四年（前四七六年）為春秋時期；周元王元年（前四七五年）到東周滅亡（前二五六年）三十五年後的始皇帝元年（前二二一年）為戰國時期。

春秋時期是中國一個偉大的變革時代。這個時期，中國在歷經夏、商、西周的統一王朝以後，分裂為數百個諸侯國，「禮崩樂壞」。它們相互兼併，混戰不休；內部則階級矛盾尖銳，起義連綿不斷，社會劇烈動盪。

戰國時期為中國封建社會的開端。至戰國初年，經過激烈征戰，齊、楚、燕、韓、趙、魏、秦七國脫穎而出，史稱戰國七雄。由於勝利者的獎賞——天下的臣民與四海之濱——過於豐厚，同時還由於「勝利者是不受譴責的」，所以這七雄之間為了爭奪天下而展開更為慘烈的兼併戰爭。七國之中，地處西北的秦國因為較早實行軍事及農業改革，綜合國力迅速增強。在西元前二四七年，年僅十三歲的嬴政即位為秦王，雄才大略的他在二十二歲親政之後，就開始實施吞併六國、統一天下的雄偉戰略。他廣泛搜羅人才，只要有能力的人都能得到重用。比如他曾經重用韓國人鄭國興修「鄭國渠」，使秦國四萬多頃的鹽鹼地變成旱澇保收的肥沃良田，為秦統一的中國提供了充足的糧食。從西元前二三〇年至前二二一年間不到十年的時間內，嬴政相繼翦滅了韓、趙、魏、燕、楚、齊六國，「六王畢，四海一」，從此「六合之內，皇帝之土。西涉流沙，南盡北戶，東有東海，北過大夏。人跡所至，無不臣者」。中國結束了諸雄割據的局面，第一個統一的中央集權封建王朝誕生了，史稱「萬世開基」；秦王嬴政也成了中國歷史上第一個皇帝，稱「始皇帝」，「欲傳二世乃至萬世」。

「秦王掃六合，虎視何雄哉。」秦統一中國，對中國歷史具有極大的意義。在政治上，始皇帝廢除分封制，推行郡縣制，將全國分為三十六個郡，後又增設閩中、南海、桂林、象郡四郡，郡下設縣；中央和地方的官吏都由皇帝親自選拔和任免，不世襲。秦開創的郡縣制，在中國二千餘年的封建歷史中成為定制，隨後的西漢初年實行分封制與郡縣制並存的制度，但最終還是實行了郡縣制，從中可以看出始皇帝的睿智來，如今中國許多縣的名稱也是二千多年前的秦朝定下的。為了管理國家，始皇帝殫精竭慮，大事小情都要由他自己做出決定，「至以衡石量書，日夜有呈，不中呈不得休息」，他還曾五次出巡全國各地，「夙興夜寐，設建長利」。秦始皇統一中國對當時的世界也產生了很大的影響，西方學者哈特說：「他（指秦始皇）用武力統一了中國，中國人口實際上並不比歐洲多很多，兩者的差別在於歐洲總是分裂成許多小國，而中國則是一個統一的大國，使西方人對龐大的中國一直懷有恐懼心理。」

在經濟方面，始皇帝也採取了一些措施，如他統一度量衡。在七雄紛爭之時，各國的重量、長度和容量單位各不相同，嚴重阻礙了經濟的發展。統一之後，由於重量、長度和容量有了統一的標準，故極大地便利了經濟的發展。始皇帝還統一貨幣，把秦國的圓形方孔錢作為統一的貨幣，通行全國，這對促進各民族各地區的經濟交流也是十分有用的。不知道天才的始皇帝是怎樣想出外圓內方這一具有人生哲理意義的錢幣來的。為了與此相適應，始皇帝也統一法律，這為整個國家的經濟發展創造了條件，更加強了中央政權的地位。

在統一之前，各國都有自己的文字，儘管這些文字同源，並且在拼寫方面大同小異，但仍給文化的傳播和交流帶來阻礙。統一之後，始皇帝把簡化的小篆字體作為標準字體，通令全國使用，不久又出現一種比小篆書寫更簡便的隸書。從此之後，中國漢字的演變開始變得有章可循，現在的楷書，就是從隸書演化來的。文字的統一促進了文化交流，這對中國歷史的記錄和文化的傳承都具有不可估量的意義。

秦王朝統一六國，結束了諸侯割據戰亂頻仍的局面。但是，中國的文學卻遭遇厄運，因為封建獨裁者的本性是「我花開後百花殺」。西元前二一三年，秦國以外的歷史書和民間收藏的詩書以及諸子百家書籍被統統燒毀，只有醫藥、卜筮和種植的書得以保留。次年，一些方士和儒生背後議論始皇帝貪權專斷、濫用刑罰，始皇帝知道後加以追查，最後活埋四百六十人，史稱「焚書」、「坑儒」。

在加強內部的統治時，為防止北方少數民族政權的侵犯，始皇帝下令將昔日秦、趙、燕等國修築的長城加以修繕，連接成西起沙漠、東至海邊的萬里長城。舉世聞名的萬里長城，如今已成為中華民族的象徵，成為太空人眼中唯一的地面建築物。始皇帝還大興土木，調用民工七十餘萬，耗鉅資修建驪山陵墓，這就是當今的世界遺產秦陵及兵馬俑，堪與金字塔媲美，是世界的第八大奇蹟。

始皇帝作為一名富有雄才大略、開拓進取精神的封建皇帝，他建立了中國歷史上第一個統一的多民族的封建國家，並為維護和鞏固這一局面制定了一系列具有開創性的措施，其中很多措施對後世都產生了深遠影響。始皇帝統一中國，中國歷史從此翻開了新的一頁。

秦王朝一統天下後，放眼天下沒有能和他相抗衡的敵手，於是開始橫徵暴斂，實施殘暴統治，「男子力耕不足糧賦，女子紡績不足衣服」，給人民帶來無比的痛苦和極大的災難。其賦稅沉重，兵役和傜役繁重，法律嚴酷，「赭衣塞路，囹圄成市」。西元前二〇九年七月，大澤鄉的一聲怒吼，掀起了武裝反抗的第一次起義，陳勝、吳廣領導的農民斬木為兵，揭竿為旗，他們殺官吏、攻郡縣……陳勝、吳廣戰死後，項羽和劉邦繼續領導農民抗爭。「楚雖三戶，亡秦必楚」。西元前二〇七年，項羽以少勝多，在巨鹿大敗秦軍主力。西元前二〇六年，劉邦率領的起義軍攻佔秦都城咸陽。「欲傳二世乃至萬世」的秦朝，終二世而亡。

「勇士一生只死一次」

羅馬的終身獨裁官、世界上知名度最高的統治者之一凱撒曾說過：

懦夫在未死以前，就已經死過好多次；勇士一生只死一次。在我所聽到過的一切怪事之中，人們的貪生怕死是一件最奇怪的事情，因為死本來是一個人免不了的結局，它要來的時候誰也不能叫它不來。

這位古羅馬共和國末期著名的統帥、政治家、軍事家、演說家和作家出生於西元前一〇一年，出身高貴，他的姑母嫁給了羅馬著名的軍事改革家馬略。高貴的出生加上不懈的奮鬥，使他一步步走上歷史舞台的中心，成為「羅馬夢」的成功實踐典範。

年輕的凱撒曾歷任財政官、市政官、大祭司、西班牙總督等職務，然而這些職務無法羈絆住凱撒的那顆雄心。他曾夢到自己玷污了自己的母親，解夢的人告訴他這預示著他將征服那片生他養他的土地。於是，在他的不惑之年，凱撒毅然放棄了西班牙總督的職位，進入羅馬準備圖謀大事。

為了能在羅馬站穩腳跟，凱撒需要建立起政治同盟，於是在西元前六〇年，凱撒、龐培和克拉蘇結成了「三頭同盟」。龐培和克拉蘇都是蘇拉獨裁時期功勳卓絕的高級將領。龐培曾在北非、西西里等地立下赫赫戰功；克拉蘇則憑藉自己鎮壓斯巴達克斯起義的頭號功臣身分，與龐培平起平坐。有了「三頭同盟」這個靠山，西元前五九年，凱撒順利地坐上執政官的象牙圈椅。在三人之間，資歷最淺的凱撒無疑是最大的受益者。

在執政官任期滿後，凱撒擔任高盧和伊利里亞總督。在高盧的九年也許是凱撒一生中最重要的時期。高盧人生活在今法國、比利時等地，處於不同的發展階段。他們身材不高，但彪悍兇猛，羅馬人從沒在他們身上佔過便宜。凱撒到任後，對高盧先後發動了八次大規模的征服戰爭。最大的挑戰發生在西元前五二年，在天才的軍事家韋辛傑托里斯克的領導下，幾乎所有高盧部落都起來反對羅馬人的統治。乘風破危浪，方顯英雄本色，凱撒向世人證明他是一位冷靜而果斷的出色領導者。他採用分化瓦解的策略，挑起矛盾，讓高盧人內訌，然後集中力量與韋辛傑托里斯克的大軍進行決戰，在阿萊夏要塞擊潰了驍勇的高盧人。西元前五一年，高盧已完全處於凱撒的統治之下。

儘管凱撒對高盧的征服充滿著血腥與殘暴，但由於當時羅馬的文明高於

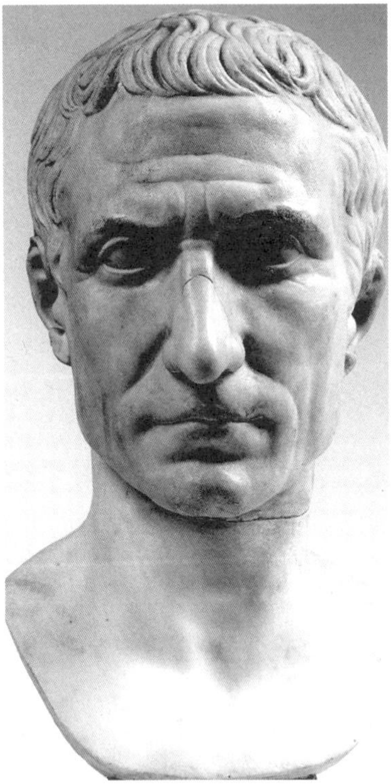

▲凱撒像。
圖片來源：Musei Vaticani (Stato Città del Vaticano)

高盧，所以文明得以延伸和傳播，這使高盧成為了羅馬文明的一個有機組成部分，今天的法語就來源於羅馬拉丁文。而對凱撒個人來說，在高盧的成功給了他一個穩固的大後盾，使他有了覬覦羅馬最高統治的資本。

沒有永遠的朋友，也沒有永遠的敵人，只有永遠的利益，建立在利益基礎之上的同盟猶如建立在沙灘上的樓閣。在「三頭同盟」中獲利頗豐的凱撒在克拉蘇陣亡和自己的女兒去世後（原先為了鞏固利益同盟，凱撒將十四歲的女兒嫁給五十歲的龐培，儘管她當時已與別人有了婚約），凱撒和龐培為了利益發動了內戰。

西元前四九年，繼馬其頓亞歷山大和迦太基漢尼拔之後的又一位軍事天才──凱撒向自己獨裁道路上的最後一個敵人發起進攻。起初龐培在軍事上佔有一定優勢，凱撒一度處於困境，「凱撒的處境是極其困難的，只是龐培慣有的遲緩才挽救了他。同時龐培驕傲輕敵，總認為自己比凱撒強大，低估了對手的實力，當凱撒出其不意發動突然進攻時，龐培則驚惶失措，陷入被動挨打的局面，這顯示了雙方在軍事策略上的差距」。

長於謀略的凱撒在內戰中還用錢財賄賂所有他認為對自己有威脅的人，甚至包括那些被認為是他的死敵的一些人。他還喊出「凡保持中立不參加任何派別的人都是自己的朋友」這樣的口號，這種政治攻勢對瓦解龐培陣營起到了極大的作用。西元前四八年九月二十八日，逃到埃及的龐培被埃及國王托勒密十二世的一個侍從揮劍砍殺，一位卓越的軍事家倒下了。隨後，凱撒率軍進入小亞細亞，在短短的五天時間裡平定了龐培部下本都王子的叛亂。他用最簡潔的拉丁文字寫了捷報送回元老院：「我來，我見，我征服（veni，vidi，vici）。」這就是歷史上著名的「三V文書」，充分顯示了凱撒用兵神速、語言簡潔的特點。

西元前四五年，凱撒如願以償地奪取羅馬共和國政權，使軍事獨裁凌駕於元老院之上成為常例，使羅馬由共和制向帝制轉變邁出了關鍵的一步。「在羅馬，只是那些城牆仍然矗立著——甚至這些城牆恐怕遲早也會被毀——而我們的共和國已經一去不復返了。」羅馬詩人、劇作家恩尼烏斯說。

凱撒以共和制之名行君主制之實，在執政期間，他進行了一系列的改革：他擴大了元老院和高級官員的成員規模，既削弱了原有成員的權力，又使他的親信得以充斥其中；建立殖民地用於安置老兵和貧民。凱撒還進行了幣制和曆法的改革，他於西元前四六年創立的儒略曆（以他的名字儒略．凱撒命名）在西元一五八二年被略作修改後，逐漸完善成為今天通用的西曆。

凱撒留給後世最大的影響就是由他的外甥及義子屋大維繼承了他的事業，結束了羅馬的共和體制，踏上了君主帝制之路，給羅馬帶來了二百年之久的國內基本和平，經濟也達到了空前繁榮。歷史證明，以帝制否定帶有原始軍事民主色彩的古代奴隸主共和制，是一個歷史的進步；當千年後新的生產力出現後，以近代民主共和制再否定帶封建色彩的帝制，又是一個新的歷史進步。這種按哲學定義所稱的「否定之否定」，恰恰就是歷史螺旋式進步的基本軌跡。儘管凱撒從未正式稱王，但他的名字卻在西方成為帝王的代名詞，俄國沙皇的稱呼就來源於「凱撒」的譯音。

凱撒曾在回答死亡的問題時說過「突如其來的死是最好的死法」。西元前四四年三月十五日，為反對凱撒偷偷摸摸實行君主制，以凱撒的義子布魯特斯等人為首的共和派策劃了一場刺殺行動，當羅馬商人、自由民和軍人們都擁戴的凱撒走進元老院的時候，數十把利劍向他刺來……巔峰的完美狀態被突如其來地劃上了一個休止符。也許，「突如其來的死是最好的死法」。

「米蘭敕令」與「先知之城」

基督教是世界上最大、傳播範圍最廣的宗教，它由猶太教脫胎換骨而來。西元元年前後，猶太教內部分化為四個宗派：撒都該派、法利賽派、奮銳黨和艾賽尼派，基督教極有可能是由艾賽尼派猶太教發展而來。基督教的創始人是西元一世紀的猶太人耶穌。耶穌在歷史上眾說紛紜，但下面幾點則可以肯定：耶穌是猶太人、生活在西元一世紀初、三十歲左右在加利利和猶太各地傳教、曾收十二門徒、遭到猶太教上層的嫉妒與迫害，最後以反羅馬罪被釘死在十字架上。

在西元一、二世紀時，羅馬的統治者認為基督教無非是不大討人喜愛的猶太人的一種教派，因此基督教和猶太教一樣遭到羅馬統治者的壓制。當時的羅馬帝國信仰集古希臘和古羅馬眾多神祇的多神教，因此篤信一神論的基督教顯得特別另類。而且早期的基督教徒多是貧苦之人，由於他們具有明顯的反抗意識，不與統治階級合作，因此多次遭到羅馬統治者的迫害，如在戴克里先時代，基督教就遭遇自稱羅馬舊神朱庇特之子的皇帝的瘋狂壓制。不過也有一些皇帝對基督教採取寬容的態度，因此，到了三世紀時基督教徒多達六百多萬。隨著基督教的發展，教徒的成分也發生了變化，教義也更趨向於順從統治階級，統治階級也開始瞭解基督教。

君士坦丁大帝執政後，他發現基督教對於信奉「多神」的羅馬來說是一種造反和破壞的力量，而在基督教內部卻有一股一致且有組織的力量，耶穌的精神在全羅馬帝國甚至在帝國範圍以外都形成了一個巨大的自由結合的團體契約，它提供了道義上團結一致的唯一希望。於是，君士坦丁大帝在他必須統治的偏見者和追求私利者的巨大混亂之中，看到了這種團結一致的希望，只有這種希望，才能為組織意志提供便利。於是在三一三年，君士坦丁和東部的奧古斯都李基尼烏斯聯合頒佈了《米蘭敕令》，其內容是：

……在此前發佈的一些意在敦促大家崇敬諸神的敕令，已使許多基督教徒陷於危險和苦難之中，其中許多還喪失了性命……至今不能參加任何正常的公眾宗教活動，為此我們本著一向寬大為懷的宗旨，決定對那些不幸的人格外開恩……我們希望我們的寬容將會使得基督教徒們在他們所崇拜的神前禱告時勿忘為我們的安全和繁榮、為他們自身以及為共和國祈禱。

君士坦丁放開對基督教的限制絕不是為了使它成為正式的國教，但是他制訂的法律和其他的政策都有力地促進了它的發展。在君士坦丁統治時期，他頒佈法令賜予基督教以諸多特權，如教會有權接受遺產和捐贈，教會神職人員能夠豁免賦稅和徭役，信奉基督教還成了晉升國家高級職位的一條捷徑。他本人還建造了多座知名教堂，如耶

▲羅浮宮名畫：耶穌（*Christ on the Cross Adored by Donors*）
作者：El Greco

路撒冷聖墓教堂等。經君士坦丁之後，基督教的地位已不可動搖，開始了在西方文化史上唯我獨尊的時代。

西元三八〇年，羅馬皇帝狄奧多修更是將基督教正式定為國教，並開始禁止其他宗教進行宗教儀式，基督教開始顯現出「排他性」。三九二年，以德奧菲羅斯主教為首的基督徒縱火焚燒塞拉皮斯神廟，三十多萬件的希臘文手稿毀於一旦；狂熱的基督徒還殘忍地殺害古代世界一位著名的女科學家希帕提婭──亞歷山大繆塞昂學園最後一位重要的人物、當地新柏拉圖學派的領袖。這段時期是基督教成長的最佳黃金時期，在這段時間裡，原有的羅馬神廟被拆毀或改成教堂，奧林匹克運動會被取消……羅馬帝國終於變成了基督教帝國。從西元六世紀起，基督教開始迫害猶太教，歷次十字軍東征基督教徒都把猶太人與穆斯林同樣視為敵人。

其後的一千年，基督教逐漸四處傳播，遷移中的日耳曼部族在小亞細亞和拜占庭接受了基督教。在北方、東北方和西北方，斯拉夫系統的不同民族也透過拜占庭教會接受基督教。傳教、開化和殖民這三種活動往往配合進行，因此，代表較先進文化的傳教士往往給許多較後進地區帶來重要變化。然而也正是在這個時期，基督教遭受嚴酷的考驗：它早期的勢力範圍巴勒斯坦、敘利亞、小亞細亞、北非乃至西班牙部分地區已經伊斯蘭化；西西里和義大利南部也受到威脅；俄羅斯淪於蒙古可汗（信奉薩滿教）及匈奴金帳汗的統治之下，隨之安瓦爾人、匈奴人、蒙古人和土耳其人也先後侵入西方，伊斯蘭教得到廣泛傳播。

隨著古羅馬帝國的分裂，基督教也同時一分為二，以君士坦丁堡（拜占庭）為中心的東正教和以羅馬為中心的天主教東西對峙。在西歐文明的重建過程中，羅馬主教乘機提高自己的地位。格列高利一世極力擴展羅馬主教的權勢，西方的主教中唯有他可以稱「教宗」，成為西方教會公認的領袖。為與之抗衡，君士坦丁堡主教也在五九五年自稱「普世牧首」（也譯作「宗主教」）。雙方日益激烈的矛盾終於導致分裂，一〇五四年，遭受嚴酷考驗的基督教分為天主教和東正教兩大派。

十六世紀的宗教改革運動又使基督教產生了新教、安立甘宗、信義宗、歸正宗和其他各種教派。十九世紀是基督教傳播史上的「偉大世紀」，在這個世紀裡，基督教被傳到世界各地。

在基督教的教義中，人是按照上帝的形象造出來的，因此在上帝彰顯自己的作為時，人必然有著決定性的作用。既然人反映著上帝的形象，上帝在實踐自己的計畫時就必然惠要求人的合作。上帝和人互相緊密依附，可以說上帝和人是互相為了對方的緣故而存在的。根據基督教教義，教會是由上帝選的人組成的末世團體，聖靈澆灌於教會的生命過程中；教會由相信耶穌基督的人們組成，其中既有猶太人也有非猶太人，教會成員都是「新以色列人」，都是上帝的選民；教會是耶穌基督的身體，教會的成員都是建造教會大廈所用的「活石」。

就在歐洲踏入中世紀（指四七六年西羅馬帝國滅亡到一六四〇年英國內戰這一時期的歷史，也叫中古世紀）時，阿拉伯伊斯蘭文明誕生了。西元七世紀初期，麥加一位商人的遺腹子穆罕默德開始在麥加這塊土地上傳播伊斯蘭教，很快地，伊斯蘭教發展壯大了起來，後來教徒人數日眾，引起以奧米亞家族為核心的麥加統治集團的關注。六二二年，穆罕默德率領他的跟隨者被迫遷往雅特里布城（因穆罕默德的到來而改名為麥地那．納比，意為「先知之城」，簡稱麥地那）。穆罕默德自麥加遷徙麥迪那的那一天也被定為伊斯蘭教曆的紀元。伊斯蘭在阿拉伯語有順從、和平和安寧之意，這是一個順從真主阿拉、崇尚和平、祈求安寧的宗教。伊斯蘭教喜愛的綠色就代表著和平之意，伊斯蘭教信徒通稱「穆斯林」，意為「馴服者」。伊斯蘭教在漢語裡曾經有「回教」、「清真教」等稱呼。

伊斯蘭教、猶太教和基督教都產生於亞洲西部，具體地說，就是從阿拉伯半島西北方向的耶路撒冷沿紅海向東南至半島的麥加，南北相距約一千五百公里的區域內。伊斯蘭教與猶太教共同的「源」，都是出現於西亞盛極一時的古代閃族文化，而後起的希伯來文化和阿拉伯文化僅僅是它的「流」。伊斯蘭教是世界三大宗教之一，信奉伊斯蘭教的國家遍佈亞、非兩個大洲。

伊斯蘭教鼓勵人們透過真科學對宇宙、世界進行認識和思考，使信仰更加堅固。「學者的墨汁濃於烈士的鮮血」說的就是穆斯林們要努力學習知識，不盲從、不迷信。伊斯蘭教主張和平，主張對人應有慈愛之心。按教法規定，每一位有能力的穆斯林都應該向窮苦人伸出援助之手。

伊斯蘭教分為遜尼和什葉兩大派系。遜尼派為主流派別，分佈在大多數伊斯蘭國家，中國多信奉遜尼，伊朗和伊拉克等國則信奉什葉派。兩派之分別，主要是穆聖繼承人的合法性的承認上。早在穆罕默德逝世後，圍繞繼承權的問題，伊斯蘭教內部就展開了激烈的爭奪，並由此引發了伊斯蘭教歷史上最大一次的分裂，形成了遜尼派和什葉派。此後兩大教派的對立和爭鬥一直沒有停止過，這兩派之間的教派及政治爭鬥始終貫穿著伊斯蘭教發展的歷史。甚至到了二十世紀的八〇年代，這兩大教派還因教派矛盾爆發過激烈的兩伊戰爭和阿富汗內戰。時至今日，儘管這兩派間的矛盾尖銳程度已不如二十世紀八〇年代那樣會導致直接的熱戰，但兩派間長期積累下來的教派分歧還是始終存在著。

但不管是遜尼派還是什葉派他們都信仰同一部《可蘭經》、遵聖訓、都是誠信真主獨一、承認穆聖是真主派給人類的最後一位使者，並認同真主的全知、全能、無求、永活、無形似、無方位、無如何、無朝向、無體等德行。

在伊斯蘭文明誕生的初期，也曾經有過毀滅古希臘文明的歷史。對亞歷山大圖書館最後的毀滅就是由伊斯蘭教教徒完成的。西元六四〇年，哈里發奧馬爾在執政期間，他率回教徒攻佔亞歷山大城後，下令收繳全城所有的希臘著作予以焚毀。奧馬爾還說了一段聞名歷史而又愚不可及的話：「這些書的內容弱若是《可蘭經》中已有，那我們就不需要它們；或者是違反《可蘭經》的內容，那我們就不應該去讀它們。」所以，全部將它們燒毀……

穆斯林以傳播伊斯蘭教的名義進行大規模的軍事擴張行動——穆斯林聖戰，在這場聖戰中，阿拉伯民族疾步登上中世紀政治、經濟、軍事、宗教和文化的世界舞台。

▲可蘭經。

古羅馬帝國的分崩離析

西元前六世紀，希臘城邦文明達到繁盛時期，此時古羅馬共和國形成；到了西元前三世紀，古羅馬統一了義大利；在西元前一世紀後期，羅馬逐漸擴張成一個龐大的帝國，埃及、敘利亞、巴勒斯坦、小亞細亞、希臘等古老的文明地區都在它的統治之下。從西元前二世紀到西元二世紀這段時期，是古羅馬帝國的全盛時期，是人們公認的古代歐洲最重要的國家之一：它不僅擁有五千萬之巨的人口，領土多達約六百五十萬平方公里，居當時世界各國的前列；更重要的是，羅馬歷史是西方歷史的發源之地，後來的歐洲文明實際上是建立在古羅馬文明基礎之上的。

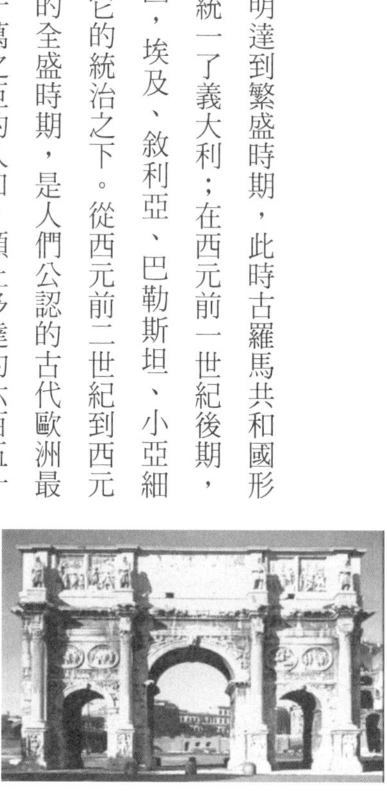
▲君士坦丁凱旋門。

西元三〇五年，四帝共治制下的東部帝國奧古斯都（帝國首領）戴克里先和西部帝國奧古斯都馬克西米連同時退位，原馬克西米連的副手君士坦烏斯成為了西部帝國的奧古斯都。然而，當上奧古斯都僅僅十五個月後，君士坦烏斯就一命嗚呼。不久，他的兒子君士坦丁在軍隊擁立下繼位為西部帝國奧古斯都。在六年的艱苦內戰中，三一二年，君士坦丁在羅馬附近的米爾維安大橋戰役擊敗了挑戰者馬克森提，統一了西部帝國。

君士坦丁的強大引起了東部帝國奧古斯都李基尼烏斯的注意，於是他們透過聯姻的方式暫時建立起友誼與聯盟，如在三一三年他們共同頒佈的《米蘭敕令》。但統一帝國的野心終究使他們水火不容，三二三年，君士坦丁進犯並擊潰李基尼烏斯，重新統一了羅馬帝國，從這時起到三三七年去世他一直都是羅馬帝國唯一的君主。

君士坦丁雄才大略，一生中做的幾件大事每一件都足以讓他永載史冊。東征西討的他結束了羅馬帝國的長期內亂，建立了橫跨歐亞非的大帝國；君士坦丁統一羅馬帝國之後，廢除四帝共治制，分封他的子侄統治各地；廢除了近衛軍，改用皇帝直接控制的宮廷親衛隊來代替它，並降低邊疆駐軍的實力；同時進一步神化皇帝本人。自屋大維時代開始不斷強化和神化的皇權，到了君士坦丁時代，終於達到了它的頂峰；隨著羅馬帝國疆域的不斷擴大，拜占庭的地理位置顯得日益重要，君士坦丁重建並大規模擴建古老城市拜占庭，把它重新命名為君士坦丁堡（今伊斯坦布爾），成為當時世界上政治、文化、宗教和商業貿易的中心。從此，這個新的都城開始了它千年的輝煌歷史，直到一四五三年仍是東羅馬帝國的首都。君士坦丁制定的一些民法更為重要。他創建的法律規定某些職業（如屠夫和麵包師）為世襲職業，他還頒佈一道法令禁止佃農離開租種的土地。這道法令和類似的法律為奠定中世紀歐洲整個的社會結構基礎起到了積極作用。君士坦丁透過扶持和壯大基督教，使得人類文明千百年的歷史都打上了他的烙印。

君士坦丁是歐洲史上最偉大的關鍵人物之一，儘管亞歷山大大帝、拿破崙和希特勒的名氣比他要大，但是他的政策具有更為持久的影響。一代雄傑君士坦丁大帝死後，羅馬帝國再度陷入爭奪王位的內亂與外敵的入侵之中。

在人類短暫的文明史上，並不只是先進文明統領落後文明，落後的蠻族對先進文明的襲擊比比皆是。我們在前面提到的於西元前十一世紀立國的中國周王朝就是由於落後民族作孽，使得其一分為二。歷史瀟灑地甩甩頭髮，然後毫不猶豫地繼續前行，讓我們看見大周天子東遷之後江河日下的統治。時間之手讓歷史重演，三九五年，煊赫一時的古羅馬帝國在蠻族的入侵與內戰中分裂為東西兩個帝國：義大利及以西部分為西羅馬帝國，首都為羅馬，以拉丁語系為主；義大利以東部分為東羅馬帝國（也稱為拜占庭帝國），首都為君士坦丁堡，以希臘語系為主。此時的羅馬帝國已不像幾百年前那樣文化發達、技術先進，而是從此後實力大減，輝煌不再。「東羅馬帝國的燭火，燒死那幾隻飛蛾，已經是綽綽有餘的了」的風光全沒了。

三九二年，基督教的勝利預示著羅馬帝國的全面衰落。精神疆域既已崩潰，地理疆界的崩潰也只在朝夕之間。四世紀後期，日耳曼人開始侵入羅馬，四一〇年，羅馬帝國的永恆之城被西哥德人佔領，洗劫進行了三天三夜。西哥德人走後，汪達爾人又來光顧。四七六年，西羅馬帝國滅亡。作為上古時期在地中海地區出現最晚、影響最大的古羅馬文明，在歷史上就這樣中斷了。在西羅馬帝國滅亡之後，義大利地區出現了日耳曼人諸王國林立的局面。五〇〇年，赫洛維格成了大法蘭克國的國王，後來的法蘭西、德意志以及荷蘭、比利時、盧森堡等都是在此地形成。

古羅馬帝國雖然分裂了，但是古羅馬所孕育的文明從來就沒有沒落過，歐洲這個古羅馬的後裔一直是西方文明的搖籃也是現代文明的發源。所以，從某種意義上說，古羅馬的文明也許從來就沒有沒落過。

新的奧古斯都：查理曼大帝

羅馬帝國從四世紀出現危機後，原先住在波羅的海和北海沿岸地帶的日耳曼人，加快了向羅馬帝國境內遷徙的步伐。從三世紀中葉到六世紀，日耳曼人的一支法蘭克人越過萊茵河向羅馬帝國遷徙、移民，逐漸佔領了盧瓦爾河以北高盧的大部分地區。四八一年，法蘭克諸部落中處於明顯突出位子的薩利安法蘭克人的一個首領契爾德利克亡故，於是，他十五歲的兒子赫洛維格成為薩利安法蘭克人的軍事首領之一，四八六年，赫洛維格聯合法蘭克其他部落奪取了法蘭西島，開始向南擴張。

四九六年，赫洛維格率三千親兵在蘭斯接受洗禮，皈依天主教，這一舉動讓羅馬教會和羅馬貴族人心振奮，因為隨著羅馬帝國的分裂，羅馬基督教會和羅馬貴族失去了靠山，他們急於在新建立的王國中尋找自己新的政治支柱。維也納主教阿維圖斯寫信給赫洛維格說：「你的信仰是我們的勝利……神聖的天意已賦予你作為我們時代的主宰者。」羅馬教宗阿那塔秀斯二世致書赫洛維格希望他成為支撐基督教會的「鐵廊柱」，為此基督教會「將賦予你對你所有敵人的勝利」。五〇〇年，在教會和羅馬貴族的支援下，赫洛維格征服了勃艮第王國，五〇七年又將西哥德人趕出了高盧，五〇八年東羅馬皇帝授予赫洛維格執政官的稱號。在赫洛維格去世前，高盧大部分地區已被統一起來，赫洛維格成了高盧的最高統治者。在數十年之內，赫洛維格努力翦除競爭對手，統一法蘭克各部，完成了由軍事首領向國王權力的轉變。

五一一年，赫洛維格去世，法蘭克王國遺留給他的子孫去統治，史稱墨洛溫王朝。在西元七世紀的夕陽下，法蘭克墨洛溫王朝的時代終於要結束了。軟弱的國王無力庇護他的臣民；面對混亂年代裡的那些災禍：戰亂與瘟疫以及沉重的賦稅，那些僅僅擁有小塊土地的農民是無力抗拒這些洪水猛獸的。在饑荒的年代，他們甚至只能吃青草與麥稈，最後全身腫脹而死。低矮的茅舍中時時迴響著絕望的呼喊，他們信仰上帝，但上帝卻無法拯救他們。

▲教宗為查理曼加冕。

歷史呼喚偉大人物的出現，上帝終於派出他的使者——查理·馬特，外號「鐵錘」的男人，中世紀傑出的政治家與軍事家。他依靠自己的智謀與武力，開創了一個新的時代，既為他的後代贏得了無限榮耀，同時也挽救了國家分崩離析的命運。

在查理的統治下，中央把土地作為「采邑」封給大封建主，大封建主再把它封給自己的臣下，層層分封，層層結成主從關係，形成階梯似的等級制，這是西歐封建土地所有制的基本特徵。封主有責任保護封臣，封臣必須忠於封主。伴隨著采邑制度的確立，新的階層——騎士也產生了。「騎士脫離其蠻族和異教的背景，被整合於基督教文化的社會結構中。結果，騎士像神甫和農民那樣，被視為社會不可或缺的三個器官之一。」騎士作為最低一級的封臣，履行其軍事義務，衝鋒陷陣，在歐洲史上他們留下了無數的傳奇故事。

七三二年，阿拉伯軍隊在其西班牙總督阿卜杜拉·拉赫曼的率領下入侵法蘭克，試圖將真主的箴言傳遍大地，讓新月取代十字。查理·馬特得知消息後，迅速徵集人馬，雙方最終在普瓦蒂埃城附近相遇。在這場遏制了阿拉伯軍事力量向西歐擴張勢頭的戰鬥中，阿卜杜拉·拉赫曼斃命，查理贏得了「鐵錘」的稱號。可以想像，假如這次戰鬥失敗，也許就不會出現現今的西歐文明了。

當查理·馬特將他的長劍指向下一個目標倫巴德時，上帝卻將他召喚而去，七四一年，查理·馬特的軀體躺在了聖丹尼大教堂冰冷的石棺之中。然而，他的事業在繼續進行，他的兒子矮子丕平最終終結了墨洛溫王朝名存實亡的統治。

矮子丕平透過兩次戰爭為教宗消除了最大的敵人，贈給了教宗原本不屬於自己的土地；教宗則授予了丕平自己無權授予的稱號，同時在教宗的默許下成為法蘭克王國的新君主。總之，這是一筆彼此都滿意的交易。七五一年，在蘇瓦松，丕平由美因茨大主教聖卜尼法斯塗油禮稱王，卡洛林王朝正式建立。

丕平死後，他的兩個兒子查理和卡洛曼平分國土。查理獲得奧斯特拉西亞、紐斯特里亞的大部分以及盧瓦爾和加龍兩河之間的地方，而卡洛曼則獲得勃艮第、普羅旺斯、阿爾薩斯、阿勒曼尼亞和阿奎丹的東南部分。兩年後，卡洛曼因病離開人世，於是查理便被擁戴為唯一的王。

七六九年，在查理上台的第二年，他繼續他父親發動的阿奎丹戰爭，這是查理即位稱王後的第一次戰爭考驗。結果查理一戰告捷，吞併阿奎丹。五年之後，應教宗的邀請，查理揮兵直指倫巴德，儘管遭到了法蘭克顯貴的反對，但是查理還是擊敗了倫巴德國王德西德里烏斯，迫使其投降。這樣，查理完全征服了義大利，並把他的兒子立為義大利國王，而羅馬則重新回到了教宗哈德良的控制之下。

事實上，查理的真正考驗才剛剛開始，曠日持久歷時了三十三年的薩克森戰爭幾乎貫穿了查理統治的始終。薩克森人是西元三世紀時在萊茵河下游與易北河之間形成的部落聯盟，因為他們喜歡佩戴大刀，所以被稱作薩克森（意為大刀）人。自由的薩克森人知道，如果被法蘭克人征服就意味著淪為農奴，於是他們掀起大規模起義，擊潰法蘭克軍隊，殺死傳教士。然而，面對查理的天生將才，薩克森人最終還是失敗了：他們被迫放棄了本族的宗教信仰，改信基督教；他們的領土作為薩克森邊區被併入法蘭克；他們的民族最終也被法蘭克同化。

在薩克森戰爭進行的同時，查理還對東方的巴伐利亞和阿瓦爾汗國進行遠征。七八七年查理陳兵萊希河畔，巴伐利亞公爵屈服，淪為法蘭克國家的伯爵區。透過八年的戰爭，查理的劍鋒指向潘諾尼亞，征服了阿瓦爾汗國。七七八年至八〇一年，查理兩次出兵西班牙，最終奪得了包括巴賽隆納在內的埃布羅河以北土地，建立起西班牙邊區。

在不停的征戰中，查理終於建立起了一個大帝國，它的版圖從易北河畔到庇里牛斯山南麓，從北海到本內文圖姆，大致與原西羅馬帝國的版圖相當。八〇〇年的耶誕節，查理為教宗利奧三世恢復羅馬秩序，來到羅馬，被教宗加冕為「查理．奧古斯都，神所加冕的偉大而賜予和平的皇帝」，王國遂稱「查理曼帝國」。這樣，在西羅馬帝國滅亡三百多年後，西方歷史上又出現了一位羅馬皇帝，新的奧古斯都誕生，而拜占庭帝國後來也不得不承認查理的皇帝地位了。

在查理曼大帝執政期間，發生了稱為「歐洲的第一次覺醒」的「卡洛林文藝復興」，它對西歐社會和文化的發展有著相當大的影響。在當時查理曼帝國的遼闊疆域內，古希臘、古羅馬的文化傳統幾乎被破壞殆盡，人們大都目不識丁。查理曼大帝深切感到，靠武力征服得來的統一也許並不能帶來長治久安；沒有文化知識，就不能很好地管理國家，這偌大的帝國也就難以實現真正的統一。於是查理曼大帝在宮廷中辦起了學校，培養人才。當時修道院興辦的學校最為普及，學校的課程分為兩類，一類是所有學生都必須進修的基礎課，即「七藝」；另一類是神學，旨在培養神職人員。這就是中世紀西歐學校的起源，這些學校的興建為中世紀西歐教育制度的建立和完善奠定了基礎。查理曼還時常把學得最好的窮孩子提拔上來，授予較高職位，表現出「不拘一格降人才」的精神，在他統治的四十六年中，法蘭克的文化教育比起過去幾個世紀，有了顯著的提高。

雖然卡洛林王朝的文藝復興是短暫的，但它的意義非常重大、影響極其深遠。它使西歐中世紀早期的文化衰退過程發生了轉折，出現了生機。一種嶄新的歐洲文明在卡洛林王朝的文藝復興中生根了，它融合了羅馬世界帝國的觀念、希臘——羅馬的理性遺產、基督教的思想以及日耳曼民族的習俗，為後世西歐中世紀中期的文化繁榮奠定了基礎。

八一四年，因為武功而被後人尊稱為查理曼（偉大的查理）的查理病逝於帝國首都亞琛。他生前積極推行軍事改革，建立起嚴密的軍隊組織與指揮系統；根據地產數量規定服役人數和提供武器裝備的數量；發展重裝騎兵，組建攻堅隊和後勤隊，統一軍隊組織和作戰原則；嚴明軍紀；建立邊防特區，構築堡壘，駐兵屯糧；維修道路橋樑，保持邊境與內地之間的交通聯繫等。其軍事思想及改革措施在當時的歐洲頗有影響。

查理大帝去世後，他的兒子虔誠者路易繼位，這是一個不理朝政，對政治和國家大事漠不關心的人，他最感興趣的就是宗教，整天熱衷於做彌撒，所以得了個「虔誠者」的綽號。他無心治理國家，王宮也成了他誦念經文、祈禱上帝的場所。王公貴族們見皇帝以「誦念經文、祈禱上帝」來「管理」國家，紛紛起來搶班奪權，帝國其他地區經常出現叛亂；路易的三個兒子也視父親無能，犯上作亂。路易感到國王的職責不勝重負，所以繼位才三年就把國土一塊塊地分給幾個兒子去管理。

八四三年八月，卡洛林帝國皇帝虔誠者路易的三個兒子在凡爾登（今法國東北部）簽訂分割國土的條約，根據條約，卡洛林帝國一分為三。長子洛泰爾仍承襲帝號，並分得義大利中部和北部以及萊茵河和阿爾卑斯山以西，埃斯科（斯海爾德）河、默茲河、索恩河和羅納河以東地區，稱中法蘭克王國（今義大利的雛形）；禿頭查理分得洛泰爾領地以西地區，稱西法蘭克王國（後來的法國）；另一個兒子日耳曼路易分得萊茵河以東地區，稱東法蘭克王國（今德國的雛形）。

九一一年，康拉德一世成為東法蘭克國王。在這位國王的努力下，東法蘭克開始了向德意志的轉變，而康拉德一世也被視為第一位德意志國王。九六二年，德意志國王奧托一世在羅馬由教宗加冕為「神聖羅馬皇帝」，被認為是查理曼的「羅馬皇帝」的合法繼承人，這便是古德意志帝國，或稱為第一帝國。事實上，這個正式命名為「神聖羅馬帝國」的國家實際上連德意志和義大利都沒有真正統一過，在歷史上其實算不了什麼，羅馬帝國算是真正的衰落了。

阿拉伯帝國的瘋狂擴張

歷史就是一面鏡子，現在我們把這面鏡子照到二千六百年前的新巴比倫，當新王國崛起時，尼布甲尼撒二世在就職文告中這樣寫道：「莊嚴華美的巴比倫……我願盡我的力量，使你成為空前絕後、無比繁華、無比昌盛的大城。你將接受萬國的進貢以及全人類的膜拜。」自居天下中心之心溢於言表。

世界中心當然誰都想據為己有，於是敵人從四面八方湧來。波斯人從北邊的高山下來，阿拉伯游牧民族從南邊沙漠不時湧現，馬其頓人和羅馬人從西邊過來……

歷史的車輪駛進了西元六世紀後半葉，當時，由於埃及王國內的混亂以及拜占庭和波斯之間的征戰不休，使得商人們捨棄原先的波斯灣——紅海——尼羅河的商路而改走更為安全的、透過阿拉伯半島的陸路，於是地處交通要道的麥加變得日漸繁榮。

六三〇年，穆罕默德領導的穆斯林已十分強大，完全有能力佔領麥加，然而，穆罕默德決定實現與麥加的和解，於是麥地那和麥加締結了《侯代比亞和約》，以此維護伊斯蘭教的基本信條，並使其紮根於傳統的阿拉伯習俗之中。T．W．阿諾德在《伊斯蘭教的講道法》中說：「他（指穆罕默德）堅持走正義和公正的道路，而且不懈地做出種種努力，以致在他神聖的統治期間，蒙古人的大部分部落都成為穆斯林。他在使蒙古人皈依伊斯蘭教時所採用的嚴厲措施非常有名。例如，如果蒙古人有誰不戴穆斯林頭巾，那就將一根蹄丁打入其頭部，願真主賜福酬報他」。自此後，阿拉伯半島上的各部落民眾開始以伊斯蘭教為核心建立起一個統一的阿拉伯國家。

穆罕默德去世後，為了防止被征服部落出現慍怒不滿乃至叛教的情況，穆罕默德的岳父哈里發阿布・伯克爾帶領伊斯蘭教徒開始實施對外襲擊，要讓每個貝都因人都能得到他們所喜愛的戰利品，「讓士兵發財，其他人可以不管！」在這裡得到體現。所以這些襲擊開始時並不是為宣傳教義的宗教戰爭，確切地說，讓騷亂的貝都因人——心忠於麥地那這個需求，是導致阿拉伯人對外襲擊的原因。

▲聖地麥加，圖片攝於1880年。

六三四年，奧馬爾一世繼阿布・伯克爾當選為哈里發，在他的領導下，早期的侵略發展成正式的征服戰爭。這場正式的征服戰爭是由各種環境共同造成的，首先，貌似強大的拜占庭帝國和波斯帝國暴露出外強中乾的實質，這不僅是因為它們之間的經年戰爭導致自身實力的減弱，而且由於它們的人民對繁重的捐稅和宗教迫害極為不滿。其次，眾穆斯林在有關中東財富的迷人傳說的吸引下，他們自發地由小型襲擊變成了大規模的武裝行動。結果，穆斯林首領率領貝都因人進入敘利亞。所以這樣的征服表明它們並非是伊斯蘭教的侵略，而同樣是阿拉伯部落的擴張。

有一必有二，在最初的征服戰爭發生後，阿拉伯人開始利用他們沙漠作戰的經驗進行大規模的侵略擴張。六三六年，阿拉伯人在約旦河支流耶爾穆克河谷，決定性地大敗拜占庭人，拜占庭皇帝希拉克略逃進君士坦丁堡，整個敘利亞就這樣變換了主人。次年，在阿拉伯人的強大攻勢下，波斯皇帝倉皇撤離位於卡迪西亞附近的首都泰西封，向東逃竄。接著，阿拉伯人西進埃及、東攻波斯，並紛紛取得勝利。

奧馬爾一世的哈里發繼承者們，在宗教熱情和游牧民族貪婪之心的驅使下，繼續舉起伊斯蘭教的大旗，對外征戰。在征戰過程中，阿拉伯人將拜占庭在非洲和亞洲的全部領地奪佔了三分之二。阿拉伯人還向西進佔了北非部分省份，先是進入摩洛哥，然後經直布羅陀海峽進入西班牙，樹起了中世紀開端的里程碑；向東逼近印度邊境，向北突進至亞美尼亞以北，控制了拜占庭帝國在近東的大部分領土，形成了一個橫跨歐、亞、非的新帝國。六六一年，奧米亞家族的敘利亞總督穆阿維葉繼位哈里發，他以大馬士革為首都，建立起奧米亞王朝。穆阿維葉將哈里發改為世襲，實際上成為了伊斯蘭教阿拉伯帝國的君主。

事實上，在這段時間，穆斯林延續的仍然是阿拉伯部落的擴張而不是伊斯蘭教的擴張，因為在被征服地區，非穆斯林其實並未受到干擾，也沒有被迫改變信仰。而且，皈依伊斯蘭教極不受穆斯林的歡迎，因為阿拉伯人向非穆斯林徵收的捐稅比向穆斯林徵收的高，如果人們皈依伊斯蘭教，就意味著阿拉伯帝國稅收的降低，阿拉伯人可不想這麼做。因此，信奉伊斯蘭教，其實是統治絕大多數屬國臣民的阿拉伯騎士貴族享有的特權。

隨著阿拉伯人的不斷擴張，「麥瓦利」（非阿拉伯穆斯林）的人數和財富也不斷增長，但他們仍然游離於帝國政治之外，於是，他們成為城市中的不安定因素，決心取得與他們的經濟實力相等的社會地位。七四七年，穆罕默德的叔父阿拔斯的後裔阿布·阿拔斯利用波斯籍釋奴艾卜·穆斯林在呼羅珊的力量，聯合什葉派穆斯林，於七五〇年推翻了奧米亞王朝的統治，建立阿拔斯王朝。在阿拔斯王朝，「麥瓦利」尤其是波斯人代替了原來的舊貴族；阿拉伯軍人不再是享有薪俸的特權階層，而是被皇家常備軍取代；皇家常備軍開始時主要由波斯人組成。從前的軍事重鎮，如今在「麥瓦利」的控制下，變成巨大的商業中心。

帝國的結構此時也發生了根本的變化，在哈里發曼蘇爾執政時，他以伊拉克為中心，在底格里斯河畔營建了新都巴格達，並於七六二年遷都至此，巴格達遂成帝國的政治、經濟和文化中心，成了與當時的長安、君士坦丁堡齊名的國際性大都市。這實際上意味著阿拔斯哈里發政權開始放棄地中海，打算接受波斯的傳統，尋求波斯的支持。哈里發也不再是阿拉伯部落的酋長，而是一位神權君主，是「阿拉在大地上的影子」。他的權力並不依賴於部落的支持，而是建立在享有薪俸的官僚和常備軍的基礎上。哈里發統治成為了東方的君主政體，在這一君主政體所提供的秩序與保護下，一種融合了猶太文化、希臘──羅馬文化和波斯──美索不達米亞文化傳統的混合文明，在隨後幾個世紀中漸漸形成。伊斯蘭教教義也不再只是上層騎士貴族的法典，而成了一種新的、與眾不同的文明。

哈里發曼蘇爾選定巴格達作為阿拔斯王朝的首都所在地，是極有見地的。從歷史經驗來看，若要有效控制整個阿拉伯世界，就必須佔領巴格達，二千年前的亞歷山大大帝走的就是這條路。事實上，在曼蘇爾遷都後一個世紀內，巴格達的人口就達到了約一百萬，城外有了巨大的商業中心，各種農作物如小麥、大麥、稻米、椰棗和橄欖極其豐富，其他工商業也相當發達。繁榮的經濟以及遼闊的國土，激發了地區間空前廣泛的貿易，穆斯林商人或走陸路經過中亞，或從水路與印度、錫蘭、東南亞和中國經商；他們還同非洲進行廣泛的貿易，由此獲得黃金、象牙與奴隸；他們還用穆斯林硬幣換取北方國家的毛皮、蠟、琥珀、蜂蜜和牛羊。貿易的繁榮也促進了銀行業的高速發展，結果各主要城市都設有分行，在巴格達開的支票，在摩洛哥都可以兌現。

在阿拔斯王朝，不僅經濟繁榮，而且其科學領域的成就也負有盛名，天文學、地理學、醫學、數學、化學和詩歌等方面都達到了很高的成就。如他們在古老的藥典中增添龍涎香、樟腦、肉桂、丁香、汞、番薯葉和瀉藥；還採用新的藥劑，如糖漿、藥用糖水和玫瑰香水。義大利船長們在中東各港口裝運的貨物中，阿拉伯藥物就居於首位。穆斯林還首建了藥店和藥房，創辦中世紀第一所藥劑學校；要求行醫者通過全國性考試，在獲得執照後方可營業；他們還開辦了設備精良的醫院……在馬蒙執政時期，阿拉伯帝國文化進入極盛時代。巴格達建立了智慧館，翻譯了古希臘重要的哲學和自然科學著作；阿拉伯數學家引進印度的十進位和數位0；阿拉伯文學名著《一千零一夜》至今仍為人們津津樂道……所有這些文明傳入歐洲，加快了歐洲走出神權黑暗統治的步伐，點燃了歐洲思想智慧之燈，促進了歐洲的文藝復興和近代自然科學的建立，對東西方文化交流起了積極的推動作用。

有了堅實的經濟基礎，阿拔斯王朝的哈里發們便在其豪華的宮殿裡縱情享受，《一千零一夜》中即有這方面的描述。在哈里發哈倫．拉希德統治時朝，阿拔斯王朝達到鼎盛，隨即便衰落下去。導致帝國衰落下去的第一個原因就是帝國廣闊的疆域這樣一個問題，這是一個非常實際的問題，特別是在用馬和船隻作為交通工具的時代裡。於是，西班牙於七五六年、摩洛哥於七八八年、突尼斯於八〇〇年先後擺脫了帝國的統治。第二個原因就是帝國龐大的開支導致人民負擔日益加重，同時由於國家動盪不安，生產也因社會混亂而毫無保障。第三個原因就是帝國的衰落導致外敵的入侵。十字軍由北入侵佔領西班牙、西西里和敘利亞；帝國統治還遭受了摩洛哥南部、塞內加爾和尼日爾地區的柏柏人以及上埃及地區的希拉勒和蘇萊姆兩個阿拉伯貝都因部落的進攻；東方的突厥人和蒙古人對帝國的入侵則持續了好幾個世紀。在種種打擊之下，帝國終於無可挽回地衰落了。

中國盛唐風采

在悠遠的歷史長河中，盛唐文化就像人類文明史上一顆璀璨的明珠，熠熠生輝。盛唐風采首推貞觀之治，後為開元盛世，此期舉國風物明麗、歌舞昇平，「客似雲來、聚寶金市」，一片繁華榮景、國運昌隆之象。

▲唐太宗。

六二六年，在玄武門政變中，李世民脫穎而出，「風塵三尺劍，社稷一戎衣」，改元貞觀（六二七至六四九年）。唐太宗李世民吸取前朝滅亡的教訓，用心治理國家，實行了很多開明的政策和利國利民的措施。他從統治階級的根本利益出發，以隋亡為鑒，密切注視民心、民情和民意，他曾說：「水可以載舟，也可以覆舟。民眾好比水，人君好比舟。」為鞏固自己的統治權，就不能苛刻地對待民眾。他還緊緊團結周圍的文武大臣，注意傾聽不同意見。在他執政期間，經濟和文化得到了較好的恢復和發展，出現了「路不拾遺，夜不閉戶」的安定祥和的社會環境。史學家們把這一段歷史時期譽為「貞觀之治」。

「貞觀之治」的出現主要在於採取了以下適應社會發展的措施。他透過選拔大批庶族地主政治家進入最高統治集團，透過編修《氏族志》建立起「立功、立德、立言」的標準；透過發展科舉制度，抑制舊士族地主勢力，適應庶族地主發展的歷史趨勢。

唐太宗堅決反對以人際關係和血緣親情為尺規來選拔人才，他推行「任人唯賢」的政策，並注意從新人、生人甚至敵對營壘中選拔傑出的文官武將，魏徵就是他從敵對的政治集團中選拔出來以後加以重用的。魏徵曾不止一次地勸說李世民的哥哥李建成先發制人殺掉李世民，按理李世民應該對他恨入骨髓了。李世民在玄武門權力角逐中獲勝後，幾乎所有的人都認定李世民會殺掉魏徵洩憤或嫁禍於人地把他作為代罪羔羊殺掉；誰也想不到李世民對魏徵的最大「懲罰」竟然是任命他當宰相，還和他結成兒女親家。這一「戲劇性」結局的成果是：魏徵為唐王朝的強盛做出無與倫比的貢獻！

唐太宗虛懷博納，從諫如流；求諫時態度誠懇，方法多樣。對於來自四面八方、紛紜複雜的各種意見，他明辨是非，分清曲直，擇其善者而從之，其不善者而改之。李世民即位之初，曾大力整頓吏治，下決心要在官場根治貪污受賄的不治之症，為了偵查那些暗中受賄和將來有可能受賄的爛汙官吏，李世民令親信暗中向各部官員行賄，結果還真查處了幾個貪官。李世民在得意之餘把他的謀略告訴一位隋朝遺臣，沒想到這位大臣當場潑了他一盆冷水：陛下平時總告誡臣民要誠信待人，可陛下自己卻先行欺詐之術，上樑不正下樑歪，臣民會一樣用欺詐的手段報答陛下。李世民深以為然，欣然接受了這句令普通當權者惱羞成怒的逆耳忠言。魏徵、岑文本和馬周等諫臣都提出了不少的中肯意見和批評。魏徵病死，太宗痛哭著說：「用銅作鏡子，可以整理衣帽；用歷史作鏡子，可以瞭解興亡；用人作鏡子，可以明白對錯。魏徵的去世，使我失去了一面鏡子。」

唐太宗在執政期間，進一步嚴密了三省六部制，規定三省長官（尚書省的尚書僕射，中書省的中書令和門下省的侍中）共掌宰相的職權。還另外任命一些官員加以「參知政事」、「同中書門下平章事」和「同中書門下三品」等頭銜為宰相，參加政事堂議事，這樣就可以集中多數人的意見，避免宰相專權。唐太宗還採取開明的民族政策，在平定東突厥後，唐王朝廣設羈縻府州，安置降眾，不僅消除了北方邊患，也緩和了民族矛盾，因而被北方各族尊為「天可汗」；太宗透過和親政策為漢藏兩族間的友好交往開了先河。

在貞觀年間，皇帝率先垂范，官員執法不避親貴，清明廉潔；濫用職權和貪污瀆職的現象降到了歷史上的最低點。貞觀王朝是中國歷史上惟一沒有貪污的王朝，這也許是李世民最值得稱道的政績。尤為可貴的是，太宗並沒有用殘酷的刑罰來懲治貪官污吏，他是以身示範和制定一套盡可能科學的政治體制來預防貪污。李世民還重視地方政治，慎擇刺史；提倡節儉，避免不必要的戰爭；實行輕徭薄賦政策，獎勵農耕；發展生產，讓農民休養生息，使經濟得到較快的恢復和發展；禁止大族賣婚求財，抑制舊士族的勢力……由於上述政策和措施的執行與開展，以及勞動人民的辛勤努力，貞觀時期出現了牛馬遍野、穀價低廉、物價穩定、社會升平的景象。貞觀之治是中國歷史上可與漢代文景之治媲美的盛世。

貞觀後期，在魏徵和長孫皇后去世後，唐太宗逐漸走向奢靡，有時浪擲民財，納諫、用人、執法等方面也做得不如以往；東征高麗的戰爭則給中朝兩國人民帶來了苦難。但這些在整個太宗時期，均屬支流。

開元（七一三至七四二年）是唐玄宗李隆基統治前期的年號。從唐太宗貞觀初年到開元末年，經過一百多年的積累，唐朝出現了全面繁榮的景象，史稱「開元盛世」。唐玄宗是中國歷史上唯一的女皇帝武則天的孫子，他當上皇帝後，立志繼承唐太宗的事業，即位不久即勵精圖治，開始施展他的政治抱負和治國才能。

他首先大刀闊斧地精簡機構，裁減人員，並對官吏進行嚴格的考核，玄宗在任用官吏方面很有獨到之處，他特別注意下層官員的任用，親自出題考察縣官，縣令上任之前玄宗必親自召見。經過一番精心整飭，官吏隊伍面貌為之一新，充滿了健康、向上的活力，使國家機構這台機器正常高效地運轉起來了。

玄宗還特別重視宰相人才的任用，著名的宰相姚崇、宋璟與唐太宗時期的房玄齡和杜如晦都是賢相的代名詞。除此之外，張九齡、韓休、張嘉貞、張說和李元德等都是當時的名相，他們各有所長，相互補充，相得益彰，對玄宗施政起到了極為重要的匡正扶持作用。

玄宗還從自身做起，厲行節儉之風。「乘輿服飾，金銀器玩，宜令有司銷毀，以供軍國之用。其珠玉錦繡焚於殿前。」後宮嬪妃自后妃以下者都不得佩珠玉、刺錦繡；禁止天下采珠玉、織錦繡等物，違者杖罰一百下。在玄宗的宣導下，節儉成了時尚。對日益擴大的佛教勢力，玄宗下令嚴禁建造佛寺道觀、鑄造佛像、抄寫佛經，禁止百官和僧尼、道士往來，下令減少全國僧尼人數，扼制了寺院勢力。

玄宗比較注重發展經濟，從開元九年（七二一年）後的四年間，玄宗採取檢田括戶、抑制兼併等措施，下令在全國清查戶口和土地、安置逃亡人口、將籍外土地重新分給農民耕種，這樣就打擊了豪強地主的兼併活動，提高了農民從事耕作的積極性，農業也大大向前發展，農民不再因過重的賦稅舉家外逃。四海之內，無論山川還是溝壑，都出現了一派牛耕農作的興盛景象。「憶昔開元全盛日，小邑猶藏萬家室。稻米流脂粟米白，公私倉廩俱豐實。」就是這種情況的真實寫照。檢田括戶歷時四年，經過辛勤努力，中央政府增戶八十八萬，檢出大量土地，使國家財政收入增加數百萬兩紋銀。

隨著農業的發展，商業、手工業及文化科技事業也隨之繁榮發達起來。唐都長安城裡更是熱鬧非凡，世界上很多國家的使臣、商人、學者和工匠都爭相前往唐朝進行友好交往，開展貿易，學習文化、技術。往來於唐和波斯、天竺、大食等地的商船絡繹不絕，數以萬計的外國使節、商人、僧侶和留學生居住在長安。中國封建社會出現了前所未有的盛世景象，當時的唐王朝已成為亞洲的經濟、政治和文化中心。對外交通發達，唐和歐亞各國之間的往來出現前所未有的盛況：唐和朝鮮半島的新羅一直保持著友好關係；唐和日本關係更加密切，文化對日本影響甚大，從政治制度到生活習俗，日本都受到唐文化的影響；和印度半島、波斯、大食也有良好的關係，政治經濟交往不斷。

天寶（七四二至七五六年）年間，唐玄宗寵幸楊貴妃，不理朝政，國家政治腐敗，軍隊戰鬥力銳減，七五五年，遂爆發「安史之亂」。七六二年，叛亂得以平息。這場持續七年的叛亂使中國北方經濟遭受了嚴重摧殘，唐朝從此走向衰落，中國的經濟中心逐漸南移。八七六年，王仙芝、黃巢領導唐末農民大起義，雖然起義最終失敗，但唐王朝亦由此瓦解。

歷史上的宗教鬧劇：十字軍東征

十字軍東征，因基督教教會授予每位戰士一個十字架而得名，它是西歐封建領主、義大利大商人和羅馬教會為了宗教理想而對地中海東岸地區發動的戰爭。它的最終命運也和其他的宗教戰爭一樣，因為理想和現實的巨大差別而失去了原本的意義，最終淪為殘酷的玩笑，成了一場帶有侵略性質的軍事遠征鬧劇。美國人菲力浦·拉爾夫指出，宗教是十字軍東征的主要動機，而且在因此煽動起來的宗教狂熱之中，許多猶太人和穆斯林被無辜地殺害。

在十一世紀的中葉時分，鬧哄哄的近東地區總算基本上安定了下來，此時強大的拜占庭帝國和阿拉伯帝國之間處於一種動態的平衡之中。通往聖城耶路撒冷的道路是開放而安全的，聖城雖然掌握在穆斯林手中，但它既是基督教的聖地，也是伊斯蘭教的聖地，無數朝聖的遊客紛至沓來。然而不久，塞爾柱土耳其人打破了這種平衡，因為他們佔領了耶路撒冷，並於西元一〇七一年在小亞細亞擊敗拜占庭帝國的軍隊，突破了小亞細亞的沿托羅斯山脈的傳統邊界——保護了羅馬與拜占庭一千四百年的邊界，從此朝聖的人們沿途倍受土耳其人的騷擾。在這種情況下，拜占庭帝國皇帝阿歷克塞．科穆寧不得不向教宗和西方教會求救，希望他們能夠給予軍事援助，打敗這些異教敵人。

此時，西歐社會生產力有了長足發展，手工業逐漸從農業中分離出來，城市崛起，已有的財富已不能滿足封建主貪婪的欲望，他們渴望向外攫取土地和財富，擴充政治、經濟勢力；許多不是長子的貴族「光蛋騎士」則熱衷於在掠奪性的戰爭中發財；許多受壓迫的貧民也幻想到外面的世界尋找土地和自由，以期擺脫被奴役被壓迫的地位；歐洲教會最高統治者羅馬天主教會企圖建立「世界教會」，以確立教宗的無上權威……所有這些因素都促使西歐人把目光轉向了地中海東岸國家。當拜占庭帝國皇帝阿歷克塞向羅馬教宗烏爾巴諾二世求援時，早已垂涎於東方財富的西歐教俗兩界，以驅逐塞爾柱土耳其人、收復聖地為目標，以解放巴勒斯坦基督教地（耶路撒冷）為口號，開始了十字軍東侵。

一〇九五年十一月二十七日，教宗烏爾巴諾二世在法國克萊蒙召開宗教會議發表演說：「千萬不可遲疑，你們應當救援住在東方國家裡的兄弟……」煽動宗教狂熱情緒，號召基督教國家抵抗蠻族土耳其人的入侵，十字軍東征由此展開。第一次真正的十字軍東征始於一〇

▲十字軍東征的見證：蘇菲亞大教堂。
©Arild Vågeni, CC BY-SA 3.0

九六年秋天，這次的十字軍主要由義大利和法國的騎兵與步兵組成，還有不少狂熱的群眾自發參加。一〇九七年，十字軍到達了通往耶路撒冷的門戶——安條克，由於安條克城池堅固，所以這場圍城戰一直持續了八個月，後來在奸細的出賣下，十字軍才最終攻陷了安條克。同年七月十五日，十字軍終於攻佔了聖城耶路撒冷，他們在所佔領的土地上建立耶路撒冷王國、安條克公國、的黎波里伯公國和伊德薩伯公國，這次十字軍東征是所有十字軍東征中唯一取得勝利的一次東征。十字軍還在城內進行了血腥屠殺，在著名的阿克薩清真寺，一萬多名無辜的平民男女老幼全部被殺死，鮮血流成了小河。十字軍的橫徵暴斂，導致這些公國人民不斷起義，政權動盪不定。

一一四四年，土耳其人從基督教徒手中奪回了伊德薩伯公國，面對這種情況，西方國家再次醞釀十字軍東征。德皇康拉德三世和法王路易七世組織起第二次十字軍東征，然而他們在小亞細亞和大馬士革附近遭到慘敗，領軍的國王們只得灰溜溜地回到歐洲，承認了自己的失敗。

頑強的穆斯林不斷蠶食著基督教徒留下的各個要塞，一一八七年，埃及蘇丹薩拉丁攻下了耶路撒冷，於是德皇腓特烈一世、法王腓力二世與英王理查一世（即獅心王理查）於一一八九年發動第三次東征。在第三次東征中，法王和英王不合，結果一氣之下撤軍回國，沒能如伏爾泰所說：他原本就不應離開他的國家，如今即使要離去也應該在取得更大榮譽之後再走。而德皇在渡河時不慎淹死，儘管獨當一面的理查一世於一一九一年攻下了阿卡城，但是他一直沒能攻下耶路撒冷，最後和薩拉丁訂下休戰三年的協議，確保基督教的朝聖者可以自由前往耶路撒冷。然而獅心王理查在回國途中被奧地利公爵綁架，英國最終不得已以十五萬馬克的贖金把他贖回。第三次東征也近乎無功而返。

一二〇二年，教宗依諾增爵三世策劃了第四次東征，本來東征計畫是乘坐威尼斯船隻去進攻埃及，但在威尼斯商人的慫恿與利誘下，十字軍的進攻矛頭指向了信奉同一宗教、與威尼斯商人作對的達爾馬提亞地區的撒拉城。這批歐洲騎士毫不留情地進攻和搶劫了信奉同一個「十字」的國家，早已忘記了收復「聖地」的聖諭，暴露出他們所謂的征討異教徒不過是侵略的話柄而已。一二〇四年，他們佔領了君士坦丁堡和拜占庭在巴爾幹的大部分地區，建立起「拉丁帝國」，拜占庭帝國從此一蹶不振，帝國近千年的文化藝術珍品遭到徹底的搶劫和破壞。

後來，由於十字軍無法奪回耶路撒冷，於是他們把第五次（一二一七至一二二一年）、第六次（一二二八至一二二九年）和第七次（一二四八至一二五四年）東征的目標轉向了埃及，因為那裡是穆斯林勢力的一個重要基地。西元一二一九年，他們攻下了米艾塔，埃及建議恢復舊時的耶路撒冷王國以換取被攻佔的米艾塔，但指揮這次東征的教宗特使卻不接受這項建議。一二二一年，進攻開羅的十字軍被擊潰，第五次東征失敗。一二二九年二月十一日，神聖羅馬帝國皇帝腓特烈二世與伊斯蘭國家卡米爾蘇丹簽訂《雅法協議》，腓特烈二世以耶路撒冷國王身分取得耶路撒冷，基督教國家重獲聖城。但這次東征在西方國家卻引起公憤，因為在東征前，腓特烈二世已被教宗開除教籍了。一二四四年，基督教國家再次喪失耶路撒冷。一二四九年，法王路易九世率軍攻入埃及，但最終以失敗告終。

一二七〇年七月，路易九世發起最後一次十字軍東征，打算與北非的突尼西亞結盟攻打埃及，進而進攻巴勒斯坦，奪回聖城。然而突尼西亞卻不願與路易九世結盟，於是戰爭的矛頭調轉了方向，路易九世轉而攻打突尼西亞，基督教徒出現了自相殘殺的局面。後來，路易九世病死於軍中，第八次十字軍東征結束。

一二九一年，基督教徒在東方的最後一個據點——阿卡城被穆斯林攻克，標誌著持續了差不多二百年的十字軍東征終於結束。由於裝備上的差異，持刀、斧、長矛、短劍的十字軍自然不是土耳其人和阿拉伯人的輕騎兵的對手。「……在十字軍遠征期間，當西方的『重裝』騎士將戰場移到東方敵人的國土上時，便開始打敗仗，在大多數場合都遭到覆滅。」有人這樣說。

從一〇九六年到一二九一年這近兩百年間，至少出現過上面八次十字軍東征，如果把兒童十字軍和其他較小的十字軍活動計算在內，則最少有十一次，動用的總兵力不下三、四百萬。斷斷續續進行的十字軍東征戰不僅給近東地中海地區的人民帶來了深重的災難，也使西歐人民做出了巨大的犧牲，許多農民被編入十字軍後，一路上受凍、挨餓、生病、陣亡，還有不少人被抓去賣為奴隸，成千上萬的農民就這樣慘死他鄉。在十字軍東征中，歐洲的騎士、封建領主和教會教宗卻大發橫財。

不過，給當時人民帶來無限災難與痛苦的十字軍卻在另一方面促進了東西方政治、經濟和文化的交流，加速了西歐手工業、商業的發展，正面地改變了西方的歷史命運，為後來的文藝復興創造了條件。

在政治上，十字軍東征加速了西方封建制度的崩潰。十字軍的墮落，使歐洲人開始對羅馬教廷失去信心；許多諸侯和騎士在戰爭中客死他鄉，也削弱了這些封建勢力。在經濟上，十字軍東征打開了東西方的商路，促進了地中海沿岸一些新興城市的貿易繁榮。十字軍把東羅馬帝國的貨幣制度和阿拉伯人的商業概念（如支票、信用狀、股份公司組織）帶回西歐，為歐洲日後發展資本主義鋪平了道路。在文化上，十字軍東征讓當時落後的西歐人民接觸和吸收了較發達的東羅馬帝國文化和阿拉伯文化。現在英文中的「零」、「風險」等辭彙就是從阿拉伯文字演變過來的。十字軍東征讓世界文明開始加速融合，打破原有的孤立狀態，亞洲和非洲成為相互聯繫的通道，各民族之間開始大規模地交往；人類的活動範圍從陸地擴大至海洋，空間拓展通道也開始增多。

十字軍東征還促進了西方軍事學術和軍事技術的發展，如西方人開始學會製造燃燒劑、火藥和火器；懂得使用指南針；海軍也有新的發展，搖槳戰船開始被帆船取代；輕騎兵的地位與作用得到提高與重視等。如果沒有十字軍東征，也許就沒有今天的西方文明，我們的世界可能會大不相同。

十字軍東征作為西歐國家共同的對外宗教戰爭，增強了西歐世界的認同感和凝聚力，而羅馬教宗身為東征的宣導者和主要組織者，在當時大大提高了自己在道德和精神上的感召力及其一統的權威，基督教會的權勢因此達到鼎盛。「基督教會透過宗教信仰，透過它的宗教組織系統把當時那個分崩離析的西歐聯結在一起，這種狀況在客觀上促進了當時西歐各國之間的思想文化交流和社會生活的聯繫，加速歐洲文化的認同過程，為歐洲中世紀基督教文化的確立奠定了基礎。」

十字軍遠征持續了近二百年，羅馬教廷建立「世界教會」的企圖不僅完全落空，而且由於其侵略暴行和本來的罪惡面目，使教會的威信大為下降，後世史家評論說：「在某種意義上說，比失敗還更壞些。」到近代，天主教已承認十字軍東征造成基督教徒與伊斯蘭教徒之間的仇恨和敵對，是使教會聲譽蒙汙的錯誤行為。

「既非神聖又非羅馬」的神聖羅馬帝國

神聖羅馬帝國，全稱為德意志民族神聖羅馬帝國或日耳曼民族神聖羅馬帝國，是西歐和中歐的封建帝國。早期為統一的國家，中世紀後演變為一些承認皇帝最高權威的公國、侯國、伯國、宗教貴族領地和自由城市的政治聯合體。其歷史可追溯至羅馬帝國。

九六二年，德意志國王、薩克森王朝的奧托一世建立起了相當於現在的德國、奧地利、捷克等國疆域的王國，於是在羅馬由教宗若望十二世加冕稱帝，成為帝國的最高統治者，也成了羅馬的監護人和羅馬天主教世界的最高統治者。一〇三四年，帝國正式稱為羅馬帝國，與拜占庭帝國並列。此時帝國統治者以羅馬帝國和查理大帝的繼承者自命，對外大肆擴張，對內則以農奴制等形式剝削農民。一一五七年，帝國改稱神聖帝國，一二五四年稱神聖羅馬帝國。神聖羅馬帝國的疆土，包括今天的德國、奧地利、匈牙利、捷克、義大利北部和法國東部、荷蘭、比利時等地區。但事實上，正如十八世紀法國啟蒙運動思想家伏爾泰所說，「它既非神聖、又非羅馬、更非帝國」，因為它並未完全統一過義大利。

神聖羅馬帝國皇帝這一名稱始於奧托一世，但人們通常也將查理曼時代的歷代皇帝包括在內。卡洛林王朝的諸位皇帝其正式稱號是羅馬人民的皇帝，由教宗加冕賦予，因此這個頭銜也可看作是一個義大利王公頭銜，而且往往與義大利國王平級。而由奧托一世所創建的帝國，皇帝稱號雖然也由教宗加冕，但其本質卻是德意志民族的國家，只有透過征服義大利才能取得「羅馬皇帝」的合法性。帝國的所謂選帝侯，當選者為羅馬人民的國王（實是德意志國王）而非皇帝，因此，並非每一位德意志統治者都可以稱為皇帝。只有進軍義大利，接受教宗加冕的強者，才可獲得皇帝這一殊榮。

▲神聖羅馬帝國的黑鷹旗幟。

九至十一世紀，教宗和皇帝一般來說都是合作的：教宗幫助皇帝反對德意志世俗貴族；皇帝支持教宗反對與羅馬教宗權力相對立的拜占庭勢力。一〇七三年，教宗格列高利七世任職，羅馬教宗的權力開始達到頂峰。後來為爭奪日耳曼主教的敘任權（即授任主教和修道院長等高級神職人員的權力）等問題，教宗和皇帝發生激烈衝突，這次教俗之爭持續了數十年，一一二二年，教俗雙方簽訂的《沃姆斯協約》總算為這場爭執劃上了一個句號。最終的結果是，教宗和皇帝都無法維持他們早先的要求。但儘管如此，在整個中世紀，帝國和教會在維護封建制度方面，始終都是緊密合作的。

為了爭奪敘任權，為了稱霸世界，德意志帝國皇帝曾多次進攻義大利，曠日持久的戰爭消耗了帝國的實力。到了霍亨斯陶芬王朝統治時期，神聖帝國已成了承認皇帝最高權力的各封建公國和自由城市的不鞏固聯盟，類似中國二、三千年前的共主「西周」。在十三世紀後半葉，還出現了德意志歷史上的皇帝空位時期，這一時期，帝國出現了許多獨立的封建領主，各諸侯、騎士和城市間的紛爭和內訌也連綿不斷。一三五六年，盧森堡王朝的查理四世頒佈黃金詔書，確認皇帝須由波希米亞（捷克）國王、普法茲伯爵、薩克森公爵、勃蘭登堡邊地侯、美茵茨大主教、特里爾大主教和科隆大主教等「七大選帝侯」選舉產生，這使得「神聖羅馬帝國」中央皇權名存實亡，帝國開始走向封建割據，當時在這片土地上分割出了幾百個小國或政治集團。這一時期正是歐洲各民族國家相繼建立的時代，而德意志帝國卻處於內戰、分裂和落後的狀態之中，未能形成一個統一的民族國家。從十五世紀初起至帝國最終瓦解，皇位均由奧地利哈布斯堡家族佔據。

十五世紀末至十六世紀初，皇帝馬克西米利安一世試圖重振帝國，但遭到失敗。一五世紀下半葉後，由於勃艮第和義大利脫離帝國，帝國領土主要限於德語地區。到一四七四年，神聖羅馬帝國改稱德意志民族神聖羅馬帝國。由於羅馬天主教和德國封建統治者對農民和市民的剝削和壓迫日漸加重，在一六世紀初爆發了宗教改革運動和德意志農民戰爭。宗教改革後，帝國實際上分裂為信奉新教的北部、主要信奉天主教的西南部及純粹信奉天主教的東南部。地方諸侯和皇室中央政權的對抗在「三十年戰爭」中達到頂點，戰爭使帝國遭受嚴重破壞，阻礙了帝國經濟的發展，政治上分崩離析，帝國成為徒具虛名的政治組合。戰後，荷蘭和瑞士脫離帝國，布蘭登堡——普魯士在德意志諸侯中的地位提高，形成了奧地利和普魯士在帝國中爭霸的局面。

一八〇六年七月十二日，在拿破崙的威逼利誘下，神聖羅馬帝國的十六個成員邦簽訂了《萊茵邦聯條約》，脫離帝國，加入邦聯。此舉嚴重削弱了奧地利在德意志地區的領主地位，令奧皇法蘭茲二世大為不快。拿破崙為了吸引更多國家加入邦聯，決定終結神聖羅馬帝國。於是他對法蘭茲二世發出最後通牒，要求他解散神聖羅馬帝國，並且放棄神聖羅馬皇帝和德意志國王的稱號。在大棒面前，法蘭茲二世於一八〇六年八月六日放棄神聖羅馬帝號，僅保留奧地利帝號，神聖羅馬帝國正式結束。最後普魯士透過三次王朝戰爭，把奧地利從德國的版圖上也給趕了出去。

然而，拿破崙帝國「其興也勃也，其亡也忽也」，德意志在半個世紀後終於作為獨立的政治實體出現在世界上，其發展速度之快讓人瞠目。然後，威廉二世一改俾斯麥的「大陸政策」為「世界政策」，為爭奪「陽光下的地盤」，於是，第一次世界大戰爆發。

大元帝國

元朝（一二七一至一三六八年）是由蒙古族建立起來的龐大王朝，它是中國歷史上第一個在全國範圍內建立起來的，以少數民族統治者為主的政權。蒙古族是中國北方一個有悠久歷史的游牧民族，早年居住在額爾古納河東部的密林裡，七世紀時，他們走出密林，向西遷移到蒙古高原，後來蒙古各部與鄰近各民族逐漸加強經濟聯繫，他們用馬匹、皮毛換取紡織品和鐵器。鐵製工具和武器的使用，對蒙古社會的發展具有重大意義。

隨著蒙古族社會經濟的發展，各部奴隸主貴族為掠奪奴隸、牲畜和財產，彼此展開了激烈的戰爭，飽受戰爭蹂躪的蒙古人民渴望擺脫戰亂，過上和平安定的生活。大約在西元十二世紀，蒙古族出現了一位傑出的領袖——鐵木真，他是斡難河流域蒙古族一個部落的傑出首領。他聯合盟友，經過多年戰爭，統一了蒙古各部，於西元一二〇六年被各部推為人汗，尊稱成吉思汗，創建蒙古國於漠北，使昔日分散游牧、爭戰不休的草原各部逐步凝聚為統一的蒙古民族共同體。

在鐵木真的領導下，蒙古族逐漸強大起來，成為中國北方一支不可小覷的力量。一二一四年，金宣宗（完顏珣）被迫放棄黃河以北廣大地區，將首都遷至汴京（今開封）。一二二七年，成吉思汗病逝，他的兒子窩闊台根據他臨死前的戰略部署，開始滅金軍事行動，即假道南宋，合圍金國。一二三一年，假道南宋的任務由拖雷率領的三萬鐵騎來執行，而南宋既不敢拒絕拖雷又覺得讓人假道有失顏面，於是在半推半就之間與拖雷發生衝突，衝突過後宋軍再無勇氣抵擋蒙軍。於是拖雷順利抵達湖廣，趁金兵後方空虛北上，直逼汴京，大亂與蒙古主力對峙的金兵陣腳。在汴京陷落前，金哀宗輾轉逃到蔡州，此時，蒙古和金國都遣使如宋，希望能同宋一起抗擊對方。曾受盡金人羞辱的南宋為了報仇，置金使的苦苦哀求與唇亡齒寒的道理於不顧，竟重蹈北宋聯金滅遼之覆轍，遣使報聘，同意了蒙古大汗「許俟成功，以河南地歸宋」的請求。一二三四年，金國終被蒙古與南宋的聯軍消滅。金國滅亡後，南宋離滅亡之路也就不遠了。

一二六〇年，成吉思汗之孫忽必烈即汗位，將統治中心由漠北草原移入漢地，建立起中央集權官僚制統治，對南宋形成包圍之勢。一二七一年，忽必烈在大都（今北京）建立起元王朝，從此，北京逐漸成為中國的政治、經濟和文化中心。

蒙古族以其強大的武力，發動了數次大規模的西征，戰火燃遍西亞和東歐，滅掉了四十餘個國家，建立了橫跨歐亞的龐大帝國。蒙古人改變了整個亞歐的歷史，也促進了歐洲和近東的軍事革命。對蒙古鐵騎的縱橫歐亞，羅馬教宗格烈高利九世驚呼為上帝的「罰罪之鞭」。看來，伊本·赫勒敦所說不差，「只要勇於衝殺，便可達到征服的目的；因而，習慣於游牧生活，習慣於在沙漠地區形成的性格強悍的民族，能夠很容易地征服較文明的民族，即使後者的人數比前者更為眾多……」

一二七六年，元朝發兵攻佔南宋都城臨安（今杭州），南宋軍民浴血奮戰，頑強抵抗元軍的進攻，湧現出不少抗元的英雄人物，如陸秀夫、張世傑等，其中最著名的是文天祥。元軍壓境時，他毅然把自己的家財充作軍費，組織軍隊救援臨安。臨安陷落後，文天祥繼續組織軍對抗元，轉戰於江西、福建和廣東等地，一二七八年在今廣東海豐以北的五坡嶺被俘。在押解途中，他留下了「人生自古誰無死，留取丹心照汗青」的千古名句。一二七九年，元軍滅掉南宋，完成了中國的再度統一。從此，元朝成為中國有史以來疆域最大的王朝，忽必烈在統一中國之後，並沒有停止對外的軍事行動。元朝曾兩征日本、兩征安南（今越南北部）、兩征緬甸，先後使高麗、緬甸、台城、安南等地成為元的屬國。

元政府為了對全國實行有效的統治與管理，建立了行省制度。在中央所在的大都設中書省，作為全國最高行政機構，直接管轄大都及其周圍的河北、河南、山西、內蒙等「腹裏」之地；設置了嶺北、遼陽、河南、陝西、四川、甘肅、雲南、江浙、江西、湖廣等「行中書省」，簡稱「行省」或「省」。元政府還在福建行省設澎湖巡檢司，管轄澎湖和琉球（今台灣）；元政府在西藏委派官吏，駐紮軍隊，清查戶口，徵收賦稅，西藏成為元朝的正式行政區，元政府還在中央設宣政院，負責管理藏族地區的行政事務。

▲忽必烈像。

在經濟方面，忽必烈為了適應中原和江南地區高度發展的農業經濟，毅然放棄落後的游牧經濟和剝削方式，開始重視農業生產。元朝初年，由於社會安定、政策得當，北方農業生產得到了進一步恢復和發展，「民間墾闢種藝之業增加數倍」。經濟的起步帶動了手工業與商業的發展，農村集市以及對外貿易都有了巨大發展。在元朝年間，南方的棉花種植已非常普遍，紡織業也隨之發展起來，出現了以黃道婆為首的一批手工業者。此外，因漕運、海運的暢通及紙幣的流通，商業也極度繁榮，元朝成了當時世界上最富庶的國家之一，在威尼斯商人馬可．波羅的《馬可．波羅遊記》中詳細地記載了當時元大都的繁榮景象。

然而，天下一統所提供的種種促進經濟發展和文明進步的有利條件，在元朝並未得到充分的利用。以忽必烈為首的蒙古統治者，在完成統治重心的轉變、大致接受了中原王朝的一套典章制度、上層建築後，迅速向消極、保守的方面轉化，統治者的生活逐漸奢華起來，同時內部爭權奪勢的爭鬥更加激烈。

元統治者還對殘存的一些不適應漢族地區狀況的草原舊制拒絕變革，仍「視居庸以北為內地」，將中原之地只看作帝國的東南一隅，從未考慮過針對漢民族的特殊狀況進行治理的問題；同時，千百年來佔中國主導的儒家思想始終沒有被元朝統治者明確樹立為治國的主導方針。對外窮兵黷武、對內聚斂搜刮，使剛剛略顯平緩的社會矛盾很快惡化起來。遼太宗耶律德光面臨的「我不知中國之人難制如此」的問題在元朝統治者面前同樣存在，張士誠、陳友諒、朱元璋的先後起兵，最終讓元朝隨著歷史而流去。

《元代史》的作者周良霄是這樣評價元朝的：

毫無疑問，元朝統一全國的偉大歷史功績是肯定的……同時，元朝還有它的消極方面。它主要的問題還不僅是一般大家都經常提及的戰爭破壞與民族壓迫政策，因為戰爭的破壞畢竟只是在一些地區（如北方地區），民族壓迫政策充其量也只是元朝的近百年統治期內起消極作用的因素。在我們看來，更主要的問題還在於政治社會領域中由蒙古統治者所帶來的某些落後的影響，它們對宋代而言，實質上是一種逆轉。這種逆轉不單在元朝一代起作用，並且還作為一種歷史的因襲，為後來的明朝所繼承。它們對於中國封建社會後期的發展進程，影響更為持久和巨大。……明代的政治制度，基本上承襲元朝，而元朝的這一套制度則是蒙古與金制的拼湊。從嚴格的角度來講，以北宋為代表的中原漢族王朝的政治制度，到南宋滅亡，即陷於中斷。至於經濟的發展，從兩宋到明末形成明顯的馬鞍形，這是不言而喻的。

百年英法之戰

金雀花王朝是英國歷史上故事最多的一個朝代。其開國主亨利二世因娶了法王路易七世的妻子艾莉諾而成為龐大的金雀花王朝的開國主；他的兒子之中，最有名的就是獅心王理查，可惜後來死在與法王的爭鬥中，於是他的兄弟失地王約翰接替了他的王位。約翰的孫子是愛德華一世，人稱「長腿愛德華」，他在征服了威爾斯後，繼續征服與法國勾結的蘇格蘭。然而，愛德華一世沒能解決蘇格蘭問題就去世了，他的兒子愛德華二世於一三一二年入侵蘇格蘭，結果鎩羽而歸，蘇格蘭獲得獨立。一三二七年，愛德華二世的兒子愛德華三世即位，英法百年戰爭的始作俑者登場了。

早在一〇六六年，英法之間發生了著名的「諾曼人征服」事件（法國諾曼第公爵威廉與英國大封建主哈羅德為爭奪英國王位進而征服英國的一場戰爭），來自法國的封建主打敗了英國國王，成了英國的統治者。「諾曼人征服」後，英國諸王透過聯姻和繼承關係，成了法國大片領地上的主要封臣，在法國佔有大量領地，後來法王企圖收回這些領地，將英國人從法國西南部驅逐出去，消除英在法境內最後一個堡壘，而英國則力圖鞏固它在基恩的地位，以奪回早先失去的諾曼第等地區。戰爭的另外一個原因是英法為了爭奪在法境內富庶的佛蘭德和阿基坦地區。佛蘭德形式上是處於法國國王的統治之下，但為了保持工業生產原料來源，佛蘭德承認愛德華三世為法國國王和佛蘭德的最高領主，使英法兩國矛盾進一步加深。英法百年戰爭的導火線則是英國國王愛德華三世覬覦法國王位，一三二八年，法國卡佩王朝絕嗣，支裔華洛瓦家族的腓力六世繼位，愛德華三世以卡佩王朝前國王腓力四世外孫的資格爭奪卡佩王朝繼承權。一三三七年，愛德華三世稱王法蘭西；而腓力六世則收回了英屬領地基恩。十一月，愛德華三世向腓力六世下挑戰書，英法百年戰爭從此開始。

百年戰爭的第一階段（一三三七至一三六〇年）是英法雙方爭奪佛蘭德和基恩。一三四〇年六月在斯勒伊斯海戰中，英軍重創法軍，成了英吉利海峽的主人。接下來，他們於一三四六年七月佔領卡昂，八月在阿布維爾以北大敗法國陸軍，並在長達十一個月的圍攻之後佔領了海岸要塞加來港。一三四七年底，黑死病襲擊歐洲，戰爭被迫停止。這次鼠疫在四年內奪走了佔歐洲人口的三分之一以上，約二千萬人的生命。一三五六年雙方恢復元氣後，重新開戰。兩軍在普瓦提埃城附近遭遇，法軍再度被擊敗，法王約翰二世及其眾臣被愛德華三世之子「黑太子」生擒。普瓦提埃戰役後，雙方簽訂和約，法國被迫將其領土總面積的三分之一割讓給英國，並付出鉅款贖回國王，而英王也放棄對法國王位的要求，百年戰爭暫告一段落。在普瓦提埃戰役中，由於法國騎兵被英國步兵擊潰，這導致了人們對騎士的極大不滿，騎士制度從此開始衰落。

百年戰爭的第二階段（一三六九至一三八〇年）始自法王查理五世於一三六八年配合加斯科涅反英暴動，收復大片失地。「現在是讓可惡的英國人屈服的時候了。我發誓帶領我的臣民奪回屬於我們的一切。」查理五世這樣說。他重編了軍隊，用雇傭步兵取代部分騎士武裝，並建立了野戰炮兵和新的艦隊。靠著突襲和游擊戰術，英軍被迫退到沿海一帶。一三七二年，法國艦隊在拉羅歇爾打敗英國艦隊，重新控制西北沿海海域。英國為了保住在法國的幾個沿海港埠和波爾多與巴約納間的部分地區，並鑒於國內形勢惡化，與法國簽訂了停戰協定。

在未來的幾十年時間裡，雙方的國王換了幾任，大小戰爭又打了幾場。到一四一五年，英軍佔領了法國的首都和整個北方，法王率領一部分軍隊退守南方，從此形成南北對峙的局面。

百年戰爭的第三階段（一四一五至一四二四年）始自英王亨利五世於一四一三年與勃艮第公爵結盟。法國因勃艮第和阿曼雅克兩個封建主集團發生內訌及農民和市民舉行新的起義而遭到削弱，英國乘機重開戰端。一四一五年，英軍在阿贊庫爾戰役中擊敗法軍，百年戰爭以「阿贊庫爾戰役」最著名，亨利五世率軍奮戰兵力超過自己幾倍的法國騎兵，這一天，是法國人的災難，是英國人的榮光。一四二〇年五月二十一日，法王被迫與英王簽訂了喪權辱國的和約——法國淪為英法聯合王國的一部分，英王亨利五世為法國攝政王，並有權在法王查理六世死後繼承王位。

然而，查理六世和亨利五世於一四二二年先後猝死。由於王位的爭奪加劇，導致法國遭到了外敵的洗劫和瓜分，處境相當困難，苛捐雜稅沉重地壓在英佔區的居民身上。因此，對法國來說，爭奪王位的戰爭已轉變為民族解放戰爭，隨著人民群眾的參戰，游擊戰更加廣泛地展開（特別是在諾曼第）。游擊隊給法軍很大幫助：他們設置埋伏，捕捉徵稅者，消滅英軍小股部隊，迫使英軍在征服地的後方留下大批駐防軍。而在英國，繼承亨利五世王位的是僅九個月大的亨利六世，攝政大臣們開始爭權奪利，對外戰爭也節節失利，處境不妙。

百年戰爭的第四階段（一四二八至一四五三年）始於英軍攻打通往南方的門戶——巴黎南面的奧爾良城。英軍對法軍的戰爭進展順利，不久就包圍了奧爾良，大有一舉拿下之勢，此時出現了法蘭西歷史上最具奇蹟性的一幕：一個農民的女兒、年僅十六歲的「聖女」貞德拯救了法國。

貞德出生在法國北部香檳與洛林交界處的杜列米村，一四二八年三次求見王太子，陳述救國大計。一四二九年四月二十七日，王太子封她為「戰爭總指揮」，五月八日，貞德率兵把受困二○九天的奧爾良解脫了出來。但是，宮廷貴族和將軍們卻不滿意這位「平凡的農民孩童」影響力的擴大，他們蓄意謀害貞德。一四三○年，在康邊城附近的戰鬥中，當貞德及其部隊被英軍所逼、撤退回城時，這些貴族們把她關在城外，最後竟以四萬法郎將她賣給了英國人。一四三一年五月二十九日上午，貞德倍受酷刑之後在盧昂城下被活活燒死，她的骨灰被投到塞納河中。貞德犧牲後，同仇敵愾的法國軍民攻克了一座座被英軍佔領的城鎮。一四三五年九月，勃良第公爵臣服於法王查理七世，戰局扭轉，法軍開始大量收復失地。一四五○年，法軍解放諾曼第，並在巴約納之戰中重創英軍，一四五三年七月，在卡斯

▲英法百年戰爭。

蒂隆之戰中再次打敗英軍。十月十九日，法軍收復波爾多，英軍投降，英國在法國的領地只剩加來一地，雙方簽訂了結束百年戰爭的和約。

英法百年戰爭促進了法國民族意識的覺醒，民族女英雄貞德勇敢地捍衛民族利益，為了民族解放不惜犧牲自己的生命，喚醒了人民的民族意識，振奮了民族精神。人民解放戰爭的勝利，不僅使法國擺脫了侵略者的統治，而且使法國人民團結起來，國王受到了臣民的忠心支持。在趕走英國人之後，法國封建君主政體演變成封建君主專制政體，王權進一步加強。在英國，百年戰爭暫時鞏固了封建貴族階級和騎士階層的統治地位，延緩了國家權力集中的進程。儘管百年戰爭對英法兩國產生了很大的影響，但也給兩國人民帶來了深重的災難，巴黎城中三十萬居民有八萬淪為乞丐，英國雖然遠離戰場，但當他們淌出百年大戰的邪惡泥潭時，英國人痛苦地發現他們不但一無所獲，而且還把家底也輸光了。西方一位歷史學家一針見血地指出：「百年戰爭，就是一場百年的屠殺遊戲。當高高在上的王公貴族為自己爭得的利益開慶功宴的時候，一些失去家園和親人的無辜人們卻在無聲地痛哭。戰爭持續了一百年，哭聲也持續了一百年。」

影響西方人思想的文藝復興運動

文藝復興（The Renaissance）是指發端於十四世紀的義大利的文化和思想發展潮流，以後逐漸擴展到德意志、英國、法國和西班牙等國，於十六世紀達到鼎盛。一五五〇年，瓦薩里在其《藝苑名人傳》中正式使用它作為新文化的名稱，到一九世紀，西方史學界進一步把它作為十四至十六世紀西歐文化的總稱。

文藝復興源於義大利，當時在歐洲已經率先完成了從封建主義向資本主義過渡的各種準備，資本主義關係在封建制度內部已經逐漸形成。十三世紀末期，在義大利的佛羅倫斯和威尼斯等地，由於工廠生產規模的不斷擴大以及生產技術的不斷進步，一些大作坊主和富裕的工匠成了新興的資產階級。擁有了經濟基礎的新興資產階級開始謀求政治權力，他們希望將自身的價值觀、思想文化提升為社會主流。由於對封建統治和天主教會思想束縛的不滿，一些新興資產階級知識分子以研究古代文化為由，首先在思想上展開了反封建主義和天主教神學統治的運動。這些新興資產階級認為文化在古希臘、羅馬時代曾高度繁榮，是歐洲人都引以為豪的光輝時代，但在中世紀的「黑暗時代」卻衰敗湮沒，於是他們力圖復興古典文化，「文藝復興」由此得名。瑞士歷史學家雅各．布克哈特對處於文藝復興時期的佛羅倫斯這樣評價：「在當時是人類個性發展得最為豐富多彩的地方，最高尚的政治思想和人類變化最多的發展形式在佛羅倫斯的歷史上結合在一起了。那種既是尖銳批判同時又是藝術創造的美好的佛羅倫斯精神，不斷地改變著這個國家社會的和政治的面貌。」

文藝復興最根本的指導思想就是人文主義，其核心是「人為萬物之本」，復興運動主張以個人作為衡量一切事物的尺規，發現了人的偉大，肯定了人的價值和創造力。復興運動還提出了人要獲得解放，個性就應該得到自由，就要重視現世生活，藐視關於來世或天堂的虛無縹緲的神話。復興運動還反對中世紀消極、無所作為的人生態度，提倡積極的冒險奮鬥精神。西方學者艾倫·布洛克認為文藝復興運動「集焦點於人，以人的經驗作為人對自己、對上帝、對自然的出發點」，這就是說，人文主義的歷史意識以個體完整的主體性行為為基準。「歷史不再被認為是天意的實現，而是人類努力和失敗的產物」。

在中世紀，封建特權是天經地義的，人們的門第觀念根深蒂固。然而，文藝復興運動使這些東西在衡量人的天平上喪失了過去的重量，人的高貴被賦予新的內涵。在當時義大利的社會生活中，能力和金錢代替了出身與門第，成為任何出身的人爬上社會頂端的階梯。封建貴族如果無能無為，在社會上也不再會受到尊敬。

在文藝復興時期，人文主義者反對專制，他們提出了自由和平等的口號。這裡的自由是指每個市民有同等機會參加政府管理和批評政府的自由，這裡的平等是指人人在法律面前的平等，而不是在上帝面前平等。

文藝復興打破了經院哲學一統的局面，為以後的思想進步清除了路障，使得各種世俗哲學興起，它也推動了政治學說的發展。馬基維利、史賓諾沙、霍布斯、密爾頓和洛克等一大批思想家，發展起「自然權利」、「社會契約」、「人民革命權」以及「三權分立」等理論，所有這些都為後期的啟蒙運動和階級革命做了充分的思想準備。它開創了人們探索現實世界的新風氣，人們堅信自己的眼睛和自己的頭腦，相信實驗和經驗才是可靠的知識來源。

文藝復興還創造出大量富有魅力的精湛藝術品及文學傑作，成為人類藝術寶庫中的無價瑰寶。文藝復興時期的建築藝術獨具特色，在歐洲大地上矗立起許許多多經典華麗的建築。梵蒂岡宮、聖彼得大教堂及聖彼得廣場、凡爾賽宮以及佛羅倫斯的美迪奇別墅都是這一時期的精品建築。以下一長串的文學作品顯示了文藝復興時期的文學成就：但丁的《神曲》、薄伽丘的《十日談》、馬基維利的《君王論》、拉伯雷的《巨人傳》、托馬斯·摩爾的《烏托邦》、莎士比亞的《哈姆雷特》和《威尼斯商人》、賽凡提斯的《唐吉訶德》、維迦的《羊泉村》等等。

在科學方面，文藝復興時期的貢獻也是顯著的。哥白尼提出與托勒密的地心說體系不同的日心說體系，布魯諾宣稱宇宙在空間與時間上都是無限的，太陽只是太陽系而非宇宙的中心，伽利略發明天文望遠鏡，克卜勒站在丹麥老師第谷的肩膀上提出行星運動的三大定律；義大利人卡爾達諾發表了三次方程的求根公式，費拉里發

▲聖彼得大教堂。

現了四次方程的解法，邦貝利開始使用虛數並改進了當時流行的代數符號，韋達確立了符號代數學，第一次自覺地使用字母來表示未知數或已知數，德國約翰・繆勒的《論各種三角形》是歐洲第一部獨立於天文學的三角學著作，哥白尼的學生雷蒂庫斯製作了更加精密的三角函數表，笛卡兒創立了解析幾何學；伽利略發明了自由落體、拋物線和鐘擺三大定律，他的學生托里切利發明了水銀柱氣壓計，帕斯卡發現液體和氣體中壓力的傳播定律，波以耳發現氣體壓力定律；比利時醫生維薩里發表《人體的構造》一書，對「三位一體」學說提出挑戰，西班牙醫生塞爾韋特發現肺循環系統，英國解剖學家哈維闡釋了血液運動的規律和心臟的工作原理。

文藝復興還讓包括繪畫在內的視覺藝術得到快速發展，湧現出達文西、米開朗基羅、拉斐爾和提香等一批傑出的藝術大師。

恩格斯曾說：「這是一次人類從來沒有經歷過的最偉大的進步改革，是一個需要巨人而且產生了巨人——在思維能力、熱情和性格方面，在多才多藝和學識淵博方面的巨人的時代。」文藝復興運動對歐洲乃至世界的社會、文化的發展都發揮了巨大的推動作用：文藝復興是歐洲歷史上一次重大的新文化運動，是一次對知識和精神的空前開放與創造，使人們的思想發生了變化，導致了宗教改革；文藝復興是當時社會新政治、新經濟的反映，是歐洲資本主義文化思想的萌芽，是新興資本主義生產關係的產物，它開創了現代世俗國家的雛形，揭開了現代歐洲歷史的序幕；文化領域內以個人為本的內容及嚴謹典雅的形式都成為後世人們學習的典範；人文主義者奠定了現代自然科學的基礎……文藝復興運動是歐洲歷史上一次思想大解放，表達了資產階級破除封建思想體系的精神桎梏、解放生產力、建立新的生產關係的要求。文藝復興是使歐洲擺脫腐朽的封建宗教束縛，向全世界擴張的一個前奏曲，是「人類從來沒有經歷過的最偉大的、進步的變革」。

大航海時代：伊比利擴張

西元十五世紀是世界海運史上的重要時期，也是全球歷史上關鍵的一個世紀。一四〇五到一四三三年的二十八年間，中國的鄭和、王景弘率領大明皇朝的船隊七下西洋，從江蘇太倉劉家河到亞丁灣，航行九萬里。然而，盛大的遠航除了顯示中國富強的政治浪漫之外，沒有其他任何意義──在經濟上是不合理的揮霍，在政治上同樣是不合理的揮霍。抽空了貿易實質的海上冒險，成就了帝王無知狂妄之上的虛榮與野心。

當中國的航海事業戛然而止的時候，西方卻迎來了它的海上擴張階段。「一場西方藉以發跡的技術革命戰勝了當時所有其他文明，並強行將它們聯合成一個差不多是世界範圍的社會。革命的西方人的發明是以『海洋』代替『草原』，作為全世界交往的主要媒介。西方首先以帆船，然後透過輪船利用海洋，統一了整個有人居住以及可以居住的世界，其中包括美洲大陸。」歷史批判哲學家湯恩比這樣說。在地球的另一端，伊比利半島上的兩個國家西班牙和葡萄牙開始憑藉他們出色的航海技術以及橫徵暴斂，開始了它們差不多遍佈世界的殖民統治。「我希望看到亞當的遺囑，他在遺囑中將地球劃分給了西班牙和葡萄牙」，法王弗蘭西斯一世因不滿教宗主持西、葡瓜分海外世界而這樣說道。

在十五世紀以前，伊比利半島南部的格拉納達仍為穆斯林的據點，此外，穆斯林還控制著附近的北非海岸，同時土耳其的海上力量又在不斷增長，這使得整個地中海不得不對它有所顧忌。在伊比利人眼裡，伊斯蘭教是一個永遠存在的敵人。當地理大發現揭示有更多的穆斯林有待消滅時，伊比利人的討伐運動迅速擴展至大洋彼岸。

此外，中古的西歐自十五世紀後逐漸過渡到金本位制，金銀同是貨幣支付手段，為了攫取更多的金銀，當西歐的國王貴族和商人在《馬可．波羅遊記》中發現富庶的東方有大量的黃金白銀後，他們決心遠涉重洋，到富庶的東方去。但由於鄂圖曼土耳其帝國先後佔領了小亞細亞和巴爾幹半島，於是，追逐利益最大化的西歐商人和貴族們迫切希望開闢一條直達中國和印度的新航路。基於這種種原因，西歐的航海事業開始了它龐大的發展歷程。

一四一五年，葡萄牙人佔領了摩洛哥的休達城，由王子亨利任總督。亨利大力支持航海事業，不斷組織探險隊，沿非洲西海岸南下，先後佔領馬德拉群島、亞速群島和維德角一帶，掠奪黃金、象牙和奴隸。巨大的回報讓他們對航海事業如癡如醉。

一四九七年七月八日，葡萄牙貴族達伽馬奉葡王曼努埃爾之命，率領近兩百名船員從里斯本出發前往印度。十一月二十二日他們繞過好望角，十二月初到達阿爾戈阿灣，次年四月到達肯亞，在富有經驗的阿拉伯水手阿哈默德．伊本．馬吉德的領航下，達伽馬沿著中國和阿拉伯海員熟悉的航線橫渡印度洋，於五月二十日到達印度西海岸的科澤科德（即鄭和下西洋中的古里）。九月，達伽馬率領滿載香料、寶石的船隊回到里斯本，這次航行所得純利為航行費用的六十倍。接著在一五〇二年初，達伽馬第二次率船隊遠航印度，沿途攔截商船，殺人滅口，炮轟科澤科德，強佔果亞邦等城市。一五二四年九月，達伽馬第三次去了印度，並被葡王任命為印度總督。

▲達伽馬。
（Vasco da Gama）

達伽馬的航行使西歐直通印度的新航路開闢成功，促進了歐亞兩洲商業和航運業的發展，同時也開始了西方殖民者對東方的血腥殖民掠奪。由於葡萄牙人口少，無力佔領許多文化悠久、土地遼闊的大國，所以主要採用建立軍事據點、壟斷商路和進行欺詐性貿易的方法進行掠奪。葡萄牙殖民者控制了紅海航路的索科特拉島和波斯灣入口處的荷姆茲島，並將印度的果亞邦作為東方殖民地的首府，設總督統治。葡萄牙人還先後佔領麻六甲、爪哇、蘇門答臘、加里曼丹、蘇拉威西和號稱「香料之國」的摩鹿加群島（又譯馬魯古群島），壟斷了歐、亞、非之間的主要貿易通道。葡萄牙人視印度洋為自己的內海，公然攔截、追擊和搶劫其他國家的船隻，殺人越貨，甚至將婦女和兒童沉入大海。他們向被佔領地的人民徵稅、勒索香料，或用鏡子、別針、玻璃球等廉價的小商品騙取珍珠、寶石和象牙等貴重物品，運回里斯本高價出賣，獲得十幾倍甚至幾百倍的驚人利潤。

葡萄牙人在非洲西海岸的航行和擴張，促使眼紅的西班牙人積極尋找另一條通往東方的新航路。他們資助哥倫布一行從歐洲向西航行，結果到了美洲，開闢了通往美洲的新航路。「美洲的發現，經由好望角前往東印度群島的航道的發現，是人類歷史上所記載的最偉大、最重要的事件。」亞當．斯密這樣評價。

一四九二年八月三日，遷居西班牙的葡萄牙人哥倫布帶領近百名水手，分乘三艘船從巴羅斯港出發，九月初抵達加那利群島之戈梅臘島，接著先向西後向西南航行，進入茫茫的大西洋。經過三十四個晝夜的艱苦航行，終於在十月十二日凌晨到達巴哈馬群島東南方的薩馬納島，哥倫布當即以西班牙國王的名義將其佔領，命名為「聖薩爾瓦多」。他認為他所到的地方就是印度（事實上是美洲新大陸），故稱當地居民為「印第安人」。然後哥倫布一行繼續南下，於二十八日到達古巴。他們誤認為古巴是中國的一個貧瘠地方，於是船隊掉頭轉向東方以尋找位於中國東方的日本。十二月七日他們到達海地，見其山川秀麗，有如西班牙，遂命名為「小西班牙」。耶誕節那天，船隻聖瑪麗亞號在海地北岸觸礁擱淺，哥倫布利用船體修建了第一個殖民據點，取名「聖誕城」，留下三十九人駐守。一四九三年三月十五日，哥倫布回到巴羅斯港，受到隆重歡迎。哥倫布的遠航開闢了從西歐通向美洲的新航路，結束了美洲的與世隔絕狀態。

遠航歸來半年後，哥倫布組織起第二次更大規模的西航。一四九三年九月二十五日，哥倫布率領傳教士、官員和想去海外發洋財的貴族團隊，帶著槍支彈藥，分乘十七艘船，離開加的斯港，不久到達小安地列斯群島的多明尼加島、瓜德羅普島和維京群島的波多黎各島，他們在此進行了大規模的殖民掠奪。十一月二十七日，船隊駛抵海地，哥倫布發現當初的殖民據點已被印第安人夷為平地，於是率領西班牙殖民者開始向印第安人徵收人頭稅，甚至將印第安人擄為奴隸或加以屠殺。一四九八年五月和一五〇二年哥倫布又進行了第三、第四次的西航。

在哥倫布開闢通往美洲新航路的同時，西班牙人就開始了對加勒比海諸島的征服和掠奪。一四九二年底，哥倫布在海地北部建立第一個殖民據點。一四九六年，哥倫布之弟巴塞羅繆在海地南岸修建聖多明各城，作為統治加勒比海諸島的首府，進而征服牙買加、波多黎各、古巴和整個加勒比海島，在塞維利亞設印度事務部。

達伽馬開闢直通印度的新航路後，為葡萄牙帶來驚人的利潤。而哥倫布雖然開闢了通往美洲的新航路，卻沒有到達富庶的東方，也沒有給西班牙立刻帶來可觀的財富。於是西班牙當局希望也能找到一條直通東方的新航路，這下費南多·德·麥哲倫英雄有了用武之地。

在葡王拒絕了自己找到通往「大南海」（即太平洋）海峽的計畫後，葡萄牙破落騎士麥哲倫於一五一七年十月憤而遷往西班牙，在西班牙待了不到半年，國王查理一世就接見了他，並與他簽訂遠洋探險協定。一五一九年九月二十日，麥哲倫率領近三百人，分乘五艘船，從塞維利亞的外港聖盧卡起航。一五二一年三月，麥哲倫的船隊駛抵菲律賓群島的馬薩瓦島（馬索華島）。八年前麥哲倫從東方回到西方，現在他又從西方繞到了東方。四月二十七日，麥哲倫率領數十名殖民者進攻宿務島以東的馬克坦島，強令該島人民稱臣納貢，被當地首領拉普領導的戰士擊斃。不久，西班牙殖民者用血腥手段征服了這個地區，並以王子菲力浦的名字命名，這就是今天的菲律賓。一五二二年九月六日，船隊回到出發地聖盧卡港。麥哲倫的船隊整整用了三年時間，完成了人類史上第一次的環球航行，無可辯駁地證明地圓學說是正確的，為人們地理知識的擴大和科學的發展做出重大貢獻。

擁有新航路後，西班牙人開始四處掠奪。一五一九年四月，西班牙小貴族科爾特斯率領約八百人，攜帶大炮、戰馬於墨西哥東海岸韋拉克魯斯登陸，向墨西哥城發動進攻。國王蒙特蘇馬二世派人給科爾特斯送去大量金銀珠寶，請求退兵，而科爾特斯則極盡挑撥離間之能事，並設計逮捕蒙特蘇馬。一五二〇年六月，被亞當・斯密稱為「可憐的、孤弱的美洲人」的印第安人奮起反抗，科爾特斯一夥倉皇出逃，被殺和落入湖裡淹死者不計其數，落入湖底的財寶不可勝數，史稱「憂傷之夜」。一五二一年八月，科爾特斯再度率兵攻入墨西哥城，墨西哥變為西班牙的殖民地，稱「新西班牙」。一五二三至一五二四年，西班牙人又侵入瓜地馬拉、洪都拉斯和尼加拉瓜。十六世紀四〇年代，海地島上六萬多名印第安人僅剩五百人，而牙買加、波多黎各和古巴等地的幾十萬名印第安人被斬盡殺絕。西班牙殖民者先後征服祕魯、厄瓜多、哥倫比亞、玻利維亞、智利等南美國家。十六世紀中葉，西班牙已侵佔除巴西以外的中南美洲，建立起龐大的殖民帝國。

開闢新航路和隨之而來的殖民掠奪，對世界各國的歷史都產生了深遠的影響。亞洲、非洲和美洲諸多國家，從此逐漸淪為殖民地或半殖民地，成為西方殖民者掠奪的對象。葡萄牙、西班牙和後起的荷蘭、英國和法國等國在亞、非、美洲進行殘酷的殖民掠奪，給這些地區的人民帶來了巨大的災難。然而，新航路的開闢也有利於經濟和文化的交流，促使一些地區如美洲在吸收外來文化基礎上形成了獨具一格的文化圈。新航路的開闢和殖民掠奪，對西歐也有重大影響，它引起了商業革命和價格革命，而商業革命和價格革命是資本原始積累的主要因素，它使階級矛盾更加尖銳複雜，加速了封建制的沒落和資本主義的發展。從此，西歐諸國的資本主義迅速發展，開始超越亞洲、非洲和美洲諸多國家。

歐洲基督教教內的紛擾與戰爭

基督教出現後不久，就逐漸分化成以希臘語地區為中心的東派教會和以拉丁語地區為中心的西派教會。在西羅馬帝國於四七六年滅亡前後，羅馬主教逐漸成為整個西派教會的領袖，並逐漸形成教宗體制。一〇五四年，東西兩派終於分裂。以君士坦丁堡為中心的大部分東派教會自稱「正教」，意為保有正統教義的正宗教會。因為地處東方，故稱「東正教」；因為宗教儀式使用希臘語，故又稱「希臘正教」。

西派自稱公教，即天主教。公教一詞源於希臘文Catholic，意思是「普世的」、「大公的」，所以被稱為公教；因為它以羅馬為中心，所以又稱「羅馬公教」；Catholic一詞按音譯，又稱「加特力教」，有時也被稱為「舊教」，以區別於基督教新教。

十五世紀後期，隨著一批大中城市的發展，封建制度開始解體，資本主義開始萌芽，許多新興的民族國家確立了中央集權的王侯統治，以教宗為最高統治者的天主教會逐漸成為資本主義發展的最大障礙。另外，由於天主教會日益腐敗，不僅向全體居民徵收「什一奉獻」，還到各國出售贖罪券，致使各國的白銀大量流入羅馬，不僅影響了各國人民的生活，更嚴重的是阻礙了資本主義的發展。當時，本來就鬆弛渙散的神聖羅馬帝國和經受了大分裂創傷的羅馬教廷，在長期的互相角逐較量中已日漸式微。另外在思想文化方面，文藝復興喚起了人們新的覺醒，理性主義和批判精神開始在知識分子中傳播，一批人文主義者大膽揭露教宗、主教和修道士的虛偽、貪婪和無知……這一切都為宗教改革準備了條件。

一五一七年，德國威丁堡大學聖經科教授馬丁．路德因反對羅馬教廷兜售贖罪券，發起宗教改革運動，產生了脫離羅馬天主教的新宗派——路德宗，即所謂「新教」（新教後來泛指十六世紀宗教改革運動中脫離天主教而形成的各個新宗派如加爾文宗、聖公宗以及後來從這些宗派中不斷分化出來的眾多宗派）。宗教改革運動迅即在整個德國形成燎原之勢，使德意志帝國封建諸侯分成舊教諸侯與新教諸侯兩派。在瑞士，慈運理和喀爾文等的改革活動進一步擴大和加深了新教的影響。一五三三年，英王亨利八世出於政治上的原因，由上至下推行宗教改革，組成了獨具特色的新教教會。

因馬丁．路德的宗教改革運動，一五二一年，德皇查理五世邀請這個「桀驁不馴的修士」來到烏爾姆斯帝國會議廳，讓他在世俗和宗教上層人物面前承認錯誤，但路德在這裡卻仍然堅持自己的觀點。一五二九年，帝國議會在德國斯拜耶召開會議，因新派諸侯對會議透過支持天主教壓制參加宗教改革運動各派的決定，提出了一項正式抗議，以維護新教權益，故被稱為「抗議者」（新教各派統稱「抗議宗」或「抗羅宗」即來源於此），結果引起德國內戰。

一五三一年，德意志新教諸侯組成反對皇帝和天主教諸侯的士馬卡爾登聯盟，雖然當時的德皇查理五世因忙於對法戰爭，無暇顧及該聯盟的存在，但天主教會還是用各種方式試圖制止新教的傳播，如一五四五年他們召開了一次宗教會議以抵抗新教的傳播。當查理五世於一五四六年回國的時候，士馬卡爾登聯盟因分裂而影響不斷減小，次年，查理五世趁此有利時機戰勝新教諸侯，聯盟土崩瓦解。一五五〇年，查理五世頒佈「血腥詔令」，嚴禁宗教改革宣傳，同時鎮壓再洗禮派（十六世紀歐洲宗教改革運動中的激進派或左派，該派最突出的特點在於主張唯成年受洗方為有效）。但是，德皇皇權的增長也引起了教宗和天主教諸侯的不安，在這場博弈中，教宗和天主教諸侯組成了反德皇同盟，新教中的路德宗等宗派緊跟其後。一五五五年，戰敗的查理五世被迫簽訂了《奧格斯堡和約》，承認路德宗為合法新教派，並根據「教隨國定」原則，承認各國諸侯有權選擇新教為其國教，於是新教正式成為合法的教派了。

在進行戰爭的同時，天主教的其他人員也沒閒著，他們忙著修改教義等各項工作。畢竟，經過多年的殘酷統治，天主教的名聲不是太好。一五六三年，召開了十八年的會議終於將天主教的信仰原則重新加以定義，並與「因信稱義」學說劃清界限；教宗、主教和修道士重新成為上帝的僕人而不再是爭權奪利的貴族，他們應更多地關注信徒，特別是關注窮人。這場史稱「反宗教改革」的改革很快讓很多人重新回到了天主教會。不過還是有不少人對天主教徒的行為不滿，一六一六年，有人對英國牧師特里說：「基督教是魔鬼的宗教；基督教徒時常酗酒；基督教徒時常幹壞事；基督教徒時常打人；基督教徒時常辱罵別人。」

儘管天主教的教義現在「親民」成分多了一些，很多人也回到了天主教會，新教也成了合法的宗教，但天主教與新教之間還遠遠沒有達到和解的地步，它們之間還是經常性地進行戰爭。一五七二年八月二十四日法國的聖巴多羅買大屠殺成了慘劇的頂峰。天主教的狂熱分子在這個暗夜屠殺了大約二萬名新教信徒。但即使如此，新教也不可能長期受到壓制。一五九六年，波蘭宣佈東正教與天主教合併，為天主教在新教與東正教的結合打下了一個楔子。在一五九八年的「南特敕令」中，法國新教教派有了和其他教派在國內活動的平等權利。

十七世紀初期，歐洲的新教與天主教之間的矛盾不斷擴大，如捷克人以新教為武器反對神聖羅馬帝國對自身的統治，同時帝國的其他諸侯國也希圖擺脫帝國和天主教的統治。在捷克起義成功後，人民立新教同盟的首領為新國王，於是暴怒的羅馬教宗和天主教同盟要求神聖羅馬帝國政府鎮壓起義，它們向當時最為強大的西班牙求助。在新教同盟這一邊，為了擺脫羅馬天主教廷的控制，歐洲各諸侯國也紛紛參與進來，西歐、中歐和北歐的國家幾乎全部參戰，一六一八年，「三十年戰爭」爆發。戰爭的目的一開始時還是為了捍衛宗教信仰，但當勝利的皇家天主教大軍把教會財產劃歸帝國時，當地信仰天主教的公侯一同起來反對皇帝——他們不希望皇帝過於強大。對這些天主教諸侯來說，權力比信仰更為重要。當歐洲各國都捲入戰爭時，權力問題已經居

▲三十年戰爭。

於首位，這不單單對天主教諸侯來說是這樣，世俗政權同樣如此。瑞典國王古斯塔夫．阿道夫率領軍隊為新教而戰，特別想把北德從天主教手中奪回來，以保障瑞典在波羅的海地區的主導地位——信奉天主教的法國卻支持了他，戰爭早已不再是為了宗教。法國所希望的是取代已經四分五裂、在戰爭中大大削弱了實力的德國在歐洲的領導權，最終它達到了這個目的。

「三十年戰爭」結束後，一六四八年十月，兩大同盟達成《西發里亞和約》，確認了一五五五年的《奧格斯堡和約》，並在一點上做了重要補充：臣民們不再有義務接受上層的宗教信仰。德意志各天主教諸侯的權勢透過這個和約得到加強，皇帝的力量相應削弱。瑞士和尼德蘭變成了獨立的國家……

一八〇〇年前後，在世界上那些已被西方文明所統治的地區內，天主教與新教基本上是平分秋色了。

一個管理他國的公司：英國東印度公司

這是人類歷史上最奇怪的一段插曲：一個股份公司——英國東印度公司——竟然變成了印度這樣一個大國的正式政府，「官商一體」發展到了它的頂峰。英國東印度公司這個印度的「政府」還是英國女王的臣下，東印度公司統治的印度也就理所當然地變成了英國的殖民地。

東印度公司是英國、荷蘭等繼葡萄牙和西班牙殖民擴張後於十七世紀為了處理他們在東印度地區的一些事務而成立的機構，後來這些公司都變成了殖民者在殖民地的統治機構。當時在印度設立東印度公司的主要有英國、荷蘭、法國、丹麥、奧地利、西班牙和瑞典等國，其中荷蘭與英國的公司是最有名的，英國的東印度公司更是因販賣鴉片和黑人奴隸而臭名昭著。

在伊比利擴張時期，葡萄牙人達・伽馬率船隊繞過非洲南端的好望角，到達印度的馬拉巴爾海岸，從此歐洲殖民者開始了掠奪印度的血腥歷史。但由於當時的印度蒙兀兒帝國既有高度發達的文明，又有強大的軍事實力，因此殖民者一時無法佔領內陸的廣大地區，只能在印度東西海岸搶佔據點，進行海上搶劫與掠奪性貿易。

在西歐殖民者到來之前，印度就已經與其他國家和地區有了發達的貿易聯繫，然而隨著西歐商人的相繼到來，印度商人逐漸從海上貿易中被排擠了出去，以前的棉織品、絲織品、藍靛、香料、珠寶等的輸出就都由葡萄牙人、英國人、荷蘭人和法國人控制了。

▲東印度公司的鴉片倉庫。

在制住印度人的同時，這些西歐商人間也為了印度市場展開激烈的爭奪。英國的東印度公司成立之初，就遭到荷屬東印度（現在的印尼）的荷蘭人和葡萄牙人的抗爭。一六〇〇年十二月三十一日，英國商人為了與荷蘭商人競爭而率先成立了英國「東印度公司」，一年後，荷蘭就緊接著成立了「荷蘭聯合東印度公司」，英荷兩國商人劍拔弩張，直到一六二三年，英荷兩國才達成默契：荷蘭壟斷東印度群島，英國壟斷印度次大陸。

當時的印度統治者為什麼允許這些「東印度公司」存在呢？原來，西歐商人手中有從美洲掠奪的白銀和黃金，他們可以大量購買印度精美的棉織品和絲織品，這促進了印度出口商品生產的進一步擴大。出口商品的增長還促進了農產品的生產，十七世紀中葉，在孟加拉和旁遮普的一些地區，已經有幾十萬農戶在從事出口棉織品的生產了。

西歐商人控制的出口型經濟增加了印度人的就業，使印度人變得更加富裕；臣民們變得更富裕就會有助於朝廷增加稅收，就會有助於統治者政治上的穩定。這就是蒙兀兒王朝的國王們不僅容忍西歐商人控制的出口型經濟，甚至還在一七一七年允許英國在印度進行自由貿易。這就是十七世紀末依然強盛的蒙兀兒王朝聽任西歐商人設立「東印度公司」原因。

最初，英國人主要利用東印度公司做生意，慢慢地，東印度公司就成了英國殖民者侵略印度的工具。英國東印度公司在一六〇九年續領特許狀時，就取得了五項特權：掠地鑄幣、築城養兵、締結盟約、宣戰媾和及審理刑事民事案件。一六一三年，英國在印度西部的蘇拉特設立貿易站，不久又在印度東南部的馬德拉斯建立商館，一六五一年又被允許在胡格利通商。一六九八年，東印度公司買下印度三個村子的包稅權，實際上等於買下了三個村子的領土，其中一個村子就是加爾各答。儘管加爾各答村很小，但其周圍盛產大米、黃麻，而且地理位置非常重要，東印度公司在這裡設立了貿易總部，把印度的糧食和工業原料源源不斷地運回英國，從中獲取了豐厚的利潤。在印度的英國人羅伯特．克萊夫在到達印度後的幾年裡寫信給家裡人道：「使我能在祖國過上我做夢也想不到的好生活……我已給姐妹們每人匯去兩千英鎊，並將在適當時候照顧弟兄們。我想勸拉斯姐妹儘快結婚，她們沒有時間可浪費……你沒有必要再當律師……」可見英國人在印度掠奪的殘酷性。英國東印度公司還透過壟斷鴉片、食鹽和菸草貿易等手段牟取暴利。其中，鴉片收入約占公司總收入的七分之一。他們強迫孟加拉農民種植鴉片，再走私運到中國銷售，從中牟取暴利，並使大清帝國從此走向衰落。

十八世紀初期，強盛的蒙兀兒王朝開始衰落，印度又重新分裂為許多的小城邦，而此時英國東印度公司實力越來越強，於是它拋開了「商業公司」的外衣，逐漸佔領了馬德拉斯、加爾各答和孟買，然後在這裡設立管區。為了能更順利地入侵其他地區，英國東印度公司還在加爾各答修築了一個巨大的堡壘，裡面是為它服務的荷槍實彈、全副武裝的英國軍人。做生意的東印度公司建立了軍隊，這下印度人終於不幹了。一七五六年，孟加拉的納瓦卜（相當於總督）向東印度公司提出抗議，要求它們拆除堡壘，但英國人根本不予理睬。於是納瓦卜發兵趕走了英國人，收回了加爾各答。這就是著名的英印「七年戰爭」的導火線。

一七五七年一月，英印開戰，在狡猾的英國人的賄賂下，英軍於普拉西戰役中大敗印軍，孟加拉的納瓦卜被殺死，孟加拉庫被搶。據不完全統計，英軍拿走的金銀珠寶，總價值達三千七百萬英鎊，這還不包括個人裝入腰包的總價值兩千一百萬英鎊的財物。貪婪的英國人還於一七九九年，在攻陷了印度封國邁索爾時，從邁索爾首府搶劫的價值超過一千五百萬英鎊的王室珍寶。

七年戰爭結束後，英國歷史學家J．R．格林這樣說道：

> 七年戰爭是世界歷史上的一個轉捩點，也是我國歷史上的一個轉捩點。到現在為止，歐洲國家的相對重要性已從它們在歐洲範圍內的屬地獲得。但是，從戰爭結束起，英國較其周圍國家重要還是不重要，已無關緊要。英國不再僅僅是一個歐洲強國，不再僅僅是德國、俄國或法國的對手。正如英國聲稱它是北美洲的霸主和印度未來的霸主那樣，英國突然遠遠勝過那些由於其位置僅在一塊大陸內、註定要在以後的世界歷史中處於較低微的地位的國家。

在大敗印軍後，隨後英軍又擊敗了法軍，獨自霸佔了孟加拉，並任命親英派印度人擔任納瓦卜。一七六五年，東印度公司取得孟加拉、比哈爾邦、奧里薩邦的收稅權，主宰了孟加拉。公司直接掌握了財政和軍權，也就間接掌握了行政權。印籍人員負責辦理事務，但無實權，史稱「雙層統治」。一七六七年，英國議會通過「東印度公司管理法」，原加爾各答的省督改稱總督，由英王直接任命，其任務是代表英國政府全權管理英國佔領下印度的全部領土。至此，英國政府開始透過東印度公司直接統治印度，東印度公司最終變成了統治印度的殖民主義政府。英國人一旦在德里安頓下來，就完全走上通往世界帝國和世界首富的道路。正是由於範圍廣闊、人口稠密的次大陸所提供的這塊無與倫比的根據地，英國人才能在十九世紀擴張到南亞其餘地區，然後遠遠地擴張到東亞。一旦變成了英國殖民者的殖民地，印度就落入了苦難的深淵。英國殖民統治給印度帶來的最大災難就是毀滅了印度的傳統手工業。在十八世紀中葉以前，手工棉紡織業是印度最具有「比較優勢」的產業，然而到了十八世紀末的產業革命發生前，上千年曾經輝煌於世界的印度手工業從此一蹶不振。

英國的殖民統治沉重地打擊了印度的手工業，使千百萬的手工業者失去生活來源，大批人因饑餓而死亡。達卡城的人口由十八世紀中期的十五萬下降到一八四〇年的三、四萬人。「這種災難在商業史上幾乎是絕無僅有。織布工人的屍骨把印度的平原漂白了。」一位東印度總督曾這樣說。

英國的殖民統治還造成了印度的饑荒。英國東印度公司為了賺錢而橫徵暴斂，在其統治印度東部以後不久就將田賦提高了近一倍，造成了連年的饑荒，僅一七七〇年的孟加拉大饑荒就餓死了一千萬人，約占孟加拉人口的三分之一，「在一七六九年到一七七〇年間，英國人囤積全部白米，不出駭人聽聞的高價就拒不出售的辦法，製造了一次饑荒」。

在西歐殖民者到來之前，印度一直是世界上最繁榮富庶的地區之一，而在變為英國的殖民地之後，印度就成了一個被西方人鄙視的「落後國家」。從十八世紀六〇年代起，東印度公司開始走下坡，一八一三年，東印度公司對印度的貿易壟斷權被取消，同年，英政府又取消了它對中國的貿易壟斷權。東印度公司對華貿易特權被取消後，來廣州十三行貿易的英國商人從原來統一由東印度公司組織而變為散商，英國政府特派官員與中國政府交涉商務事宜，使原來商人與商人之間的交涉一變而成為政府間的交涉，由此埋下了中英兩國衝突導火線的種子。種種權力被取消後，東印度公司走向了破產的道路。一八五八年，東印度公司用盡畢生精力為英國聚斂到足夠的財富之後，被一腳踢開，東印度公司被英國政府正式取消，英國政府開始直接統治印度至一九四七年。

資本主義與人口販賣

在人類歷史上，沒有什麼比販賣人口更無道義、更為恥辱的事情了。二〇〇六年五月在塞內加爾的廢除奴隸制紀念活動，法國合作、發展和法語國家部長級代表布麗吉特·吉拉爾丹說：「長期以來，奴隸制和奴隸販賣這悲慘而令人羞恥的一頁一直被人們遺忘著、疏忽著，甚至被某些人掩蓋著。因此，我們有必要讓法國的年輕一代瞭解這段歷史，讓每一代人知道對自己的行為負責。在西方資本主義發展的歷史上，這種慘無人寰的公開的血肉貿易竟然延續了四百年的歷史。」

隨著資本主義的逐漸發展，當時的社會需要大批的廉價勞動力和巨額的財富資本，為了達到這個目的，資本家除了殘酷壓榨、剝削工人外，還大肆掠奪海外殖民地的財產。於是，人口販賣的罪惡活動發生了。美洲的被發現讓英國等殖民主義國家有了巨額財富的來源地，大批印第安人被趕往礦井，在他們的最後一滴血汗被榨乾後就被埋於廢棄的礦井之中，他們用卑微的生命為資本家積累著一枚枚鋥亮的硬幣。然而，人的頭顱畢竟不如韭菜能夠割一茬又長一茬，當美洲的勞動力難以為繼時，殖民主義者將目光轉移到了貧瘠而落後的非洲。

葡萄牙殖民者是最先入侵非洲的殖民者，也是近代「人口販賣」行業的始作俑者。一五四〇年起，葡萄牙殖民者在西非沿岸獵取黑人，或運回歐洲替封建大地主種地，或利用他們開辦種植園，生產出口作物。當時獵捕和販賣黑人的規模都不大，不過是葡萄牙殖民者在掠奪黃金白銀與香料時兼營的一項副業而已。有人估算，在十五世紀下半葉時，每年大約有五千名非洲黑人被販到歐洲和西非沿海各島嶼。

然而到了十六世紀早期，西班牙國王准許商人把黑奴運往西屬美洲殖民地，從此販賣黑奴就成了由政府支持的「合法」行業，此後黑奴販賣的規模越來越大。從十六世紀晚期起，荷、英、法與葡萄牙展開了販賣黑奴的激烈爭鬥，十七世紀中期，荷蘭佔有優勢；十八世紀中期，英國成了世界上最大的人口販子。從十六世紀初到十八世紀末，是販賣黑人的「興盛」時期，到一七七〇年，黑奴的半數由英國船隻載運，近五萬名；其次是法國的三萬名。加勒比地區的甘蔗種植園、美洲大陸的菸草種植園和後來興旺的棉花種植園，在黑奴的血汗澆灌下茁壯成長起來。「從十六世紀到十九世紀八〇年代，這個罪惡的行當，成了歐洲殖民者競相摘取的『黃金果』」。

殖民者的野蠻統治和殘暴掠奪，不斷激起人民的反抗，不少奴隸不堪忍受種種非人待遇，逮住機會就毆打奴隸販子，奮力反抗奴隸主，或者是逃亡……奴隸們用種種方式表達出他們對這種殘忍的販奴制度的不滿。在非洲大陸和美洲的種植園、礦區中，這種反抗更是頻繁，許多時候，奴隸們更是揭竿而起。

一七〇〇至一八四五年，僅在英國和美國販奴船上就發生了五十五次奴隸起義，而在美洲廣大奴隸遭受奴役的殖民地區，這種反抗更加激烈，他們多次舉行武裝起義，起義中影響最大的要算是海地的黑奴起義。黑格爾說：「一旦個人和民族讓關於充分發展的自由之抽象概念進入的頭腦，就沒有什麼比這更具有控制不了的力量。」一七九一年八月二十二日深夜，聖多明各島（又稱海地島）北部的黑人奴隸發動了武裝起義。短時間內，一千二百個咖啡種植園和兩百多個甘蔗種植園內烈火熊熊，昔日不可一世的殖民官吏和種植園主嚇得聞風而逃。十月，著名的黑人領袖杜桑・盧維杜爾帶領一千多名黑奴加入起義行列，使海地革命力量更加強大起來。起義軍於一七九四年和一七九八年把西班牙和英國侵略軍趕出海地，同時，起義軍和廣大人民還趕走了法國殖民總督和特派員，建立了新政府，並於一八〇一年六月召開議會，制定了海地第一部新憲法，宣佈永遠廢除奴隸制，杜桑被選為終身總統。

就在海地人民剛剛享有自由生活之時，主宰法國的拿破崙為了維護自身集團的利益、恢復法國在海地的殖民統治，於一八〇一年十二月命勒克雷爾為遠征軍司令，進軍海地。由於不能很快取得軍事上的勝利，勒克雷爾決定採用和談陰謀。一八〇二年五月，勒克雷爾採取卑劣手段誘騙杜桑前來談判，將其逮捕，然後押回法國。同仇敵愾的海地人民堅持抗爭，最終於一八〇四年建立了獨立的海地國。

▲杜桑・盧維杜爾畫像。

海地北部的黑人奴隸起義極大地震動了整個世界，敲響了拉美殖民地奴隸反對殖民統治的警鐘。海地革命的勝利，為拉丁美洲各國爭取民族獨立運動樹立了光輝榜樣，揭開了整個拉丁美洲革命的序幕，它極大地鼓舞了世界各國人民反對殖民主義的鬥志，具有重要的歷史意義。獨立的海地國是世界歷史上第一個廢除奴隸制的國家，也是世界近代史上第一個黑人共和國。二〇〇四年，聯合國教科文組織大會還將八月二十三日黑奴販運及其廢除國際紀念日的主題定為紀念一七九一年發生在聖多明各島的黑奴起義。

由於奴隸經常反抗、怠工、罷工、逃亡甚至起義等，奴隸主感到光靠壓榨奴隸已經不能滿足生產需要；另外，隨著資本主義的發展，資本家需要的是自由勞動力，這種自由勞動力隨著大工廠的出現，其需求量越來越大。於是在十九世紀初，工業資本主義最發達的英國在世界範圍內帶頭掀起了廢除奴隸制的運動，從此，廢奴運動在世界各地此起彼伏，形成一股不可阻擋的歷史潮流，廣大被壓迫的奴隸迎來了他們的新生。儘管如此，世界範圍的販奴運動並沒有戛然而止，斷斷續續的販奴活動又持續了近百年，直到十九世紀末才大致結束。

在罪惡的黑奴販賣過程中，估計有一千萬的非洲黑奴被歐洲人運過大西洋永世為奴，整個世界為之改變。黑奴的勞動使歐洲取得了長足進步，西班牙、荷蘭、英國和法國，尤其是最先壟斷奴隸貿易的葡萄牙，都在黑奴販賣運動中大發橫財，為本國的資本主義發展準備了充足的條件。所以有人說，黑奴的軀體就是構建資本主義的磚塊，黑奴的血肉就是構建資本主義的鋼筋水泥，極度繁榮的大城市倫敦、阿姆斯特丹、馬德里和紐約等，都是靠這些磚塊一層層壘起來、靠這些鋼筋水泥一點點澆灌而成的。然而，非洲卻因此黑暗了。

英國內戰

海航事業的發展，新航路的開闢，使得歐洲的主要商道和貿易中心由地中海轉移到了大西洋沿岸，地處國際貿易航道要衝的英國，新興的資產階級憑藉有利的條件積極推進海外貿易，並進行野蠻的殖民掠奪，迅速聚斂了大量資本並獲得了廣闊的海外市場。隨著英國資本主義深入而廣泛的發展，由工廠主、銀行家和大商人組成的資產階級隊伍日益成長壯大。另外，一部分封建貴族在巨額利潤的誘惑下也開始使用資本主義方式經營農場、牧場或投資手工工廠，成了資產階級化的「新貴族」。這兩類人都有著自由發展資本主義的迫切要求。

然而在當時的專制國王詹姆士一世及查理一世統治期間，他們大肆鼓吹「君權神授」思想，聲稱國王是上帝派到世間的最高權威，有無限的權力。詹姆士一世強制發行公債，還實行肥皂、紙張、鹽、煤等日用品的專賣權，甚至賣官鬻爵，所有這些措施都極大地阻礙了英國資本主義工商業的發展，引起了新興資產階級和新貴族的強烈不滿，資產階級要求「所有的自由臣民都有自由地經營其行業的繼承權」。一六二五年，詹姆士一世病死，查理一世繼位。查理一世比詹姆斯一世走得更遠，他乾脆於一六二九年解散掉提出「權利請願書」的國會，之後的十一年間，查理一世未再召開過議會會議。他任意徵收關稅，還巧立名目、創立新稅，頒佈各種罰款條例，這段時期是史稱「殘酷統治」的十一年。

查理一世的封建專制政府毫無節制地擴大工商業專賣權以壟斷市場，造成工商業蕭條和物價上漲，大批勞動者失業，加劇了財政危機，加深了皇室與資產階級的矛盾。這個時期民怨沸騰，各種矛盾強化，革命情緒日益高漲，先後爆發了蘇格蘭人起義和愛爾蘭民族起義。為了解決國內的政治危機，查理一世被迫召開停止了十一年的國會，然而國會拒絕他的無理要求，惱羞成怒的查理一世下令逮捕激進派議員，於是，國會和國王徹底決裂。

一六四二年，查理一世在諾丁漢城堡升起國王的軍旗，宣佈討伐國會，第一次內戰開始。一六四六年五月五日，查理一世向蘇格蘭投降，代表新興資產階級和新貴族的國會在內戰中取得了初步的勝利。一六四七年一月，議會以四十萬英鎊的代價從蘇格蘭人手中把查理一世買回軟禁起來。然而英國國內的矛盾並沒有因為國會取得勝利而得到解決，國會與軍隊之間出現了分歧，軍隊內部也產生了矛盾。查理一世看到機會來了，在支持他的蘇格蘭長老會的幫助下，一六四七年十一月，查理一世從拘留地紐馬凱特城堡逃了出來。

▲查理一世像。

在蘇格蘭國會及長老會的大力幫助下，一六四八年春，查理一世發起了第二次內戰。在克倫威爾的指揮下，國會軍粉碎了蘇格蘭王軍，平定了各地的王軍叛亂，查理一世被俘；王后逃亡法國尋求援助，卻遭到了執政的法國首相馬薩林紅衣主教的冷落。在廣大人民的輿論壓力下，國會與軍隊共同組織了特別法庭審判查理一世，一六四九年一月二十七日，法庭判處查理一世死刑；三十日，查理一世被處死。查理一世被處死標誌著英國封建專制的結束，資產階級共和國時代的開始。

作為功臣，克倫威爾成了共和國的最高執政者，就任「護國主」。當克倫威爾開始執政時，一六四〇年組成的議會所保留的成員屬於一個數目不多、無代表性、過於激進的少數派，即所謂的殘餘議會，起初克倫威爾想透過談判來進行新的選舉，然而談判最後破裂，一六五三年四月二十日，克倫威爾用武力解散了殘餘議會。從那時起到一六五八年克倫威爾因病去世為止，他先後成立和解散了三個不同的議會，採用了兩部不同的憲法，但這些都未能發揮作用。克倫威爾去世後，共和國內部矛盾惡化，政局動盪不安，資產階級和新貴族惶惶不可終日，把舊王朝的復辟看作是擺脫危機的唯一出路。他們與斯圖亞特王朝勾結，達成妥協，於是流亡法國的查理二世被迎立為英國國王，封建王朝復辟了。

復辟者查理二世與其繼承者詹姆士二世進行了瘋狂的反攻，面對復辟王朝的高壓政策，人民群眾從不滿發展到武裝起義。然而新興資產階級和新貴族卻軟弱無力，他們害怕人民的力量，不敢依靠和發動人民透過革命的手段去推翻復辟王朝，他們向封建貴族妥協，發動了一六八八年政變，歡迎詹姆士二世的女婿、當時的荷蘭執政及其妻子瑪麗做英國的國王，這使得資產階級和新貴族的統治得以在英國確立。這次政變沒有經過戰爭，也沒有造成傷亡，但它卻完成了奪取政權的任務，新興資產階級和新貴族們感到十分滿意，把這次政變稱為「光榮革命」。

英國內戰的主要意義在於確定並貫徹了自由主義的原則，是歷史上資本主義制度對封建制度的第一次重大勝利，「給普通人一個機會，讓他們嘗嘗權利的可能性並說出自己的見解，是英國內戰的偉大成就之一」。英國內戰也是「歐洲範圍的革命」，因為在它的影響下，歐洲大陸不久就爆發了革命，北美殖民地的革命也如火如荼地開展起來。因此，英國內戰實際上揭開了歐洲和北美革命的序幕，推動了世界歷史的進程，標誌著世界近代史的開端。

編年表

前七〇〇〇～前四〇〇〇年　印度河流域開始出現農村社會。
前四〇〇〇年　蘇美人發明表意和指意符號的楔形文字。
前三〇〇〇年　中國傳說五帝時代，埃及形成統一的奴隸制國家。
前二三〇〇～前二〇〇〇年　印度出現哈拉巴文化。
約前二一〇〇年　埃及奴隸河貧民大起義。
前二〇〇〇年　中國夏朝開始。
前二〇〇〇～前一二〇〇年　希臘愛琴文明產生。
前十七世紀　中國商朝開始。
前十四世紀　盤庚遷殷；摩西帶領希伯來人出埃及。
前一二〇〇年　亞述擊敗巴比倫。
前一〇四六年　西周開始。
前一〇〇〇年左右　努比亞建立奴隸制國家。
前一〇〇〇年　雅利安人進入恆河流域。
前八四一年　希臘《荷馬史詩》編集。
前八世紀　斯巴達、雅典建國。

前七七六年　第一屆奧林匹克運動會召開。
前六六〇年　相傳日本開始建國。
前六世紀起　印度半島逐漸統一。
前五九四年　雅典的梭倫改革。
前五六〇年　釋迦牟尼在世。
前五五一年　孔丘出生。
前五三九年　波斯佔領巴比倫。
前五二五年　波斯滅埃及。
前五〇九年　羅馬成立貴族專政的奴隸制共和國。
前四七五年　中國進入戰國時期，開始進入封建社會。
前四六九年　希臘哲學家蘇格拉底在世。
前四二七年　希臘哲學家柏拉圖在世。
前三八四年　希臘哲學家亞里斯多德在世。
前三五九年　秦朝商鞅變法。
前三三〇年　馬其頓滅波斯。
前二六九年　印度阿育王在位。
前二二一年　秦統一中國。
前二〇二年　項羽烏江自刎，劉邦稱帝。

前一七九～前一三九年……文景之治。
前一三八年……張騫出使西域。
前七三年……斯巴達克斯起義。
前四四年……羅馬凱撒被刺。
前二七年……屋大維建立羅馬元首制，共和國轉為帝國。
西元前後……朝鮮半島出現高句麗奴隸制國家，東非阿克森姆奴隸制國家興起。
一世紀左右……基督教產生。
一〇五年……東漢蔡倫發明植物纖維造紙術。
二〇八年……赤壁之戰。
西元三世紀……日本興起。
三一三年……基督教在羅馬取得合法地位。
三一七年……司馬睿稱王，東晉開始。
三三〇年……君士坦丁統一羅馬。
三七六年……西哥德人過多瑙河，民族大遷徙開始。
三八六年……北魏人拓跋珪建立北魏。
三九五年……羅馬帝國分成東西兩部。
四七六年……西羅馬帝國滅亡，西歐奴隸制度崩潰。

五世紀末　法蘭克王國建立。
五八九年　隋滅陳，統一中國。
六一八年　李淵稱帝，唐朝開始。
六二二年　穆罕默德從麥加到麥迪那，伊斯蘭教紀元開始。
六二九年　玄奘往印度取經。
六三〇年　唐滅東突厥，各族君長尊稱唐太宗為「天可汗」；穆罕默德率門徒兵臨麥加城下。
六四五年　日本大化革新開始。
六七六年　新羅統一朝鮮。
七一三年　大食入侵中亞細亞、撒馬爾罕。
七一五年　查理·馬特任墨洛溫宮相，封君封臣制開始。
七一八年　東羅馬軍打敗大食軍。
七五一年　矮子丕平加冕稱王，卡洛林王朝開始。
七五五年　唐朝安史之亂開始。
八世紀中期　阿拉伯國家成為大帝國。
約八一〇年　卡洛林文藝復興時期。
九世紀早期　英吉利王國形成。

八四三年——《凡爾登條約》簽訂，查理曼帝國解體。
九六〇年——趙匡胤陳橋兵變，宋朝開始。
九六二年——奧托一世稱羅馬皇帝，神聖羅馬帝國開始。
一〇四一年——北宋畢昇發明活字印刷術。
一〇五四年——基督教會分裂為羅馬天主教和東正教。
一一世紀中葉——羅馬式藝術誕生。
一〇六六年——法國諾曼第公爵征服英吉利，英國諾曼王朝開始。
一〇八六年——英國進行土地賦役調查，《末日審判書》編成。
一〇九六年——第一次十字軍東征。
一一二七年——宋高宗南京即位，南宋開始。
一一六九年——英吉利征服愛爾蘭。
一一九二年——日本幕府政治建立。
一二〇四年——第四次十字軍東征攻入東羅馬，佔領君士坦丁堡，建立拉丁帝國。
一二〇六年——鐵木真建立蒙古國，稱成吉思汗。
一二一四年——法王戰勝英、德和佛蘭德爾聯軍，英國在法領地喪失殆盡。
一二一五年——英王無地王約翰頒佈《大憲章》；巴黎大學創建。
一二一九年——成吉思汗開始西征。

一二四〇年——蒙古拔都軍攻入歐洲。

一二五八年——蒙古軍攻入巴格達，征服東大食。

一二六〇年——忽必烈即位，是為元世祖。

一二六五年——義大利詩人但丁在世；英國貴族西門·德·孟福爾召開等級會議，是為英國議會的開始。

十三世紀——衣索比亞封建國家興起。

一二七一年——義大利人馬可·波羅東遊。

一二七九年——元滅南宋。

十四世紀——在義大利，資本主義萌芽。

十四至十六世紀——歐洲文藝復興運動開始。

一三〇二年——法國召開三級會議。

一三〇八～一三七八年——教宗「阿維尼翁之囚」。

一三三一年——日本南北朝時期開始。

一三三七年——英法百年戰爭開始。

一三四七年——黑死病席捲歐洲。

一三五六年——德皇查理四世頒佈《黃金詔書》。

一三六八年——朱元璋稱帝，建立明朝。

一三七二年——中國建嘉峪關（長城終點）。

一三七八年——天主教分裂開始。

一三九一年——土耳其打敗東羅馬軍隊。

一四〇三年——西方第一個民間出版行業組織「書業公會」在英國成立

一四〇五年——鄭和第一次下西洋。

一四一七年——天主教會分裂終止，教宗仍留在羅馬；中國明朝在北京始建承天門（後稱天安門）。

一四三一年——法國女青年貞德犧牲。

一四四九年——明朝土木堡之變。

一四五三年——土耳其滅東羅馬，拜占庭帝國滅亡；英法百年戰爭結束。

一四五五年——英國玫瑰戰爭。

一四六二年——德國法蘭克福開始一年一度的書市，成為當時歐洲書籍交易中心。

一四六九年——義大利思想家馬基維利在世。

一四八〇年——俄羅斯擺脫蒙古控制。

一四九二年——航海家哥倫布首次橫渡大西洋發現美洲大陸，開闢了從歐洲橫渡大西洋到美洲的新航線；卡斯提里和阿拉貢基督教王國征服穆斯林國家格拉納達，統一西班牙。

一四九八年　葡萄牙人達·伽馬試航歐洲到印度的新航路；義大利人亞美利哥到達南美洲東岸。
一五〇二年　哥倫布到達中部美洲；近世普魯士建國。
一五一七年　羅馬教宗派人往德意志推銷贖罪券，馬丁·路德發動宗教改革。
一五一九年　麥哲倫受西班牙國王命令，帶領遠航隊環遊地球。
一五四三年　哥白尼逝世，《天體運行》遺作發表。
一五五三年　葡萄牙侵佔澳門。
一五六一年　浙江寧波建天一閣，為中國現存最古老藏書樓。
一五七九年　英國殖民勢力開始拓展至印度。
一五九八年　法王亨利四世頒佈《南特敕令》，胡格諾戰爭結束。
一六〇〇年　日本德川家康取得政權；英國東印度公司成立。
十七世紀初　法國殖民者開始在北美拓殖。
一六〇七年　英國殖民者開始在北美拓殖。
一六一六年　努爾哈赤建後金國。
一六一八年　歐洲三十年戰爭開始。
一六三六年　中國皇太極在盛京（今瀋陽）即帝位，改國號為清；美國第一所大學——哈佛大學成立。
一六四〇年　英國內戰開始。

Chapter 3

工業社會

工業革命是一柄雙刃劍，利用它可以為人類造福，但是，只有當人類對它的認識足夠多時才有可能。若是不能理智地利用它，它就有可能發展到威脅我們自身的地步。飛機的發明讓人類翱翔藍天的夢想成為了現實，但它在第一次世界大戰期間成了殺人的幫兇。

從最早的時代起，就發明出機器來，它們極為重要，如輪子，如帆船，如風車和水車。但是，在近代，人們發明了做出發明的方法，人們發現了做出發現的方法。機械的進步不再是碰巧的、偶然的，而成為有系統的、漸增的。我們知道，我們將製造出越來越完善的機器，這一點，是以前的人們所未曾認識到的。

——李普曼

我們發覺自己處於這樣一個世界中：在這世界裡，有著迅速的運動和不平穩的退卻；在這世界裡，前所未有地擠滿了人——人們在巨大城市的人行道上互相推擠，人們不自在地隱居在高大公寓的小房間內沉思或空想；在這世界裡，充滿了流線型汽車、有軌電車和飛機；這世界受到來自傳聲筒的唱聲的干擾，遭到新聞標題以及電影和電視中的不斷變化的鏡頭的攻擊。這世界是有史以來唯一的一種經濟統治——工業文明的統治——的一部分；它不但為西歐諸民族所分享，也為俄國人、美國人和日本人所分享，甚至還在某種程度上為中國人和印度人所分享。

——約翰．尤．內夫

導讀

十四至十五世紀，隨著生產技術的進步、社會分工的擴大，以及商品經濟的發展，歐洲的地中海沿岸首先出現了資本主義的萌芽。接著，在西歐一些國家如英國相繼出現了具有資本主義性質的手工工廠和商業活動。商業的發展、利益的驅動，推動了新航路的開闢；新航路的開闢開始打破長期以來世界各地區間相互隔絕的狀態，不但為西歐國家掠奪了大量的財富，積累了豐厚的原始資本，而且還為世界市場的形成、工業社會的形成創造了重要條件，它為資本主義經濟的進一步發展準備了廉價的原料和廣闊的市場。

隨著資本主義的發展，新興的資產階級認識到，要想長久地發展資本主義，還得建立起自己的政權。十六世紀後半期，尼德蘭的資產階級發動革命，建立了第一個資本主義國家荷蘭。十七世紀初，英國社會經濟中資本主義關係不斷增長，資產階級以及同資本主義經濟有密切聯繫的大土地所有者新貴族要求取消封建制度的束縛，農民和城市平民也要求擺脫封建制度的壓迫，而當時的斯圖亞特王朝卻竭力維護封建制度。種種社會矛盾的強化，終於在一六四〇年爆發了內戰。

十八世紀晚期，法國的資本主義工業已經比較發達了，生產力有了一個「進入自驅動發展的起飛」，但是波旁王朝的封建統治束縛著資本主義的進一步發展；同時，法國還保存著比較森嚴的封建等級制度，第三等級與特權等級之間存在著尖銳的矛盾，第三等級強烈要求推翻封建制度，種種矛盾越演越烈最終導致了法國的資產階級革命。法國革命不僅推翻了波旁王朝的封建統治，摧毀了法國的封建制度，而且動搖了西歐其他國家封建制度的基礎，加速了資本主義的發展。在資本主義經濟發展、資本主義戰勝封建主義的過程中，也促進了文學藝術的繁榮和近代科學技術的迅速發展，文學、藝術、社會科學和自然科學等許多領域都取得了巨大的成就。

在資產階級革命興起時期，民族獨立運動也蓬勃興起。十八世紀後半期，北美爆發了獨立戰爭，推翻了英國的殖民統治；在美國《獨立宣言》與法國《人權宣言》的影響下，一七九一年，海地爆發了獨立革命；一八一〇至一八二六年，獨立戰爭遍及整個拉丁美洲。獨立戰爭既是民族革命，又是資產階級革命，它摧毀了殖民統治，使資本主義經濟得到了進一步的發展。一八六一年，俄國廢除了農奴制，走上了發展資本主義的道路。日本透過明治維新，使日本擺脫了民族危機，也走上了資本主義的道路，成為亞洲強國。而中國，在十九世紀四〇年代還遭受著英國商人鴉片的毒害，林則徐的虎門銷煙拉開了鴉片戰爭的序幕。然而，衰弱不堪的「天朝上國」最終還是進入了被剝削被奴役的境遇之中。

透過資產階級革命，透過在海外掠奪廉價原材料、推銷工業品，資本主義國家拓展了日益廣闊的海外市場，逐漸地，世界各地都成了資產階級的原料產地和商品市場。到十九世紀六〇、七〇年代前後，世界市場開始初步形成，資本主義經濟成為世界經濟的主宰。隨著自身經濟實力的增長，資產階級對封建統治秩序發動了更猛烈的衝擊，希望取得更多的資產階級民主權利。在歐洲和北美，各地都陸續發生了資產階級的革命和改革，資本主義在政治上和思想上站穩了腳跟，十九世紀七〇年代以後，以電氣為特徵的第二次工業革命又大大推動了生產力的發展，電力、電氣、汽車、石油等許多新興工業部門的出現不僅改變了人們的日常生活，而且使資本主義經濟得到了更大的發展。由於這些新興工業具有高技術、高投入、高利潤、大規模等許多特點，一方面，它給資本家帶來了豐厚的利潤；另一方面，巨大的資金投入和龐大的規模，促使資產階級透過聯合、兼併走向壟斷經營，以便獲得更多的資金，並有利於規模管理，由此，資本主義經濟進入了壟斷階段。同時，各主要資本主義國家也相繼進入帝國主義階段，隨著帝國主義國家之間政治經濟發展不平衡的加劇，帝國主義國家之間力量對比的變化，導致了帝國主義國家重新展開瓜分世界的行動，在爭奪世界霸權、搶佔世界市場、重新瓜分殖民地的過程中，不同的利害關係促使各帝國主義不斷調整相互之間的關係，逐漸形成了「三國同盟」和「三國協約」兩大軍事侵略集團。它們都瘋狂地擴軍備戰，不斷製造國際危機和發動局部戰爭，各種矛盾日益增長，終於在一九一四年七月以「塞拉耶佛事件」為導火線爆發了第一次世界大戰。

資本主義不斷的殖民擴張和瓜分世界行動，一方面導致殖民地和被奴役地區的國家主權和獨立性喪失，人民遭受外來掠奪和壓迫，處於水深火熱之中；另一方面，這些殖民地和被奴役地區原來的落後生產關係受到衝擊，新興的資本主義生產關係得到發展，民族意識日益覺醒，無產者與資產擁有者之間的矛盾更加強烈。

在工人們進行獨立運動的過程中，逐漸出現空想社會主義等改造社會的理論。「我的善良的人們，直到所有的商品為人們所共同擁有時，直到既沒有農奴也沒有審視、我們人人平等時，英國的事情才能辦好，在任何時候都會辦好。」英國農民領袖約翰·保爾這樣告訴其追隨者。隨著獨立工人運動的興起，空想社會主義日益阻礙了工人運動的發展，這就要求工人階級創立起一個科學的革命理論，以指導工人運動走上正確的軌道，並取得最後的勝利。

馬克思和恩格斯思考了時代有何種需要，他們在吸收了前人創造的文化成果，並與工人運動的具體實踐相結合後，創立了包括科學社會主義在內的馬克思主義理論，創立了科學共產主義。一八四八年，《共產黨宣言》的發表，標誌著科學共產主義的誕生。從此，世界無產階級進入用科學共產主義來發動革命的新時代。

一八七一年，法國爆發了巴黎公社革命。巴黎的工人階級創立了公社，第一次嘗試建立起工人階級自己的政權，它在全世界第一次建立起無產階級專政的政權，是一次劃時代的革命。十九世紀晚期，歐洲和北美各國工人階級紛紛建立了自己的政黨和組織。一九一七年，俄國二月革命推翻了沙皇的專制制度，接著取得十月社會主義革命的偉大勝利，建立了第一個社會主義國家。

第一次世界大戰結束後，帝國主義國家一方面激烈地爭奪殖民地和勢力範圍，爭奪世界霸權；一方面又互相勾結，共同反對社會主義國家蘇聯，策劃鎮壓各國革命運動。這就造成了戰後帝國主義國家之間既爭奪又勾結、既對抗又妥協的錯綜複雜的國際關係。第一次世界大戰結束後初期，透過巴黎和會和華盛頓會議，建立了「凡爾賽——華盛頓體系」。它的建立，是第一次世界大戰後初期各帝國主義國家力量對比的結果，在「強權即公理」思想的指導下，各個戰勝國分別依靠自己的實力和地位，在凡爾賽和會與華盛頓會議這兩次重要的國際會議上起了不同的作用，達到了或部分達到了自己的目標，也做出了各自的妥協和讓步。在這種背景下，戰敗國和弱小國家往往處於無權的地位，受到帝國主義國家的擺佈，德國和中國就是如此。另一方面，由於「凡爾賽——華盛頓體系」只是暫時平息了幾個帝國主義戰勝國之間的矛盾，而帝國主義戰勝國與戰敗國之間的矛盾、帝國主義戰勝國與戰敗國之間的矛盾，以及帝國主義國家與殖民地半殖民地人民之間的矛盾依然存在，特別是幾個帝國主義大國間的矛盾並未因此消除，反而由於分贓不均而加劇，新的世界大戰的引線埋下了。

在十月革命的鼓舞下，不少國家都掀起革命高潮，這有力地支援了世界上第一個無產階級專政國家。蘇維埃共和國一九一九年三月在匈牙利宣告成立，四月又在德國的巴伐利亞邦成立；義大利北部的工人運動從一九一九年起就處於沸騰狀態，一九二〇年四月把所有工廠都佔領了。強大的革命潮流也在其他國家出現，例如芬蘭、波蘭、捷克斯洛伐克、南斯拉夫和保加利亞；在荷蘭，總罷工已經擺在了議事日程上；英國三個最大的工會成立了「三強同盟」，震動了政府……

資本主義經濟在飛速發展中終於遭遇了瓶頸，全球出現一九二九至一九三三年的經濟大危機。為了解決危機帶來的種種困難，資本主義國家採用不同的對策，也走上不同的發展道路。在美國，羅斯福政府實施「新政」，放棄了傳統的自由主義政策，加強了國家政權干預經濟的力度，國家利用政權的力量對資本主義生產矛盾進行協調，從宏觀上管理、指導社會生產，資本主義國家政權開始和壟斷資本相結合，資本主義進入國家壟斷資本主義時期；英法等國也採取了與美國類似的政策；德國、日本和義大利等國的資本主義經濟基礎相對薄弱，走上了法西斯專政的道路。在法西斯國家，壟斷資本也得到了法西斯政權的大力扶植。一九三三年，希特勒在德國壟斷資產階級的扶植下上台，立即建立起法西斯專政，並瘋狂地擴軍備戰。法西斯德國在軍事力量迅速增長之後，便撕毀了凡爾賽條約，實施普遍義務兵役制，進兵萊茵不設防區。英、法、美等國對德國實行綏靖政策，更助長了希特勒的戰爭冒險。在東亞，日本統治集團為了擺脫嚴重的經濟和政治危機，也在國內建立軍事法西斯專政，由於日本的日益法西斯化和英、美等國對日本侵略的縱容，華盛頓體系也不再能制約日本的擴張。不久，德、義、日結成法西斯同盟，德國的侵略野心越來越大；英、美縱容日本侵略中國，藉以鼓勵日本向北進攻蘇聯，日本的侵略氣焰更加囂張，便於一九三七年發動了全面侵略中國的戰爭。

一九三八年，法西斯德國吞併了奧地利，隨即把侵略矛頭指向捷克斯洛伐克。英、法、美挑動德國去進攻蘇聯，策劃了犧牲捷克斯洛伐克的「慕尼黑陰謀」。一九三九年三月，德國吞併了整個捷克斯洛伐克，軍事和經濟力量更加強大，在戰略上處於更有利的地位。九月一日，法西斯德國突襲波蘭。九月三日，英、法被迫對德宣戰，第二次世界大戰爆發了。

一九四一年，蘇德戰爭和太平洋戰爭相繼爆發，第二次世界大戰擴大了。蘇德戰爭和太平洋戰爭的爆發，更加激起了全世界人民對德、義、日法西斯的仇恨，英美為了自己的利益也不得不與蘇聯結成聯盟來反對德義日法西斯，於是世界反法西斯統一戰線於一九四二年一月建立。從此，第二次世界大戰的性質由初期的帝國主義戰爭轉變為了世界反法西斯戰爭。

一九四三年，整個戰爭的形勢發生了重大變化。史達林格勒保衛戰的勝利，使德國由戰略進攻轉入戰略防禦；英美聯軍佔領了義大利南部，義大利發生政變，墨索里尼政府垮台，新政府簽訂了停戰協定，法西斯侵略集團開始瓦解。在國際反法西斯戰爭逐步取得勝利的情況下，為了討論有關戰爭進程和戰後重大問題，蘇、美、英三國首腦舉行了德黑蘭會議，中美英三國發表了《開羅宣言》。

一九四四年是世界反法西斯戰爭取得決定性勝利的一年。世界各國人民的反法西斯運動沉重地打擊了德日法西斯，加速了法西斯侵略集團的崩潰。蘇軍取回了全部國土，並越出蘇聯國境對法西斯作戰；英美軍隊在法國諾曼第登陸，開闢了歐洲大戰場。

一九四五年初，蘇美英三國首腦舉行雅爾達會議，討論如何最後戰勝法西斯並解決戰後的重大問題。會後，蘇軍發動強大攻勢，五月，德國投降，歐洲戰場的戰爭結束。為了鞏固對法西斯德國戰爭的勝利和加快結束對日戰爭，蘇、美、英三國首腦舉行波茨坦會議並發表《波茨坦宣言》。八月上旬，蘇聯對日宣戰，中國向日本侵略軍發動了總進攻。九月二日，日本簽署了無條件投降書，第二次世界大戰結束。

戰後初期，聯合國正式成立。從此，世界歷史進入了一個新階段。

第二次世界大戰結束後，主要資本主義國家經歷了一個相對穩定的經濟高速發展時期，隨後它們進行了經濟結構調整。美國憑藉強大的經濟實力，在資本主義世界經濟體系中起了主要作用，其統治世界的野心日益膨脹，並大力推行霸權政策。在美國的扶持與世界有利的大環境下，法西斯戰敗國日本在短短的十、二十年間一躍而成為世界經濟強國。第二次世界大戰結束後，亞洲和非洲許多國家擺脫了殖民主義枷鎖，在東歐和亞洲地區還出現了一系列社會主義國家。其間，發達資本主義國家之間的爭鬥及其內部矛盾，社會主義國家爭取生存與發展的運動，第三世界國家反對殖民主義和霸權主義、爭取建立國際政治經濟新秩序的運動，以及超級大國的爭霸對抗交織在一起，構成了二十世紀後半葉波詭雲譎、錯綜複雜的局面。

開啟人類理性時代的啟蒙運動

在非編年史的意義上，人類世界的現代歷史運動發軔於西方，至遠可追溯到文藝復興時期，從那時起非西方人從此不再輕視歐洲人，不再將歐洲人看作碰巧在帆船和火器方面擁有某種優勢的不文明的野蠻人。文藝復興以科學和民主為兩大主題，但歸根到底就是「人的發現」。作為劃時代的文化運動，文藝復興的人學實質，不在於一般性地發現了「人」，而在於它開始了真正關於「人的自我意識」的瞭解。它一方面讓人從中世紀宗教神學的符咒下脫離出來，在向古希臘復歸的行動中重申理性精神；在另一方面，它對古希臘形而上學的超驗意識進行了革命性的清洗，第一次提出了主體性的要求。從十七世紀後期十八世紀初期起，文藝復興時期開始的思想自由得到了更加明顯的進展，人類的啟蒙運動時代到來了，一個理性的時代來到了。

啟蒙運動是在資本主義經濟發展、廣大人民反封建運動高漲的歷史條件下，在自然科學和唯物主義哲學的影響下產生的。從字面上講，啟蒙運動就是啟迪蒙昧、反對愚昧主義，提倡普及文化教育的運動。但就其精神實質上看，它宣揚的是資產階級政治思想體系的運動，而並非單純的文學運動。康德在全面地吸收整理了啟蒙運動形形色色的思想因素後認為，「啟蒙運動就是人類脫離自己所加之於自己的不成熟狀態。不成熟狀態就是不經別人引導，運用自己的理智就無能為力。當其原因不在於缺乏理智，而在於不經別人的引導就缺乏勇氣與決心去加以運用時，那麼這種不成熟狀態就是自己所加之於自己的了。那麼請鼓起勇氣來，運用你自己的理智！這就是啟蒙運動的口號。」康德特別強調了只有自由，即必須永遠有公開運用自己理性的自由，才能給人類帶來啟蒙。所謂啟蒙，也就是從某種被監護的狀態中掙脫出來，挺身而成為一個自由的人。

啟蒙運動是文藝復興時期資產階級反封建、反禁慾、反教會運動的繼續和發展，是人類的第二次思想開放運動。啟蒙思想家們從人文主義者手裡把反封建、反教會的旗幟接過來，進一步從理論上證明封建制度的不合理，提出一整套哲學理論、政治綱領和社會改革方案，要求建立一個以「理性」為基礎的社會。他們用政治自由對抗專制暴政，用信仰自由對抗宗教壓迫，「砸爛可恥的東西」，用自然論和無神論來摧毀天主教權威和宗教偶像，用「天賦人權」的口號來反對「君權神授」的觀點，用「人人在法律面前平等」來反對貴族的等級特權。

啟蒙運動最早產生於工業革命最發達的英國，而後漫捲至法國、德國與俄國，此外，荷蘭和比利時等國也有波及。其中發生於法國的啟蒙運動聲勢最大，戰鬥性最強，影響最深遠，堪稱西歐各國啟蒙運動的典範。

在經濟領域方面，啟蒙運動的主要口號是自由放任——讓人民做他們願意做的事，讓自然界自然地發展，讓自然的經濟力量自由地發揮，反對政府的干

▲康德像。

涉。於是，那些受到專利權、國內稅或過多的關稅和雜稅妨礙的商人們熱情地接受了自由放任的口號。亞當．斯密在其名著《國富論》一書中對自由放任主義作了出色的闡述：

每個人，只要他不違反正義法則，就可以完全自由地以自己的方式追求自身利益，就可以完全自由地以自己的勤奮和資本與其他任何人即任何階層的人的勤奮和資本相競爭。君主就完全給免除了一種職責：在試圖履行這種職責時君主總是遭受無數的欺騙，因此若要履行這種職責，人類的智慧或知識永遠不可能是足夠的，這種職責就是監督私人的勤奮，並將它引導到最適合社會利益的工作中去。

在宗教方面，啟蒙運動的主要口號是「砸爛可恥的東西」——消滅宗教的狂熱和不容異說。他們拒絕接受上帝支配世界並任意地決定人類命運這種傳統的信仰。與此相反的是，他們開始尋找一種與理性相一致的自然宗教，其結果就是產生了種種根本違背宗教正統觀念的東西。一些人成了無神論者，他們否認上帝的存在，痛斥宗教是教士和政治家的工具；一些人成為了不可知論者，他們既不肯定也不否定上帝的存在；相當多的人則是自然神論者，他們贊同上帝存在並創造了世界的主張，但他們認為上帝在創世後，允許世界按照某些自然法則起作用而不加以干涉。在不容異說方面，宗教信仰自由的擁護者伏爾泰說：「如果在英國僅允許有一種宗教，政府很可能會變得專橫；如果只有兩種宗教，人民就會互相割斷對方的喉嚨；但是，當有大量的宗教時，大家都能幸福地生活、和睦相處。」

十八八世紀以降，法國的思想家們如孟德斯鳩、伏爾泰和盧梭等人把啟蒙運動中的政治改革推向了高峰。孟德斯鳩是法國啟蒙運動的先驅，他的代表作《論法的精神》中提出的立法、行政、司法三權分立學說為後來許多資產階級國家憲法奠定了理論基礎。這本書被伏爾泰譽為「自由和理性的法典」。伏爾泰的代表作是《哲學書簡》；盧梭的最重要的作品是《社會契約論》，其次是《論人類不平等的根源》。盧梭在《社會契約論》中說：「人是在自由中誕生的，但卻又到處給他戴上了枷鎖」，還說：「任何人拒不服從公意的，全體就迫使他服從公意。這恰好是說，人們要迫使他自由。」

啟蒙運動涉獵廣泛，不僅包括哲學、宗教和政治等內容，還涉及經濟、史學、科學、美學和文學等各個領域。在英國文學中，古典主義在詩歌中最有影響，出現了被稱為「理性時代」的詩歌代言人波普。這一時期英國文學最突出的貢獻在於小說，笛福的《魯賓遜漂流記》、菲爾丁的《湯姆．瓊斯》、史威夫特的《格列佛遊記》以及里查生的書信體小說等都以現實生活為體裁，標誌著英國現實主義小說發展的新階段。在法國，有既是啟蒙思想家又是啟蒙文學家的孟德斯鳩、伏爾泰和盧梭等人。孟德斯鳩的《波斯人信札》、伏爾泰的《老實人》和盧梭的《新愛洛伊絲》、《懺悔錄》等都是這一時期的代表作。德國的啟蒙文學以古典主義為主，萊辛在戲劇創作、理論以及美學方面都很有成就，劇本《明娜．馮．巴爾赫姆》和《智者納旦》、美學作品

《拉奧孔》、戲劇評論《漢堡劇評》都是很有名的。席勒的代表作有《強盜》和《陰謀與愛情》。歌德是德國文學史上最偉大的作家，狂飆突進運動的主要參與者，也是世界文學史上最偉大的作家之一，其代表作有《少年維特的煩惱》和《浮士德》。

啟蒙運動不僅是一場文藝運動，而且是一場非常激烈的政治革命運動。十八世紀震撼世界的革命是美國的獨立戰爭和法國的一七八九年大革命，美國獨立革命中頒佈的《獨立宣言》和法國大革命期間頒布的《人權宣言》就是這種政治革命精神的最好體現。一位歷史學家曾這樣說：「啟蒙運動顯然影響了……約一八〇八年前後達到成熟的整整一代人。」

總之，啟蒙運動是思想家們在宗教上用自然神論和無神論批判上帝和迷信，在哲學上以唯物論批判中世紀的經院哲學，在經濟上以自由放任論反對封建束縛，政治上以社會契約論反對王權神授，用理性的原則、自由平等的原則批駁中世紀的等級特權，用知識、科學啟迪人們的愚昧無知和傳統偏見，它的目的就是要由資產階級掌握國家權力，並以此保障資產階級的利益。

改革與擴張成就強大的俄國

西元十世紀左右，瑞典的海盜們為了保護他們在斯堪的納維亞半島與君士坦丁堡之間的貿易路線，而在基輔周圍建立起了一個公國。十二世紀時，基輔羅斯形成了許多獨立的公國，開始了封建分裂時期。十三世紀初，成吉思汗率蒙古鐵騎開始西征，一二四〇年十一月，成吉思汗的孫子拔都率領蒙古鐵騎侵佔了基輔，兩年後，他們在伏爾加河下游建立了金帳（欽察）汗國，俄羅斯各公國成了它的藩屬。此後蒙古人在俄羅斯這塊領土上實行宗主統治，他們允許幾個斯拉夫國家存在，但要求他們順從並定期進貢。

莫斯科公國是十三世紀建立的以莫斯科為中心的公國，在伊凡三世統治時期，莫斯科公國騙取了蒙古韃靼統治者的信任並依仗教會勢力，開始對鄰近公國進行兼併。「俄羅斯土地的增長」逐漸改變了俄羅斯人與蒙古人之間的均勢，一四八〇年，莫斯科公國戰勝了蒙古韃靼軍隊，結束了蒙古韃靼人對基輔羅斯長達二百四十年的統治，基本上將東北羅斯的土地統一於莫斯科公國的版圖。一四八五年，莫斯科大公正式稱「全羅斯」大公，莫斯科公國也逐漸發展成為東北羅斯的政治、經濟和文化中心。

在俄羅斯公國進行俗世戰爭的同時，宗教信仰戰爭也進行得如火如荼。俄羅斯人的信仰本是來自於十世紀後期拜占庭帝國向基輔公國派出的傳教士，屬於東正教。在一二〇四年第四次十字軍東征洗劫了君士坦丁堡後，俄羅斯人開始對他們的拜占庭兄弟萬般同情。到了十五世紀，信奉天主教的強大波蘭征服了信奉東正教的諸多斯拉夫國家，於是，莫斯科公國舉起了宗教的大旗對波蘭——立陶宛進行反攻。在一四五三年君士坦丁堡陷落後，俄國的神職人員即宣佈自己是唯一「正統」的基督徒，成為反羅馬思潮的中堅力量，他們宣佈莫斯科為「第三羅馬」，有意把自己同西方隔離開來。伊凡三世還與拜占庭最後一位繼承人的侄女聯姻，並採用拜占庭的雙頭鷹作為「第三羅馬」的標誌，從此走上了與西方發展不同的道路。

伊凡三世在位期間，俄國大貴族的勢力還十分強大。一五三三年，伊凡三世的孫子、年僅三歲的伊凡四世即位，大貴族乘機爭權奪利。一五四七年，享有「雷帝」稱號的伊凡大帝發表重要講話，從此開始親政並正式自稱沙皇（凱撒的俄文音譯），這表明他要恢復和加強專制王權，消滅封建割據殘餘，加強國家統一，像古代羅馬皇帝「凱撒」那樣行使權力。一五四九年，他召集「重臣會議」和「縉紳會議」，開始厲行改革。

一五五〇年，伊凡四世頒佈了新的法典，將司法審判權和行政治理權集於中央。此後，伊凡四世還依據法典精神改組中央國家機關，限制大貴族和教士的課稅特權；在地方上廢除總督制，改由中小貴族選出的地方官和法官管理行政和

▲伊凡四世在一次與兒子的爭吵中，用權杖擊中兒子的太陽穴，這一偶然衝動導致兒子喪命。

司法事務；頒佈新的「兵役條例」，對所有貴族一視同仁，規定世俗貴族均要為國家提供武裝騎兵。伊凡四世還推行了「特轄領地制」，將那些土地肥沃、商業發達、戰略地位重要的特轄區都置於沙皇的直接管轄之下，特轄區內所有世襲貴族領地一律改為王室領地，分封給為沙皇服役的中小貴族。將遠離中央的邊陲地區劃為普通區，失去土地的貴族可在普通區獲得相應的土地作為補償，由貴族組成的「杜馬」（俄國的立法和監督機構，在國家對外方針政策的制定和實施上發揮著重要作用）管理。

在進行國內改革的同時，伊凡四世還開始對外擴張。一五五二年，他親率十五萬俄軍征服了喀山汗國，一五五六年征服阿斯特拉汗國，整個伏爾加河流域都併入了俄羅斯，俄羅斯開始成為一個多民族的國家。伊凡四世在統治末期還向東方擴張，一五八一年，他佔領了西伯利亞西部的西伯利亞汗國的首都西伯爾。伊凡大帝一生取得了許多令人驚訝的非凡成就，他使俄羅斯擠入歐洲強國之林。

伊凡四世去世後由長子繼承了王位，但其身後無子，在他去世後，貴族之間互相傾軋，政局混亂。在此期間，沙皇俄國仍在維護並加強農奴制，世俗和宗教的大地主，都希望農民依附於自己，於是農民的自由逐步受到限制，最終於一六四九年變成了農奴。他們失去了幾乎任何權利，完全被主人控制，在極度困苦中度日——這導致社會生產力發展受到嚴重阻礙。

一六八二年，彼得·阿列克謝耶維奇·羅曼諾夫即位，即彼得一世，他決定改革這個落後的國家，他效法西歐，進行了各方面的改革。在政治方面，彼得一世加強中央集權，他廢除了經常干預沙皇權力的國家杜馬，建立起由他親自指定的九人元老院和外交、財政、貿易、陸軍、海軍和礦務等九個部（以後又增至十二個部）；劃分全國為八州五十個省，使之隸屬於中央政權；廢除東正教教長的職務，設立了宗教院，把宗教控制於政府手中。彼得一世還於一七一二年將首都遷到新的歐式首都——「開向西方的視窗」——聖彼德堡。

在經濟方面，彼得一世採取各種辦法，鼓勵工商業的發展，鼓勵私人興辦工廠企業，國家給予各種優惠，實行重商主義、保護關稅等等。這為俄國工商業的發展創造了有利的條件。

在文化教育方面，彼得一世創辦了造船、航海、造炮、礦業和工程技術等各種專門學校。為了儘快吸收西歐各國的先進技術和文化，彼得一世把大批青年派往西歐留學，並請外國專家來講學……透過多種措施，為俄國培養了大量的各類專門人材，滿足了國家發展進步的需要，提高了俄國的科學文化水準。

為了增強軍事力量，適應對外擴張的需要，彼得一世還重點改革了軍事。他下令解散貴族軍隊，實行徵兵制，擴充兵員；他還採用西歐的先進方法訓練軍隊，利用各種軍事學校以及透過留學來培養軍官；興建軍用工廠，發展軍火生產……這些政策的實施，俄國一躍而成為歐洲的陸軍強國。在此期間，他透過戰爭極大地擴充了疆域。

彼得一世推行的許多國內政策和多次展開的對外戰爭當然要付出很大的代價，不可避免地要強行增收賦稅，工人和農民必須承擔更多的勞務和稅賦。「上層階級擺脫了俄羅斯的傳統習慣，但同時也脫離了人民；他們開始以外國的方式生活，著裝和說話……這樣一來，沙皇和人民之間產生了裂痕，古老的聯結逐漸鬆弛。俄國的君主變成了暴君，自由的人民等同於失去自由的奴隸。」在他執政期間出現了幾起叛亂事件，都被他無情地鎮壓下去了。

雖然彼得在自己的鼎盛時期就有許多敵手，但是現今的史學家們都一致認為彼得是俄國沙皇中最偉大的沙皇之一。彼得大帝於一七二五年去世時，雖然遭到了大多數俄國人的唾棄，但俄國的落後面貌有了巨大的改進，在歐洲政治舞台上開始佔據重要的地位。

人類第一次工業革命

十八世紀下半葉最早發生於英國的變革，對當時及後世人們的生活產生了根本性的變化，這就是我們常說的「工業革命」。工業革命發軔於歐洲的英國，隨後於十九世紀傳到西歐和北美，然後擴展到俄國和日本等國。

早在十五世紀，英國半農半工的農村家庭手工業就非常普遍，最初的手工業主要是圈地運動中興起的毛紡織業。圈地運動意味著更高的生產率，同時也意味著更多的社會混亂與不幸。湯瑪斯·摩爾爵士憤怒地寫道：

……繞地一圈，把成千上萬英畝土地圈進一道柵欄或樹籬內，農民們被推出他們自己的房屋……他們這些貧窮、單純、不幸的人，男子、婦女、丈夫、妻子、沒有父親的孩子、寡婦、悲哀的母親及其幼小的嬰兒，不得不用種種方法上路……在他們到處遊蕩、直至精疲力竭時，除了去偷竊，然後被「公正地」、「理所當然地」絞死，他們還能做什麼別的呢？要不然，去乞討。然而那時，他們還將被當作無賴而關進監獄，因為他們四處閒逛、不幹活。沒有人願意給他們一份工作，儘管他們從未像現在這樣樂於貢獻自己。

隨著圈地運動導致的貧富加劇，很多家庭手工業者變成了為商人進行原料加工的雇傭勞動者。同時，近三個世紀的圈地運動使得大量的農民失去了土地，逐漸加入到雇傭軍的行列。在這個基礎上，一些富有的商人把各式各樣的手工業者集合起來，形成了毛紡織業的手工工廠。後來，這種手工工廠逐漸由分散轉向集中，而且還不只限於毛紡織業，在採礦、冶金、造紙、玻璃和啤酒等部門，都建立起了很大的手工工廠。製造業和商業在教會和國王干預最少的地方開始極大地繁榮起來。

此時歐洲各國從海外大擴張中也享受到了驚人的經濟發展便利，其中最重要的專案是由東方運往西方的香料和朝相反方向運送的金銀，這種商業革命無疑在很多方面都有助於工業革命的發展。「……在美洲的原始森林裡，伯明罕的斧子砍倒了古老的樹木；在澳大利亞放牛的牧場上，迴響著伯明罕的鈴鐺的聲音；在東印度和西印度，人們用伯明罕的鋤頭照料甘蔗田。」英國的工業重鎮伯明罕就這樣興起了。商業革命還導致新的海外產品成為歐洲的主要消費品，其商業價值日漸增長。一六九八至一七七五年的這一段時期，英國的進出口商品都有了五至六倍的驚人增長。此外，由於所屬殖民地商品的再出口，英國與歐洲其他國家的貿易也有了明顯增長。瘋狂的殖民地掠奪與奴隸貿易，給英國帶來了巨額的貨幣資本，為工業革命做好了財力上的準備。另外在一六九四年，隨著英格蘭國家銀行的成立，標誌著由國王債務制度過渡到了國家債務制度，這從另一條管道也為工業革命積累了資本。

另一方面，英國大量的工匠擁有的各種技術以及各項發明，對工業革命中需要的生產技術起到了很大的推動作用。十六世紀末十七世紀初，在西班牙鎮壓尼德蘭革命時，大批尼德蘭工匠逃往英國，英國的染織業、製糖業、陶瓷業的發達與尼德蘭工匠的貢獻是分不開的。另外，英國的一些發明創造對工業革命的發展也有巨大的推動作用。一七三三年，機械師約翰·凱發明了飛梭。擁有了飛梭之後，一個織布工人可以做過去兩個人的工作，效率提高了一倍。後來，凱的兒子又發明了上下自動的杼箱，織布能力有了更大的提高。由於織布效率的提高，導致了極其嚴重的紗荒。

一七六四年，蘭開夏郡內的詹姆士·哈格里夫斯發明了珍妮紡紗機。珍妮紡紗機的發明是棉紡織技術上的一個巨大飛躍，它使棉紗的產量有了迅速的提高，棉紗生產成本降低，這一切進而導致布

▲英國工業革命時期的一座煤礦。

匹價格降低，使布匹的需求量增大，這樣就需要更多的織布工人來從事織布工作，帶來了巨大的社會影響。

由於織工的工資隨著棉布需求量的增長而得到大幅度的提高，一些原來兼營農業的織工逐漸拋棄農業，成為專靠工資收入的工薪階層。同時，珍妮機的使用排擠了舊式紡車，使那些買不起珍妮機的原來從事家庭手工業的紡工也放棄農業，到擁有珍妮機的人那裡去工作，成為雇工。紡工和織工放棄的土地就為農業資本家收買，小的自耕農無力與資本主義大農場競爭，他們在受到排擠而破產之後，就淪落為農業或者工業中的無產者了。

一七六九年，瓦特製成了第一台蒸汽機，一七八四年，經過再次改進的蒸汽機，不僅能夠適用於各種機械運動，而且還增加了一種自動調節蒸汽機速率的裝置。這是一個具有劃時代意義的發明。「蒸汽機的歷史意義，無論怎樣誇大也不為過。它提供了治理和利用熱能、為機械供給推動力的手段。因而，它結束了人類對畜力、風力和水力的由來已久的依賴。」歷史學家斯塔夫裡阿諾斯繼續評價：

這時，一個巨大的新能源已為人類所獲得，而且不久，人類還能開發尚藏在地球中的其他礦物燃料，即石油和燃氣。如此，開始了一種趨向，它導致目前的局面：西歐和北美洲每人可得到的能量分別為亞洲每人的十一．五倍和二十九倍。這些數字的意義在一個經濟力量和軍事力量直接依賴於所能獲得的能源的世界中是很明顯的。實際上，可以說，十九世紀歐洲對世界的支配與其說是以其他任何一種手段或力量為基礎，不如說是以蒸汽機為基礎。

一七八五年，一個使用瓦特蒸汽機的紡紗廠率先建成。很快地，蒸汽機在棉紡織業、毛紡織業、採礦業、冶金業、造紙業、印刷業、陶瓷業等工業部門都得到了廣泛的應用。其中的蒸汽船隻和蒸汽機車就是工程師們對交通問題的最好回答，利物浦和曼徹斯特之間修建的第一條鐵路開始運行，鐵路線的擴建使工業獲得了新的動力。大批量生產的時代開始了，英國走上了世界第一工業國的道路。

隨著機器大工業的發展，煤炭顯得日益重要。由於英國的煤炭儲藏量非常豐富，所以英國工業革命取得了蓬勃發展。到一七八九年法國革命時，英國每年大約生產一千萬噸煤，而當時的另一政治經濟強國法國僅能生產七十萬噸煤，當時一位詩人看到了這種無限的動力之源對英國工業的意義，他這樣寫道：「英國是個完美的世界！它還擁有東印度群島！修正你們的地圖吧！新的城堡是祕魯。」

一八四六年，英國煤炭年產量已經達到四千四百萬噸，成為歐洲乃至全世界第一大產煤國。從此英國到處建立起大工廠，那些高聳入雲的煙囪噴出縷縷煙霧，龐大的廠房發出隆隆的轟鳴，打破了原來中世紀田園生活的恬靜。以此為標誌，歷史跨入了一個新的時代，人類社會由此進入蒸汽時代，進入了機械化時代。

隨著工業生產中機器生產逐漸取代手工操作，傳統的手工工廠無法適應機器生產的需要，為了更好地進行生產管理，提高效率，資本家開始建造廠房，安置機器，雇用工人集中生產，這樣，一種新興的生產組織形式——工廠出現了。工廠成為工業化生產的最主要組織形式，在日後的生活中發揮著日益重要的作用。

一八四〇年前後，英國大機器生產已基本取代工廠手工業，用機器製造機器的機器製造業也建立起來了，工業革命基本完成，英國成為世界上第一個工業國家。工業革命造成的生產力大發展，使英國出現了空前的繁榮。

工業革命最主要的意義是形成了近代產業資產階級和產業無產階級及其對抗。在工業革命的過程中，受生產力飛速發展的衝擊，英國社會原有的階級結構發生了重大的分化和重新組合，人數眾多的工廠主和投資於工業的商人在經濟中起著越來越大的作用，成為資產階級的主體。農民作為一個階級被消滅了，手工業在大生產的競爭面前紛紛破產，被迫加入工人階級的行列。到了工業革命完成的階段，英國社會階級結構已基本簡化成土地貴族、資產階級和無產階級這三級基本結構。

由於在工業革命中，資產階級往往為了以最低的成本榨取最大限度的利潤，無情地打破了一切道德和自然界限。為了維護自身的生存權利，工人階級從誕生之日起就開始了不屈不撓的抗爭。工人階級的抗爭經歷了破壞機器和搗毀廠房的「盧德運動」、「斯溫暴動」等抗爭方式。在嚴酷的爭鬥過程中，無產階級的覺悟日益提高，認識逐漸加強，此後，工人階級的反抗逐漸從自發的經濟抗爭轉向有組織的政治爭鬥。

工業革命不僅對英國產生了巨大的影響，改變了英國的經濟地理面貌，大大提高了英國的國際地位，而且對世界也具有極大的影響。因人口流動，技術、產品向歐洲、美洲輸出，國際範圍內開始以英國、法國為標誌，加速了經濟的發展以及向資本主義的轉變，資本主義的世界經濟體系和政治格局逐步建立起來了。

美洲人民的權利之爭

一四九二年，哥倫布首航美洲大陸後，歐洲各國殖民者紛紛湧入美洲建立貿易殖民點。十七世紀初期，為了佔領北美這塊肥沃的土地，許多歐洲人紛紛移居北美，一六〇七年第一批英國移民在今天的維吉尼亞建立了第一個立足點——詹姆斯頓，從此掀起了奔向北美大陸的移民潮。迪亞斯在回憶錄中為美化這種行為說：「像所有男子漢都欲做到的那樣，為上帝和陛下服務，將光明帶給那些尚處於黑暗中的人們和發財致富」。法蘭西斯・德瑞克爵士在為美洲的殖民地進行宣傳時這樣說：「他們將得到的是有關我們宗教信仰的知識，而我們將得到的是這一地區所擁有的那種財富。經過近百年的角逐，北美大陸基本上被英國、法國和西班牙三強控制，後來西班牙在北美大陸的影響力逐漸減弱，英法兩國成為主要競爭對手。在經過英法百年之戰後，英國在北美完全佔據了統治地位。英國在北美大西洋沿岸建立的十三個殖民地就是早期的美國雛形。」

「七年戰爭」讓英國人取得了對法國人的徹底勝利，一七六三年的巴黎和約還讓英國人獲得了北到北冰洋、西到密西西比河的法國殖民地，由於法國方面的危險已經消除，十三個殖民地的獨立精神正在不斷增強，在長期的「有益的忽視」之後，殖民地居民確信他們能夠照料自己並有充分的權利這樣做。而在此時，為了加強對北美的控制，也為了轉嫁連年戰爭造成的財政困難，英國殖民者在北美實行了一系列不得人心的政策，其中最主要的是實施《印花稅法》和《湯森稅法》。《印花稅法》規定，北美殖民地幾乎所有的法律檔和其他印刷品甚至連撲克牌在內的印刷品都必須貼有大不列顛的印花才是合法的，都必須繳納一定數額的印花稅。英國的這一做法激起了殖民地人民的強烈反抗，他們在紐約召開了反印花稅大會並發表了抗議書，達成了抵制進口貨的協定；一個自稱「自由之子」的組織還鼓動一些人洗劫皇家官員的住宅。面對這種情況，英國議會被迫取消了這一法案。但在廢除的同一天，英王還宣讀了這樣的法案：「過去有、現在有，並且依據權利應該有充分的權力和權威制定……法律和法令……以在任何情形下……管轄美洲殖民地及其人民。」

兩年後，英國國會再次透過向殖民地徵收「外部稅」的《湯森稅法》。根據這項法案，在美洲各口岸，對於進口各種玻璃、鉛、紙張和茶葉等都要徵收若干重稅。這一稅法使得物價暴漲，再次引起民眾大規模的抗議。後來英國政府出於無奈，於一七七〇年廢除了該法的大部分項目，

Americans throwing the Cargoes of the Tea Ships into the River,
at Boston

▲《Boston Tea Party》波士頓茶事件。
作者：W.D. Cooper

但對茶葉稅一項卻予以保留。這樣做的實質就是表明英國殖民者有權對美洲殖民地制定法律和收取關稅，而不再是出於經濟方面的考慮。

然而說來也巧，正是這項稅法，正是這種看來與美國革命風馬牛不相及的中國茶葉，成了爆發北美獨立戰爭的導火線。

早期美洲人飲用的茶葉均由英國供應，由於茶葉銷售稅的問題，北美人民與英國已有一系列的衝突。到了一七七三年，為了保護瀕臨破產的以經銷茶葉為主的東印度公司，英國國會授予東印度公司諸種特權，其中一項就是對美洲茶葉貿易的壟斷。也就是說，英國議會透過的《茶葉法》讓美洲人實際上完全不能支配自己的茶葉貿易。《茶葉法》實施後，紐約、費城等地的人民擔心英國會進一步壟斷其他商品，對殖民地人民收取高額稅款，紛紛採取抵制行動。在波士頓，還成立了「波士頓茶黨」組織。

一七七三年十二月一六日，東印度公司三艘裝滿中國武夷山茶葉的貨船停靠在波士頓的港口，波士頓城中的數十人喬裝成印第安人潛入茶船，邊喊口號邊將船上三百四十二箱、四十五噸的茶葉通通拋入大海。這就是美國歷史上著名的「波士頓傾茶事件」。

面對這一突如其來的暴力事件，英國國會以壓倒性的多數通過了《強制法案》。該法案規定，今後所有破壞「和平」與妨礙官員執行公務的案件必須移交英國法院審理、禁止人民集會、允許軍隊駐紮民房、關閉波士頓港口，直至該城將所毀茶葉賠償清楚為止。一七七四年五月，英國報復行動開始，英國艦隊駛入波士頓港，打算封鎖港口。「若不賠償被毀茶葉，就準備被餓死」、「事已至此，殖民地不是屈服，就是取得勝利」──根本沒有商量的餘地。

一七七四年九月五日，十二個殖民地的五十多位代表齊聚費城，第一屆大陸會議召開。第一屆大陸會議雖然通過了和英國斷絕貿易往來的決議，但人們普遍不願獨立，他們聯合起來的目的只是要讓「英國人民感受到他們對於他們的權利的渴求」，因而，會上通過的《權利宣言》充滿折衷和讓步，甚至「愉快地同意英國國會執行那些只局限於管理我們的對外貿易法案」，連一向激進的傑佛遜參會時也只是認為國王需要「納諫」。然而，英王拒不接受他們的提議。

一七七五年四月十九日，英軍同美洲殖民地民兵在萊辛頓和康科德發生槍戰，整個北美殖民地人民揭竿而起，武裝抗英的行動全面展開。萊辛頓「聲聞全世界的槍聲」震動了大西洋沿岸的十三個殖民地，美國獨立戰爭從此拉開了序幕。

一七七五年五月十日，北美代表再次於費城集會，史稱「第二屆大陸會議」。第二屆大陸會議決定組建一支大陸軍，由深孚眾望的華盛頓任總司令，但目的只是迫使英國讓步，因而大會同時採納狄更生的請願主張，並在《關於武裝抵抗的緣由和必要性的宣言》中謙卑地寫道：「我們並不是出於從大不列顛分離出來的野心而組織軍隊的……一旦侵略者停止對我們的敵意，我們就會放下武器……我們謙卑地信賴著那至高無上的和公正不偏的宇宙裁決者和主宰者……使我們的敵人能夠以合理的方式與我們和解，並因而使帝國免於內戰的災難。」但英王再次毫不猶豫地拒絕了他們，並於十二月二十二日發佈了《禁止法案》。該法案宣佈，殖民地從此不再處於英王保護之下，並下令封鎖殖民地全部港口。

一七七六年三月十七日，總司令華盛頓率軍大戰英軍，迫使其撤出波士頓。不久，英軍以壓倒性的優勢開始進攻北美，導致長島和紐約相繼失守，將士們情緒低落。後來，華盛頓率軍奇襲英軍，連續兩次振奮人心的勝利讓北美人民心中重新燃起了新的希望。一七七六年七月四日，北美人民發佈了《獨立宣言》，美利堅合眾國誕生了。

▲喬治．華盛頓

儘管新的國家誕生了，但戰爭仍在繼續。不過在一七七七年這一整年裡，華盛頓只贏得了一場戰爭的勝利，讓人不禁為這個新獨立的國家擔心。然而，情況到一七七八年發生了逆轉，由於法國加入美國一邊，戰爭形勢開始有利於華盛頓。一七八一年八月，華盛頓率美法聯軍南下維吉尼亞，十月十九日，英軍將領康沃利斯率部投降。美國獨立戰爭正式結束。美國獨立戰爭的勝利，使美國人民爭得了民族獨立，爭得了一定程度上的民主權利，「我們認為這些真理是不言而喻的：人人生而平等」。德國的音樂家和詩人舒伯特宣稱，在美國「十三扇金色的大門向不容異說和專制政治的受害者們敞開著」。

獨立戰爭也為美國資本主義的發展開闢了廣闊的道路，為殖民地和半殖民地的民族解放運動提供了成功的經驗，所以它不僅是一次民族解放戰爭，而且是一次具有世界影響的資產階級革命。它所體現的資產階級進步的政治精神給歐洲乃至全世界都帶來了深刻的影響，它不僅驚醒了歐洲，促進了法國資產階級革命的爆發，還為拉丁美洲人民爭取殖民地獨立的運動提供了成功的範例，有力地推動了拉丁美洲民族解放運動的蓬勃興起。

一個實行君主制的共和國

美國革命的勝利給歐洲乃至全世界都帶來了深遠的影響，在它的影響下，一些歐洲國家出現了騷動：市民和農民紛紛起來反對當權者，其中最堅決的抗議行動發生在法國。

十八世紀的法國是歐洲大陸上典型的封建專制國家：它的農業佔統治地位，工商業也相當發達，但是專制政府實行不合理的稅收政策，特權階級在很大程度上享受免稅待遇，而窮人的稅負卻日益沉重。為了消除「財政赤字」，法王不得不不斷提高稅收，加重對農民、工人、城市平民和資產階級的盤剝以維持王國龐大的日常開支。當時全國各地關卡林立，對平民和新興資產階級的剝削極其殘酷。新興的資產階級十分不滿，他們強烈要求廢除封建土地所有制，反對專制統治。

在法國大革命前夕，法國社會分為三個等級。其中第一、第二等級為特權等級，特權等級包括教士和貴族，他們只佔總人口的百分之三，卻佔有全國百分之三十五的土地，他們享受高官厚祿，卻不向國家交納賦稅。其他的為包括農民、工人、城市平民和資產階級在內的第三等級，其中佔全國總人口百分之九十的農民，只擁有全國三分之一左右的土地，他們被沉重的地租和其他封建貢賦壓得喘不過氣來；工人和平民生活困苦；銀行家、船主、商人、工廠主和律師等新興資產階級，他們有才能和較多的財富，要求享有政治權利，但封建專制政府無法滿足他們的要求。

一七八九年，受財政困擾的法王路易十六決定召開三級會議以解決財政危機問題。在選舉代表期間，第三等級的廣大群眾就撰寫了大量陳情書，要求限制王權，廢除特權。五月五日，三級會議在凡爾賽宮開幕。

然而，會議伊始，第三等級代表和一些自由派貴族就沒有按照法王的議題來著手解決財政問題，而是把矛頭指向專制制度。為了對抗王室和特權等級的頑固反對，第三等級代表於六月十日決定單獨審查代表資格，十七日自行宣佈為國民議會。二十日，路易十六下令關閉第三等級代表的會議廳，代表們遂將會議移到一個舞廳內進行，並宣誓不制訂出憲法絕不散會。法王對此大為驚慌，遂於以後的一週內做出了某種程度的妥協。然而，王公和上層教士們卻有另外的打算，在他們的脅迫下，心有不甘的路易十六看到自己的統治開始瓦解，於是暗地裡調兵企圖鎮壓制憲議會，「國王有刺刀，而平民只有口舌與決心」，在他的陰謀敗露後，憤怒的巴黎人民立即走上街頭示威，七月十四日，他們攻佔了封建專

▲攻打巴士底監獄。

制統治的象徵——巴士底監獄。事實上，這一事件本身並沒有什麼實際作用，因為巴士底監獄這時已很少被使用，而且它裡面只關著七名入獄者。不過，攻打巴士底監獄產生的影響是巨大的，因為巴士底監獄是封建專制政府鎮壓人民的象徵，此時這一象徵的被摧毀極大地鼓舞了人民的士氣。攻打巴士底監獄的行動，成為法國大革命爆發的標誌。

巴士底監獄被攻陷的消息傳出後，革命的浪潮洶湧澎湃，猛烈地衝擊著封建王朝。不僅其他城市紛紛回應這種革命行動，農民們也積極行動起來，他們紛紛拿起武器，拆除籬笆，奪取土地，燒毀莊園主的住宅。面對這種革命形勢，國民議會中的貴族和教士只得妥協，和平民一起投票贊成廢除封建制度。在一七八九年那個著名的「八月的日子」裡，透過《人權宣言》，透過廢除一切封建稅、免稅特權、教會徵收什一稅的權利以及貴族擔任公職的專有權的法規，「財產權是神聖不可侵犯的，除了在有明顯的公共需要、法律上得到確定和先前規定的損失賠償是公正的情況下，沒有一個人應當被剝奪這種權利」。《人權宣言》還透過沒收教會土地、進行司法制度和行政制度改革的諸多措施。《人權宣言》是法國大革命的綱領性檔，其核心內容是闡明資產階級的人權要求和以法治國的主張。「就人們的權利而論，人人生而自由、平等，且始終如此……國家實質上是所有主權的來源……法律是公眾的意志的表達……自由存在於做任何不損害別人的事情的權力中……」《人權宣言》把啟蒙思想家主張的「主權在民」、自由、平等、安全和反抗壓迫、法律面前人人平等、私有財產神聖不可侵犯和「天賦人權」等觀念，以法律形式確定下來，作為建立資本主義社會的基本原則。

一七九一年秋季，法國大革命的發展遇到了嚴重問題，法王路易說：「我絕不答應讓我的教士或貴族遭受掠奪，我不會批准使他們受到掠奪的法令」，而且因戰爭造成的生產停滯導致人民生活惡化，造成了群眾不滿；在國外，以俄國、奧地利和普魯士為代表的歐洲封建君主勢力組成「反法同盟」公開干涉法國內政。為保衛革命成果，一七九二年四月，制憲議會向奧地利宣戰，但由於發動群眾的工作準備得不充分，再加上王黨勢力出賣情報，導致戰場失利。

八月，巴黎人民發動第二次起義，在解決最迫切的問題即保衛祖國、反對奧地利、普魯士侵略者方面取得了輝煌的成功，普魯士人和奧地利人被趕出了邊境。九月二十二日，國民公會透過了廢除君主制、建立共和國的決議，法蘭西第一共和國誕生。

共和國建立後，圍繞如何處置國王的問題，代表工商業資產階級利益的吉倫特派和主要代表中小資產階級利益的雅各賓派產生了激烈的爭論。在廣大人民的強烈要求下，一七九三年初，國民公會以「陰謀反對公眾自由和危害國家安全」的罪行，將路易十六送上斷頭台，法國大革命向前邁進了一大步。

其時，吉倫特派由更激進的雅各賓派取代，國民公會越來越向左轉，在一定程度上，這不僅是因為它是經過男子普選產生，還因為戰爭喚起了人們的革命熱情，一七九三年，英國、荷蘭和西班牙也加入了「反法同盟」。革命者的反應是進行徹底的全民總動員，大批青年應徵入伍，到一七九三年底，已經組織了一百萬人的軍隊。法軍在戰場上擊敗干涉軍，戰場也從國內轉移到國外，一七九五年，「反法同盟」已被粉碎。

這期間，居支配地位的統治機關是雅各賓派的救國委員會，這一委員會以革命熱情和熱烈的愛國精神任命和罷免將軍、鼓舞群眾參加英勇的行動、實施對外政策、對無數的問題立法，並透過一個無情的恐怖時期來鎮壓反抗。許許多多的人因叛國罪或者僅僅因愛國精神不夠而受到指控，局面越來越失去控制的時候，革命開始「吞滅它自己的子女」，造成了人人自危的恐怖心態。然而，雅各賓派的領袖羅伯斯比爾想的不是儘早結束它，而是想借此消除異己，維護權力。一七九四年七月二十七日（熱月九日），國民公會中反羅伯斯比爾的勢力發動政變，把羅伯斯比爾和他的夥伴送上了斷頭台，法國大革命結束了。

幾個月後，一七九五年，一個由五人組成的督政府控制了政府事務，但是他們並沒有給國家帶來安寧，國內騷亂不斷，他們還發動了一系列戰爭對付反對革命的國家。在這一系列戰爭中，年輕的將軍拿破崙·波拿巴脫穎而出。一七九九年，政府事務受到拿破崙的控制，作為「執政官」，他接管了國家權力。儘管此時的法國已是共和國，但飽受戰爭傷害的人們還是願意拿破崙·波拿巴行使君主的權力以鞏固局勢。一八〇二年，他成了終生執政官，二年後，他戴上了皇冠。一位反抗土耳其霸主的希臘游擊隊首領這樣宣稱：「依我看，法國革命和拿破崙的所作所為使世人知道了世界真相。以前，世界各民族瞭解的情況很少，人民曾認為國王是地球上的神，認為國王有理由說自己不管做什麼都做得很好。經過現在這一變化，統治人民更困難了。」

集戰爭狂人與戰爭天才於一身的拿破崙執政後開始大肆擴張，然而，在一八一二年他遇到了俄國人的激烈抵抗，這種抵抗像冰天雪地一樣，造成了拿破崙災難性的毀滅，拿破崙的事業不可避免地在厄爾巴島上結束了。

法國戰敗之後，俄、英、普、奧四國為了分贓及重新確定歐洲的統治秩序，一八一五年，在奧地利首都維也納召開了會議，重新炮製了拿破崙垮台之後的歐洲地圖。「當『科西嘉怪物』最後被牢牢地禁閉起來以後，大大小小的帝王們立刻在維也納開了一次大會，以便分配贓物和資金，並商討能把革命前的形勢恢復到什麼程度。民族被買進和賣出，被分割和合併，只要完全符合統治者的利益和願望就行。」會議以後三十年間，歐洲君主專制國家極力維護維也納體系，而各國革命黨和自由主義者則力圖推翻條約下的現狀，革命和反動兩股勢力持續不斷地搏鬥，維也納會議僅僅維持了短暫的和平。

「向宮殿開戰，給茅屋和平」

十七至十八世紀，英、美、法等國資產階級革命的勝利，給資本主義的生產發展掃清了障礙，資本主義的經濟發展由此取得了巨大的進步。從十八世紀中葉起，在歐美一些主要的資本主義國家，先後發生了以機器生產代替手工業勞動、以機器大工業代替工廠手工業的產業革命。所有這些都極大地促進了資本主義經濟的發展。

產業革命不僅是一場生產技術上的巨大變革，它同時還是一場深刻的社會變革，當時人們的生產方式、生活方式以及社會關係都為此而發生了巨大的改變。隨著機器的使用，大批農民、手工業者和幫工、學徒、童工、女工都捲進了工廠，工人家庭的成員也都進入了勞動力市場。同時隨著城市化進程的加快，失業和社會災難也相伴而來，面對「大批的求業者、最低的工資、女工和童工、過長的勞動時間、社會聯繫的喪失、生病、工傷、養老保障的缺少」，政府卻無所作為。這一切使政府在人們心中的信任度大幅下降，同時也為激進主義的產生創造了機會。

▲卡爾．馬克思。

一八四五年，德國一個工廠主的兒子弗里德里希·恩格斯寫了《英國工人階級的狀況》一書。在這本書中，恩格斯生動地描繪了英國工人難以忍受的生活狀況和勞動條件，指出依賴工資的工人的「勞動階級」（無產階級）之產生、發展的歷史過程以及無產階級的這種地位必然促使它透過抗爭、戰爭去爭取本身的最終自由，無產階級的階級抗爭是歷史發展的強大動力。該書還透過對英國這一當時資本主義發展的典型形態的分析，初步揭示了資本主義的本質及其內在的深刻矛盾，論述了富裕市民的「佔有階級」（資產階級）與無產階級衝突的經濟根源。他得出結論說，這兩個階級之間不可避免地要發生爭鬥和戰爭，「和平解決問題，已經為時過遲。階級的差別將繼續尖銳，反抗的精神已經進入工人的頭腦，憤慨情緒與日俱增，個別的游擊分子開始集結成為相當規模的抗爭和示威，只要小小的撞擊，就足以引起雪崩。然後，戰鬥的呼喊就會傳遍全國：『向宮殿開戰，給茅屋和平』。到那時，富人再關注此事，就已為時太晚。」

事實上，工人階級用自己的勞動和發明創造了富裕的資本主義國家，他們也一天天地更加意識到了自己的力量，一天天地更加迫切要求取得社會財富中自己應得的一部分。當越來越多的血腥鎮壓來到他們的面前時，他們越來越清楚地認識到只有用極端手段改變現狀，才能解決問題。

於是在巴黎、布魯塞爾和倫敦，來自歐洲各國的流亡者開始組織秘密的革命團體。一八四六年初，共產主義通訊委員會在布魯塞爾成立，它同各國的社會主義團體開始建立聯繫，宣傳科學社會主義。一八四七年，恩格斯和他的朋友卡爾·馬克思應邀加入了德國工人的秘密組織「正義者同盟」，並積極參加它的改組工作。六月，「正義者同盟」召開第一次代表大會，恩格斯出席並向大會闡述科學社會主義的基本原理，把舊的同盟改組為「共產主義者同盟」。一八四八年二月，馬克思和恩格斯合著的《共產黨宣言》發表，第一次公開樹起了共產主義運動的旗幟。《共產黨宣言》是一個周詳的理論和實踐的黨綱，標誌著馬克思主義的誕生，「一個幽靈開始在歐洲上空徘徊」。

在《共產黨宣言》中，馬克思和恩格斯這樣講：「到目前為止的一切社會的歷史都是階級鬥爭的歷史。自由民和奴隸、貴族和平民、領主和農奴、行會師傅和幫工，一句話，壓迫者和被壓迫者，始終處於相互對立的地位，進行不斷的、有時隱蔽有時公開的鬥爭，而每一次鬥爭的結局是整個社會受到革命改造或者鬥爭的各階級同歸於盡。」

馬克思和恩格斯認為，「資產階級在歷史上曾經起過非常革命的作用」，在打倒封建主義方面有過卓越的貢獻，他們在「不到一百年的階級統治中」所創造的生產力，比過去一切世代創造的生產力還要多。但在現代化的工業中，工人「變成了機器的單純的附屬品，要求他做的只是極其簡單、極其單調和極易學會的操作」，他們變成了「物品」，不再從事有意義、使自己能得到滿足的勞動，因而不能清醒地認識自己。資產階級的階級局限性還使得它們盡可能追求高的利潤，這樣一來就會導致「無產階級的貧困化」，隨著無產階級購買力的缺乏，就會出現「生產危機」。而且資產階級「使人和人之間除了赤裸裸的利害關係，除了冷酷無情的『現金交易』，就再也沒有任何別的聯繫了」，「它把人的尊嚴變成了交換價值，用一種沒有良心的貿易自由代替了無數特許的和自力掙得的自由」，「它用公開的、無恥的、直接的、露骨的剝削代替了由宗教幻想和政治幻想掩蓋著的剝削」。他們相信，在這場無產階級革命結束後，將要到來的是沒有階級的共產主義社會，在這個社會裡，人不再受別人的驅使，而是根據「各盡所能，按需分配」的原則生活。「無產者在這場革命中失去的只是鎖鏈，他們獲得的將是整個世界」，他們號召「全世界無產者，聯合起來」。

一八四八年，歐洲爆發了資產階級民主革命，受共產主義者同盟中央委員會的委託，馬克思和恩格斯為德國無產階級制定了行動綱領《共產黨在德國的要求》。德國三月革命爆發後，他們於四月初回國，直接參加德國革命。革命失敗後，他們兩人合寫了《中央委員會告共產主義者同盟書》。在《同盟書》中，他們用歷史唯物主義觀點分析了社會各階級的狀況和革命失敗的原因；論述了工農聯盟的必要性；闡明了無產階級進行階級鬥爭的戰略和策略；提出了無產階級必須不斷進行革命的思想。在他們的關心與支持下，一八六四年，第一國際成立；一八八九年，第二國際成立。一八九四年，《資本論》第三卷出版。《資本論》是一部百科全書，是全世界無產階級運動發展的指導思想。在此後的幾十年裡，俄國和中國出現了按照馬克思和恩格斯設想的方式進行的革命。在發起向冬宮的進攻後，一九二二年，蘇維埃社會主義共和國聯盟成立；一九四九年，中華人民共和國成立於世界的東方。

美國奴隸制與資本主義制度之爭

在當年進行獨立戰爭的時候，美洲南方奴隸主與北方工商業資產階級攜起手來反抗英國的殖民壓迫，為美國走上獨立自主的資本主義道路發揮了極其重要的作用。戰後，原先的十三個殖民地成了十三個州，北方資本主義經濟和南方種植園經濟都迅速發展起來。在北方，造船業發達，資本主義經濟發展迅速，從十九世紀二〇年代起，北部和中部各州開始了工業革命；而南部盛行使用黑人奴隸勞動的種植園經濟。南北方雖然經濟上都有了較快發展，但仍然保持著各自的特色與聯繫。

然而，隨著資本主義的發展，北方所需要的自由勞動力、商品市場和工業原料越來越受到南方黑人奴隸制的制約，因此北方資本主義經濟主張廢除奴隸制；而南方種植園經濟因需要大量的奴隸，所以南方奴隸主主張維護奴隸制。雙方圍繞著奴隸制廢存問題的矛盾越演越烈。

▲亞伯拉罕・林肯。

雙方的對抗主要圍繞西部新開闢的地區展開，在新開闢地區，北方要求在新開闢地區發展資本主義，甚至禁止奴隸制度的擴大；南方則力圖在西部甚至在全國推廣奴隸制度。是推廣自由勞動制還是奴隸制，北南雙方的代言人爭執不休，成為了當時全國政治爭鬥的主題。一八二〇年，北部對南部做出讓步，雙方達成《密蘇里妥協案》，雙方爭執暫時平息。然而，這種表面上的妥協並沒有能真正解決問題。

隨著南部和北部兩種不同社會經濟制度對抗的白熱化和黑奴反抗的不斷掀起，群眾性的反奴運動廣泛開展。一八四〇年，主張廢奴運動的「自由黨」成立，一八四八年，廢奴主義者、民主黨和輝格黨內反對奴隸制的人組織了自由土壤黨，以在西部地域建立自由州為宗旨。一八五〇年，南北雙方經過爭執，達成妥協，國會通過了《逃奴追緝法》；一八五四年，國會透過堪薩斯——內布拉斯加法案，取消了奴隸州和自由州的地理疆界線，這兩個法案使《密蘇里妥協案》成為一紙空文，因此遭到了北部工業資產階級的強烈反對，雙方矛盾到十九世紀五〇年代在局部地區已釀成武裝衝突。在奴隸主的進逼面前，北方人民發起了聲勢浩大的「廢奴運動」，南方黑奴也不斷展開暴動。在人民抗爭的推動下，北方資產階級開始主張廢除奴隸制度，他們於一八五四年成立了以反對奴隸制為宗旨的共和黨。一八五六年，代表奴隸主利益的民主黨人詹姆斯·布坎南·當選為總統，一八五七年最高法院做出斯科特判決案，其法律意義是使奴隸制的規模推向全國。一八五九年，約翰·布朗·領導的反奴隸制的武裝起義被鎮壓，然而，其為黑奴解放事業英勇獻身的壯烈精神卻千秋長存。美國著名詩人愛默生稱他為「歷史上最崇高的英雄，純粹的理想家」，認為他的死將「使絞架變得與十字架一樣光榮」。

在一八六〇年的總統選舉中，反對奴隸制的共和黨人林肯當選為總統，這預示了奴隸制末日的到來，於是，蓄謀已久的南部奴隸主集團決定脫離聯邦。為了重新奪回他們長期控制的國家領導權，南方奴隸主在林肯就職前夕發動了叛亂，一八六〇年十二月，南方的南卡羅來納州首先宣佈脫離聯邦而獨立，接著密西西比、佛羅里達等蓄奴州也相繼脫離聯邦。一八六一年二月，南方建立了一個新「國家」——「美利堅聯盟國」，推舉大種植園主傑弗遜・戴維斯為總統，定都里奇蒙，制定了「憲法」，宣佈黑人奴隸制是南方聯盟的立國基礎：「黑人不能和白人平等，黑人奴隸勞動是自然的、正常的狀態。」

一八六一年四月十二日，南方聯盟不宣而戰，迅速攻佔了聯邦政府軍駐守的薩姆特要塞，林肯不得不宣佈對南方作戰，南北戰爭爆發。

當時美國南北雙方力量對比懸殊，北方有人口二千二百萬，工業生產總值是南方的十倍，南方只有九百萬人口。南方之所以敢挑起戰爭，是因為南方早就在軍事上做好了準備，而且南方軍人素質高，軍火工業發達，並得到英法等國的援助。

一八六一年，雙方在東戰場舉行了第一次馬納沙斯會戰；七月二十一日，北方發起了向南方首都里奇蒙進軍的攻勢，但不久戰敗；一八六二年，戰爭更為激烈，八月底，南方將領羅伯特・李率軍與北軍進行第二次馬納沙斯會戰，在這一戰中，李高超的指揮藝術發揮到淋漓盡致，又一舉擊潰了北軍。

事實上，此期北方失利除了南方軍隊素質高和李的傑出指揮才能等原因外，更主要是因為北方資產階級害怕革命，不敢明確宣佈廢除奴隸制度、解放黑人，而幻想透過妥協來重新實現南北統一。林肯不愧是偉大的政治家，他看出要想取得戰爭的勝利，就必須下決心解決黑人和奴隸制這一核心問題。一八六二年九月二十二日，林肯毅然發表了《解放宣言》，宣佈從次年一月一日起美國四〇〇萬黑人奴隸獲得自由。《解放宣言》對美國人的「震撼力是無可估量的」，許多信仰「人人生而平等，平等與自由是造物主所賦予人類不可轉讓的基本權利」的黑人和白人在閱讀了這一法令後，成了「無疑的、堅定的」只有一個美國者。這一宣言敲響了南方奴隸制的喪鐘。與此同時，林肯還實行了一系列的政治和軍事改革，這些措施都極大地調動了北方廣大人民的積極性，近百萬人踴躍參軍，其中包括二十三萬黑人士兵，從此，戰爭進入「革命戰爭階段」。

一八六三年四、五月間，北軍波多馬克軍團十三萬人與李所指揮的南軍六萬人在昌西洛維爾激戰，這一戰北軍損失了一萬七千人，南軍損失了一萬二千人，但南軍驍將傑克遜被擊斃。六月，李將軍率八萬人攻入賓夕法尼亞州，北方再次告急，林肯急召波多馬克軍團十一萬人迎擊，這次，李將軍低估了對手，南軍慘敗，北方完全掌握了主動權，七月四日，維克斯堡南軍在北軍打擊下投降。至此，北方控制了密西西比河，將南方領土一切兩半。此後，北軍士氣越來越高，不斷發起強大攻勢，十一月取得查塔努加戰役勝利，擊潰南軍四萬六千人，向南方後方進攻的大門敞開了。

次年，北軍向南方發起三路攻勢。一八六五年，南軍瀕臨崩潰的邊緣，北軍從海陸兩路發起最後猛攻，南方重鎮彼得斯堡和首都里奇蒙陷落，四月九日，李將軍率領不到三萬人向北軍將領格蘭特投降，不久，南方殘軍全部放下武器，美國南北戰爭結束。

美國南北戰爭維護了美國的統一，也是美國歷史上的第二次資本主義革命，它廢除了奴隸制度，使政權由南部奴隸主的手中轉到北部工業資產階級的手中，掃清了資本主義發展的障礙，為以後美國經濟的迅速發展開闢了道路。所以有人認為這場戰爭具有「極偉大的、世界歷史性的、進步的和革命的意義……為了推翻黑奴制度，為了推翻奴隸主的政權，就是使全國多年進行內戰，遭到與任何戰爭分不開的無窮的破壞、摧殘和恐怖，也是值得的」。

人類第二次工業革命

第一次工業革命後，社會生產力有了很大的發展，資本主義世界海外市場迅速擴大，生產力的發展對資本主義的生產手段和生產關係提出了新的要求，於是，第二次工業革命的出現具有了內在的動力。另外，在第一次工業革命的推動下，自然科學的研究工作呈現出欣欣向榮的景象並取得重大突破，一些科學家的發明創造使得技術的發展成為可能，為第二次工業革命提供了技術基礎。此外，第二次工業革命所需的自由勞動力也透過農奴制改革、廢奴運動等形式得到了滿足。

在這樣的背景之下，在十九世紀七〇年代至二十世紀初，在世界各國掀起了第二次工業革命的浪潮。與第一次工業革命首發於英國不同，第二次工業革命幾乎同時發生在幾個先進的資本主義國家如美國、德國、日本和俄國等國，這主要是因為此時這幾個國家的資本主義制度已經確立，資本主義世界體系已經初步形成，資本主義制度確立為社會經濟的發展開闢了廣闊的前景所致。如在美國，由於巨大的原料寶庫、土著和歐洲人的充分資本供應、大量的廉價的移民勞動力、大規模的巨大的國內市場、迅速增長的人口以及不斷提高的生活標準，所有這些都讓美國人有了大力發展生產技術的有利條件。

在第二次工業革命中，許多重大的發明創造都是出自於科學家和工程師之手，科學與技術的緊密結合推動了當時生產力的發展。科學加技術等於生產力，在這裡成為實實在在的論斷。

第二次工業革命主要表現在電力的廣泛運用、內燃機和新交通工具的創新、新電訊手段的發明以及化學工業的建立方面。

英國科學家法拉第於十九世紀三〇年代發現電磁感應現象，奠定了發電機的理論基礎；英國科學家焦耳發現了能量守恆與轉化定律。不久電機在英國和德國相繼問世，隨即美國的科技人員及時引進了歐洲先進的電學理論和技術成果，並進行了獨創性的研究和應用。愛迪生首先將自激式發電機應用於照明，一八七九年發明了白熾電燈泡。一八八二年九月四日，在紐約珍珠街建立起第一座火力發電站，六台「巨象」發電機向八十五個單位、二千三百盞電燈供電，開闢了美國第一個電力照明系統，它標誌著美國第二次工業革命的開始。

「電力工業是最能代表新技術成就，代表十九世紀末二十世紀的資本主義的一個工業部門」。電力的廣泛應用改變了人們的生產和生活方式，電力作為一種新能源的廣泛應用，為工業提供了方便而價廉的新動力，成為人們所使用的最重要的能源；電力的應用促進了一系列新興工業的誕生。電力的應用及由此而引起的一系列生產技術及產業結構的變革，不僅推動了社會生產力的迅猛發展和資本主義工業化的基本完成，而且加速了從「自由」資本主義向壟斷資本主義的過渡，造成了社會生產關係和社會生活的巨大變革。

電力的廣泛應用還促進了電訊事業的發展，電訊事業的發展又使世界各地的經濟、政治和文化聯繫進一步加強。

一八八六年，德國人奧托成功研製了內燃機，隨後有了以煤氣為燃料的四行程內燃機和以汽油為燃料的內燃機以及以柴油為燃料的柴油機，內燃機的創制和使用解決了交通運輸工具的動力問題。一八八六年，卡爾·弗里德利希·賓士發明了第一輛汽車，此後美國的汽車登記總數由一九〇〇年的八千輛猛增到一九二九年的兩千五百萬輛左右，平均每四個人就有一輛汽車。在此期間，由於內燃機的發明又先後有了內燃機車、遠洋輪船、裝甲車、坦克和飛機等。此外內燃機還推動了石油開採業的發展和石油化工工業的產生。

英國人丹皮爾在《科學史及其與哲學和宗教的關係》一書中說：

> 在以前時代的大發明中，我們看見實際生活的需要推動技術家取得進一步的成就，那就是說除了偶然發現所帶來的發明之外，需要常在發明之先。但在十九世紀，我們就看見為了追求純粹的知識而進行的科學研究開始走到實際的應用與發明的前面，並且啟發了實際的應用和發明……科學過去是躲在經驗技術的隱蔽角落辛勤工作，當它走到前面傳遞而且高舉火炬的時候，科學時代就可以說已經開始了。

與第一次工業革命不同，第二次工業革命進行得更為縱深。科學開始大大地影響工業，大量生產技術得到了改善和應用，如化學工業、電力工業和內燃機等重大發明，都是建立在科學基礎上的。德國由於貢獻了許多傑出化學家和物理學家而得天獨厚，很快超過了法國。在第一次世界大戰來臨之前，德國已在鋼鐵、化學和電力工業方面超過了歐洲其他所有國家，而在採煤和紡織工業方面直逼英國，它僅用四十年的時間（一八七一至一九一三年）就成為歐洲頭號工業強國；義大利也抓住機遇並獲得了成功；二十世紀的美國處於第二次工業革命的中心之一，成為了世界科學的中心……而當時的中國，在一八四二年鴉片戰爭失敗後，清政府沒有及時調整經濟政策，反而用幻想來欺騙自己，拒絕去認識外面的世界，拒絕改變舊制，儘管一八六〇至一八九四年的洋務運動啟動了中國工業化的腳步，但這種工業化是被迫和被動的，最終的結果導致了被入侵與被蹂躪。

第二次工業革命還深深地影響了農業領域。由於德國的化學家在化肥的應用方面的貢獻，使得無機物如硝酸鹽、鉀鹼和過磷酸鈣的產量大增，其中四分之三用於製造肥料，這無疑提高了糧食產量；拖拉機、聯合收割機在美國的發明，彌補了農場規模巨大和缺乏足夠農業勞動力的不足……農業生產率的提高以及它更深地捲入世界性的產業革命，並且更加面向國際性市場的事實，標誌著僅僅適合於為農業文明提供基礎的農業已失去了它的獨立性，而僅僅成為工業文明時代的一種補充。

工農業生產率的大幅度增長也帶動了衣、食、住以及其他生活必需品方面的生活資料的增長。歐洲人口直線上升，一七五〇年的歐洲人口為一．四億，一八〇〇年為一．八八億，一八五〇年為二．六六億，一九〇〇年已達四億左右；人口增長的壓力導致海外遷移，一九〇〇至一九一〇年，每年有一百萬人遷往美洲、澳洲；工業化也引發了大範圍的城市化，由於工廠取代了分散於家庭進行加工的制度，大批的人口湧向工業中心。

工業革命還導致了貧富的急劇分化，儘管工業革命讓西方國家的國民收入顯著增長，但這並不意味著所有的人都能得到同樣的收益。「兩個民族，它們之間沒有往來、沒有同感，它們好像不同地帶的居住者即不同行星上的居民，不瞭解彼此的習慣、思想和感情，它們在不同的繁育情況下形成，吃不同的食物，按不同的方式生活，不受同樣的法律支配……富人和窮人。」英國後來的首相班傑明．迪斯雷利在其著作《西比爾》中如是說。

在這次工業革命的影響下，資本主義開始發生重大變化，壟斷組織應運而生，主要資本主義國家進入以壟斷為特徵的帝國主義階段，隨後帝國列強掀起了瓜分世界的狂潮，亞非地區開始淪為半殖民地半封建社會；西方國際體系形成，多極的歐洲社會處於核心地位，其他社會如亞洲、拉丁美洲、非洲則處於邊緣地區。西方社會迫使被征服的國家和地區的經濟和社會都發生了根本的變化——西方社會的剝削嚴重地影響到殖民地、半殖民地社會的經濟生活和社會結構。最後被毀滅的幾個非西方文明體系已相應感到了西方社會的殘暴與無情，淪為西方附庸的事實和受壓迫的狀況使這些國家和民族的人民在極度窮困中對帝國主義的仇恨達到了極點，亞非拉人民紛紛起來反抗，導致亞非拉民族民主運動蓬勃發展。

「一個反覆爆炸的火藥庫」

巴爾幹半島位於歐洲東南部，地處歐、亞、非三大洲的交匯處，它不僅扼守著地中海和黑海的門戶，也控制著通往印度洋的航路，戰略地位相當重要，而且其自然資源極其豐富。十四世紀以來，這一地區一直處於鄂圖曼土耳其帝國的殘酷統治之下「……一些基督教徒被殺，另一些被擄為奴，而留下的人都成了餓莩。土地荒蕪，財產損失淨盡，人死了，牲畜和果實都不見了。」——十五世紀保加利亞作家伊賽．斯維托戈列維茲這樣寫道。在土耳其帝國的統治之下，被征服各國的生產力遭到破壞，延緩了它們的經濟、政治和文化的發展。土耳其佔領巴爾幹半島與西亞，對亞歐工商業者徵收苛重的雜稅，同時，無休止的戰爭和海盜活動，也阻礙了地中海貿易的正常發展。

隨著文藝復興與啟蒙運動的興起，隨著巴爾幹人民的不斷覺醒，巴爾幹各族人民迫切要求擺脫土耳其的奴役，建立起獨立的民族國家。二十世紀初，土耳其帝國逐漸走向衰落，那些尚未被瓜分的土耳其領土及其統治下的巴爾幹半島，成了帝國主義列強妄圖瓜分的大蛋糕，所以這裡矛盾錯綜複雜。其中既有帝國主義列強之間的矛盾，也有巴爾幹各族人民與帝國主義的矛盾，還有巴爾幹人民與土耳其封建統治者之間的矛盾以及巴爾幹半島內部各民族之間的矛盾。所有這些矛盾使得巴爾幹半島地區經常發生糾紛、衝突和戰爭，成了一個戰爭最頻繁的地區、一個「反覆爆炸的火藥庫」。

二十世紀初，巴爾幹各族人民紛紛反對鄂圖曼土耳其帝國的統治。一九一二年八月，阿爾巴尼亞和馬其頓爆發了反抗土耳其統治的起義，這一正義的行動得到了巴爾幹各族人民的同情和支持。九月，已獨立的保加利亞、希臘、塞爾維亞和蒙特內哥羅逐步結成巴

▲希臘第五兵團向保加利亞前線發動攻擊。

爾幹同盟；隨後帝國列強出於各自的目的也都加入了這個戰局，俄、英、法站在巴爾幹同盟一邊，德、奧則支持土耳其。這樣使得巴爾幹局勢更加複雜。

十月九日，蒙特內哥羅首先向土耳其宣戰，十天後，保、塞、希隨後對土宣戰，第一次巴爾幹戰爭全面爆發。土耳其軍節節敗退，十一月二十八日，阿爾巴尼亞宣佈獨立。巴爾幹同盟的勝利引起了歐洲列強的不安：俄國擔心保軍佔領君士坦丁堡，影響其實現對黑海海峽的控制；德國和奧匈帝國則因利益所在不願看到土耳其覆滅。在列強的斡旋下，保、塞與土耳其於一九一二年十二月簽訂停戰協定。由於雙方在領土問題上互不相讓，也由於土耳其國內發生政變（一九一三年一月二十三日），在德國支持下的新政府態度強硬，和談破裂。二月三日，戰端再起，不久土耳其再次求和。五月三十日，土耳其與巴爾幹四國簽訂《倫敦條約》，規定埃內茲至里海的米迪那一線以西的土耳其歐陸屬地（阿爾巴尼亞除外）和克里特島割讓給巴爾幹同盟國家，土耳其喪失了除君士坦丁堡及其附近的一小塊土地外的全部歐洲地區領土；阿爾巴尼亞獨立，但須受俄、英、法、德、奧、義六國的監督；愛琴海諸島問題須由德、奧、英、俄四國處理。對於巴爾幹各國來說，第一次巴爾幹戰爭是一次正義的民族解放戰爭，「是標誌著亞洲和東歐中世紀社會崩潰的一系列世界事件中的一環」。不久後進行的第二次巴爾幹戰爭，其性質就有了改變，變成了一次爭奪領土的王朝戰爭。

第一次巴爾幹戰爭結束後，巴爾幹同盟各方對結果並不滿意。保加利亞企圖獨佔馬其頓；塞爾維亞沒有得到亞得里亞海出海口，要求在馬其頓得到補償；希臘企圖擴大在馬其頓的佔領區；羅馬尼亞要求從保加利亞獲得南多布羅加。

一九一三年六月一日，塞爾維亞和希臘秘密簽訂了反保加利亞同盟條約，隨後羅馬尼亞加入其中。俄國想利用這個同盟對抗德、奧，便對其表示支持。奧匈帝國為了對付俄國，便支持保加利亞。六月二十九日，保加利亞在奧匈帝國的慫恿下發動了向駐馬其頓的塞、希軍隊的突襲，第二次巴爾幹戰爭爆發。

七月初，塞、希聯軍發起反攻，迫使保軍撤退。七月十日，羅馬尼亞對保宣戰，佔領南多布羅加，並向索菲亞進軍；土耳其欲乘機收復失地，於七月十六日向保發動進攻，二十一日，攻佔阿德里安堡，保加利亞軍隊四面受敵，全線潰退，於七月二十九日宣佈投降。八月十日，交戰各方在布加勒斯特簽訂和約。九月二十九日，保、土又簽訂《君士坦丁堡和約》。這樣，保加利亞失掉了它在第一次巴爾幹戰爭中佔領的土地，塞爾維亞獲得馬其頓大部分領土，希臘獲得馬其頓南部、色雷斯西部和克里特島，羅馬尼亞得到南多布羅加，土耳其收回它在第一次巴爾幹戰爭中丟失的阿德里安堡。

兩次巴爾幹戰爭中，交戰雙方的背後都有帝國主義的支持，因此，巴爾幹戰爭實際上反映了兩大帝國主義侵略集團的矛盾爭鬥，「在帝國集團的爭奪下，巴爾幹的民族解放運動滲透了大民族主義的毒素和民族復仇的心理」。第二次巴爾幹戰爭後，巴爾幹諸國的組合發生變化，原先的反土同盟不復存在，代之以兩個集團：保加利亞為了伺機「復仇」積極投靠德、奧集團；塞爾維亞、希臘和羅馬尼亞則加強了同協約國的聯繫。這樣，兩大侵略集團對巴爾幹的爭奪和巴爾幹各國之間的矛盾更加劇烈和複雜，終於成為帝國主義矛盾的焦點和歐洲的火藥庫。兩次巴爾幹戰爭使塞爾維亞實力大為增強，這就加深了塞爾維亞與奧匈帝國的矛盾，使歐洲大國關係失去了動態平衡，終於使巴爾幹成為第一次世界大戰的火藥庫。

轉嫁矛盾的第一次世界大戰

十九世紀末二十世紀初，資本主義由自由競爭階段發展到了以壟斷為特徵的帝國主義階段，各帝國政府為了獲取最大的壟斷利益，積極推行對外擴張和侵略政策，在世界各地以武力爭奪殖民地，這導致佔據世界絕大部分殖民地的老牌殖民帝國英、俄、法和擁有殖民地相對較少的新興帝國德、日、美之間的矛盾，新興的帝國主義國家強烈要求瓜分老牌的帝國主義國家的殖民地。早在一八八二年五月，德國、奧匈帝國和義大利就在維也納簽訂同盟條約，形成了侵略性的軍事政治集團——同盟國。一八九二至一九〇七年，老牌殖民帝國俄、法、英三國先後簽訂協約，形成了與同盟國相對立的協約國。兩大軍事集團的對立，加速了雙方擴軍備戰和爭奪戰略要地的步伐。同時，由於資本主義國家週期性的經濟危機和國內階級矛盾的日益尖銳，各國政府紛紛擴軍備戰、尋找同盟，企圖透過發動侵略戰爭來緩和國內階級矛盾。

一九一二至一九一三年發生的巴爾幹戰爭使歐洲大國關係失去了平衡，各帝國之間勾心鬥角，第一次世界大戰的苗頭已現端倪，德國總參謀長毛奇曾經說：「我們已經準備好了，對於我們來說，戰爭越快越好。」一九一四年六月二十八日，一名年輕的塞爾維亞民族主義者在塞拉耶佛開槍將奧匈帝國王儲斐迪南大公射殺，德奧同盟有了向協約國尋釁的藉口。一個月後，奧匈帝國對塞爾維亞宣戰，八月，德、英、俄、法參戰，第一次世界大戰全面爆發。交戰的一方為同盟國的德國和奧匈帝國以及支持它們的土耳其、保加利亞；另一方為協約國的英國、法國和俄國以及支持它們的塞爾維亞、比利時和日本等國。日本以一九〇二年締結的「英日同盟」為藉口，於一九一四年對德宣戰，並迅速佔領了德國在中國山東的勢力範圍。原屬同盟國的義大利，考慮到利害關係，一九一五年加入到協約國一方，中國等國也相繼投入戰爭。

第一次世界大戰爆發後，歐洲大陸首先點燃戰火，然後戰火迅速蔓延到近東、遠東和非洲一些地區。其中歐洲戰場是主要戰場，由英、法、比軍隊與德軍對抗的西線，俄國軍隊與奧匈、德國軍隊對抗的東線以及巴爾幹戰場和義大利戰場組成。參戰國還進行了多次海

▲法軍渡過亞瑟河。

戰，並把空軍第一次用於實戰。這次大戰大致可分為三個階段：一九一四年為戰爭的第一階段，一個接一個歐洲國家開始捲入戰爭，「燈光正在整個歐洲熄滅」，英國外交大臣格雷伯爵這樣評論。戰爭一開始，德軍按照「施里芬計畫」，出動主力部隊迅速佔領了比利時，接著從北部侵入法國，法軍節節敗退，法國政府不得不匆匆忙忙遷都波爾多。九月，法軍組織了反擊德軍的「馬恩河戰役」，迫使貿然南進的德軍撤退，瓦解了德軍的速決戰略。至此，西線的交戰雙方開始修築戰壕，長期對峙，轉入陣地戰。

戰爭的第二階段發生在一九一五至一九一六年。一九一五年，戰爭重心移至東線，在西線的英法聯軍基本上轉入戰略防禦，以便養精蓄銳，恢復元氣；俄軍則按照協約國協調一致進攻的戰略方針，為策應西線英法聯軍作戰，對德軍發動了大規模的夏季攻勢，但遭慘敗。俄國除軍事上共傷亡二百五十萬人外，還丟失了百分之十五的領土，損失了百分之十的鐵路，失去了百分之三十的工業，喪失了百分之二十的平民人口。在海上，英德艦隊在丹麥日德蘭半島西北海面遭遇，發生「日德蘭海戰」，雙方都遭受嚴重損失，經此一役，直到大戰結束，德國艦隊始終都不敢再度冒險出戰。事實上，如果英國戰艦能夠堅持到一九一五年三月十九日，戰爭的局面可能早就改觀，因為「我們以為英國人明天清晨會回來，如果他們回來，我們也許只能堅持幾小時。」德國主要官員在報告中曾這樣說。這年五月，原同盟國成員義大利在協約國許諾的土地面前轉而對奧匈帝國宣戰，到九至十月，整個東線也從運動戰轉為陣地戰。

一九一六年，戰爭重心再次轉到西線。在西線，從二月二十一日起，德法兩國間展開了歷時十個月的凡爾登戰役，在這場被後來人們稱為「絞肉機」、「屠宰場」和「地獄」的戰爭中，雙方參戰兵力眾多、人員傷亡慘重，其中法軍損失五十四．三萬人，德軍損失四十三．三萬人。戰役中，法軍野戰工事與永久工事相結合組織防禦的經驗成了戰後各國修建要塞工事的依據。由於兵力不足，德軍猛攻凡爾登不克，傷亡慘重，從此逐步走向失敗。與此同時，英法聯軍為了減輕凡爾登所受的壓力，對索姆河上德軍的堅固防線發動猛烈進攻，史稱「索姆河戰役」。在這一階段，戰略主動權逐漸轉移到協約國一方。

一九一七至一九一八年為戰爭的第三階段。一九一七年，德國轉入全面防禦，俄國爆發「二月革命」和「十月革命」，退出了帝國主義戰爭；利用戰爭大發橫財的美國藉口德國潛艇襲擊了美國的商船（「無限制潛艇戰」）和德國密電墨西哥企圖結成德墨反美聯盟，於四月六日對德宣戰，成了協約國在財政和軍需方面的支柱和直接參戰者，同時也使美國得以參與重新瓜分世界。一九一七年，西線主要有四、五月間法軍對德軍發動的「尼維爾攻勢戰役」，不過由於德軍早有準備，法軍無功而返並引發了大規模騷亂。

一九一八年，德國在俄國退出戰爭後集結於西線，妄圖在美軍主力到達法國之前迫使英法屈服；英法則決定在西線固守陣地，待美軍主力到達後發動總攻。九月二十六日，英法美聯軍發動總攻，九月二十九日保加利亞投降，十月三十日土耳其投降，十一月三十日奧匈帝國投降。十一月初，德國十一月革命爆發，德皇威廉二世退位，社會民主黨組成臨時政府，宣佈成立共和國。

十一月七日，德國接受協約國提出的停戰條件，退出德國在西線佔領的全部土地和直到萊茵河為止的德國領土，解除德國全部海軍武裝，撤到中立國的港口。十一日，《康邊停戰協定》簽訂，德國宣佈投降。歷時四年三個月的第一次世界大戰以協約國的勝利告終。

第一次世界大戰歷時四年多，有三十多個國家、十多億人口被牽扯到戰爭中，這場世界大戰給各國人民帶來了深重的苦難，各交戰國共死傷三千多萬人，被饑餓、疾病和戰爭奪走生命的人也超過一千萬。這場戰爭推翻了四個國家，產生了七個新的國家。直接經濟損失達一八六三億美元，間接經濟損失達一五一六億美元。它一方面大大削弱了眾帝國的力量，德國戰敗，割地賠款；奧匈帝國徹底瓦解；英法雖取得勝利，但在戰爭中元氣大傷，受到削弱。唯有美國在戰後一舉成為經濟強國。

另一方面，這次世界大戰促進了其他各國的革命運動。在俄國十月革命的影響下，資本主義國家的無產階級革命運動和亞、非、拉的民族解放運動都出現了高漲的新局面，第一次世界大戰對殖民地世界的影響不可避免地帶來深刻的政治結果。美國黑人領袖杜波依斯在一九一八年寫下了以下這一有關即將到來的非凡預測：

這場戰爭既是一個結局，也是一個開端。世界上較蒙昧的人們決不再僅僅佔據他們以前所佔據的地方。在他們所佔據的地方，遲早將出現獨立的中國、自治的印度、代議制的埃及、不僅僅是供他人進行商業剝削的非洲。從這場戰爭中，還將出現一個不受侮辱、有權選舉、有權工作和有權生存的美國黑人民族。

法國駐印度支那總督於一九二六年這樣寫道：「這場用鮮血覆蓋整個歐洲的戰爭……在距我們遙遠的國度裡喚起了一種獨立的意識。……在過去幾年中，一切都發生了變化。人們、觀念和亞洲本身都在改變。」

第一次世界大戰的經驗，對軍事學術的發展也產生了重大影響。戰後出現的總體戰、閃擊戰、坦克制勝論、空軍制勝論等各種軍事理論的出現，都是從不同角度總結大戰經驗的結果。

正如杜波依斯所言，「這場戰爭既是一個結局，也是一個開端」。在戰爭結束後簽定的各種條約，雖然暫時調整了帝國主義戰勝國之間的關係，但並沒有消除它們之間的根本矛盾，這為第二次世界大戰的爆發埋下了禍根。

人類史上第一次成功的無產階級革命

十九世紀末二十世紀初，俄國資本主義已由自由競爭階段發展到了以壟斷為特徵的帝國主義階段，各壟斷組織已分佈於國家各個工業部門，在國民經濟生活中起著重要作用，但其資本主義的發展又遠遠落後於美、德、英、法等國。在英法等外國資本的大量輸入下，使得俄國帝國主義具有兩重性：一方面具有侵略壓迫其他弱小國家和民族、爭霸世界的帝國主義本性，另一方面又因實力不足而處於對西方強國的依賴地位。同時，俄國資本主義工業既要依靠沙皇政府的庇護以求得發展，又受到沙皇專制制度和政治、經濟生活中嚴重的封建農奴制殘餘關係層層密網的困擾。

▲「阿芙樂爾號」巡洋艦。

另外，用馬克思列寧主義武裝起來的布爾什維克黨自一九〇三年誕生以來，經歷了長期的國內爭鬥和反對第二國際機會主義鬥爭的鍛煉，擁有了豐富的對抗經驗；俄國工人經過一九〇五年革命的洗禮，工人運動已處於國際工人運動的前列。這些都使得俄國革命一觸即發。

可以說，在第一次世界大戰以前，俄國就已孕育著深刻的政治和經濟矛盾。一九〇五至一九〇七年的革命，一九一〇至一九一四年俄國革命運動的新發展，都集中反映了俄國社會內部動盪飄搖的事實。第一次世界大戰爆發後，俄國種種矛盾強化，最終社會矛盾都集中到沙皇專制制度上。另外有力量鎮壓俄國革命的英、法、德三國正廝殺得難分難解，無暇他顧，這也為俄國的革命創造了外部條件。「假如沒有戰爭，俄國也許幾年甚至幾十年內都不會發生反對資本家的革命。」

危機四伏的國家此時山雨欲來，一九一七年三月（俄曆二月），二月革命就在各方面力量包括沙皇都毫無準備的情況下發生了。三月八日，彼得格勒（今聖彼得堡）人民因食品和燃料的極度缺乏爆發了罷工和暴動，接下來的情況更是糟糕，前去維持秩序的士兵們發生了嘩變，導致對杜馬疑慮重重的沙皇懷疑它與此事有牽連，於是在十一日下令解散杜馬，然而杜馬領導人拒不服從這一命令，這下沙皇發現他不再能夠強迫杜馬服從自己，自己也罷起工來。為了避免政權為街上的激進分子所得，十二日，臨時政府成立。二月革命使得統治俄國三百多年的羅曼諾夫王朝（一六一三至一九一七年）結束，沙皇專制統治完結，革命迅速取得了勝利。

二月革命雖然推翻了沙皇專制制度，但由於革命的局限性，在二月革命勝利之初就掌握了蘇維埃領導權的孟什維克領袖們如齊赫澤等，居然透過決議把政權轉歸資產階級臨時政府。用蘇維埃執行委會成員尼・蘇漢諾夫的話說，這意味著「把政權奉送給階級敵人」，但他仍然提議這樣做，「以保證民主派與這些敵人作鬥爭的完全自由」。與臨時政府並存的還有彼得格勒工兵代表蘇維埃，兩個政權並存的狀況讓各種黨派分別對時局發展及所面臨的問題持不同的立場，國家的發展道路面臨著新的抉擇。

一九一七年四月，在人民群眾最需要指導時，列寧從芬蘭回到彼得格勒，並於一九一七年四月十七日（俄曆四月四日）作了《論無產階級在這次革命中的任務》（又稱《四月提綱》）的報告。《四月提綱》為布爾什維克黨提出了從資產階級民主革命過渡到社會主義革命的路線與計畫，指出應當使政權移交到無產階級和貧苦農民手中，還指出蘇維埃共和國是資本主義過渡到社會主義時期中最恰當的政治組織形式。會後，根據列寧的指示，布爾什維克黨在群眾中積極進行宣傳並多次領導工人和士兵舉行示威活動，到十月份，革命形勢已經完全成熟，民眾情緒空前高漲。

面對這種情況，資產階級臨時政府十一月二日派士官生佔領了彼得格勒最重要的據點，到處搜捕布爾什維克黨的領導人，並切斷了彼得格勒蘇維埃與工人區的電話聯繫，密令彼得格勒軍分區司令派兵進攻革命軍事委員會所在地斯莫爾尼宮。

為了防止不利局面出現，布爾什維克黨根據列寧的指示決定提前舉行武裝起義。一九一七年十一月六日（俄曆十月二十四日），革命的槍聲在彼得格勒響起，七日，俄國十月革命全面爆發。七日下午五時，起義隊伍包圍了冬宮。在勸降無效的情況下，晚上九時四十五分，停泊在涅瓦河上的「阿芙樂爾號」巡洋艦以空炮射擊形式發出了向冬宮發起總攻的信號。在冬宮前的一百一十七級雲石階梯上，在冬宮的一千〇五個房間裡，起義軍與敵人短兵相接，展開白刃戰。八日凌晨二時，冬宮被攻佔，除臨時政府總理克倫斯基乘坐美國大使館的汽車逃跑外，臨時政府的十六名部長全部被捕。

與此同時，全俄工兵蘇維埃第二次代表大會在斯莫爾尼宮召開。會議在十一月八日透過和公佈了《告工人、士兵和農民書》、《和平法令》和《土地法令》。《和平法令》向第一次世界大戰中各交戰政府和人民建議結束戰爭，締結不割地、不賠款的和約。《土地法令》規定廢除地主土地私有制，實行國家土地所有制，把土地分配給勞動農民耕種。會議莊嚴宣告全部政權歸蘇維埃，選舉成立了工農臨時政府——人民委員會。

十一月，至七至十六六日，蘇維埃政權在莫斯科成立，到一九一八年二、三月間，蘇維埃政權在全國各地建立起來。十月革命勝利以後，蘇維埃政權想利用和平的贖買方式進行社會主義改造以消滅資本主義，然而，國內的反對派勾結其他國家發動了反革命的武裝暴動和武裝干涉，在布爾什維克黨的領導下，經過三年的艱苦武裝爭鬥，十月革命勝利的成果終於得到鞏固與加強。

俄國十月革命是世界歷史發展進程的產物，它使世界歷史進入了一個新階段。十月革命的勝利，結束了長達數十年的所謂「資本主義的和平發展時期」，建立了第一個無產階級專政國家，開闢了世界無產階級革命的新時代和殖民地半殖民地人民在無產階級領導下進行民族民主革命的新時代。「十月革命已建立了新文明的基礎，這文明不是為出類拔萃的少數，而是為全體人類」。

十月革命成功後，各國無產階級、被壓迫人民、被壓迫民族爭取解放的運動蓬勃高漲，從一九一七年十二月到一九二一年初，烏克蘭、白俄羅斯、喬治亞等國先後建立了蘇維埃社會主義共和國。一九二二年八月，所有獨立的蘇維埃共和國在自願聯合而又保留其平等權利的基礎上，成立了蘇維埃社會主義共和國聯盟，蘇維埃社會主義共和國聯盟的建立改變了世界戰略格局的面貌。

影響世界政治的經濟大蕭條

第一次世界大戰結束後不久，一九二〇至一九二一年間資本主義世界爆發了首次經濟危機。危機過後，美國經濟開始復蘇，之後逐漸趨於繁榮，創造了資本主義經濟史上的奇蹟。一九二三至一九二九年秋天，美國每年的生產率增幅達百分之四，此時，整個美國社會的價值觀念都發生了巨大的變化，發財致富成了人們最大的夢想，投機活動備受青睞，享樂之風盛行，精神生活越發浮躁和粗鄙，政治極端腐敗，人們把這時的美國稱為精神上的「饑餓時代」或「瘋狂的二〇年代」。美國著名歷史學家小亞瑟·史列辛格後來曾說，美國二〇年代的實利主義使人最容易產生這樣的感覺：「資本主義已經走到盡頭了。」

儘管這一繁榮造就了資本主義發展的一個黃金時期，但這一繁榮本身卻潛伏著深刻的矛盾和危機。農業一直都沒有從戰後蕭條中完全恢復過來，農民在這個時期始終貧困，農村購買力不足，農場主紛紛破產。此外，工業增長和社會財富的再分配極端不均衡，工業增長主要集中在一些新興工業部門，而採礦、造船等老工業部門都開工不足，紡織、皮革等行業還出現了減產危機，大批工人因此而失業。在一九二〇至一九二九年，工業總產值幾乎增加了百分之五十，而工人卻並沒有增多，交通運輸業職工實際上還有所減少。這一時期兼併之風盛行，社會財富越來越集中於少數人手中。全美三分之一的國民收入被百分之五的最富有者佔有；百分之六十的家庭年收入為僅夠溫飽的兩千美元水準；還有百分之二十一的家庭年收入不足一千美元。由於大部分財

▲股市崩盤後，聚集在華爾街上的人們。

富都集中到了極少數人手中，社會購買力明顯不足，導致美國經濟運行中商品增加和資本輸出困難，這進一步引發了生產過剩和資本過剩；雖然金融巨頭在投機行為中都獲得了高額利潤，但大量資金並沒有被投入到再生產過程，而是被投向了能獲得更高回報的證券投資領域。此外，國際收支中的潛在危機也加深了美國經濟的潛在危機，美國日益增長的經濟力與供給力大大超過了國內外所有支付能力的需求。這一切都預示著一場大危機的到來。

二十世紀二〇年代，人們對經濟前景的自信集中地體現在股票市場，耶魯大學的教授爾文．費雪在一九二九年秋天還宣佈：「股票價格達到的高度看起來好像是持久的。」道瓊指數從一九二一年的七十五點升到一九二九年頂峰時的三六三點，平均年增長率高達百分之二一．八——一個讓人感到恐怖的數字。我們可以這樣假設，如果一九二一年是合理水準而且這些年的利率水準基本不變，如果三六三點在一九二九年也是合理水準的話，那麼包括在道瓊指數中的公司利潤的增長速度應該約為每年二百分之二一．八，而且是長達十年的高速增長，這種情況在人類歷史上是極少出現的。歷史上金融危機前的欣欣向榮景象出現了。

一九二九年初，狂熱的美國股市如脫韁的野馬一路狂奔。九月二十六日，為制止黃金外流和保護英鎊在國際匯兌中的地位，英格蘭銀行將再貼現率和銀行利率提高了百分之六．五；三十日，倫敦又從紐約撤資數億美元，誘發美國股市大幅下跌。十月二十四日，紐約證券市場突然崩盤，股票價格下降得連場內的自動行情收錄機都趕不上！接下來的二、三天裡，眾財團和總統紛紛為救市出招。二十八日，也就是總統胡佛發表文告的第三天，股市再次慘跌；二十九日，美國股市又一次出現大幅崩盤。此後一週之內，美國人在證券交易所內失去的財富竟高達一百億美元！到十一月中旬，紐約證券交易所股票價格下降百分之四十以上，證券持有人的損失高達兩百六十億美元，成千上萬普通美國人辛勞一生的血汗錢化為烏有。

這場持續到一九三三年的「大蕭條」比以往任何一次經濟衰退所造成的影響都要深遠得多。在這期間，美國鋼鐵公司的股票從兩百六十二美元下降到二十二美元，通用汽車公司的股票從七十三美元降到八美元，國民經濟的每個部門都受到了相應的損失。在這三年中，有五千家銀行倒閉，至少十三萬家企業倒閉，汽車工業下降了百分之九十五，一九二九年，通用汽車公司的生產量從一九二九年的五百五十萬輛下降到一九三一年的兩百五十萬輛。一九三二年七月，鋼鐵工業僅以百分之十二的生產能力運轉。到一九三三年，工業總產量和國民收入暴跌了將近一半，商品批發價格下跌了近三分之一，商品貿易下降了三分之二以上；占全國勞工總數四分之一的人口失業。「失業，僅次於戰爭，是我們這一代蔓延最廣，噬蝕最深，最乘人不防而入的惡疾，是我們這個時代西方特有的社會弊病。」這是當時倫敦《泰晤士報》針對大蕭條對英國產生的影響而寫的一篇社論中的一部分。

大蕭條還造成了世界性的經濟影響。由於經濟大蕭條，美國金融公司不得不收回它在國外的短期貸款，在它的影響下，一九三一年五月，維也納最大最有聲譽的銀行、奧地利信貸銀行宣佈它已無清償能力，在歐洲大陸引起恐慌。七月九日，德國丹納特銀行也這樣做了，隨後兩天，德國所有銀行都被命令放假；柏林證券交易所關閉了兩個月。一九三一年九月，英國放棄了金本位制，二年後，美國和幾乎所有大國也都這樣做了。

在大蕭條的影響下，世界國際貿易也急劇衰退，它從一九二九年的六八六億美元下降到一九三〇年的五五六億美元、一九三一年的三九七億美元、一九三二年的二六九億美元和一九三三年的二四二億美元，下降幅度超過以往國際貿易的最大下降數百分之七的很多倍。事實上，這是一場驚天動地的大災難，它一舉摧毀了眾人的希望：世界的經濟與社會，再也不可能重返二十世紀的舊日美好時光。一九二九至一九三二年無疑是一道深谷，從此之後，重回一九二三年的美好，不但根本不可能，連想都不必想。

關於這次大蕭條產生的原因，美國著名經濟學家傅利曼認為：對於這場大蕭條，美國中央銀行負有不可推卸的重大政策責任。在大蕭條時期，一些銀行的倒閉非常有可能引發連鎖反應，美國中央銀行本應及時干預，恢復公眾的信心，但美國中央銀行偏偏默許了銀行的倒閉，未採取任何強而有力的行動，終於釀成了金融系統近乎完全崩潰的局面，於是就出現了「倒閉——擠兌——倒閉」的惡性循環。由於流通現金／存款比率和準備金／存款比率的增加，降低了貨幣乘數，因而急劇地使貨幣存量減縮。所以，弗里德曼認為大蕭條的產生與美國中央銀行的政策直接相關，因此應運用貨幣政策的調整來解決大蕭條的問題。這種解釋後來成為了大蕭條的主流解釋。

大蕭條不僅會影響到經濟的發展，還必然會產生深刻的政治影響。在美國，有無家可歸的退伍軍人組成的補助金大軍；有贊成專家治國的反資本主義運動；有發展為靜坐罷工的農場假日運動……政治動盪的另一表現是富蘭克林·羅斯福在一九三二年的選舉中取得了徹底勝利，隨即而來的「新政」起到了政治上不滿情緒的「安全閥」的作用，有效地使種種極端主義運動歸於無效，這主要是由於「新政」極大地促進了經濟的發展。在羅斯福的第二個「百日新政」結束後，政府至少提供了六百多萬個工作崗位，失業人數比一九三三年初減少了四百萬。一九三五年農民的全部現金收入從一九三二年的四十億美元上升到近七十億美元；一九三六年工商業界倒閉數目只有一九三二年的三分之一；各保險公司資產總額增加了三十多億美元，銀行業早已度過了難關，道瓊股票指數上升了百分之八十。

在英國，於一九二九年六月開始執政的工黨馬上就遇到了向越來越多的失業者發放「失業救濟金」的問題，「任何人現在找到工作的機會都不會比愛爾蘭抽獎中獎的機會多些」。一九三一年八月，拉姆齊·麥克唐納首相屈服於種種壓力，解散了他的工黨政府。在法國，左派也因大蕭條的壓力被迫下台，短期內，總理相繼換人。更引人注目、更決定人類命運的是希特勒在德國的活躍。由於希特勒能解決人們的失業問題，所以眾多的德國人在開始都擁護他，卻沒想到他們的元首會將他們帶往另外一條道路。在以後一個又一個危機中，終於導致第二次世界大戰的發生。

戰斧揮舞：第二次世界大戰

在第二次世界大戰結束後，戰勝國法國為了報復在一八七〇年戰勝它的普魯士（一八七一年普魯士國王威廉一世即位德意志帝國皇帝，德國完成統一），對戰敗的德國制定了很嚴厲的制裁措施。不久，在一九二九年十月末開始的全球經濟大恐慌讓德國經濟受到了極其嚴重的損害，企業倒閉，產銷蕭條，失業人數直線上升（最高時達六百萬人）。

這次全球性的經濟危機為希特勒、戈培爾等人提供了絕好的機會，他們稱經濟危機是「政府無能」的一個佐證，是懦弱的政府接受了戰後強加給德國的嚴厲條款及奉行「社會主義」政策的結果。希特勒宣稱德國的困境之根源來自於懦弱的威瑪共和國以及被指稱握有國家經濟命脈的猶太人，「我認為現在的德國既不是一個民主國家，也不是一個共和國，而是馬克思主義者和猶太人的國際豬圈」。希特勒公開宣佈，他歡迎這場經濟危機，他正可以利用它達到搞垮共和國的目的，而且他為此甘願去幹任何事情。一九三〇年三月，威瑪共和國的最後一屆政府垮台。一九三三年一月三十日，在各種政治勢力的妥協下，一個多月前「如果黨一旦崩潰，我就開槍自殺」的四十四歲希特勒終於登上了總理的寶座。一年後，希特勒將總理與總統的寶座合二為一，「德國今後一千年的生活方式已被清楚地確定」。當希特勒上台後，不甘心《凡爾賽和約》中的嚴厲懲罰和約束的德國人開始蠢蠢欲動，與希特勒沆瀣一氣的戈林即著手實施「四年計畫」——其核心內容就是使德國四年後在工業、農業生產上實現自給自足；使德國在戰爭狀態下能在敵國實行全面封鎖時，也不出現經濟窒息的情況——準備進行戰爭。

第一次世界大戰結束後，圍繞著利益分配，戰敗國不甘心失敗，一些戰勝國也胸中有怨氣。義大利因未能獲得英、法許諾的領土也心生不滿（義大利雖是同盟國，但是後來英國、法國及俄國與義大利簽訂密約，承諾給予義大利某些土地，結果義大利加入了協約國對抗同盟國）；另一個戰勝國日本的擴張要求也日益強烈。由於德、日、義等國的實力很快得到恢復和加強，它們要求重新瓜分世界。隨著一九二九至一九三三年世界資本主義經濟危機的爆發，帝國主義制度的各種基本矛盾越演越烈，以至發展到訴諸武力。

一九三七年七月，日本全面侵略中國，開啟了第二次世界大戰的戰端。一九三八年三月，英國歷史學家泰勒爾眼中「邪惡和缺乏靈活性」的希特勒佔領了萊茵河西部地區並實行軍事設防，強行吞併奧地利。九月，英、法、德、義四國首腦簽署《慕尼黑協定》又把蘇台德地區淪為德國所有。一九三九年三月，希特勒撕毀了《慕尼黑協定》，兵不血刃地佔領了捷克斯洛伐克全境。八月下旬，在與史達林簽訂了《蘇德互不侵犯條約》後，希特勒入侵波蘭，九月二十八日，在德國軍隊的「閃電戰」攻擊下，波蘭淪陷，導致戰爭全面爆發。希特勒在佔領波蘭後，對西方的綏靖策略一語道破：「對於這種結局，波蘭人應該感謝他們的英法朋友。」

一九四〇年五月十日至五月二十八日，希特勒命令德國軍隊攻佔了荷蘭、比利時和盧森堡；五月十三日，大舉入侵法國，六月十七日，法國貝當政府宣佈「停止戰鬥」。二十二日晚七時，戲劇性的場面上演了：在一九一八年十一月十一日德意志帝國向法國及其盟國簽署投降書的康比涅森林同一節車廂裡，法國政府代表在納粹德國提出的停戰協定上簽字。只是在首相邱吉爾「我們將在海灘上作戰，我們將在陸地上作戰，我們將在田野和街道中作戰，我們將在山區作戰。我們決不投降」的動員令中，在英軍「不列顛之戰」的頑強抵抗下，德軍才沒能攻入英國。法西斯德國軍隊以狂飆之勢席捲歐洲大陸，在先後佔領了奧、捷、波、比、挪、荷、丹等國領土後，軍事、經濟實力空前膨脹。然後軸心國兵臨莫斯科城下，《蘇德互不侵犯條約》成了一張草紙，一九四一年六月二十二日，蘇聯發動「衛國戰爭」。十二月七日，在太平洋戰場上，日本偷襲珍珠港，挑起太平洋戰爭，戰火席捲東南亞，進逼大洋洲，將美國及美洲、大洋洲許多國家捲入戰爭，「日本的暴行、兇猛、技術和能力遠遠超過了我們原先所預料的一切。」邱吉爾在眾議院的會議中這樣說。日本人挑起的戰火讓軸心國的侵略之戰發展成為一次空前的全球性戰爭。

▲1944年6月6日，美、英和加拿大等國軍隊在法國諾曼第登陸。

一九四二年一月，在華盛頓簽署美、英、蘇、中等二十六個國家的《聯合國家宣言》，標誌著以美、英、蘇、中為核心的世界反法西斯聯盟正式形成，並為建立聯合國組織奠定了初步的基礎。一九四二年十一月前後，盟軍在三個戰場上先後進行的史達林格勒會戰（一九四一年六月至一九四二年九月德國與蘇聯之間的戰爭）、阿萊曼戰役（發生於北非義軍一九四〇年十二月至一九四一年一月與英軍的戰爭）、瓜達康納爾島爭奪戰（一九四二年八月，日美兩國爭奪西南太平洋所羅門群島中的瓜達康納爾島和圖拉吉島）均取得勝利，戰局從此轉折。

一九四三年七月十日，美、英和加拿大軍隊在義大利西西里島東南部登陸。七月二十五日，義大利國王罷免墨索里尼首相職務，二十八日，宣佈解散法西斯黨，統治義大利二十一年的法西斯政權垮台。十月十三日，義大利正式退出法西斯同盟，對德宣戰。一九四四年，同盟國軍從東西兩線快速推進，六月六日，美、英和加拿大等國盟軍五個步兵師、三個空降師在法國塞納灣諾曼第沿海登陸。為了這次世界戰爭史上規模最大的兩棲登陸戰，盟軍集結兵力兩百八十七萬人左右、六千五百艘戰鬥艦艇和運輸船隻、一萬一千架作戰飛機及兩千七百架運輸機。到十二日已有十九個師、三十二萬人左右登陸，將五個登陸場連成一片。

一九四五年五月三日，柏林戰役結束，德軍傷亡二十五萬人，被俘四十八萬人。七日，在盟軍司令部所在地蘭斯，德國政府代表向美、英、蘇、法代表簽署無條件投降書；八日，在蘇軍司令部所在地正式簽署投降書，德國納粹政權徹底覆滅；九日，歐洲戰事結束。在太平洋戰場上，為迫使日本投降，美國於一九四五年八月六日、九日在日本的廣島和長崎投下原子彈；蘇聯也於九日出兵中國東北，殲滅了日本的關東軍。九月二日，日本簽署投降書。第二次世界大戰結束。

第二次世界大戰是迄今為止人類歷史上規模最大的一場戰爭。戰火遍及亞洲、歐洲、美洲、非洲及大洋洲五大洲；交戰雙方在太平洋、大西洋、印度洋及北冰洋四大洋展開戰鬥。捲入戰爭的國家和地區八十多個（其中參戰國六十一個），人口約二十億，占當時世界總人口的百分之八十以上，投入武裝力量一億人之多，是名副其實的「世界大戰」。直接軍費開支一兆美元，經濟損失達四兆美元。

在這場血腥的戰爭中，無辜平民的傷亡是歷史上最慘重的，其中包括了納粹德國針對猶太人和其他東歐人種的大屠殺、日本對中國與韓國無數平民的屠殺，以及戰爭末期盟軍針對德國與日本境內民用目標的轟炸，全世界有五千多萬人死於這場戰爭。

第二次世界大戰是一場現代化的戰爭，曠日持久，消耗巨大，戰爭中部署的人力和武器之多，是以往歷次戰爭均無法比擬的。這次戰爭使用了許多新式武器裝備，如噴射式戰鬥機、火箭炮、彈道火箭、原子彈以及雷達等，對作戰進程以及戰後的軍事學術發展和部隊編制都有較大影響。在這場戰爭中，有最為悲壯的敦克爾克大撤退，有戰爭史上最大規模的諾曼第登陸戰役和海戰史上規模最大的萊特灣海戰。第二次世界大戰對人類產生了深遠的影響，戰爭所帶來的血腥殺戮，所造成的巨大破壞，長久地反映在戰後人類的社會生活中的各個方面。戰爭的結果使得法西斯被剷除；戰後以歐洲為中心的世界格局被打破，同時也促使資本主義世界各國的統治集團設法調整、改善其經濟政治制度，世界格局的變化也導致經濟格局的變化；第二次世界大戰喚醒廣大的人民，引起社會主義和民族解放運動的高漲……可以說，第二次世界大戰是現代世界歷史進程中的一個重要里程碑。

全球性的民族解放運動

在廣大人民謀求自由的思想指引下，世界各地人民的民族解放運動一直沒有停息過。早在英、法資產階級革命爆發前，一些老牌的殖民國家如葡、西、荷、英、法等就先後侵入亞洲、非洲和拉丁美洲一些國家和地區，由於這些國家和地區的人民慘遭屠戮，財富被殘酷掠奪，因而獨立發展的進程受到了極大的阻礙。在資本主義由自由資本主義階段向帝國主義階段過渡的時期，資本主義和帝國主義加強了對殖民地半殖民地地區的商品傾銷，同時帝國主義國家之間為爭奪殖民地發生了劇烈衝突甚至戰爭，使得殖民地半殖民地人民的起義連綿不斷，在韓國、越南、菲律賓、中國、古巴、埃及、衣索比亞和西南非洲等都發生過多次武裝起義，只是由於土地問題沒能得到最終解決，這些革命運動基本上都失敗了。

俄國十月革命勝利後，隨著馬克思主義的廣泛傳播，亞非拉一些國家和地區的無產階級開始作為一支獨立的政治力量登上了歷史舞台。此外，由於在第一次世界大戰期間，殖民地半殖民地

時間（地區）	亞洲	非洲	拉丁美洲
1947年	蒙巴頓方案		
1949年	中華人民共和國成立		
1950年	印度共和國建立		
1952年		埃及起義	
1953年		埃及獨立	
1956年	巴基斯坦伊斯蘭共和國建立	埃及收回蘇伊士運河	古巴武裝起義
1959年	古巴革命政府建立		
1960年		非洲獨立年	
1970年左右		獨立運動深入發展	巴拿馬收回運河部分權利
1990年左右		納米比亞獨立	巴拿馬收回運河主權

▲亞非拉獨立與振興歷史進程表（1950年到1990年初）。

地區的民族資產階級和民族資本主義得到了發展，因此，在亞非拉一些地區，資產階級民族主義政黨和組織的活動也逐漸發展起來。第二次世界大戰結束後，由於帝國主義勢力遭到削弱，殖民地半殖民地地區人民的民族意識普遍增強；同時亞非拉地區是帝國主義統治最薄弱的地區，因此，在第二次世界大戰結束後，以民族民主革命為主要內容的革命烽火燃遍了整個亞非拉等地，而且這些革命大多數先後都取得了不同程度的勝利。這些勝利，宣告帝國主義殖民體系終將在亞洲、非洲和拉丁美洲相繼崩潰。

民族解放運動在第二次世界大戰後，首先在亞洲掀起。印度自一八五七年進行反英大起義失敗後，於十九世紀末二十世紀初、第一次世界大戰結束後、第二次世界大戰結束後先後進行了多次民族獨立運動，直至最終於一九四七年獲得獨立。為挫敗日本法西斯，中國人民透過各種形式開展人民戰爭，在遼闊的戰場上與日本帝國主義進行了殊死的戰鬥。經過八年抗戰，終於打敗了日本，為世界反法西斯戰爭、為被壓迫民族和被壓迫人民的解放事業做出了卓越的貢獻。在日本發動的太平洋戰爭爆發後，被佔領國家人民先後開展了抗日游擊戰爭。韓國、越南、菲律賓、緬甸和馬來西亞等地人民紛紛建立了革命武裝和革命根據地，發動了廣泛的游擊戰爭，給日本侵略軍很大的打擊。一九四九年十月一日中華人民共和國成立後，亞洲百分之九十以上的地區建立了獨立的民族國家。亞洲大陸的面貌發生了巨大的政治變化，各獨立國家的經濟也得到了不同程度的發展，特別是二十世紀七〇年代的新加坡、台灣和韓國，實現了經濟起飛，經濟以年增長率超過百分之十的速度高速發展，超過西方發達資本主義國家的增長速度。

在非洲，許多國家以大量的戰略物資支援了世界反法西斯戰爭，阿比西尼亞人民還依靠自己的力量從義大利法西斯手中拯救了自己的國家。在非洲，埃及率先發起了獨立運動，揭開民族獨立運動蓬勃發展的新篇章。一九五二年七月二三日，以納瑟為首的「自由軍官組織」推翻了英國支援的法魯克王朝；一九五三年六月十八日，埃及廢除君主制，宣佈成立埃及共和國；一九五六年，收回蘇伊士運河主權，並挫敗英國、法國和以色列的聯合軍事干預。埃及的獨立運動將非洲人民的獨立浪潮推向高潮，僅在一九六〇年，就有剛果、查德、奈及利亞等十七個非洲國家宣佈獨立，史稱「非洲獨立年」。「非洲獨立年」標誌著戰後非洲大陸的崛起和民族解放運動的高漲，標誌著西方殖民者在非洲殖民統治的崩潰。七〇至八〇年代，又有九國獲得獨立；一九九〇年三月二十一日，納米比亞正式宣告獨立，非洲民族獨立運動取得最終勝利。「二十世紀是有史以來整個人類接受同一政治觀念及民族主義觀念的第一個時期」，所言不虛。

在拉丁美洲，古巴、哥斯大黎加、多明尼加、瓜地馬拉、海地、洪都拉斯、尼加拉瓜、巴拿馬、薩爾瓦多、墨西哥和巴西在第二次世界大戰中都先後對德義日法西斯宣戰，一些國家如墨西哥、巴西還曾派武裝部隊到菲律賓、義大利前線作戰。在拉美地區，古巴的民族獨立運動最早掀起。一九五六年十二月，卡斯楚等八十一名革命青年由墨西哥回到古巴，展開了民族獨立運動的革命運動，一九五九年一月，革命武裝力量開進首都哈瓦那，革命取得勝利，建立起了獨立、民主的新古巴。古巴的獨立沉重打擊了美國在拉美的霸權，鼓舞了世界人民的民族解放運動。在二十世紀七〇年代，巴拿馬也展開了獨立運動，在與美國進行了多年不屈不撓的抗爭後，終於在一九七七年雙方簽署了新的巴拿馬運河條約，規定在一九九九年十二月三十一日前美國從巴拿馬撤出全部駐軍並將運河歸還給巴拿馬。巴拿馬政府正式收回巴拿馬運河主權，結束了美國對這條黃金水道長達八十五年的殖民統治，使運河成為名副其實的「巴拿馬的運河」。

世界各地殖民體系的徹底瓦解對世界歷史的發展具有重大意義，一大批戰後新獨立的國家登上國際政治舞台，世界政治格局發生了重大變化。到二十世紀九〇年代末，聯合國一百八十八個成員國中，戰後獨立的國家占了大多數，這些國家已成為國際政治領域中不可忽視的重要力量。隨著新的民族獨立國家越來越多地加入到聯合國，多年來以美國為首的發達國家以維護雅爾達體系而操縱聯合國的局面逐漸得到了改變。殖民體系的徹底瓦解，第三世界國家的團結協作，開始改變超級大國任意擺佈世界命運的狀況。

儘管各殖民地半殖民地人民紛紛取得了獨立，但這些獨立國家在發展政治經濟時都面臨著很嚴峻的形勢：管理專家、工程師、醫生和教師等各種專業人才極度匱乏，在一些勉強促成的新興國家裡，還很快出現了種族、宗教和種種社會矛盾，使得本已困難重重的年輕國家越發舉步維艱。本來贏得政治獨立應該振奮人心，相應地也能促進本國經濟的發展才對，卻沒想到竟會淪落到難以收拾的地步。著名的幾內亞政治家塞古・杜爾曾經如此評價非洲獨立後經濟發展狀況，「如果有人認為取得獨立就萬事大吉，可以不必再作努力，那他就是不睜開眼睛看現實狀況，就是與歷史的進程背道而馳。」政治獨立後的經濟發展對這些新興的民族獨立國家來說，是一個相當緊迫的問題。

另外，由於戰後民族獨立浪潮是在以美蘇為中心的兩極格局的背景下展開的，這些新獨立的國家原本是兩個超級大國為擴充勢力範圍和謀求世界霸權而激烈爭奪的物件，因此這些新獨立的國家的新老矛盾和衝突往往為美蘇兩個大國利用，一些地區的衝突還被附加上意識形態對抗和國際政治鬥爭的因素，一九六二年發生的古巴危機也許就是這種大國意志的最直接表現。

世界「員警」組織：聯合國的成立

世界各國人民建立一個世界性組織的想法，早在一九一六年就被當時還是美國總統候選人的威爾遜提出來了。他說：「世界上的各國必須聯合起來，共同保證任何擾亂整個世界的舉動……」第一次世界大戰結束後，保衛世界和平的問題提上了議事日程。一九二〇年一月十日，《凡爾賽和約》正式生效，這標誌著國際聯盟的正式成立。然而這個國際聯盟實際上不過是被戰勝國列強操縱，並成為帝國主義推行侵略政策、對殖民地進行再分割的工具。隨著第二次世界大戰爆發，國際聯盟隨之消亡。

在第二次世界大戰期間，同盟國在與法西斯國家進行對抗的過程中萌發了創建一個維護世界和平與安全的新國際組織的設想，美英兩國於一九四一年八月十四日共同簽署的《大西洋憲章》中最早提出「待納粹暴政被最後毀滅之後」，建立「廣泛而永久的普遍安全制度」，這一提法後來被盟國普遍認為是未來國際組織的同義詞。同年十二月四日，《蘇波友好互助宣言》明確提出，戰勝希特勒之後，「只有透過一個新的國際組織，將各民主國家聯合在一個持久同盟的基礎上，才能保證持久和正義的和平」。

一九四二年一月一日，中、蘇、美、英等二十六個反法西斯同盟國家代表在華盛頓簽署《聯合國家宣言》，保證繼續對德、日、義等軸心國協同作戰。一九四三年十月三十日，中、蘇、美、英四國在莫斯科發表《普遍安全宣言》，提出有必要建立一個普遍性的國際組織。

一九四三年十一月二十三日，美國總統羅斯福在與蔣介石談話時表示，中國應取得四強之一的地位，並平等地參加四強機構，參與制定該機構的一切決定。次日，中國代表團成員王寵惠奉蔣介石的指示，向美國代表團遞交照會，要求成立美英蘇中四國委員會，負責聯合國理事會組織事宜。

在隨後舉行的蘇美英三國首領德黑蘭會議上，羅斯福提出了最早的關於建立國際組織的較為具體的計畫，建議未來國際組織包括三個獨立機構：一個大約由三十五個「聯合國家」組成的龐大機構；一個由蘇美英中四大國，再加上歐洲兩個國家，南美洲、近東和英國自治領地各一個國家組成的執行委員會機構；一個由蘇美英中四國組成的「四員警」機構。

一九四四年八至十月，蘇、英、美三國代表和中、英、美三國代表先後在華盛頓的敦巴頓橡樹園舉行會談，起草聯合國章程。由於美蘇兩國意識到戰後將成為主要對手，都想極力在聯合國的機構和權力上爭取到有利於本國的規定。由於當時的美英中法四國都屬於一個陣營，只有蘇聯是社會主義國家，為了防止在以後的問題表決中處於劣勢，蘇聯代表堅持安理會常任理事國應有否決權，烏克蘭和白俄羅斯應為聯合國的創始國，而這兩個問題是美英兩國無法接受的，因此問題一直沒能得到解決。直到一九四五年二月，在美蘇英三國首領雅爾達會議上，美英兩國考慮到要爭取蘇聯全力擊敗德國並對日宣戰，才同意了蘇聯的建議。雅爾達會議還決定於

▲聯合國總部大廈。

一九四五年四月二十五日在美國舊金山召開聯合國制憲會議，參加國應為一九四二年一月一日在《聯合國家宣言》上簽字的國家，以及一九四五年三月一日前向軸心國宣戰的國家。會議建議中國和法國也為舊金山會議發起國，但法國拒絕了這一建議。

一九四五年四月二十五日，「聯合國國際組織會議」如期在舊金山開幕。六月二十五日，與會代表一致通過了《聯合國憲章》。二十六日，在退伍軍人禮堂舉行了歷時八小時的簽字儀式，中國代表團第一個簽字，隨後是蘇聯、英國和法國代表團，然後其他國家代表團依本國英文字母順序一一簽字，美國作為東道國最後一個簽了字。十月二十四日，《聯合國憲章》在得到多數簽字國批准後開始生效，聯合國宣佈正式成立，五十一個簽字國成為聯合國創始會員國。

《聯合國憲章》共分十九章一百一十一條，充分表達了使人類不再遭受戰亂的決心，規定了聯合國的宗旨、原則、權利、義務及主要機構職權範圍等。憲章規定，聯合國的宗旨是「維護國際和平及安全」、「制止侵略行為」、「發展國際間以尊重各國人民平等權利自決原則為基礎的友好關係」和「促成國際合作」、不得「干預基本上屬於任何國家國內管轄範圍內的事項」等。它還規定聯合國及其成員國應遵循各國主權平等、各國以和平方式解決國際爭端、在國際關係中不使用武力或以武力相威脅以及聯合國不得干涉各國內政等原則。《聯合國憲章》是當代國際關係史上一部劃時代的文獻，它的宗旨與原則符合各國人民對未來世界的和平與安全的要求。當然，實現這些宗旨和原則要比制定它們曲折、複雜而困難得多，「我幾乎說不出整個世界在實現《聯合國憲章》所規定的目標方面取得了什麼進步」，聯合國前秘書長吳丹曾這樣悲觀地說道。

聯合國「維護國際和平及安全」的任務主要交給安全理事會（簡稱安理會）執行。安理會由十一個理事國組成，其中五個是常任理事國：美國、蘇聯、英國、法國和中國；其他六個為非常任理事國，經理事會推薦，由大會選出，任期二年。所有實質性問題的決議必須得到五個常任理事國的不反對票和四個非常任理事國的同意票後方可透過，因為人們已認識到，只有大國意見一致時和平才能得到維護。安理會擁有解決國際爭端的廣泛權力，它可以採用諸如調解或仲裁之類的和平方式，也可以強行實施經濟或政治制裁。如果問題還不能得到解決，安理會還有權「透過海、陸、空部隊來採取維護或恢復國際和平所必需的行動」，為此，憲章規定成立一支由各會員國提供人員和裝備的「國際治安部隊」來解決問題。

蘇聯的先見之明使得它在對所有使它與西方列強發生衝突的重大問題都行使否決權，這大大導致了安理會作用的減弱，於是在一九五〇年，聯合國大會被授予以下權力：在安理會因常任理事國意見不一致而不能維護國際和平及安全時，大會有權考慮安理會的事務。此外，在亞非拉國家紛紛獨立並加入到聯合國後，以往聯合國大會中的均勢被打破，因為所有聯合國會員國都派代表參加大會，但每國只有一個投票權。重要問題的決議必須經三分之二多數票透過，由於亞非拉國家已開始構成全體會員國中的絕對多數，因此，它們的觀點顯然要予以充分的重視。當然，弱小國家的這種表決力量並不能從根本上改變國際政治生活中的嚴酷現實，「小國管理著東河岸邊的美麗建築物，兩個大國管理著世界其餘地方」。

聯合國的第二個重大任務是反饑餓、反疾病和反愚昧，這主要由經濟及社會理事會執行。為了完成這個重大任務，經濟及社會理事會建立了許多專門機構，其中包括國際勞工組織、糧食及農業組織、聯合國教科文組織、世界衛生組織和國際貨幣基金組織等。

一九四六年一月一日至二月十四日，首屆聯大會議在倫敦舉行，五十一個創始會員國與會。大會正式建立了聯合國組織機構，決定接受美國國會的邀請，將聯合國永久性總部設在紐約曼哈頓區東河之濱──一塊占地一．八英畝、屬於世界人類的「國際領土」上，聯合國正式開始工作。

幾十年來，聯合國歷經國際風雲變幻，在曲折的道路上成長壯大，為人類的和平與繁榮做出了重要貢獻。聯合國在實現全球非殖民化、維護世界和平與安全、促進社會和經濟發展等方面取得了令人矚目的成就。憲章確立的宗旨和原則一直有效，申請加入聯合國的國家都必須聲明接受並願意履行憲章所載明的義務。截至二〇〇五年四月，聯合國的會員國已由創建時的五十一個增加到了一百九十一個，聯合國已成為當代由主權國家組成的最具普遍性和權威性的政府間國際組織。

編年表

一六四九年 英國王查理一世被處死，英國成為共和國。
十七世紀中葉起 販賣奴隸成為非洲、歐洲和美洲之間的重要貿易活動。
一六六一年 法國開始建造凡爾賽宮（歐洲最大王宮）。
一六八八年 英國政變，資產階級和新貴族的統治確立。
一六九四年 法國啟蒙思想家伏爾泰提倡自然權利學說，鼓吹信仰、思想言論、出版自由和天賦人權，以及政治「開明君主制」。
一七四七年 艾哈邁德·沙·杜蘭尼建立杜蘭尼王朝，統一阿富汗。
十八世紀中期 英國打敗法國，成為最強大的殖民國家。
一七五五年 里斯本大地震發生，為歐洲歷史上最大的一次地震。
十八世紀六〇年代 英國工業革命開始。
一七六九年 瓦特製成了第一台蒸汽機，以蒸汽機的發明和應用為主要標誌，西方國家出現第一次工業革命。
一七七三年 英國北美殖民地波士頓傾茶事件發生。
十八世紀七〇年代 「狂飆突進」文學運動在德國興起。
一七七五年 北美獨立戰爭開始。

一七八〇年　義大利進行家畜人工授精。

一七八三年　英國承認美國獨立；法國孟格菲兄弟的熱空氣氣球升空，同年載人升空，為人類首次升空航行。

一七八九年　法國人民攻佔巴士底監獄，法國革命開始。

一七九二年　法蘭西第一共和國成立。

一七九四年　法國熱月政變，法國資產階級革命結束。

一七九八年　英國經濟學家馬爾薩斯匿名發表《人口原理》，認為人口增長與消費資料增長的脫節是自然規律，提出用饑餓、瘟疫和戰爭等手段消滅「人口過剩」，稱馬爾薩斯人口論。

一八〇四年　海地成為拉丁美洲第一個獨立國家；拿破崙稱帝，法蘭西第一帝國開始。

十九世紀早期　聖西門、傅立葉和歐文宣傳空想社會主義。

一八〇六年　荷蘭人澤蒂爾納從鴉片中提取出嗎啡，開闢了工業製藥新途徑。

一八〇八～一八一四年　西班牙革命軍擊敗法軍，西班牙成為君主立憲國。

一八〇九年 美國政治家林肯在世；英國生物學家達爾文在世，所著《物種起源》，提出以自然選擇為基礎的進化學說，成為十九世紀自然科學的三大發現之一。

一八一〇年 拉丁美洲反對西班牙殖民統治的獨立運動發生。

一八一九年 丹麥考古學家湯姆森以石器時代、青銅時代、鐵器時代為史前時代三階段分段之說，為史前考古學研究奠定基礎。

一八二三年 門羅總統在其致國會的年度諮文中正式提出門羅主義，反對歐洲干預美洲事務。

一八二四年 法國人涅普斯進行照相製版實驗，製成世界上第一張照片。

一八二五年 第一列由史蒂文生所設計的機車牽引的列車運行，鐵路運輸事業從此誕生。

一八二九年 普勞特提出人體所需營養素是蛋白質、脂肪和碳水化合物。

一八三六年 世界最大的凱旋門——法國巴黎凱旋門建成，是法國十九世紀的大型紀念碑式建築。

一八四〇年 鴉片戰爭開始。

一八四八年 《共產黨宣言》發表。

一八五七年 印度民族起義。

一八六〇年 英法聯軍侵入北京，火燒圓明園；洋務運動開展。

一八六一年 俄國農奴制改革；林肯總統宣佈國內存在叛亂，美國南北戰爭開始；慈禧開始當權。

一八六四年 第一國際成立。

一八六五年 美國南北戰爭結束；林肯被刺。

一八六七年 馬克思《資本論》第一卷出版。

一八六八年 日本明治維新開始。

一八七〇年 普法戰爭爆發。

一八七一年 德意志帝國成立。

十九世紀七〇年代 第二次工業革命開始。

一八七九年 日本吞併琉球，改名沖繩縣；美國人愛迪生發明電燈泡。

一八八九年 第二國際建立。

一八九四年 中日甲午戰爭開始；孫中山創立興中會。

一八九六年 第一屆現代奧林匹克運動會在雅典舉行。

一九〇〇年 八國聯軍侵入北京；德國物理學家普朗克首先提出量子論。

一九〇一年 諾貝爾物理、化學、生理學、醫學、文學、和平五種獎項設立；一九六八年增設經濟學獎。

一九〇三年 萊特兄弟首次成功地駕駛由發動機推進的飛機。
一九〇四年 日俄戰爭發生。
一九〇五年 中國同盟會創立。
一九一一年 辛亥革命爆發；第二次摩洛哥危機。
一九一二年 中華民國成立；第一次巴爾幹戰爭；鐵達尼號撞冰山沉沒。
一九一三年 袁世凱當選為大總統；第二次巴爾幹戰爭。
二十世紀初 非洲被瓜分，世界殖民體系最終形成；資本主義世界體系最終形成；愛因斯坦提出相對論。
一九一四年 第一次世界大戰開始；英國人斯溫頓發明坦克；孫中山組織中華革命黨。
一九一六年 袁世凱稱帝失敗；德國和英國開始實行夏時制。
一九一七年 北京政府對德宣戰；俄國十月革命；彩色電影首度出現。
一九一八年 德國投降，第一次世界大戰結束。
一九一九年 中國五四運動；中華革命黨改稱中國國民黨國際聯盟。
一九二〇年 美國婦女開始享有表決權；國際聯盟正式成立。
一九二一年 中國共產黨成立；華盛頓九國會議召開。
一九二三年 英國建成世界上第一艘「競技神號」航空母艦。

一九二六年　美國華納電影公司首次公映有聲電影成功。

一九二八年　第一台電視機誕生；弗萊明發明抗生素盤尼西林。

一九二九年　紐約股票行情猛跌，美國最嚴重的經濟蕭條從此開始。

一九三一年　日本在東北建立偽滿洲國。

一九三三年　德國希特勒專政開始；日本及德國先後退出國聯；羅斯福實行「新政」。

一九三七年　南京大屠殺；義大利退出國聯。

一九三九年　德軍攻擊波蘭，第二次世界大戰開始。

一九四〇年　德、義、日三國同盟成立。

一九四一年　日軍偷襲珍珠港，太平洋戰爭爆發；羅斯福與邱吉爾簽訂大西洋憲章，這是戰後大西洋共同體乃至北大西洋公約組織的創始檔。

一九四三年　共產國際解散；義大利墨索里尼政府垮台；中、美、英三國開羅會議召開。

一九四五年　美、英、蘇首領羅斯福、邱吉爾、史達林在蘇聯克裡米亞的雅爾達舉行會議，對戰後世界格局做出安排；人類第一次在戰爭中使用核彈；第二次世界大戰結束；聯合國成立。

Chapter

4

後工業社會

前工業社會和工業社會中生產的意圖是與自然界進行競爭，利用能源把自然環境改變成為技術環境；後工業社會生產的意圖則是人與人之間的競爭。在後工業社會裡，社會可持續發展觀理論是社會發展意識的一種呈現，是對現代工業社會及其所引發的一系列文明危機的現實批判，是吸收了各種現代社會發展理論中的積極因素形成的。

從前，世界上發生的各種事情彼此間沒有任何聯繫，每一種活動僅僅引起當地人的注意。但那時以後，一切重大事件開始聯結成為一個整體。

——波利比烏斯

我們這個時代是個有著種種問題、有著種種極大問題的時代，一切都正在科學技術的魔術般的影響下大為變樣。如果我們要睜大眼睛生活，我們每天都會有一個問題需要研究、需要解決。

——庇護六世教皇

導讀

比起第一次世界大戰來，第二次世界大戰在更大的程度上改變了國際關係的格局，最重要的變化就是以歐洲為中心的傳統國際關係格局被美蘇兩極格局取代。美蘇兩國這對戰時的盟友很快變成了一種對抗的關係。

然而，這種戰後初期形成的以資本主義和社會主義兩大陣營對峙為基本特徵的兩極世界格局進入二十世紀五〇年代中期以後逐漸發生了向多極化的演變，導致這種變化的直接動因來自兩大陣營內部的結構性調整和分化，兩大陣營中都崛起了新的力量中心。其中，以美國為首的資本主義陣營由美國一家獨大逐步朝著美、歐、日三足鼎立的態勢發展，以蘇聯為中心的社會主義陣營則逐步走向分裂和解體。與此同時，原來介於兩大陣營之間的「第三世界」在國際政治舞台上也日趨活躍，發揮了制衡兩極的作用。

由於戰後的科學技術革命、國家壟斷資本主義的發展以及實施福利制度和新殖民主義政策，使生產力與生產關係之間的矛盾暫時得到緩和，社會經濟得到迅速的恢復和發展。如果說第二次世界大戰前曾有過一個「相對穩定」的短暫時期，戰後則出現了一個長達二十年之久的「黃金時代」。二十世紀五〇至七〇年代是主要資本主義國家的經濟高速增長期，在這一時期，西歐和日本的經濟增長速度都超過了美國，美國在資本主義世界經濟中所占的比重則相應地下降。美國相對經濟實力的下降最突出地表現在美元霸權地位的動搖上，一九四四年建立的布列敦森林體系曾使美國控制了國際金融的命脈，並使美元成為黃金的代表，國際流通領域一度是美元的天下，然而，連續發生的美元危機迫使美國政府於一九七一年八月宣佈放棄美元與黃金的直接掛鈎，停止各國政府和中央銀行用美元向美國兌換黃金，這一措施實際上表明了美元的霸權地位大為削弱。此消彼長，於是美國、歐州共同體、日本關係的變化使資本主義陣營的結構逐步朝著三足鼎立的格局演變，這種變化促進了世界格局向多極化趨勢的發展。

在社會主義陣營方面，從二十世紀五〇年代中期開始，以蘇聯為首的社會主義陣營和國際共產主義運動發生了越演越烈的意識形態論戰和國家利益之爭，並一步步走向分裂和解體。在這個過程中，中蘇兩黨的分歧和中蘇兩國關係的破裂起了舉足輕重的作用。

從一九五八年起，蘇聯為了謀求與美國合作主宰世界的超級大國地位，加強了對社會主義陣營各國的干預和控制，其中對中國的壓制激起了強烈反彈，原本存在的意識形態分歧與國家利益的衝突交織在一起，使中蘇兩黨和兩國關係不斷趨於惡化。一九六九年三月，在烏蘇里江的珍寶島（屬黑龍江省虎林縣）地區發生了兩國軍隊間的嚴重武裝衝突。這一事件使中蘇兩國關係降到了冰點。

由於中蘇關係的破裂，社會主義陣營的分裂亦成定局，中國脫離了蘇聯控制的陣營體系，走上了獨立自主的發展道路，在國際政治舞台上成為一支新興的力量，在世界格局的演變中發揮出重要作用。

在以美蘇為兩大格局的世界大環境下，還有一個「中間地帶」，這個中間地帶就是處於世界經濟體系的「邊緣」、現代化進程中相對落後的亞非拉地區的「發展中國家」，是一些在歷史上曾淪為殖民地或半殖民地、多數在第二次世界大戰後才獲得獨立的新興國家。這一系列新興國家的建立，標誌著帝國主義的殖民體系最終瓦解。這些發展中國家奉行發展民族經濟、維護民族權益和不結盟的政策，在國際舞台上發揮著越來越大的作用。發展中國家的政治、經濟建設同社會主義國家的建設一樣同樣是前所未有的。雖然步履維艱，經常遇到政變、內戰、饑荒、外債等困難，但團結合作、爭取建立新的國際政治、經濟秩序仍然是他們發展的主流。

一九五四年底，印尼、緬甸、錫蘭（斯里蘭卡）、印度和巴基斯坦五國總理在印尼的茂物舉行會談後發表公報，決定發起召開亞非會議，並向二十五個亞非國家發出邀請。會議預定的宗旨是：促進亞非各國的友好合作和睦鄰關係；討論與會各國的社會、經濟和文化發展問題；討論有關民族主權和反對殖民主義、種族主義的問題；討論世界和平及亞非國家在世界上的地位和作用問題。一九五五年四月十八日，亞非會議在印尼的萬隆開幕，四月二十四日，會議按照預定目標一致透過了最後公報，即「萬隆宣言」，宣言中提出以十項原則作為國與國之間和平相處、友好合作的基礎。亞非會議後，民族獨立運動的發展和美蘇兩極爭奪「中間地帶」活動的加劇在第三世界國家中激發了日益強烈的非集團化傾向，一些原亞非會議的發起者和積極參與者遂醞釀發起「不結盟運動」。積極宣導不結盟運動的還有最早走出蘇聯陣營的南斯拉夫。

一九五六年七月，南斯拉夫總統狄托、印度總理尼赫魯、埃及總統納瑟在南斯拉夫的布里俄尼島會晤，並發表《布里俄尼聲明》，呼籲第三世界國家反對集團政策，走不結盟的道路，維護獨立主權和世界和平。這一主張得到了印尼總統蘇卡諾和迦納總理恩克魯瑪的回應和支持。一九六一年九月，第一屆不結盟國家和政府首領會議在南斯拉夫首都貝爾格勒召開，二十五個國家參加會議。會議的成功召開標誌著不結盟運動的正式形成。不結盟運動致力於促進第三世界國家的經濟合作（南南合作），要求改變不合理的國際政治、經濟秩序，運動的成員國大多也是聯合國貿易和發展會議上代表發展中國家利益的「七十七國集團」的成員，他們在歷次貿易和發展會議上提出的《宣言》和《行動綱領》為推動與發達國家的對話（南北對話）、改革國際經濟體制等方面做出了重要貢獻。

第三世界的崛起是後工業時代的頭等大事，是打破兩大陣營對峙局面的重要因素之一。從亞非會議到不結盟運動，第三世界國家在國際事務中發揮著越來越重要的作用，它徹底改變了幾個世紀以來帝國主義大國任意宰割亞非國家的局面。這些第三世界國家在取得了政治獨立的同時，還積極進行民主改革，努力發展經濟，為實現國家和民族的富強而奮鬥，並取得了巨大的成就。其中，亞洲一些國家和地區如新加坡、韓國、香港、台灣以及中東石油國家等取得的成就引人矚目。

二十世紀九〇年代以來，世界局勢呈現出多極化的發展趨勢。這種將在二十一世紀形成的世界格局，既不同於維也納體系下由歐洲國家決定世界事務的格局，不同於「凡爾賽—華盛頓體系」下幾個帝國主義大國主宰世界命運的格局，也不同於美蘇長期對峙的兩極格局，而是包括美國、日本、歐洲共同體、中國、俄羅斯以及第三世界國家在內的多極格局。

在世界飛速發展、多極格局出現之時，二〇〇一年九月十一日，一起襲擊紐約世貿大樓的恐怖事件讓人類面臨了新的問題。貧窮、不平等的政治經濟秩序給人類帶來了怎樣巨大的災難？阿拉伯人與以色列猶太人的矛盾、爭端該如何解決？一九四八年在以色列建國的過程中，那些偏袒以色列猶太人的國家是不是該想想當初所做的決定是否符合公平、公正的原則？是否能做到問心無愧？因以阿衝突而引發的五次中東戰爭讓中東人民遭受了巨大的災難，他們貧窮、落後的狀況該如何解決？「泛阿拉伯主義」是否還留在阿拉伯人們的心中？九一一恐怖襲擊所引發的這些問題該如何解決都考驗著人類的智慧。

從二十世紀四〇、五〇年代開始，科學技術便開始一日千里、突飛猛進。從一九四五年起，原子能利用的成功、電子電腦的問世和隨後空間技術的發展標誌著人類社會揭開了第三次科技革命的帳幕。這次技術革命的成果在五〇年代逐步應用於生產，六〇年代發展到高潮，七〇年代後期又開始了以微電子技術、生物技術、新材料、新能源的應用為主要內容的新技術革命。所以，第二次世界大戰結束後的六十年，從世界範圍來看，一直都處於技術大革命之中。這次科技革命極大地推動了社會生產力和世界經濟的發展，深刻地改變了世界面貌和人類生活。

一九四五年七月十六日，美國試爆第一顆原子彈的成功標誌著利用原子能時代的開始。四年之後，蘇聯也宣佈試製原子彈成功；一九五二年十月三十一日，美國又製成了氫彈，在接下來的十多年裡，英國、法國和中國相繼宣佈試製熱核武器成功。與此同時，和平利用原子能也開始興起，一九五四年，蘇聯建成第一個核電廠，一九五七年蘇聯第一艘核動力破冰船下水。

在原子能得到利用的同時，空間技術也不斷發展。一九五七年十月、十一月，蘇聯相繼發射了兩顆人造地球衛星，開創了空間技術發展的新紀元。一九五八年一月三十一日，美國發射了「探險者一號」人造地球衛星。一九五九年蘇聯的「月球二號」衛星成功地降落月球表面，成為地球上最先把物體送上月球的國家。一九六一年四月十二日，蘇聯太空人加加林乘坐「東方一號」衛星繞地球飛行。一九六九年七月二十一至二十五日，艾德林和阿姆斯壯等三名太空人成功地踏上月球表面並安全返回地球。「這是個人的一小步，卻是人類的一大步。」七〇年代以來開始的空間技術由近地空間為主轉向太陽系行星和宇宙空間的探測研究。一九七三年五月十四日，美國的「天空實驗室」進入太空，一九七一至一九七七年間，蘇聯先後發射「禮炮號」、「聯盟號」、「進步號」和「宇船號」太空站。一九八一年四月十二日，美國第一個可供連續使用的哥倫比亞太空梭試飛成功，它身兼火箭、飛船和飛機三種特長，是太空事業的一項重要突破。一九八八年十一月十五日，蘇聯第一架太空梭「暴風雪號」也順利升空。在二十世紀八〇年代，美蘇的「空間實驗室」接待了多批太空人，並一再刷新在太空停留時間的新記錄。在世界各國發射的衛星中，美蘇兩國占百分之九十五以上，美蘇發射的衛星有百分之七十用於軍事目的，此外，還有通訊衛星、氣象衛星、地球資源衛星、導航衛星、測地衛星和科學實驗衛星等。

在第二次世界大戰後問世的美國電子數值積分電腦（ENIAC）和通用電子電腦（EDVAC），標誌著第一代真空管電腦的誕生。一九五八年出現了電晶體電腦，運算速度每秒在一百萬次以上；一九六四年，運算速度每秒在三百萬次以上。爾時世紀六〇年代中期以後出現了每秒運算高達千萬次的積體電路，即第三代電腦。七〇年代以來又發展為大型積體電路的第四代電腦。大約每隔五至八年電腦運算速度提高十倍，體積縮小十倍，成本降低十倍。在超大型電腦發展的同時，微型電腦和微處理機、家庭和個人用電腦迅速發展，一九八〇年，全世界擁有一千萬台微型電腦。八〇年代以來，美日兩國更競相研製出第五代人工智慧電腦。目前，電子電腦在生產自動化、管理現代化、科技手段現代化、國防技術現代化、家庭和社會生活現代化、情報和資訊手段現代化等方面都產生了深遠影響。

除了原子能、空間技術和電腦這三大標誌外，後工業社會還有人工合成材料的發展、分子生物學的發展和遺傳工程的誕生及資訊理論、系統論和控制論的發展。第二次世界大戰結束後，六大綸即錦綸（聚醯胺纖維）、滌綸（聚酯纖維）、腈綸（聚丙烯腈纖維）、丙綸（聚丙烯纖維）、維綸（聚乙烯纖維）、氯綸（聚氯乙烯纖維）占合成纖維的百分之九十九，目前的產量是一九五〇年七萬噸的近二百倍。

一九五二年，德裔美國人德爾布呂克領導的加州理工學院小組實驗證實DNA是遺傳信息的真正載體。一九五三年五月英國《自然雜誌》發表的《核酸的分子結構》，標誌著分子生物學的真正形成。生物工程的新突破還突出表現為細胞工程、基因工程（遺傳工程）、蛋白質工程和發酵工程（微生物工程）的發展。七〇年代以來在美國加州出現了「生物穀」；八〇年代在英、法、日等國出現了遺傳工程公司。生物工程廣泛應用於醫療診斷、製藥工業、食品加工、化學工業、能源、農業、採礦、冶金、石油、環保等領域，並正醞釀著新的技術突破。

分子生物學的發展還推動了遺傳工程的興起，一九九六年，第一隻複製羊「桃莉」的出現更是讓人類興起了遺傳工程的研究，現在，「複製人」的出現離我們還會遠嗎？如果「複製人」出現，我們該如何面對家庭倫理道德？

在二十世紀七〇年代後，資訊技術已成為新技術革命的核心，它突出反映在電子技術、微電子電腦和微電器的結合以及廣泛推行工業自動化、辦公室自動化和家庭自動化。資訊技術的發展包括遙測等接收技術、光纖等通訊傳遞技術；電子電腦則巨型、微型、網型、智慧型同步迅速發展。網路的出現，讓地球變成了一個小小的村莊，地球一端剛剛發生的資訊在短短的幾分鐘之內就可以讓另一端的人知道。

與此同時，海洋工程也迅速崛起。七〇年代以來出現了以海底石油、天然氣開採為主的海洋開發的新階段。一九八〇年世界海洋開發年產值為一千一百億美元，海上產油占世界石油產量的百分之二十二。海洋生物開發還包括捕撈技術現代化、海洋農牧化及海洋植物的綜合利用。近年來，利用波浪、海流、潮汐、水溫及鹽分的海洋能源開發工程正在興起。

科學技術作為直接和間接的生產力，推動著社會的進步，是歷史發展的有力槓桿。特別是電腦的問世，大大推動了生產的自動化，並為人類智力的解放開闢了新的道路。人造衛星的上天和載人航太飛船的試驗成功，不僅將人類的活動範圍擴大到宇宙，也提高了人類對地球的考察能力。核能的利用是人類在使用能源方面的質的飛躍……新能源、新技術帶來了生產結構的變化和勞動生產率的空前提高。生產力的發展使人類在短時期內能創造出任何時代都無法比擬的物質財富，第二次世界大戰結束後的二十多年中，僅資本主義國家所生產的產品就超過了以往兩百多年生產的產品的總和，人們的物質生活也得到了極大的改善。

儘管科技在不斷發展，但人類也在不斷遭遇新問題。一九八一年，一種新的疾病——後天免疫缺乏症候群（AIDS）出現了，隨後在全世界有人的地方都有它的蹤影，然而直到如今，人類對它還是束手無策，這個新的難題就這樣不聲不響地擺在人類的面前。

第二次世界大戰後世界雖然獲得了巨大的發展，但世界的發展目前還面臨著許多全球性新問題的挑戰。最大的挑戰就是人類人口與資源的挑戰，十九世紀初世界人口為十億，大約經過一百多年才又增長了十億；第二次世界大戰結束初期為二十五億，一九六〇年為三十億，一九七四年突破四十億，一九八七年達到五十億，二〇一八年達到七十六億，世界人口的增長速度令人擔心，照此下去，地球的資源將很快耗盡。而且，現代工業和科學技術的發展、生態平衡與環境問題、能源問題等也都成了當代世界面臨的突出問題。在解決這些問題面前，人類的聰明才智將得到更好的印證。

一個全新的資訊時代

從蒙昧時代到文明社會的艱難行進過程中，人類發明了輪子、槓桿、電話和電視等，這些人類智慧的結晶延長了人類感官的功能——輪子是人腳的延長、槓桿是人手的延長、電話是人嘴的延長、電視是人眼的延長，這些延長促進了人類社會的不斷發展。而電腦的發明更是史無前例，因為它延長了人類最神秘也最寶貴的部分——腦。

第二次世界大戰爆發後，美國陸軍軍械部為研製和開發新型大炮，設立了「彈道研究實驗室」，賓州大學莫爾學院電工系及阿貝丁彈道研究實驗室共同負責為陸軍提供彈道資料，極為繁重的計算任務令那裡的研究人員大傷腦筋，兩百多名計算快手都忙不過來。他們迫切需要一種新型的電腦來提高計算彈道參數的速度，以滿足軍事上的需要。

一九四二年八月，莫爾學院的莫克利制定了一份題為《高速電子管電腦裝置的使用》的備忘錄，這份備忘錄引起研究生埃克特的濃厚興趣，他們一起對電腦裝置

▲世界第一台電子計算機。

進行討論與設想，很快地，他們的設想就引起了陸軍軍械部的注意，並得到軍械部的熱情支援，於是製造第一台電子電腦的工作啟動了。

一九四六年二月十五日，世界上第一台通用電子數位電腦「ENIAC」宣告研製成功。這台機器看上去完全是一個龐然大物，總體積約九〇立方公尺，占地面積為一七〇平方公尺，重量達三十噸，需要一間三十多公尺長的大房間才能存放。其耗電量也相當驚人，其功率為一七四千瓦，據說這個龐然大物在使用時全鎮的電燈都會變暗。ENIAC共使用了一萬八千個真空管，另加一千五百個繼電器以及其他器件，在工作時這些管子看上去活像二萬個點著的燈泡。令人哭笑不得的是，它的真空管平均每隔十五分鐘就被燒壞一根，科學家們不得不穿梭其間進行更換。但是，ENIAC有一手絕活——在一秒鐘內能進行五千次加法運算或五百次乘法運算，這比當時最快的繼電器電腦要快一千多倍、是手工計算的二十萬倍。用它計算炮彈落點位置所需要的時間，比炮彈自身的飛行時間還短，因此它一度被譽為「比炮彈還要快的電腦」。後來，ENIAC的一種改型機還曾在第一顆原子彈的研製當中發揮過巨大的作用。英國無線電工程師協會的蒙巴頓將軍把ENIAC的出現譽為「誕生了一個電子的大腦」，「電腦」的名稱由此流傳開來。ENIAC的成功研製標誌著電腦的創世，人類社會從此大步邁進了電腦時代的門檻。

一九四六年，和莫克利、埃克特等人合作的范紐曼教授提出了一種前所未有的電腦方案——EDVAC方案。該方案指出：程式儲存和程式控制都採用二進位；在機器內增加記憶體存放程式；採用多級記憶體結構；機器運算器以採用加法器線路為基礎來完成。EDVAC方案是電腦發展史上的重要里程碑，范紐曼被公認為是現代電腦之父。

如今，電腦的發展一日千里，它不但廣泛地應用於人們的社會生活中，而且直接引導著當今資訊社會的發展。毫無疑問地，電腦是人類歷史上最偉大的發明之一，它已成為現代社會不可或缺的一部分，並將在未來繼續扮演越來越重要的角色。在第一台電腦出現之後，改進後的通用性電腦給人們的生活和工作帶來了極大的便利，但這個時候人們還只能單獨使用電腦而無法將資料與其他電腦交換與共用。到了一九六九年九月，加州大學洛杉磯分校的兩位研究生克羅克與瑟夫與該分校教授克萊因羅克在一個工程實驗室裡，完成了用一條十五英尺長的灰色電纜線將兩台笨重的電腦連接起來試驗在網路上交換資料的新方法，這是最早的有關網際網路的試驗。不久，美國軍方將四台電腦連接起來以交換資料，網際網路的雛形誕生了。

那麼，究竟什麼是網際網路呢？簡單地說，網際網路就是一個由各種不同類型和規模的、獨立運行和管理的電腦網路組成的世界範圍的巨大電腦網路——全球性電腦網路，它的英文名稱是Internet。組成網際網路的電腦網路包括小規模的區域網路（LAN）、城市規模的都會區域網路（MAN）以及大規模的廣域網（WAN），等等。這些網路透過普通電話線、高速率專用線路、衛星、微波和光纜等線路把不同國家不同組織的網路連接起來。

當然，我們這樣只用電腦網路來描述網際網路是不恰當的，因為電腦網路僅僅是傳輸資訊的媒介，而網際網路的精華則是它能夠為我們提供有價值的資訊和令人滿意的服務。網際網路不僅能夠為人們提供巨大的資訊資源和服務資源，而且人們還能夠透過使用網際網路互通資訊、交流思想，更可以獲得各個方面的知識、經驗和資訊。「把網路看成是電腦之間的連接是不對的。相反，網路把使用電腦的人連接起來了。網際網路的最大成功不在於技術層面，而在於對人的影響。電子郵件對於電腦科學來說也許不是什麼重要的進展，然而對於人們的交流來說則是一種全新的方法。網際網路的持續發展對我們所有的人都是一個技術上的挑戰，可是我們永遠不能忘記我們來自哪裡，不能忘記我們給更大的電腦群體帶來的巨大變化，也不能忘記我們為將來的變化所擁有的潛力。」麻省理工學院電腦科學實驗室的高級研究員大衛・克拉克曾經這樣說。

儘管網際網路的出現是人類歷史上的一個里程碑，但由於傳統的Internet資訊查詢工具Gopher、WAIS展示給用戶的多是那種令人時常費解的功能表說明，而不是一篇篇文章，所以用它查詢資訊常常無法一目了然。一九八九年，歐洲粒子物理實驗室（CERN）的研究人員伯納・李發明了全球資訊網（world-wide-web，簡稱WWW），並於次年首先推出了WWW的具體實施方案，這就是全球資訊網的開始。「網路夢的背後，是為了創造一個共同的資訊空間，我們由此可以

▲伯納・李。Photograph by Paul Clarke, CC BY-SA 4.0

共用資訊、相互溝通。其通用性至關重要，超文字鏈結可以通向任何事物，無論是個人的、本地的還是全球的，無論是粗略的初稿還是經過精心編輯的。」伯納‧李後來這樣說。如今，伯納‧李發明的全球資訊網WWW已經引發了一場深刻的資訊革命。WWW是指在網際網路上以超文字為基礎形成的資訊網，它以超文字技術為基礎，用面向檔的閱覽方式替代以往的功能表列表方式，提供具有一定格式的文本、圖像（包括活動影像）和聲音等。它透過將位於網際網路上不同地點的相關資料資訊有機地編織在一起，為用戶提供一個可以輕鬆駕馭的圖形化介面，用戶只要操縱電腦的滑鼠，透過它就可以輕鬆查閱Internet上的資訊資源。

WWW是Internet的多媒體資訊查詢工具，目前我們所流覽的網站就是WWW的具體表現形式，但其本身並不就是網際網路，只是網際網路的組成部分之一，網際網路常用的服務包括：WWW、Email、FTP、Usenet等。大多數知名公司都在Internet上建立了自己的全球資訊網站，正是因為有了WWW工具，才使得近年來Internet迅速發展，用戶數量飛速增長。

一九九二年以後，隨著商業性網路和大量商業公司進入網際網路，使網際網路能在更廣闊的範圍內、為更多的用戶提供服務，推動網際網路以空前的速度和規模向前發展。在商業機構的推動下，網際網路現已成為全球最大的商業電腦網路。

網際網路是開放的、由眾多電腦網路互聯而成的網路。它提供了極為豐富的資訊資源和應用服務，為發展資訊網路技術和網路應用提供了極為豐富的經驗，對資訊市場的開拓和資訊社會的發展具有深遠的影響，並已成為未來全球資訊基礎結構的雛形。網際網路可以比以往任何一種方式都更快速、更經濟、更直接、更有效地把一個思想或資訊傳播開來。在越來越多的人加入到網際網路、越來越廣泛地使用網際網路的過程中，人類也會不斷地從社會、文化的角度對網際網路的意義、價值和本質提出新的理解。

電腦和網際網路是人類歷史發展中的偉大的里程碑，它對人類社會的文明悄悄地起著越來越大的作用，就像瓦特發明的蒸汽機導致了一場工業革命一樣，電腦與網際網路必將極大地促進人類社會的進步和發展。進入二十一世紀以來，世界上已經沒有人懷疑，電腦與網際網路的發明和發展開闢了資訊時代的新紀元。人們已經不能想像，在我們的時代，沒有電子郵件、沒有網路，我們的生活與工作將會處於一種如何落後的狀態。

亞洲近鄰的不同道路選擇

一九〇八年十月二十一日，被囚禁了十年的光緒皇帝駕崩。第二天，那位垂簾聽政的慈禧太后也魂歸西天。在世界各國革命形勢的影響下，中國於一九一一年十月十日爆發辛亥革命，星星之火霎時燃遍全國，各省紛紛宣告獨立。次年二月十二日，清廷宣佈大清皇帝退位，持續了二百六十八年的大清王朝統治覆滅，中國二千多年的封建帝制結束，隨後實行立憲共和國體，中國成了共和國。既然是共和，那大家都想按照自己的意願改造這個國家。

辛亥革命後，被十七省代表推舉為中華民國臨時大總統的孫中山組建的中國國民黨主張進行逐步改革，進而改善人民的生活。孫中山去世後，國民黨的統治權力被蔣介石取得。而此時於一九二一年由毛澤東等人成立的共產黨的迅速發展，引起了蔣介石等國民黨右派的警惕和不安，國民黨與共產黨之間的分歧隨著時間的流逝變得越來越大——共產黨在馬克思主義中看到了希望，他們遵循馬克思和列寧的學說，希望透過「以農村包圍城市」的方式來解放全國的人民。

道不同不相與謀。在孫中山去世後兩年，蔣介石宣佈國民黨與共產黨決裂，從此這兩個黨派依靠自己的軍隊進行了長久的戰爭。起初國民黨的中央軍實力雄厚，擁有豐富的人力、物力和財力資源，處於明顯的優勢；而共產黨的紅軍一直處於不利的處境之中，後來展開了兩萬五千里長征。據美國著名記者史諾的統計：紅軍一共爬過十八條山脈，其中五條終年被冰雪覆蓋；渡過二十四條河流；經過十二個省；佔領過六十二座城市；突破十個地方軍閥組織的包圍，此外還要面對中央軍的圍追堵截。

一九三六年十月，紅軍三大主力會師甘肅會寧，這標誌著長征勝利結束。在這場漫長的征途中，不少人犧牲了，不少人又加入這支隊伍，隊伍由原來的八萬多人減少到一萬多人。在延安，毛澤東進一步加強了他在黨內、軍內的地位，開始他改造社會的事業。

一九三七年，日本發動侵華戰爭，在外侮面前，國民黨在國內各種愛國力量的巨大壓力下，和共產黨進行了和解，共同抗擊侵略者。在不容日本稱霸的美國人的支持下，一九四五年九月，日本人在無條件投降書上簽字，八年的抗戰終於有了結果。在這場戰爭中，共產黨的力量得到加強。在不久爆發的內戰中，國民黨兵敗，一九四八年秋天，共產黨已佔據了這個國家的大部分地區，次年四月，他們對國民黨展開扇形攻勢，「西起九江，東至江陰，千里江岸，戰帆如雲」，共產黨的百萬師一舉突破國民黨長期苦心經營的長江防線，浩浩蕩蕩渡過了長江，當時的美國駐南京大使向華盛頓報告說：「共產黨之所以能極為輕易地渡過長江，是因為國民黨丟失了一些極重要的據點、最高指揮部意見不一、空軍沒能給予有效的支持。」一九四九年十月一日，中國共產黨的領袖毛澤東在天安門城樓上向世界宣告「中華人民共和國」成立，從此中國開始進入社會主義事業的新階段。

▲印度獲得獨立，舉國上下歡騰。

在當時世界東方的另外一個國家——印度，也經歷著動盪不安，忍受著帝國統治的熬煎，它的人民在經歷了西方數百年殖民統治之後，出現了要求當家作主的呼聲。領導印度人民進行抗爭的英雄是甘地。甘地曾說：「我想建立一個連窮人也承認的國家」、「在這個國家裡，人們無高低貴賤之分，所有人都可以自己自由接觸。」

當時的印度處於英國的殖民統治之下，甘地採用一種「非暴力、不合作」的方式，「非暴力」是一種建立在道德基礎上的宗教運動，實質是以吃苦隱忍的精神、以道義的力量邀請對方共同遵守人類的文明準則。「非暴力」主義是在甘地選擇了素食主義之後悟到的主義，他認識到即使是在身體的力量被擊敗之後仍然有另一種可以結束英國統治的力量——非暴力主義。在他確定要尋求這一道德力量之後，他開始研究基督教、印度教以及這個世界上的其他宗教，他不久就在研究中發現，「棄絕是最高的宗教形式」，追求棄絕成了他的最高目標，而且他樂於追求這一目標並視之為非暴力主義的基礎。當初他的這一做法很不被人們理解，如著名的猶太領袖馬丁・布伯就覺得甘地的這種抗爭方式很滑稽，他曾經這樣痛切地指出：

對於那些不明事理的人，可以採取行之有效的非暴力態度，因為使用這種方式有可能使他們逐漸變得明智起來。可是要對付一個萬惡的魔鬼就不能這樣了。在某種情況下，精神力量是無法轉化成真理力量的。「殉道」一詞意味著見證，可是如果沒有見證人在場又該如何呢？

然而，甘地卻以他獨有的才智和超凡的忍耐，成功地使印度走向獨立。在與英國統治者進行抗爭的過程中，甘地一生有十六次絕食，其中有二次為期三週，只喝了一點蘇打水。他多次在絕食中瀕於死亡的邊緣，最後一次絕食是在他七十九歲的時候，也就是在他死前半個月，絕食一百二十一小時三十分鐘。甘地如此談到自己吃苦的意義：「我們只受打，不還拳，我們用自己的痛苦使他們覺察到自己的不義，這樣我們免不了要吃苦，一切抗爭都是要吃苦的！自己受苦意味著對人的信任和希望，意味著對人性中某種善端的尊重。這也是一條自我懺悔、自我純潔之路。最後，如果你是正確的，你就會在經受重重痛苦之後取得勝利，如果你錯了，那麼受打擊的只是你自己。」

甘地從非暴力的抗爭方式，到宣揚真理力量的理念，到提倡公民不合作運動，號召大家抵制英國殖民者的經濟侵略，不要購買英國的紡織品。最終他所實行和組織的「非暴力和不合作」運動，使英國人不得不做出讓步。一九四七年二月二十日，英國宣佈決定在一九四八年六月前移交政權，接著提出印巴分治的《蒙巴頓方案》。該方案規定，巴基斯坦和印度兩個自治領分別於一九四七年八月十四日和十五日成立；英國在印度的殖民統治從此終結。甘地最初反對這種分割，他始終堅持印度是一個民族的理論，反對印巴分治，反對巴基斯坦單獨組成國家，這位奮鬥了幾十年的老人沒想到「自由印度」的誕生竟然要以國家的分裂為代價。他認為這種以「砍掉腦袋，擺脫頭痛」分裂印度的方式來解決存在多年的民族問題，遲早會留下衝突的禍根，這點被他不幸言中，但最終他無法阻止。

一九四八年一月三十日下午五時，當甘地去做禮拜時，一個狂熱的印度教極右分子擠過人群，來到甘地面前，在甘地擁抱他之時，他掏出一把左輪手槍，朝甘地連開四槍，三十分鐘後甘地去世，終年七十九歲。儘管甘地從未執政，但是他被認為是印度的創建者，人們尊稱他為「聖雄甘地」。

天時、地利、人和：日本的崛起

十九世紀中葉的日本，在逐步實現其不斷膨脹的「大陸野心」之時，也受到了西方列強的侵犯，於是，日本以「聯合」亞洲各國的名義繼續實施其「大陸政策」，試圖把亞洲各國變成自己的殖民地。最讓日本人垂涎的就是地大物博、資源豐富的中國。從一九一五年日本在大連金州大魏家屯建立第一個十九戶日本農民組成的移民村——「愛川村」開始，日本就把東北作為自己的國土來規劃了，還一度有過定都瀋陽的想法。

以後日本繼續執行它的侵略政策，這種舉動在第二次世界大戰中達到了巔峰。隨著世界反法西斯戰爭的結束，這一切都成為了過去。在第二次世界大戰中失敗後，日本被美國佔領，在佔領日本以後，美國國務院、陸軍部和海軍部共同制訂了佔領日本的基本政策，明確指出對日佔領的最終目的是保證「日本不再成為美國的威脅」，「考慮到日本社會的現狀和美國希望以最少的人力、物力來達到上述目的的願望，佔領軍將透過日本政府機構和制度行使自己的權力」。

當第二次世界大戰剛結束、美國佔領日本的初期，美對日採取的是「削弱政策」，其最突出的表現就是以拆遷設備作為戰爭賠償，例如：鋼鐵生產量限制在二百五十萬噸以內，其差額部分：一千一百萬噸的設備，要作為戰爭賠償予以拆遷。全國工作母機生產設備的二分之一，火力發電廠設備的二分之一以及其他優良設備，都要作為賠償加以拆遷。為了防止日本東山再起，美國對日本進行了以民主和法制為基礎、從上至下的「民主化」改革，這一改革涉及日本社會的各個方面。但美國在日本的改革引起了極大的騷動，於是，一九四八年十二月，美國「改變佔領政策」，接著日本很快順應時勢，制定了一個「重點生產」計畫。「重點生產」計畫實施以後，日本國內煤炭和鋼鐵生產迅速恢復，並為整個工業生產的發展提供了必要的能源基礎，帶動了整個工業生產的發展，日本的工業生產迅速恢復到戰前的百分之六十；「重點生產」計畫的實施還提高了電力部門和輸送部門的活力，進而影響到一般產業，取得了預期的效果，使日本經濟擺脫了生產萎縮的危機，走上良性循環的軌道。

第二次世界大戰結束後，美國人認為蘇聯仍在謀求世界共產主義革命，而蘇聯人認為美國妄圖將德國和歐洲拉進資本主義陣營，這對戰時的盟友展開了冷戰，世界範圍內的陣營之戰似乎一觸即發。中華人民共和國的成立以及隨後韓戰的爆發讓美國人對共產主義的壯大有了極大的防範心理，於是美國對日本由壓制轉向扶持，國際形勢的巨變讓日本這一戰敗國開始在美國強權的羽翼下成長壯大。

為了「對蘇進行政治經濟戰爭」，美國相當重視日本的經濟自立，不僅沒有索要日本的戰爭賠款，而且還阻礙和反對他國向日本索賠。一九五一年，美、英、法、日等四十九國簽訂了《舊金山對日和約》。《舊金山對日和約》不僅讓日本重新成為主權國家和美國的盟友，而且讓日本經濟發展有了一個良好的平台。合約規定日本在「維持可以生存的經濟」的範圍內支付戰爭賠償損失金，這表明日本的賠

▲《舊金山對日和約》簽字。

償實際上不具任何懲罰性；另外在賠償金交付方面，賠償主要採取「勞務賠償」；在賠償總額減到十七億美元（第二次世界大戰的軍費為一萬一千七百億美元，直接損失為四兆美元）的同時，還輔之以「準賠償」的經濟貸款，經濟貸款的規模達到賠償的百分之七十，除去「勞務賠償」，這些賠償主要是為他國提供水利、發電站、工廠、橋樑等的建材和機械等。

「賠償」政策是戰後日本最顯著、最有效的對東南亞政策，它開闢了對東南亞國家的擴大出口之路。日本政府收買本國的各種產品後，作為「賠償」交給東南亞國家，這既為日本商品打開了銷路，又為日本的重工業產品、化工產品的出口創造了條件。這樣，日本的所謂「賠償」實際上為日本完成了在東南亞國家重新進行經濟擴張的任務。可以說，對東南亞的特殊「賠償」成了戰後日本對東亞經濟關係再展開的最初步驟之一，《舊金山對日和約》可以說是日本在戰後對東南亞國家經濟的另一種掠奪。

美國著名的歷史學家亨特就曾一針見血地指出，美國在《舊金山對日和約》中之所以置日本的戰爭暴行於不顧，讓日本免於戰爭賠償，完全是基於冷戰的政治和戰略考慮，而將日本本應承擔賠償的道義和法律雙重責任丟在腦後。為了冷酷的冷戰需求，美國完全拋棄了在審視日本戰爭賠償問題時起碼應具有的道德義務。

一九五三年，美國與日本締結了《日美友好通商條約》，並先於他國給予日本最惠國待遇。同時，美國採取措施將東南亞變成向日本提供原料的基地，進而變成資本密集型產業的出口市場。

一九五〇年六月爆發的韓戰，對於韓國和鄰近的中國人民來說，這是一場巨大的災難，但對於日本來說，卻因其有利的地理、政治因素而大發戰爭財。離戰場最近的日本不僅成了美軍大量軍用物資的生產基地和供應基地，而且還成了為美軍提供各種服務的基地。美國軍隊需要的大批「特需」物質為日本彌補了國際收支差額，初步緩解了日本外匯不足的瓶頸，將日本經濟帶出了「道奇蕭條」（戰後初期日本政府仍延續其戰時的擴張型財政政策以刺激經濟恢復，美國政府提供的援助填補了日本政府巨額的預算赤字。後來美國不願繼續承受這個負擔，於一九四九年命令日本政府健全財政徹底消除預算赤字，這就是有名的「道奇路線」的重要組成部分。「道奇路線」的實施把日本經濟立即帶入了蕭條）。此後的北約與華約的兩極對峙，日本也成了美國國際戰略佈局的重要棋子。在一九六五年二月爆發的越南戰爭形成的「特需」同樣帶動了日本對美國和東南亞部分國家與地區的出口。

韓戰發生的第二年，由於日本工礦業生產及重工業生產的突飛猛進，使得國民經濟的積蓄突破了戰前的水準。結果，日本一舉提前完成了戰後的經濟復興。

一九六〇年七月，池田勇人任首相後，領導制訂了在日本各項經濟計畫中最有影響的《國民收入倍增計畫》，確定在十年內使國民生產總值和國民收入翻一倍的目標。事實上，《倍增計畫》實際只用了七年時間便順利完成，並取得巨大成就。在一九六〇至一九七〇年的十年裡，日本國民生產總值年均增長率為百分之十一．三（其中一九六五至一九七〇年更是高達百分之十七．二），為世界之最，並創戰後日本經濟持續繁榮的最高記錄。工業生產水準年均增長率為百分之十六，對外貿易總額從八五．四六億美元增長到三八二億美元左右。在一九六六至一九六八年間，日本的國民生產總值先後超過了法國、英國、聯邦德國，西方國家中僅次於美國而居第二位，成為「經濟大國」。另外，日本在這時期不僅幾乎普及了高中教育，而且迅速發展高等教育事業，使四年制大學從二百四十五所增加到三百八十二所，短期大學從二百八十所增加到四百七十九所，在校學生數則增加了二．一五倍。

此外，在第二次世界大戰結束後，廣大亞非拉國家紛紛實現了政治上的獨立。然而由於這些國家經濟基礎薄弱，沒有完善的國內國民經濟體系，為了振興其國內經濟，這些國家只得廉價向國際市場出售礦石、石油等資源，這為資源相當匱乏、曾長期制約其經濟發展的日本獲取廉價資源和廣闊的國際市場提供了充足的條件。一直不斷下降的礦石和石油價格，對日本來說，無疑非常有助於其經濟發展。

由此可見，第二次世界大戰結束後，日本經濟之所以能如此迅速地恢復和發展，除自身的努力外，有利的國際環境，尤其是美國的扶持政策，都是不容忽視的重要原因。可以說，日本的再度崛起是國內、國際因素共同作用的結果。

路在何方：阿拉伯人在歷史問題面前的抉擇

歷史上的猶太人似乎總是飄忽不定，客居他鄉，流離失所。出埃及記、巴比倫之囚，直到十九世紀俄國沙皇對猶太人的屠戮導致他們逃向巴勒斯坦……僅僅在十七至十九世紀，由於英法資產階級革命和美國《獨立宣言》所產生的影響，猶太人的地位和政治待遇才有了一些改善，這既促進了猶太人在居留地與所在國的人民的相互同化，也加強了猶太人復國的民族意識。猶太復國主義思想的奠基人赫茨爾在一八六二年出版的《猶太國：現代解決猶太人問題的一種嘗試》一書中動員流散在世界各國的猶太人向巴勒斯坦移居，在巴勒斯坦建立一個模範社會國度的理想道路。其後猶太醫生平斯克也著書立說提倡猶太人遷居巴勒斯坦，掀起了猶太人「希巴特錫安」（希伯來語「熱愛錫安」之意，錫安為耶路撒冷的別稱）的熱潮。

一八九七年，首次全球猶太人大會召開，赫茨爾當選為主席，「要想使我們的子孫不再受我們現在所遭受的歧視、迫害甚至屠殺，唯一的解決方法是建立一個猶太人自治的國家。」至於在哪裡建國，會議形成了不同的意見。最終，與會者經過激烈辯論，決定把建國的地點定在巴勒斯坦，把奮鬥的目標從「建立猶太國」改為「恢復猶太國」。

這種在巴勒斯坦復國的肥皂泡（當時在巴勒斯坦居住的大多數是阿拉伯人）隨著第一次世界大戰的到來而有了希望。第一次世界大戰爆發後，為了得到美國的更多支持，英國於一九一七年十一月二日發表了《貝爾福宣言》（猶太人在美國政治經濟方面具有舉足輕重的影響力，而且美國從一開始就強力支持猶太復國運動），聲稱支持猶太人在巴勒斯坦建立一個猶太人自治國家。一九二二年美國國會正式支持猶太人在巴勒斯坦建立猶太國。

第一次世界大戰結束後，英國向猶太人開放了移民巴勒斯坦的大門。由於巴勒斯坦地窮資源少，吸收移民的能力有限，因此大量移民的湧入給當地阿拉伯人的生活造成了很大的衝擊。在與猶太人競爭的過程中，阿拉伯人變得越來越窮，於是阿拉伯人對猶太人的不滿開始爆發。在阿拉伯人的抗議和暴亂面前，英國當局於一九三九年宣佈限制猶太人進入巴勒斯坦的移民人數，並把猶太人在巴勒斯坦的人口控制為不超過當地總人口的三分之一。

這下猶太人不滿了，一些激進的猶太人開始對英國人進行了類似於恐怖行動的「武力反抗」。一九四六年八月，猶太人在巴勒斯坦炸毀了設有英軍司令部的達比都國王飯店大廈，這讓英國人徹底喪失了統治巴勒斯坦的信心。一九四七年二月，英國宣佈放棄對巴勒斯坦的統治，才成立不久的聯合國接收了這個燙手山芋，四月，聯合國巴勒斯坦問題特別委員會向聯合國大會提交了巴勒斯坦分割案和巴勒斯坦聯邦案兩個方案，在美蘇兩個大國的操縱下，聯大透過巴勒斯坦分割案。不知美蘇兩國在做出當初的決定時是否考慮到巴勒斯坦的民族問題，因為「民族主義往往以本民族的利益為最高原則，直接衝擊國際關係的許多基本準則，如國家主權原則、非戰原則、領土和邊界不可侵犯原則等等，造成許多無休止的爭端，給國際社會帶來嚴重的動盪和不安」。

▲及軍隊跨過蘇伊士運河抗擊以色列軍。

一九四八年五月十四日，英國統治當局正式退出巴勒斯坦，當天，巴勒斯坦的猶太人宣佈成立「以色列國」，美國政府在第一時間宣佈承認以色列國。「阿拉伯國」卻由於阿拉伯國家反對分治決議而沒有成立。歡天喜地的猶太人以為他們建立以色列國後，曾經的夢魘就會過去，苦難就會消失，幸福太平的日子就會在不遠處等著他們，可是他們沒考慮到巴勒斯坦的阿拉伯人內心是怎樣的一種感受。首先，巴勒斯坦的阿拉伯人壓根兒就沒想到猶太人會在巴勒斯坦建國，而且原來的阿拉伯人擁有巴勒斯坦總面積百分之九十四的土地，可巴勒斯坦分割案卻規定把巴勒斯坦總面積（二·七萬平方公里）的百分之五十七劃給占三分之一人口的猶太人，占三分之二人口的阿拉伯人只得到百分之四十三的土地，其他的種種不平等方案同樣讓巴勒斯坦人心中極為不滿。於是，巴勒斯坦分割案不僅沒有給巴勒斯坦帶來和平，反而給巴勒斯坦帶來了暴力和戰爭。在以色列立國的第二天，阿拉伯聯盟的埃及、約旦、伊拉克、敘利亞和黎巴嫩的軍隊就一齊向以色列發起進攻，第一次中東戰爭爆發。

猶太人沒想到戰爭會來得這麼快，面對阿拉伯五國聯軍的四萬多人，以色列只有三萬人的武裝，更糟糕的是，當時的以色列軍似乎就是一支沒有統一指揮的游擊隊。「這將是一場大屠殺和殲滅戰！」阿拉伯聯盟信心十足。開戰後的第三天，美英蘇三國就透過各種不同的途徑向阿拉伯國家施壓要求立即停火。此時已經佔領了巴勒斯坦三分之二領土的阿拉伯聯軍以為此時停火談判能夠達成對阿拉伯國家有利的和平協定，於是在六月十一日實現了停火。造化弄人，上次是猶太人沒有想到戰爭會來得這麼快，這次卻是阿拉伯聯軍打錯了算盤，停火給以色列人贏得了寶貴的喘息之機，全世界各地的猶太人都盡自己最大的努力支持以色列。七月九日，在談判沒有取得任何成果的情況下，戰端重開。這一次，以色列人佔盡優勢，第一次中東戰爭以以色列的勝利宣告結束。在第一次中東戰爭中，以色列不僅奪回了聯合國「分治」決議劃歸它的領土，而且佔領了大部分聯合國劃歸巴勒斯坦人的領土，以色列佔領了巴勒斯坦總面積的百分之八十。

第一次中東戰爭結束後，阿拉伯國家內出現了分裂局面，主要表現為一九五〇年四月約旦國王阿卜杜拉宣佈把在第一次中東戰爭中佔領的巴勒斯坦約旦河西岸領土（聯合國劃歸巴勒斯坦人的領土）併入本國版圖。這下，其他的阿拉伯國家不願意了，他們認為約旦參加第一次中東戰爭的目的就是為了侵佔巴勒斯坦人的領土。一年後，阿卜杜拉國王在耶路撒冷被巴勒斯坦激進分子暗殺。而此時的埃及由於與英法兩國因蘇伊士運河而起爭端，在英法的慫恿下，以色列軍隊首先向埃及發起進攻；英法空軍則趁美蘇冷戰無暇他顧之時對埃及發起空襲。儘管埃及人的抵抗軟弱無力，「很像一次極好的演習」，但進攻已為時過晚——不僅蘇聯反對它們出兵，美國也強烈要求英法兩國立即撤軍。在美國的要脅與蘇聯的壓力下，十二月，英法軍隊全部撤出埃及，以軍也不得不撤回到一九四八年停火線以前的位置。第二次中東戰爭以埃及的勝利宣告結束。

在第二次中東戰爭中沒有撈到便宜的以色列在戰爭結束後加緊備戰，同時為了阻止必將威脅到自己的阿拉伯聯邦的誕生，一九六七年六月五日，備戰充分的以色列對埃及、敘利亞和約旦發起突然空襲，阿拉伯國家的大部分飛機還沒來得及起飛就被炸毀，接著以色列出動地面部隊，在短短六天內就佔領了埃及的西奈半島、約旦的約旦河西岸和敘利亞的戈蘭高地。十一日，受到沉重打擊的阿拉伯國家在聯合國的安排下與以色列實行停火，第三次中東戰爭結束。在這次戰爭中，軍事上的失利讓埃及國王納瑟的大阿拉伯聯邦的夢想破滅。一九七〇年九月二八日，寄託著阿拉伯人大一統夢想的納瑟因心臟病突發去世，阿拉伯的統一和復興變得越來越縹緲與虛無，阿拉伯人的夢碎了。

在第三次中東戰爭中顏面失盡的埃及、敘利亞為了找回自信，在一九七三年十月六日，即猶太人進行贖罪懺悔的「贖罪日」裡，「可能被迫很快採取行動」的埃及和敘利亞同時向以色列發起突襲，一時間以色列人被打得措手不及，但不久以方逐步挽回了劣勢，重新取得了戰爭主動權。二十二日，聯合國安理會透過決議，要求戰爭雙方停火。一九七四年一月八日和五月二十九日，埃及和敘利亞分別與以色列簽訂脫離軍事接觸協定，以埃、以敘雙方的軍事控制線間設置聯合國維持和平部隊駐紮的緩衝區，第四次中東戰爭至此結束。

在第一次中東戰爭中，阿拉伯國家雖然取得了一些戰鬥成果，但仍未能取得戰爭的主動權，此後阿拉伯人感到用武力「把以色列從地圖上抹掉」已幾乎不太可能，阿方領導人開始轉向現實主義，謀求與以色列和平共存的道路；以色列也感到以往單純用軍事手段消除阿拉伯威脅的做法，不會給以色列帶來持久的和平。以色列領導人也產生了用放棄一部分佔領土地的妥協，來換取與阿拉伯和平共處的想法。於是，在這種思想的指導下，在當時的政治形勢下（埃及人從本國利益出發，認為與以色列和平共處是有益無害的），埃及人率先和以色列簽訂了和平條約。面對這種情況，阿拉伯國家的約旦、敘利亞人憤怒異常。然而，在現實主義思想的指導下，不久，其他阿拉伯國家也紛紛和以色列簽訂了和平條約。對巴勒斯坦人來說，他們既無法阻止自己的兄弟和以色列簽訂各種條約，又沒有能力讓以色列撤回到巴勒斯坦分割案中所劃定的分界線後。

一九八二年六月六日，以色列以駐英國大使遭「巴勒斯坦解放組織」（簡稱巴解組織）刺殺為由出動陸海空軍十萬餘人，對黎巴嫩境內的巴解游擊隊和敘利亞駐軍發動了大規模的進攻，幾天的時間就佔領了黎巴嫩南部（那裡曾是巴解游擊隊的據地）。這是第四次中東戰爭結束後，以阿之間爆發的最大一次戰爭，也被稱為「第五次中東戰爭」。

對於巴勒斯坦人特別是對巴解組織領導人阿拉法特來說，二十世紀八〇年代是一個酷寒的年代。阿拉伯兄弟們正在淡忘「阿拉伯大義」，巴勒斯坦問題已不再是整個阿拉伯世界的問題，而變成了單純巴勒斯坦人自己的問題。於是在一九八七年，巴解組織號召巴勒斯坦人起義，進行公開的反抗。然而，由於巴解組織的實力太弱，而且還得不到阿拉伯國家的實際支援，在此情況下，巴解組織不得不謀求美國等西方國家的支持。一九八八年，巴解組織主席阿拉法特做出了無奈的決定，宣佈接受聯合國一九四七年分割以巴的「181號決議」，成立巴勒斯坦國，承認以色列的存在。但巴解組織的激進派以在蘇格蘭上空製造泛美客機爆炸案回應了阿拉法特。

阿拉法特曾在一九九九年宣佈：「二十一世紀誕生的第一個新國家將是巴勒斯坦國；二〇〇〇年將是巴勒斯坦的建國年。」然而，阿拉法特的許諾落空了。進入二十一世紀，阿拉伯人對前途更加悲觀。阿拉伯人明白：阿拉伯要想站起來，要想在世界上得到尊重，就必須團結起來。然而現實卻是如此的不堪入目：阿拉伯世界一盤散沙、社會道德下降、政府無、國家間內鬥無窮……

在中東這塊石油資源豐富、水源奇缺的是非之地，發生在這裡的任何戰爭不僅考驗著阿拉伯各個國家，而且也考驗著世界各國。單方面支持以色列，就會被看作是對所有阿拉伯人的敵視行動，或者相反。二〇〇六年七月發生的以黎衝突讓我們對這塊是非之地又有了新的認識。看來，在這片是非之地，人類還需要有更多的智慧。

改革與開放：中國的強國富民之路

一九六六年，中國的領導人毛澤東對國內國際形勢做出了極端的估計，在這種錯誤思想的指導下，文化大革命發動了，隨之運動被林彪、江青兩個反革命集團操縱和利用，造成了中國十年之久的大動亂，諸多方面遭受嚴重損失與破壞。一九七八年十二月十八至二十二日，在首都北京舉行了中國共產黨第十一屆中央委員會第三次全體會議，從此中國開始進入了社會主義建設的新時期，進入了改革開放的新時代。

鄧小平是這場改革的主要領導人，是中國改革開放的總設計師。他提出「建設有中國特色的社會主義」的理論，即以經濟建設為中心，進行現代化建設，在農村實行家庭聯產承包責任制，在城市推行打破「大鍋飯」的各種經濟責任制，建立公有制基礎上的社會主義市場經濟體制。同時，還對政治體制進行了改革，例如黨政分開、權力下放、精簡機構和發揚民主等等。

在農村改革以前，原來的人民公社實行政社合一，人們集體勞動，統一分配，憑票供應各種生活必需品。一九七八年，安徽省委為幫助農民度過旱災，決定把土地借給農民種糧種菜，於是在一些地區出現了形式各異的生產責任制。十二月，鳳陽公社小崗村的十八戶農戶在「我們分田到戶，每戶戶主簽字蓋章。如此後能幹，不再向國家伸手要錢要糧。如不成，我

▲鄧小平。

們幹部坐牢殺頭也甘心。大家也保證把我們的小孩養到十八歲」的字據上簽字畫押。一年後，莊稼喜獲豐收，他們繳了自農業合作化以來的第一次公糧，還了貸款，生活有了明顯的改善。到一九八三年初，全國農村已有百分之九十三的生產隊實行了家庭聯產承包責任制。實行聯產承包責任制後，農民責任明確，積極性大大提高，農村開始逐漸富裕起來，「交夠國家的，留足集體的，剩下都是自己的」是他們對新經濟體制的形象理解。

農村經濟體制的改革推動了城市經濟體制的改革，從一九八五年起，中國政府的注意力從農村改革轉向城市經濟改革。個體經濟和私營經濟蓬勃發展，中外合資企業和外商獨資企業紛紛興起；國有企業開始實行政企分開，企業的生產經營自主權有了很大的擴大，廠長（經理）責任制的出現打破了原有的「大鍋飯」制度；實行以「按勞分配為主體、多種分配方式並存」的分配制度，把按勞分配和按生產要素分配結合起來……於是，「北京商店貨源充足，林立的國營商店、合作商店和個體店鋪商品目不暇接，擠得滿滿的貨攤擺著魚肉、蔬菜和來自南方的水果。沿街叫賣聲不絕於耳……北京開設了婦女時裝用品商店，許多大學生穿著時髦，服裝五光十色，單調的灰色早已不見蹤影」。

▲糧票。

與農村經濟改革相比，城市經濟改革要複雜得多。但中國政府採取了一系列有力的措施，使城市經濟改革取得了顯著成效，經濟生活出現了多年未有的活躍局面。但目前城市經濟體制中嚴重妨礙生產力發展的弊端還沒有從根本上得到消除，城市經濟的巨大潛力還沒有得到充分的挖掘，損失、浪費和污染還很嚴重，這些都需要進行堅決的系統性的改革才能讓城市起到應有的主導作用，推動整個國民經濟更好更快發展。

在對內經濟提升的同時，中國政府還開始實現對外開放。一九七九年七月，中央政府批准對廣東、福建的對外經濟活動實行特殊政策和靈活措施，深圳、珠海出口特區的試行，拉開了中國對外開放的序幕。次年八月，在深圳、珠海、汕頭和廈門設立四個經濟特區，採取給予優惠的政策以吸收僑資和外資，引進先進科學技術和管理經驗進行社會主義現代化的建設。短短幾年時間，特區就發生了巨大的變化，如深圳從一個不起眼的小漁村變成現代化的大都市。隨後中國政府開始了大手筆的改革開放，一九八四年，大連、秦皇島、天津、煙台、青島、連雲港、南通、上海、寧波、溫州、福州、廣州、湛江和北海等十四個沿海城市實行經濟開放。次年二月，更是把長江三角洲、珠江三角洲、閩南三角地區和環渤海地區開闢為沿海經濟開發區。一九八八年四月二十六日，中國最大的經濟開發區——海南省正式成立，一九九一年，上海浦東也成為對外開放區。邊疆省區也設立了一批開放城市。中國的改革開放在「大膽地試，大膽地闖」之中，取得了越來越大的成就。

如今，中國的對外開放地區已從沿海地區向內地發展，形成了一個「經濟特區——沿海開放城市——沿海經濟開發區——內地」的全方位、多層次和寬領域的開放格局。

一九九七年，實現改革開放的中國開始告別短缺經濟，進入過剩經濟，擴大內需成了促進經濟發展的主要政策。旅遊業的熱門，資訊、諮詢等仲介服務產業的興起，金融、保險和房地產業的發展都表明中國的經濟狀況越來越好，發展越來越平穩。在中國進行經濟體制改革的同時，政治體制的改革也在進行。一九八〇年八月十八日，鄧小平題為《黨和國家領導制度的改革》的講話為中國的政治體制改革指明了方向。英國《大不列顛——中國中心通訊》曾這樣寫道：「中國國內改革……是建立在能夠取得經濟增長的基礎之上的……它們是十分成功的……中國的經濟增長率是世界上最快的……在治國方面，中國已在某種程度上更重視專業知識。」二十世紀八〇年代中期，中國的科技、教育、文化等各個領域的改革也開始啟動。「科技是第一生產力」的觀念提出後，中國開始大力發展教育事業，大力加強社會主義精神文明建設與物質文明建設。

在實行改革開放的同時，鄧小平提出了以「一個國家，兩種制度」的構想來解決歷史遺留問題。一九九七年七月一日零時，中華人民共和國國旗和香港特別行政區區旗在香港升起；一九九九年十二月二十日凌晨，中葡兩國政府在澳門舉行澳門政權交接儀式，中國正式恢復對澳門行使主權。

「中國改革開放的成功向世人證明了中國特色的市場經濟具有強大的生命力」，白俄羅斯外長赫沃斯托夫這樣評價中國的改革開放：經過近三十年的改革開放，中國在政治、經濟、文化等領域都取得了成就，綜合國力顯著增強，在國際社會上越來越有其影響。

人類的另類生殖方式：試管嬰兒

試管嬰兒是體外受精──胚胎移植（IVF-ET）的通俗名稱，也就是借助內視鏡或在超音波指引下，從患有輸卵管障礙的婦女卵巢中取出成熟的卵子，和精子一起放入試管內或培養皿中，保持和人體一樣的溫度，先在體外培養七十二小時左右，使卵受精並發育形成胚胎，然後再借助於內視鏡送到未來母親的子宮內，使之發育成胎兒，即是經過「取卵──受精──植入」三個步驟，最終在母體子宮內發育成熟。所以「試管嬰兒」並不是真正在試管裡長大的嬰兒，而只是借助試管讓卵受精並發育形成胚胎。在進行試管嬰兒試驗中所用的精子、卵子或精卵可用夫婦雙方的，也可由他人提供。試管嬰兒的成功率約為百分之十至百分之三十，是治療某些不孕症的好辦法。

早在一九四四年，美國人洛克和門金就進行過試管嬰兒方面的嘗試。到一九六五年，劍橋大學的生物學教授愛德華茲和婦科醫生派翠克．斯蒂托提出了在玻璃試管內精卵可能受孕的證據。經過十多年的努力，他們找到了解決問題的辦法──從婦女體內取出卵子，在試管中培養受精，待細胞分裂開始的時候，就將受精卵送到婦女的子宮中，讓其分化、分裂、發育與成長。

一九七八年七月二十五日二十三時四十七分，世界上第一例試管嬰兒在英國的奧爾德姆市醫院誕生，她的名字叫路易絲．布朗。路易絲的母親梅．布朗因輸卵管病變而不能生育，派翠克和愛德華茲從梅（時年三十一歲）體內提取卵子，並採取了她丈夫（時年三十八歲）的精液，使卵

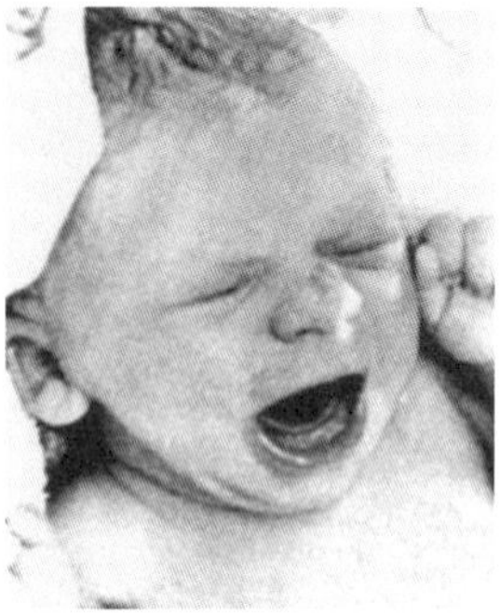

▲第一例試管嬰兒路易絲·布朗。

細胞和精子成功地在試管中完成受精，然後將受精卵重新移入梅的子宮內。九個多月後，英國奧爾德姆市傳來了第一次不同的哭聲，試管嬰兒路易絲·布朗誕生。隨後的十年間，全世界已有七千多名試管嬰兒出生。

從試管嬰兒誕生的那天起，有關他們的話題就沒有停止過——這種有違人類自然生殖過程產下的孩子是否正常、是否聰明、是否會對社會產生不良的影響？一些生物學家、人類遺傳學家和社會學家以及社會工作者曾擔心，試管嬰兒可能會有無法預料的遺傳病，科學家和整個社會「狂妄自大」地用人工方式讓不育夫婦生兒育女，最終可能自食苦果，「人類在扮演上帝」、「潘朵拉盒子已被打開」；由此誕生的下一代不可避免地會覺得自己「不正常」，會為自己的出身感到「羞恥」；試管嬰兒會動搖人類文明的最基本結構，包括婚姻、家庭、性和愛的觀念，甚至人之所以為人本身等等。儘管這些擔心不乏合理性，但是事實表明這些擔心都是不必要的。到目前為止，試管嬰兒大都身體健康、智力正常，而且備受社會關愛，這些人也沒有對社會產生不良影響，他們和正常人沒有任何不同。「現在，很多孩子都和我的經歷一樣，我已經完全不去想這個問題了。」路易絲成年後說。

▲路易絲·布朗結婚照。

二〇〇四年九月六日，世界上第一例試管嬰兒、郵遞員路易絲・布朗當上新娘，婚禮上眾親友紛紛向她表示祝福。路易絲的母親梅激動地說：「作為世界上第一個試管嬰兒的母親，我感到驕傲。這一刻讓我等了很久。」如今是船運公司行政助理的路易絲已成功自然懷上身孕，並於二〇〇七年一月生下自己的孩子。

從一九七八年第一例試管嬰兒誕生後的二十多年裡，以「體外授精——胚胎移植」為代表的輔助生殖技術，無論是在不孕症的治療方面還是在人類優生學上的應用方面都取得了顯著的進步，並衍生出了許多新的助孕技術。現已發現體外受精對由於子宮內膜異位症、精子異常（數目異常或形態異常）引起的不孕症甚至原因不明的不孕症都有幫助。

目前人們把一九七八年派翠克・斯蒂托創造的常規「體外受精——胚胎移植」技術看作是第一代試管嬰兒技術，一九九二年的單精子卵胞漿內注射是第二代試管嬰兒技術，一九九〇年世界首例種植前遺傳診斷妊娠成功則是第三代試管嬰兒技術，第四代試管嬰兒技術則是借助他人的身體培育卵子以生育一個屬於自己的孩子。

第一代試管嬰兒技術是從卵巢中抽取成熟卵子在體外授精，待受精卵發育成胚胎後再移植到子宮。這種技術主要解決的是女性輸卵管阻塞性不育患者的問題。

第二代的單精子卵胞漿內注射輔助受精是一九九二年比利時自由大學巴勒莫等創立的輔助授精技術，是治療男性不育症的革命性變革。對於男性嚴重少精、弱精症患者、前次體外受精沒有成功者甚至是阻塞性或非阻塞性無精症患者都能經非手術睾丸穿刺取精法，從睾丸內取出精子然後進行單精子卵胞漿內注射，使以前由於男性不育症無法生育後代或只能透過他人精子成孕的患者，現在都能懷上自己的後代。該項技術對治療男性不育症具有其他方法不可替代的療效，它能使一半以上患有嚴重不育症的男性如願以償。目前對單精子卵胞漿內注射輔助受精的四百多名試管嬰兒的追蹤調查表明，這種技術在人類中的應用是安全的，這為進一步探索人類生殖奧秘開闢了道路。

第三代的種植前遺傳診斷是指將體外受精後六至十個細胞階段的胚胎活檢一至二個細胞，應用分子學技術或螢光原位雜交方法測定基因片段或特定染色體，將診斷無遺傳病的胚胎移植入子宮，保證妊娠胚胎的正常，防止遺傳病患兒的出生，以保證誕生出的全是身體健康的嬰兒。從一九九〇年起全世界有二百多個嬰兒是透過這項技術出生的。

第四代試管嬰兒技術讓女性的生育年齡不再受到限制，它是借助婚姻之外「第三者」的力量──借助他人的身體培育孕母的卵子，使年齡太大或身體不好的女性，生一個既屬於自己又體格健康的孩子。這就意味著只要具備正常的排卵功能，女性的生育年齡將不再受到限制。

試管嬰兒技術雖然給不孕不育者帶來了福音，但任何事物都具有兩面性，試管嬰兒技術也會給人類帶來一些社會問題。如一些機構在試管嬰兒技術方面應用不當，導致試管嬰兒男女性別比嚴重失常，男嬰比例畸高；而且由於試管嬰兒增多，使得那些借助別人的精卵結合而出生的試管嬰兒長大後近親婚配的風險大大增加……這些都是人類將要面臨的問題。

無藥可用的愛滋病

愛滋病的醫學全名為「後天免疫缺乏症候群（AIDS）」，是人體感染了人類免疫缺陷病毒（HIV，又稱愛滋病病毒）所導致的傳染病。通俗地講，愛滋病就是人體的免疫系統被愛滋病病毒破壞，使人體對威脅生命的各種病原體喪失了抵抗能力，發生多種感染或腫瘤，最後導致死亡的一種嚴重傳染病。

一九八一年六月，位於亞特蘭大的美國疾病控制中心在《發病率與死亡率週刊》中刊登了一篇只有幾頁的報告，稱有五位男性同性戀者因患有非常罕見的卡氏肺囊蟲肺炎，在洛杉磯醫院接受治療後不治身亡。這五位病人的共同特點是：三十歲左右，發燒、咳嗽，化驗結果白血球數目減少。醫生判定這種病是由巨細胞病毒傳染的，但即使用最現代化的方法進行治療，這五位病人還是於一九八一年五月先後去世了。一個月後，美國國立衛生署報導了二十六例男性同性戀者被診斷患有卡波濟氏肉瘤，因為這些病人均表現為免疫功能極度低下且都是同性戀，所以國立衛生署最初將這種病命名為同性戀相關性免疫缺陷（GRID），認為這一病症可能與同性戀的生活方式有關。然而，不久他們即發現異性戀者也會成為該病的受害者，遂更名為AIDS。同年八月，美國疾病控制中心已經登記了一百〇四例愛滋病患者，其中四十三人已死亡。一九八三年五月，國立衛生署與法國巴斯德研究所共同發現了愛滋病的傳播媒介即人類免疫缺陷病毒，肯定愛滋病是一種傳染病。

由於人類對愛滋病的研究進展緩慢。有人發現：這種病毒很像有蹄動物的慢病毒（慢病毒感染的特徵是在感染病毒和出現臨床症狀之間往往有一個數月甚至數年的無症狀期，慢病毒所引起的疾病的慢性化，在很大程度上取決於宿主對它們的反應和適應能力），只是由於人們認為它與人類疾病關係不大，因而未引起重視。後來確認是由西非中部的黑猩猩傳給人類。

愛滋病患者一般初期出現類似感冒的症狀，持續數天至數月，而後是長達八年甚至更長時間的潛伏期，此時被稱為「無症狀帶毒者」或「HIV攜帶者」；後來淋巴結腫大，週期性發熱；最後全身各處均發生感染，病人因抵抗力低下而死亡。

如果一個人出現了如下症狀，就可以確診為愛滋病人。卡波濟氏肉瘤和機會感染（指寄居在機體、通常不引起疾病的機會病原體在機體抵抗力下降的情況下導致疾病的發生），淋巴細胞家族中的CD4T細胞數量下降，HOV抗體陽性。愛滋病透過體液進行傳染，與B型肝炎的傳染途徑相似，病毒從人的精液、血液、唾液、眼淚、尿、乳汁和陰道分泌物中產生，但只有當它們進入血液循環時傳染才能完成。現已證實：愛滋病的主要傳染途徑是透過同性或異性間的性接觸、血液、母嬰進行傳染，日常生活中的接觸如見面時輕吻、同桌進餐、盆浴、廁所座位和衣物等都不會傳染。

對於愛滋病，人類至今尚無根治之術。但科學家經過潛心研究，還是取得了不少喜人的成果，其中最引人注目的就是美籍台裔何大一推出的「雞尾酒」療法。他首先提出將兩大類抑制劑（核苷酸逆轉錄酶抑制劑及非核苷酸逆轉錄酶抑制劑為一類，蛋白酶抑制劑為一類）中的二至三種藥組合在一起使用，此方法可使血漿中的病毒明顯減少，甚至可以達到檢測不出的水準；並且可以長期維持這一療效。此外，經過治療後還可使被HIV破壞的人體免疫功能獲得恢復或部分恢復。這種聯合用藥的方法可以有效地延緩HIV感染者的發病時間，延長愛滋病病人的壽命，提高病人的生活品質。不過這種療法也存在缺點，如無法徹底清除HIV；有較大毒副作用如噁心、貧血、腎結石等；需長期服藥，治療費用高昂；需經常調整藥物組合，否則也會產生耐藥性等等。

由於「雞尾酒」療法並不能徹底根治愛滋病，因此科學家們一直都在為找到一種新穎有效的根治愛滋病的方法而努力。醫藥巨人默克公司曾宣佈找到了一個進攻愛滋病的突破口；另外，倫敦國家醫學研究所二〇〇五年一月十日宣佈，該所發現了一條十分重要的防止愛滋病傳染的線索——只要改變人類某個基因所產生的一個氨基酸，就可免遭愛滋病病毒傳染之苦；二〇〇五年七月，何大一教授稱他領導的團隊研製了兩種疫苗，並全部進入臨床階段……這些發現使得人類向根治愛滋病方向邁出了可喜的步伐。但科學家們也認為，這些研究距實際臨床應用將會有很長的一段時間，還需透過大量的動物測試和臨床試驗，才能用於人類。

儘管目前對愛滋病的治療還沒有根治的好方法，但愛滋病是很容易預防的。這是由於愛滋病病毒的傳播途徑非常明確，它只能透過血液傳播、性行為傳播和母嬰傳播這三種途徑進行傳播；而且愛滋病病毒在體外環境下相當脆弱，一旦離開了人體就無法存活，所以愛滋病病毒不會透過空氣、食物和水等一般性日常生活接觸傳播；另外，愛滋病病毒不能在蚊蟲體內生存，所以不會透過蚊蟲叮咬傳播。因此，愛滋病的傳播可以透過規範人們的社會行為而被阻斷。預防愛滋病主要是加強愛滋病危害的宣傳教育，摒棄賣淫、嫖娼，禁止吸毒、販毒，加強對傳染源的管理；對於愛滋病患者和HIV攜帶者給予必要的理解和關懷……

首例愛滋病毒感染者被發現以來，在短短的三十七年的時間裡，愛滋病已蔓延全球，奪去了超過三千萬人的生命。愛滋病對一個國家的經濟影響也是相當巨大甚至是近乎毀滅性的打擊。烏干達這個國家就是因為國內三分之一的勞動力是愛滋病病毒感染者，國民生產總值下降了百分之三十；號稱亞洲四小虎之一的泰國，由於愛滋病的嚴重流行，其國內生產毛額降低了百分之二十。美國前總統柯林頓在清華大學的演講中就愛滋病的蔓延對中國經濟發展所將帶來的衝擊時說：「中國現在有二十萬人已經脫貧，你們是世界上第四大貿易國，也是第四大外國直接投資的接受國。中國正朝一個好的方向發展……但是，如果有一千五百萬到三千萬人得了愛滋病的話，就將讓你們的經濟成果毀於一旦。」

截止到二〇一八年底，全球共有三千六百多萬人感染愛滋病。目前，愛滋病患者成了人們退避三舍的邊緣人群，不但身體要忍受病魔的折磨，心靈更要忍受被社會遺棄的煎熬。社會上對HIV感染者的種種歧視態度還會殃及其家庭，他們的家庭成員被迫背負著沉重的心理負擔，由此產生家庭不和，甚至導致家庭破裂，HIV感染者因無處棲身而被迫推向社會，可能會引起其他社會問題。愛滋病還會對兒童產生重大影響，不少兒童因家庭解體而淪為孤兒，由於他們沾上了愛滋病這個不好聽的名字而在社會上受到孤立，更容易遭受虐待和剝削。救治和幫助這些孤兒是人類社會對抗愛滋病時不能不考慮的頭等大事。

然而直到今天，大多數人仍對愛滋病的情況所知甚少，一些人簡單地認為愛滋病僅僅是一個醫學問題，還有人甚至危險地認為：患病是愛滋病病患自作自受……人類必須清醒地認識到：面對人類共同的敵人，冷漠和歧視只會為愛滋病魔壯威，受害的最終是人類自己！如清華大學人文與社會科學學院教授、公共管理學院社會政策研究所所長景軍教授所說：「最值得警惕的是，嚴重的社會歧視很可能將愛滋病病毒攜帶者逼入『地下』……尤其是藥物治療不能完全保證的情況下，更是如此。由於社會歧視而隱蔽起來的感染者，人數越多，越妨礙愛滋病的防治工作。因此，反對歧視和防治愛滋病的關係，是一個保護他們與保護我們的辯證關係。」

破解人類生命天書：人類基因組計畫

「直至十八世紀末，生命並不存在，存在的只是生物。」法國學者蜜雪兒．福柯曾經這樣戲謔道，因為當時的人們還沒能發現生命及生命延續的奧秘。直到後來出現了生殖理論與繁殖理論，人們才認識到生命體的延續問題。現代遺傳學家認為，人類的遺傳信息主要是由染色體攜帶的，染色體存在於細胞核內。人體每個細胞都含有四十六條染色體，它們按其大小、形態配成二十三對，第一到第二十二對染色體稱為體染色體，為男女共有，第二十三對為性染色體。女性性染色體是兩條X染色體，而男性則是X染色體和Y染色體各一條。

去氧核糖核酸（DNA）是去氧核苷酸的高聚物，是染色體的主要成分，遺傳信息的絕大部分都貯存在DNA分子中。基因是去氧核糖核酸分子上具有遺傳效應的特定核苷酸序列的總稱，是具有遺傳效應的DNA分子片段，基因在染色體上呈線性排列。精子和卵子的染色體上攜帶著遺傳基因，上面記錄著父母傳給子女的遺傳信息，遺傳基因不僅可以透過複製把遺傳信息傳遞給下一代，還可以使遺傳信息得到表達。人類只有一個基因組，大約有三萬個基因。

為了形象地說明染色體、基因的關係，我們可把人類基因組比喻為一本有十億個單詞的百科全書，這本書可分二十三章，每章為一對染色體。而每一對染色體上，又包含著數千個被稱為基因的「故事」。這些「故事」由一系列的三字母單詞組成，其中每個單詞由四個基本化學「字母」即腺嘌呤（A）、胞嘧啶（C）、鳥糞嘌呤（G）和胸腺嘧啶（T）四種鹼基組成，這四種鹼基以固定關係（即A—T、C—G）配對，四種鹼基任意排列組合，於是形成了基因的多樣性。

人類基因組蘊涵有人類生、老、病、死的絕大多數遺傳信息，讀出它將為疾病的診斷、新藥物的研製和新療法的探索帶來革命性的進步，還能解開人類生命的最終奧秘。於是在一九八四年，美國一些科學家在專門會議上已開始討論對人類基因組DNA進行全序列分析的前景，次年五月，提出了測定人基因組全順序的動議。一九八六年，美國生物學家、諾貝爾獎獲得者杜伯克在《科學》上發表短文《癌症研究的轉捩點——人類基因組全序列分析》，首次提出人類基因組計畫的設想，並建議組織國家級和國際級的項目來進行這方面的研究。

一九九〇年十月，美國正式啟動人類基因組計畫（HGP）研究，總投資三十億美元。其最初的目標是透過國際合作，用十五年的時間構建詳細的人類基因組遺傳圖和物理圖，也就是測出人體所有染色體上近三十億個鹼基對的排列順序，破譯人類全部遺傳信息，使人類第一次在分子水準上全面地認識自我，最終弄清楚每種基因製造的蛋白質及其作用，並期望從分子角度解開人體生命的奧秘，為現代醫療提供新手段；並將這些資訊儲存到資料庫中，開發出有關資料分析工具；致力於解決該計畫可能引發的倫理、法律和社會問題。在美國HGP工作展開後，法國、英國、義大利、德國、日本和中國等國也相繼宣佈開始各自的HGP研究。

經過多國科學家的共同努力，一九九九年十一月二十三日，美國國家科學院的官員和參加人類基因組計畫的科學家們慶祝人類基因組計畫公眾DNA測序工作完成第十億個鹼基對的測定。十二月一日，一個由英、美、日等國科學家組成的研究小組宣佈，他們已經破譯了人類第二十二對染色體中所有（五百四十五個）與蛋白質合成有關的基因序列，這是人類首次瞭解一條完整的人類染色體的結構，它可能使人們找到多種治療疾病的新方法。完成對第二十二對染色體的測定將對免疫系統、先天性心臟病、精神分裂、智力遲鈍和白血病，以及多種癌症的早期診斷和治療起到幫助作用。這一成果是宏大的人類基因組計畫的一個里程碑。

在各國科學家的努力工作下，二〇〇六年五月，美國和英國科學家十八日在英國《自然》雜誌網路版上發表了人類最後一對染色體——一號染色體的基因測序，解讀人體基因密碼的「生命之書」宣告完成。這次科學家殺青的「生命之書」覆蓋了人類基因組的百分之九十九．九九。

人類基因組計畫是當代生命科學一項偉大的科學工程，是與曼哈頓原子計畫、阿波羅登月計畫並稱的人類科學史上的重大工程。它奠定了二十一世紀生命科學發展和現代醫藥生物技術產業化的基礎。

人類基因組計畫成果將揭示人類生命活動的奧秘，推動生命科學中一系列重要的基礎性研究，促進生命科學與資訊科學和材料科學相結合，刺激相關學科與技術領域的發展，帶動起一批新興的高技術產業，具有不可估量的社會效益和經濟效益。由於基因組研究與製藥、生物技術、農業、食品、化學、化妝品、環境、能源和電腦等工業部門密切相關，更重要的是基因組的研究可以轉化為巨大的生產力，國際上一批大型製藥公司和化學工業公司紛紛投鉅資大規模進軍基因組研究領域，形成了一個新的產業部門——生命科學工業。世界上一些大的製藥集團紛紛投資建立基因組研究所。

雖然，人類基因組計畫給人類帶來的益處是無可爭議的，但是人們從開始實施這一計畫起，就在考慮人類為獲取這些益處所要付出的代價。沒有任何人擁有一套盡善盡美的基因，隨著HGP研究的不斷深入，能否借助科學的力量和智慧人為地創造出一個「完美的基因組」？當人們都按「最佳」基因範本「優化」自己時，人類的多元化還會存在嗎？

美國印第安那州的聖母大學科學、技術和價值計畫負責人菲力浦·斯隆預計，最先出現爭議的問題之一是越來越多的人對未出生的孩子進行遺傳檢測，以便確定孩子是否患有新發現的一系列基因缺陷。遺憾的是，醫生早在找到治療方法以前就能發現這些缺陷。這就會在胎兒出生之前使其父母面臨著一個錯綜複雜的倫理問題：他們是否應該放棄醫生認為長大後將會患某種遺傳疾病的孩子？在人類基因組計畫面前，傳統的倫理觀念將產生怎樣的變革？人類應該怎樣從倫理學及法律上建立什麼樣的支持體系及干預措施？這些都必然涉及到社會科學中倫理學和法律學方面的問題。另外，隱私權也是人們要考慮的問題，假如掌握了一個人遺傳密碼的醫生確診說現在這個二十多歲的人五十歲時會患一種致命的疾病，誰應該知道這個消息呢？是他本人、是他的親屬還是他的老闆或是他的保險公司？

這些問題在科學界也進行過激烈的討論，目前基本上達成了如下共識：人類基因組序列是全體人類的共同財富，人們不應對它的使用進行限制。對於人類基因組計畫產生的有關倫理、社會和法律等難題，應該透過倫理觀念的改變和法律的約束來解決，同時，遺傳學家和醫學工作者一定要具有相應的責任和明確的義務，以保證這項新的科技不被濫用。

世界格局大變動：歐洲土地上的變化

第二次世界大戰結束後，美蘇兩國之間開始展開冷戰。冷戰的序曲由英國首相邱吉爾發表「鐵幕演說」唱響；一九四七年，美國總統杜魯門以土耳其和希臘（前者因為博斯普魯斯海峽問題與蘇聯關係緊張，後者的資產階級政府則在共產黨游擊隊打擊下搖搖欲墜）受到共產主義威脅為由宣佈對這兩個國家提供援助是冷戰開始的序幕；同年杜魯門總統在國會正式提出「對蘇聯發動冷戰以遏止共產主義」成為冷戰正式開始的標誌。

到了二十世紀六〇年代初期，為了達到拓展殖民地的目的，美國利用越南北越領導人胡志明支持南方「民族解放陣線」反對南越吳廷琰政府的內部戰爭介入，然而，到了戰爭中期，在美國和歐洲各國，很多人，特別是年輕人掀起了反戰浪潮。事實上，他們的抗議不僅僅是反對戰爭，還包含了更多的含義──他們反對業已僵化的社會結構，他們開始同情第三世界的解放運動，主張本國的民主應該更有生氣和更貼近基層。

這種覺醒的氣氛，在鐵幕的另一邊也有反應。一九六八年一月，在捷克斯洛伐克首都布拉格召開的捷克斯洛伐克共產黨中央全會上，改革派杜布切克當選為黨的第一書記，改革力量開始在黨內取得統治地位。四月，捷共中央透過指導改革的《捷克斯洛伐克共產黨行動綱領》，提出了「帶有人性面孔的社會主義」，準備改革黨的領導體制，實行有計劃的市場經濟，由此拉開了「布拉格之春」的序幕。這一舉動讓當時的蘇聯領導人布里茲涅夫坐不住了，他認為捷共的《行動綱領》是在國內搞自由化，是在復辟資本主義，「絕對不能容忍」，於是以蘇聯為首的華約五國（蘇聯、保加利亞、民主德國、匈牙利和波蘭）致信捷共，指責「捷局勢正沿著極右勢力活躍的軌道發展，他們奪取了報紙電台，而捷共失去了對局勢的控制」，聲明「這不僅是捷本身的事務，而且是社會主義國家共同的事務」，因為他們擔心布拉格之春這個「自由細菌」會擴散而引起連鎖反應。同時華約五國號召「捷保守力量行動起來」，他們的行動「會得到兄弟社會主義國家的援助」。在勸說無效後，「為了向兄弟的捷克斯洛伐克民族盡國際主義義務，為了保護自己的社會主義利益，蘇聯和其他社會主義國家……的確對捷克斯洛伐克的反社會主義勢力採取了行動。」一九六八年八月二十日，華約諸國的部隊開進捷克，結束了這場實驗。

儘管布拉格之春這個「自由細菌」被扼殺了，但在聯邦德國總理威利·布蘭特的「新東方政策」下，「自由細菌」同樣得到了傳播，因為隨著東西方人的不斷接觸，東歐人對西方世界的瞭解不斷加深，他們中的一些人對自己的處境越來越不滿意。西方人擁有的麵包、房子、汽車都是這些人想要的，他們希望能儘快地得到這些東西，而不是在遙遠的將來，他們沒有遠大的理想。

▲「華約」進入布拉格。

面對這種政治和社會危機，東歐共產黨政治家建議進行政治、經濟改革以拯救社會主義國家，然而，這些主張沒有得到東歐社會主義國家領導人的重視，只是到了一九八五年，情況才有所改變。這一年，代表蘇聯共產黨中希望改革這一派勢力的戈巴契夫執掌了政權，他開始一項被稱為「重建計畫」的新計畫。然而，「變革」、「更新」、「公開」和「透明」等概念，在掌握了相當數量的黑市經濟、積累了大量資金的一些派別，或多或少具有半資本主義性質集團的老闆（這兩類人中有相當一部分都處於蘇共中央的領導層）、對西方社會無比嚮往的知識分子、支持資本主義力量的經濟學家的面前，社會主義改革絲毫沒有意義，因為他們根本不想進行這種社會的變革。於是，在政治利益、經濟利益和其他的社會利益面前，戈巴契夫的改革進退維谷。

到二十世紀八〇年代末期，蘇聯與東歐之間的矛盾和東歐內部各民族之間的紛爭再也無法遏制，政治轉軌開始出現。一九八八年八月，捷克斯洛伐克的反對派抓住民眾把共產黨、社會主義與蘇聯控制相提並論的心理，借助各種機會舉行示威遊行抗議活動，喊出了反共反社會主義的口號；一九八九年四至五月間，保加利亞土族人聚居區不斷爆發示威遊行，挑戰「我們的社會主義國家將沿著蘇維埃社會主義國家的道路，按照蘇維埃社會主義國家發展的基本規律要求前進」的日夫科夫政權；十二月，在羅馬尼亞員警和軍隊與蒂米什瓦拉市的示威者爆發激戰後，西方國家開始大肆干預東歐內政，歐洲議會發表聲明，要求羅馬尼亞執政的共產黨人希奧塞古下台。

一九八九年是波蘭政局發生根本性轉折的一年，波蘭人在一個東方集團國家第一次選出了多數政府。四月，波蘭議會透過憲法修正案，改行總統制，增設參議院，由一院制改為兩院制，實行議會民主、政治多元化。一九八九年十二月，「波蘭人民共和國」被改為「波蘭共和國」。緊接著匈牙利和捷克斯洛伐克也步入波蘭的後塵，東歐的共產黨政權不得不逐漸讓位給新選舉出的政府。一九八九年秋，堅持反對改革時間最長的東德各個城市開始了規模宏大的遊行示威，要求自由和民主；十一月九日，通往西柏林的邊界通道開放。一九九〇年十月三日，兩個德意志國家重歸統一。

在一九八九至一九九一年這三年間，蘇聯也發生了一系列非常複雜和激烈的政治抗爭，每個利益集團都試圖控制媒體，都試圖控制新選舉出來的國家議會，這時候，原蘇共的高級領導人葉爾欽以一個傾向於資本主義代理人的面目出現了。一九九一年八月十九日，蘇聯在黨和軍隊內甚至爆發了反改革的暴亂，他們綁架了戈巴契夫，並在莫斯科周圍集結了三千五百輛坦克。透過以葉爾欽為首的「民主派」的「果斷」行動，「反叛」力量遭到了失敗。葉爾欽成了最強而有力的人物，並在俄羅斯禁止共產黨，並宣佈俄羅斯為主權共和國。在「八一九事件」後，蘇聯各加盟共和國紛紛獨立。同年十二月二十二日，蘇聯十一個加盟共和國的領導人簽署成立「獨立國家聯合體」。二十五日，戈巴契夫辭去蘇聯總統的職務，蘇聯解體。至此，「蘇維埃社會主義共和國聯盟」實際宣告終結，取代它在世界上地位的是前蘇聯最大的共和國——新的俄羅斯。

我們可以從《失落的尊嚴——懲腐備忘錄》一書中看到蘇聯解體的原因，書中這樣說：

蘇共的瓦解，蘇聯的解體，總的來說是幾十年來不斷積累下來的、潛伏著的社會矛盾惡性發展和總爆發的結果。現在看來最主要的原因有兩個。一個是長期拒絕改革開放、沒有以經濟建設和提高人民的生活品質為中心，由思想上的長期僵化導致經濟上的長期停滯，使蘇式的社會主義在人民心目中失去影響力；另一個就是在作為執政黨的蘇共內部，特別是蘇聯黨和國家各級領導層中存在的相當普遍的腐敗現象。從某種意義上講，或者說拋開某些個人的角色差別而從社會歷史的大視角看，蘇聯的劇變，在很大程度上也是蘇聯既得利益集團的「自我改變」，是為了使他們長期以來透過不合法、不正當手段佔有的社會財富和各種權益合法化。劇變表明化公為私的量變已積累到發生質變的程度；也可以說，是社會制度的不斷部分蛻變，已經到了應該扯去最後一塊遮羞布的時候了。

東歐的巨變、蘇聯的解體對國際格局產生了極為重大的影響：它導致世界格局向多極化發展；社會主義的力量遭受重大挫折；美國開始企圖獨霸世界，開始藉機向原蘇聯和東歐地區介入，對繼續堅持社會主義的國家和第三世界國家施加壓力；各種民族主義思潮抬頭，導致地區衝突、局部戰爭不斷……總之，它對世界政治、經濟和文化方面所產生的影響是極其巨大的。

人類自身的複製技術與倫理問題

一批科學家和未來學家認為，如果說二十世紀是機械和物理科學大發展的世紀，那麼二十一世紀無疑將是生命科學大顯身手的時代。在還沒進入新世紀的最後幾年中，人類便成功地複製了各種哺乳動物。離千禧年還有四年，第一隻「複製羊」——桃莉就誕生於英國愛丁堡郊區一個與世無爭的小鎮羅斯林。

「克隆」是英文Clone的音譯，Clone的意思是無性生殖，指的是生物體的繁衍是不靠有遺傳信息的生殖細胞的精卵結合而全由提供細胞核的一方來提供遺傳信息，由於沒有基因重組的過程，所以衍生出來的子代會與提供細胞核的親代具有完全相同的基因結構和外顯特徵，自然界的單細胞生物如細菌即是透過無性生殖繁衍後代。克隆的過程即是把成年動物的一個細胞植入一個已經拿掉遺傳物質的卵子，透過一系列手段讓這個卵子重新設定這個細胞的基因，使其指揮胚胎發育，最後生出一個基因與提供細胞的動物完全相同的新生命。

其實早在二十世紀六〇年代，英國科學家葛登就已經可以把青蛙皮膚上的細胞取下複製成胚胎，並可以發育長

▲桃莉羊。

大到蝌蚪階段；一九七五年，人類成功地將蛋白質重組，這就為生物科技奠定了革命性的基礎；一九八四年，著名胚胎學者索特歷經無數次老鼠細胞核移植實驗後，在《科學》雜誌上發表文章，表示以單純細胞核移轉來複製哺乳類，在生物學上仍有困難。然而，短短的十三年後，一九九七年二月，威爾麥特博士在《自然》期刊上就宣告了第一隻複製哺乳動物——桃莉的誕生。「桃莉」的誕生，意味著人類可以利用動物的一個組織細胞，像翻錄磁帶或複印檔一樣，大量生產出相同的生命體，這無疑是基因工程研究領域的一大突破。

桃莉的複製過程，即由芬蘭籍基因母羊的乳腺提供乳房細胞，科學家提取其細胞核，經萃取取得遺傳物質DNA；再從一隻蘇格蘭母羊體內提取一個未經受精的去核卵子，然後將兩者以電擊的方式融合培養，使去核卵子以為已受精而開始進行細胞分裂，科學家再將融合細胞放於另一隻蘇格蘭母羊體內孕育，最後生出一隻與提供細胞核的芬蘭籍母羊一模一樣的小桃莉。威爾麥特博士總共用了八百三十四個融合細胞，最後共產下八頭幼崽，其中一頭在出生幾分鐘後即夭折。

繼英國科學家成功複製山羊後，複製狗、複製豬、複製牛等複製動物紛紛登場，還有一名在香港出生的科學家成功地在美國俄勒岡州靈長類動物研究中心複製出兩隻與人體構造相近的恆河猴，使科學界在掌握複製人類技術方面邁進了一大步。

在複製羊桃莉問世以來，許多學者認為人類的複製也許為期不遠了，因為同屬哺乳動物的羊與人有很多相似的地方，一下子「複製人」的問題就變成了大家熱烈討論的話題。到底「複製人」這樣的技術是否可以開放，學者間有著不同的看法。

相當多的技術人員和社會工作者認為，「複製人」技術的放開將對人類產生極大不利的影響。從安全性方面來說，由於複製技術目前尚不十分成熟，複製人可能有畸形、多病、夭折、老化、癌症罹患率高等我們未知的風險。曾經成功複製出桃莉的女科學家——洛倫·揚警告說「複製嬰孩夭折或終身殘疾的風險相當高」。

複製人還可能導致人性尊嚴受損，複製人有可能成為操作者控制的工具，喪失自主性。另外由於其出生方式的特異性有可能招致他人的歧視，造成其心理上未知的傷害。

複製人還會對家庭倫理觀念發起挑戰，由於被複製者與複製人到底是父母子女關係還是兄弟姊妹關係，這種前所未有的「特殊親屬關係」難以判定，將對現行的倫理觀念及家庭制度造成一定的衝擊。複製人還有可能被獨裁者或狂熱的宗教領袖濫用，他們製造自己的「分身」以延續自己的政治或宗教生命。

此外，複製人還會破壞人類繁衍的自然規律，男歡女愛是否將不再是基因傳承的有效與必要策略，人類會不會對愛情不再抱有憧憬與幻想，複製人是否會宣告兩性的愛情遊戲即將終結……

複製人還會減少人類的多元性，人類的多樣性全靠基因的多元性，而基因的多元性則來自受精時父母雙方的不同基因。基因相同最可怕的地方在於它會摧毀我們的力量和適應能力，使我們易遭受疾病的侵害和減弱對環境的抵抗力，這樣，眾多的複製人可能會對人類的未來造成危害。

儘管反對複製人技術放開者提出了諸多的理由，但贊成複製者據此一條條提出反駁意見。同意「複製人」技術放開的相關人員認為複製技術這樣的生殖科技，可以為不育者帶來驚喜，因為透過和複製桃莉的相同程式，不育者可以擁有和自己基因相關聯的子女。另外，複製技術可以為重病患者或等待器官移植的病患提供所需的人體組織或器官，可以治療如糖尿病、阿茲海默症或帕金森氏症等醫療界束手無策的疾病。另外，由於複製動物的頻頻出現，一些瀕臨滅絕的珍稀動物也能夠得以保存。

人類對是否放開複製人技術持何種觀點，從各國的立法情況中我們或許可以管窺一斑。目前全球已有多個國家禁止從事複製人的實驗，其中美國不允許資助任何有意或無意改造遺傳基因的實驗；德國完全禁止所有複製人類胚胎的研究，斷絕任何複製人類的可能性；日本也已修例禁止複製人類的研究；英國透過及修訂了《人類受精及胚胎法》，准許涉及複製人類胚胎的醫療性的研究，但明令禁止任何以繁殖為目的的複製研究。目前，已經完成禁止複製人立法的國家有巴西、墨西哥、沙烏地阿拉伯、南非、澳大利亞和絕大部分的歐洲國家，其他一些國家如捷克則處於立法階段。

關於是否能夠進行人類的複製研究問題，曾主持倫理諮詢委員會十年時間的法國血液病科醫生、作家讓·貝爾納說，生物倫理學應該注重四大原則：對人的尊重、對知識的尊重、對利益的拒絕以及研究者的責任感。二〇〇五年，第五十九屆聯合國大會在經過四年的激烈辯論後，以八十四票贊成、三十四票反對三十七票棄權的表決結果，批准了聯大法律委員會二月通過無約束力的《聯合國關於人的複製宣言》。

不過，一些科學家指出，利用複製技術製造的幹細胞可用來替代因意外或疾病而受損的人類組織，任何新法的制定都應將此考慮在內。麻省理工學院細胞生物學家傑尼奇說：「複製是生物學中極其複雜的領域。現在即對仍在發展中的技術下禁令，不免操之過急。」雖然世界各國人們都害怕複製人時代的到來，一些國家也在立法禁止複製人，但有關複製人的爭論還將繼續下去，直至全世界科學界有一個較為統一的認識為止。

讓全球GDP下降一個百分點的九一一事件

一九四八年五月，猶太人建立以色列王國，從此拉開了以色列猶太人與阿拉伯人衝突的序幕。在第五次中東戰爭結束之後，阿拉伯人渴望在二十世紀五〇、六〇年代處於高潮的泛伊斯蘭主義能將他們融合在一起，他們懷念二十世紀六〇年代阿拉伯人團結一致的時光，在這種情況下，以賓．拉登為代表的泛伊斯蘭主義抬頭了。泛伊斯蘭主義成了團結阿拉伯人的一種新興力量。

賓．拉登明白，要使阿拉伯人團結起來，光靠現狀不行，必須要有一個契機，有一個共同的危機感，才能使阿拉伯人團結起來，拉登的組織發動對美國的恐怖主義襲擊就是意在製造這樣一個契機。二〇〇一年九月十一日上午八時許，位於紐約曼哈頓商業中心區的「世貿中心」，突然被一架民航客機撞擊，十二分鐘後，世貿中心的另一座摩天辦公大樓遭遇另一架民航客機的撞擊。當美國人乃至全世界的人都在目瞪口呆之時，一架民航客機向美國首都華盛頓的五角大廈撞去……

▲九一一事件。
(c) Robrert, CC BY-SA 2.0

至此大家才意識到，美國正在一場不宣而戰的戰爭中遭受突襲，這也是美國自立國以來本土首次被敵人攻擊的一次。

九月中旬，美國由所搜集到的證據，認定世貿中心恐怖襲擊的幕後黑手是匿藏於阿富汗的賓·拉登及其所領導的基地恐怖組織，因而一方面要求阿富汗塔利班政權將賓·拉登交出；另一方面向聯合國安理會要求授權，若阿富汗不肯將恐怖襲擊幕後黑手交出時，即組成聯軍，進攻阿富汗，以捉拿真凶。十月七日晚，美國人吹響了進攻阿富汗的戰鬥號角，「把阿富汗炸回石器時代」成了媒體的頭條新聞。

九一一特大恐怖襲擊事件表明恐怖主義是一種系統的、持續的和有組織的政治行為，是一種極其嚴重的全球性威脅，它對全球政治和經濟等局勢都將產生深遠的影響。不過，九一一恐怖襲擊造成的影響，在短時間內是很難看清楚的。它需要在經濟全球化、地緣政治學、地緣經濟學、戰爭經濟學、災難經濟學以及文明衝突等大格局、大背景上進行綜合性的評估。

在經濟方面，九一一恐怖襲擊使美國金融、保險、期貨和證券等業務都受到了重創，它使美國本已疲軟的經濟走勢復蘇勢頭大大延緩，造成了千億美元計的直接損失，如果包括美國可能採取的各種報復手段所產生的直接經濟損失和間接經濟損失，損失更是不可估量；「美國經濟感冒，世界經濟咳嗽」，二〇〇一年世界經濟損失約三千五百億美元，全球GDP（Gross Domestic Product，國內生產毛額）增長率降低一個百分點，這都是拜「九一一」所賜。另外，近年來由於經濟結構的調整，使得很多發展中國家的經濟增長基本上都是依賴於全球性行業的經濟增長。

由於美國經濟受恐怖襲擊的影響，進而會影響到發展中國家的經濟，經濟全球化的步伐有可能滯緩，甚至影響到今後經濟全球化的進一步走向。

在政治方面，發達國家與發展中國家之間的矛盾可能會加劇，西方與非西方國家之間的矛盾將加深。因為在發達國家看來，苦難和貧窮是恐怖主義孳生的溫床，而大多數發展中國家都處於苦難和貧窮之中，這樣，發展中國家在國際政治、經濟、外交和文化上的地位就可能遭到冷落，就會出現被「邊緣化」的情況。同時，目前所有西方國家的領導人都把這次事件看成是對「民主的考驗」，但在什麼是「民主」，以及怎樣「保衛民主」這方面他們似乎沒有一個同樣的標準。「如果我們發現某個國家對此置若罔聞，那麼我們只能視為他們對進一步的恐怖主義無動於衷，這將肯定影響今後我們與他們的關係。」當時的美國國務卿鮑威爾如是說。在這種思想的指導下，美國與俄羅斯關係得到了迅速改善。因為俄羅斯總統普丁是最先向美國總統布希致慰問的外國元首之一，此外他還極力支持布希反恐的外交努力。中國由於在反恐怖議案中表達了支持的立場，使中美兩國因「海南撞機事件」引發的不愉快恢復到了以前的友善關係。另外，由於巴基斯坦率先表態支持反恐，使得向來對巴基斯坦了無好感的美國改變了對巴基斯坦的態度，美巴關係因這次恐怖襲擊得以改善。

九一一恐怖襲擊還有可能導致文明的衝突加劇。因為美國在遭受襲擊後會在國家間的主體行為與民族、原教旨主義、恐怖主義組織之間劃分出一定的界限，然而這一界限是很難劃清的。比如「伊斯蘭」原本是一種文明或宗教的標誌，但在九一一恐怖襲擊發生後，以賓・拉登為代表的泛伊斯蘭主義已經滲透到主權國家和民族信念之中，如果賓・拉登策劃的是以美國為首的發達國家與「伊斯蘭」之間的衝突，那麼整個世界將會出現曠日持久的戰爭和恐怖仇殺。一個美籍阿富汗人在給朋友的公開信中說：「……征服阿富汗將不得不成為首要的事情。那麼，其他阿拉伯國家會袖手旁觀嗎？你看得出來，我將把問題引向哪個方向——入侵將是挑起一場伊斯蘭和西方世界之間的全球性戰爭……無論這場戰爭的勝利將如何被解釋，戰爭都將延續幾年，成百萬的人將死亡。」

九一一恐怖襲擊最令人擔心的一個後果就是在全球範圍內出現國家陣營的重新排序。因為如果未來的國際關係格局中湧現出許多小型的民間暴力組織，他們投毒、放火、傳播瘟疫、顛覆列車、引發大爆炸……那麼目前的國際關係和國際政策就不得不發生變化，因為國家防禦的主要對象將不是導彈和坦克，而是不公平感和敵意。這樣，在全球範圍內，關於國家安全的意識可能會出現一個大的轉變，這種轉變首當其衝的問題就是國與國之間的重新排序問題，畢竟，誰都希望能清楚地看到誰對自己友好、誰對自己不利，進而調整戰略方向。

由於美國在九一一襲擊當中遭受重創，是以在對付阿富汗時，它獲得了最高的道義力量及舉世支持，使美國得以迅速摧毀阿富汗塔利班政權。然而，在戰爭的勝利到來得如此順利面前，在感覺恐怖威脅仍然存在以及自覺成為道德的化身之際，美國人便不自覺地將反恐的意義及行動作了無限量的擴充。伊拉克、北韓和伊朗等「邪惡軸心」（美國總統喬治・沃克・布希於二〇〇二年所定義出來的名詞，指「贊助恐怖主義的政權」），都有可能成為其要「修理」的對象。二〇

○三年三月二十日，在修理了阿富汗塔利班政權後，美國向伊拉克開戰，如今，伊拉克已在阿富汗之戰後的一年半內被摧毀。只是我們不知道下一個「反恐」目標是誰，是伊朗嗎，我們不得而知。

人類會用木棒生火做飯嗎？

人類的進步離不開能源，從最早的木材、煤炭，再到後來的石油，所有的文明都基於能源。目前，人類經濟的現代化完全是得益於化石能源如石油、天然氣、煤炭與核裂變能的廣泛投入與應用。然而，由於這一經濟的資源載體有可能在二十一世紀上半葉接近枯竭，世界或將陷於化石能源危機之中。

能源危機是指因為能源供應短缺或是價格上漲而影響經濟，通常會使經濟休克，很多突如其來的經濟衰退就是由能源危機引起的。能源危機通常指石油或其他自然資源的短缺，通常突出地表現在石油方面，所以能源危機實際上多指石油危機。能源危機是二十世紀的噩夢，在二十世紀後半葉，世界範圍內共發生過三次能源危機。

第一次石油危機發生在一九七三年底，在第四次中東戰爭結束後，為打擊以色列及其支持者，石油輸出國組織（OPEC）的阿拉伯成員國當年十二月宣佈收回原油標價權，並將其基準原油價格從每桶三美元提高到近十一美元，國際市場上的石油價格則從每桶三美元漲到每桶十二美元，觸發了第二次世界大戰之後最嚴重的全球經濟危機。在這次石油危機中，美國的工業生產總值下降了百分之十四，GDP下降了百分之四．七；日本的工業生產總值下降了百分之二十以上，GDP下降了百分之七；歐洲的GDP下降了百分之二．五。

一九七八年底，世界第二大石油出口國伊朗的政局發生劇變，接著兩伊戰爭爆發，戰爭導致兩大產油國日產油量銳減，引發第二次石油危機。石油價格在一九七九年開始暴漲，從每桶十三美元猛增到次年的三十四美元，各國經濟停滯、物價飛漲、股市暴跌，令國際投資者至今回想起來仍不寒而慄。持續了半年多的石油危機成為二十世紀七〇年代末西方經濟全面衰退的一個重要原因。

一九九〇年八月初，伊拉克攻佔科威特，隨後伊拉克遭受國際政治、經濟制裁。第一次波斯灣戰爭的爆發使得伊拉克的原油供應中斷，油價一路飆升，三個月的時間即從每桶十四美元突破到每桶四十二美元的高點，導致美國經濟在一九九〇年第三季度加速陷入衰退，拖累全球GDP增長率在一九九一年跌破百分之二。隨後國際能源機構採取緊急措施，將儲備原油投放市場，同時以沙烏地阿拉伯為首的OPEC成員國也迅速增加石油產量，很快就穩定了世界石油價格，所以這次石油危機對經濟沒有產生像第一次與第二次那樣大的影響。

第三次石油危機出現後，人類開始思考自身的能源問題。一九九八年六月，美國《洛杉磯時報》發表了題為《即將來臨的石油危機——真正的危機》的文章，文章認為今後十年左右，世界石油供應似乎是充足的；在今後二十年左右的時間，全球石油產量可能開始持續下降；到二〇五〇年左右，石油儲量宣告枯竭；天然氣儲備在六十年內枯竭；鈾的開採量據一九九三年世界能源委員會的估計可維持到二十一世紀三〇年代中期；據美國石油業協會估計，在二〇五〇年到來之前，世界經濟的發展將越來越多地依賴於煤炭；其後在二二五〇到二五〇〇年之間，煤炭也將消耗殆盡，礦物燃料供應枯竭。委內瑞拉總統查維茲說：「……消費在上升，生產已經到頂……沒有發現大的礦藏，難以發現新的礦藏，因為在全世界都鑽了井。」到那時，我們人類會以最原始的方式透過木棒生火做飯嗎？「木棒」又將在哪裡？

面對即將到來的能源危機，人類認識到必須採取開源節流的戰略，即一方面節約能源，另一方面開發新能源以維持經濟的發展。

美國加州大學聖塔克魯茲分校、柏克萊分校和聖地牙哥分校的科學家在二〇〇六年六月共同發表了一項研究成果：他們發現地震波可能會增加岩層的滲透性，這有助於地下埋藏的石油流出。研究人員認為，油田的產量不僅和原油儲量有關，也取決於岩層的滲透性，油田的岩層滲透性越高，原油就越容易被開採出來，開採成本也就越低。因此他們認為，在石油產區用人工類比地震波「振盪」岩層，可望增加石油產量。這是因為地震中某一頻率的地震波可以「疏通」岩層中的微孔，使岩層的滲透性暫時增加，而地震後由於岩層間的相互作用，這些微孔重新「關閉」，導致石油的增加。如果用人造震源在油田岩層上持續發出一定強度的地震波，增加岩層的滲透性，許多已經枯竭的油田還可能恢復高產。

目前世界上一些工業化國家都在採取節能措施，聯合熱電就是其中的一種。普通發電廠有多達百分之六十五的能源都作為熱量白白散失掉了，而聯合熱電卻可以將這部分熱量用來發電或者為工廠和家庭供熱，因此可使能效提高到百分之八十五以上，因而大大節約了初級能源。「原煤氣化發電」也是一項先進的清潔能源發電技術，這項技術即將原煤氣化和除硫之後用來發電，可使效率提高到百分之四十五左右，而且基本上不污染環境。據專家們估計，目前的電廠到二〇三〇年幾乎會改成原煤氣化發電，歐洲能源委員會已經決定設立專項基金用於這一新技術的推廣。

▲風力發電。

英國的《星期日泰晤士報》在二〇〇六年六月報導，英國的煤礦可能再次發揮作用，成為發電的主要燃料來源，不過這是一項新的燃料利用技術。英國清潔煤炭研究小組認為，在現有的發電站中安裝一種「超臨界」（超臨界狀態是指讓煤在超高溫度下燃燒，在高壓條件下產生蒸汽，用來驅動氣輪機）鍋爐，就可以使煤在燃燒的過程中丟失的熱量減少，這樣每噸煤所發的電量就增多了，同時這還可以使發電站的壽命延長四十年，氣體排放減少百分之二十，有助於清潔大氣，緩解全球氣候的變暖。除了提高火力發電的能效外，開發綠色能源也是人類解決能源危機的重要途徑。太陽能、地熱能、風能、海洋能以及核能等可再生能源由於對環境危害較少，因此又叫做「綠色能源」。在綠色能源面前，過去以石油、煤炭和天然氣為主的局面將得到改變。

風能這一古老的能源現在又在許多國家和地區得到了人們的青睞。隨著大型機組技術的日漸成熟和產品商品化進程的不斷加快，風力發電成本越來越低，已經具備了和其他發電手段競爭的能力。風力發電不消耗資源，不污染環境，具有廣闊的發展前景。和其他發電方式相比，它的建設週期短；可根據資金多少來靈活確定裝機規模；運行簡單，可完全做到無人值守；機組與監控、變電等建築占地面積少；對土地要求低，山丘、海邊、河堤、荒漠等地均可建設。此外，風能發電在發電方式上還有多樣化的特點，既可聯網運行，又可和柴油發電機等組成互補系統或獨立運行，這對於解決偏遠無電地區的用電問題提供了現實可能性。目前，丹麥是風力發電大國，全國有六千三百餘座風力發電機，可提供丹麥百分之四十三的電力需求。

太陽能是一種資源豐富又不會污染環境的最佳能源。以太陽能的利用為主的可再生能源潛力極大，天文物理學家的計算表明，每年太陽提供的能量是世界人口商品消費量的一.五萬倍。在太陽能利用方面，德國人走在了前面，他們推行了家庭電站「十萬個太陽能屋頂計畫」：居民們購置一座功率為五百至一千瓦的家庭太陽能電站設備，將太陽能電池板安裝在自家屋頂上即可，電站所發的多餘電力還可輸入到公共電網，由電力公司收購。世界各國領導人還舉行過世界太陽能首腦會議。

核能也是人類一項能源選擇，多年來，核能發電站一直是特別受人喜愛的項目。二〇〇五年三月，國際原子能機構在總部維也納宣佈，目前全世界共有四百四十一座核電廠，還有二十七座處於建設階段。據預測，由於全球電力消費增長，到二〇二〇年，核能發電占全球總發電量的份額將從百分之十六提高到百分之十七。

此外，小型水電、潮汐能和地熱能以及氫能源等都是不錯的再生能源，海底的可燃冰也許是人類以後一種不錯的能源選擇，這種含有大量甲烷等可燃氣體、外形與冰相似的新能源，其產熱量比煤、石油和天然氣要多出數十倍，而且燃燒後不產生任何殘渣和廢氣，避免了污染問題。一些科學家把可燃冰稱作「屬於未來的能源」。

除了開發「再生能源」之外，近年來有越來越多的研究人員把尋找新能源的目光落在了身邊的垃圾等廢料上。日本設計出的垃圾發電系統與普通的火力發電站非常相似，每套系統的發電能力可達一千千瓦，平均每天處理垃圾五十噸。日本政府已經制定了到二〇一〇年製造出發電能力為四百萬千瓦的新垃圾發電系統的計畫。

隨著人類登上月球，人類把追尋能源的目光也投向了月球，因為科學家發現「氦-3」能很好地用來發電，地球上稀有的元素「氦-3」在月球表面的塵埃中多達百萬噸，足夠人類使用上千年。另外，科學家對從月球上獲取「氦-3」解決地球上的能源問題的方案進行了經濟上的論證，認為用這種方法獲取的每度電的成本完全可以與現行發電方法競爭。看來，如果人類能利用月球上的「氦-3」獲取電力，人類的能源短缺狀況將會暫時得到緩解。

編年表

一九四六年 美國賓州大學成功研製世界上第一部電子數位電腦（ENIAC）；美國物理學家加莫夫等人提出較完整的宇宙大爆炸理論，對宇宙起源、天體生成等問題做出理論假說。

一九四七年 印度、巴基斯坦分治。

一九四八年 以色列建國；第一次中東戰爭爆發；美國開始實施馬歇爾計畫。

一九四九年 中華人民共和國成立，北大西洋公約組織建立。

一九五〇年 韓戰爆發。

一九五一年 美國、澳大利亞和紐西蘭簽訂一項共同防禦協定，即太平洋安全保障條約；印度成為世界上最大的議會民主制國家。

一九五二年 美國在太平洋實驗場爆炸一顆氫彈；埃及革命發生。

一九五三年 DNA 雙螺旋結構圖問世；人類首次登上世界最高峰聖母峰。

一九五四年 美國參議員約瑟夫．麥卡錫開始操縱國會聽證會，清洗所謂國內的共產主義影響；美國與英國、法國、紐西蘭、澳大利亞、菲律賓、泰國和巴基斯坦建立東南亞條約組織；美國人平卡斯等人發明口服避孕藥，兩年後避孕藥上市；美國人沙克首次發現抗脊髓灰質炎疫苗；美國聯邦法院宣佈公共汽車種族隔離命令。

一九五五年 亞非國家召開萬隆會議，法國人索維在萬隆會議後提出「第三世界」的說法；華沙條約組織成立。

一九五六年　波蘭發生波茲南事件；第二次中東戰爭發生。

一九五七年　蘇聯發射第一顆人造衛星。

一九五八年　歐洲經濟共同體成立；美國發射第一顆「探險者一號」人造衛星；中國開展「大躍進」、「人民公社化」運動；美國安培公司推出第一盤彩色錄影帶。

一九五九年　蘇聯「月球二號」火箭首次登上月球；古巴革命取得勝利；以色列人奧本海默和日本人石花發明避孕環。

一九六〇年　非洲十七個國家獨立（這一年被稱為「非洲獨立年」）。

一九六一年　美國策動豬玀灣事件，企圖推翻古巴政府；不結盟運動在貝爾格勒成立，成為代表發展中國利益和願望的主要機構；年輕的蘇聯空軍少校尤里．加加林乘坐東方一號太空飛船升空，是人類有史以來第一次太空飛行；美國發射載有黑猩猩的太空船，並成功返回地面。

一九六二年　第一個工業機器人在美國上市；蘇聯試驗功率為一億噸的超級3F炸彈，這是人類史上威力最大的炸彈；美國和蘇聯之間爆發古巴導彈危機；全球環保運動開始。

一九六六年　中國歷時十年的「文化大革命」開始。

一九六七年　歐洲共同體成立。

一九六八年　「布拉格之春」事件，蘇聯出兵佔領捷克斯洛伐克；美國黑人民權領袖馬丁．路德．金在田納西州孟斐斯遭暗殺身亡。

一九六九年　人類首次踏上月球。

一九七〇年　蘇聯的「金星七號」探測器首次在金星上著陸。

一九七一年　中華人民共和國在聯合國獲得合法地位；美國廣播和電視節目的錯誤播放導致核警報被拉響。

一九七二年　美國總統尼克森訪華；法國人蒂博首次成功地進行了牛的胚胎移植；首架 A-300B 型空中巴士試飛。

一九七三年　美國在《關於在越南結束戰爭，恢復和平的協議》上簽字；第四次中東戰爭發生；美國人科恩和博耶創立基因工程學；天主教堂同意為離婚的天主教徒舉行葬禮；第一次能源危機發生。

一九七五年　隨著美國的「阿波羅號」太空船與蘇聯的「聯盟號」飛船在太空成功對接；比爾．蓋茲與保羅．艾倫創立微軟公司。

一九七六年　美國「海盜號」火星探測器在火星登陸；印度旁遮普邦為了限制出生率，對生第三個孩子的父親處以監禁；毛澤東去世。

一九七七年　第一款可以大批量生產的個人電腦推向市場。

一九七八年　世界上第一個試管嬰兒路易絲．布朗出生；中國開始做出改革開放的決策；第二次能源危機發生。

一九七九年　伊朗革命拒絕接受西方進步的資本主義日程和共產主義日程，堅持自己純伊斯蘭統治的日程；中美建交。

一九八一年　美國「哥倫比亞號」太空梭首次試飛。

一九八二年　美國醫生成功地為一名患者進行了人工心臟移植手術。一九八四年法國人博利厄研製出墮胎藥 RU486；巴黎巴斯德研究所的蒙塔尼耶成功地繁殖出愛滋病病毒；非洲出現大饑荒。

一九八五年　美國人哈里森首次為胎兒進行手術。

一九八六年　五枚宇宙探測火箭飛越哈雷彗星上空；美國「挑戰者號」太空梭在升空七十三秒後爆炸；蘇聯「和平號」太空站進入軌道，這是世界上第一個永久性軌道太空站；蘇聯車諾比核電廠發生爆炸；物理學家們宣佈，北冰洋上空的臭氧層出現破洞。

一九八九年　德國柏林牆倒下，東歐陣營崩潰；全球資訊網出現，掀起網際網路革命；日本人藤正研製出一種只有一公釐大小的機器人，它能深入血管處理某些病變。

一九九〇年　納米比亞獨立；哈伯太空望遠鏡進入軌道，第三次能源危機爆發。

一九九一年　以美國為首的國際特遣部隊為將伊拉克軍隊趕出科威特而發動波斯灣戰爭；蘇聯解體，冷戰結束；法國人達博維爾成為世界上第一個划船橫渡北太平洋的人（行程一萬公里）。

一九九二年　確立人類第二十一對染色體全圖；北美自由貿易區形成；主張分裂的塞族人包圍塞拉耶佛，發動波士尼亞戰爭並造成南斯拉夫被毀。

一九九三年　歐洲聯盟建立；紐約市世界貿易中心發生惡性爆炸事件；以巴和平協定簽署。

一九九四年　南非進行首次多種族選舉；美國入侵海地，驅逐該國軍政領導人，幫助恢復民選總統的統治；網際網路快速發展。

一九九五年　成立替換關貿總協定的世界貿易組織。

一九九七年　香港回歸中國；英國正式宣佈複製羊「桃莉」於一九九六年出生；亞洲金融危機爆發。

一九九八年　在星際空間發現一個巨型「水蒸氣工廠」，它在二十四小時內生產出的水有可能是地球所有海洋水總量的六十倍。

一九九九年　澳門回歸中國；歐盟十一個成員國批准把歐元作為共同貨幣；世界人口達到六十億。

二〇〇〇年　普丁當選俄羅斯總統；車諾比核電廠被關閉；為了降低油價，美國總統柯林頓決定從戰略石油儲備中發放三千萬桶石油。

二〇〇一年 美國紐約世貿大廈遭恐怖分子襲擊；中國正式加入世界貿易組織。

二〇〇二年 以色列軍隊大舉入侵巴勒斯坦；美國宣佈正式退出美蘇一九七二年簽署的《反彈道導彈條約》；非洲聯盟成立大會暨第一屆會議在南非城市德班國際會議中心舉行；印尼旅遊勝地峇里島發生針對外國人的系列爆炸事件。

二〇〇三年 美伊戰爭爆發，海珊政權瞬間垮台；中國「神州五號」飛船升空；反全球化和恐怖蔓延，「全球不安全」時代到來；SARS（非典型肺炎）初起並爆發。

二〇〇四年 禽流感肆虐亞洲十個國家和地區；世界經濟創三十年來新高；「精神號」、「機會號」火星車登陸火星；印尼蘇門答臘島海域發生強震和海嘯。

二〇〇五年 以巴宣佈實施停火；倫敦地鐵站發生恐怖襲擊；法國巴黎郊區的騷亂在法國國內引發了關於種族、宗教等問題的大討論；颶風「卡崔娜」襲擊美國紐奧良。

二〇〇六年 全球禽流感疫情進一步擴散；全球爆發伊拉克戰爭新一輪反戰抗議遊行；伊朗核武危機；黎巴嫩以色列衝突發生。

二〇〇七年 南北韓領導人會晤。

二〇〇八年……爆發全球金融危機。

二〇〇九年……哥本哈根氣候變遷會議揭幕。

二〇一〇年……「維基解密」揭發多起世界重大祕聞。

二〇一一年……爆發歐債危機。

二〇一二年……歐盟正式透過禁運伊朗石油，以抗議該國在濃縮鈾上的進展；《京都議定書》原定失效，經多哈聯合國氣候變化大會同意延長至二〇二〇年。

二〇一三年……印度首次發射火星探測器，成為亞洲首位、世界第四位成功發射火星探測的國家或組織。

二〇一四年……蘇格蘭獨立公投，最終蘇格蘭人選擇留在英國；國際反恐大會在巴黎召開，宣示共同打擊ISIS組織。

二〇一五年……巴黎遭連環恐怖攻擊；歐洲面臨空前的難民危機；巴黎氣候峰會達成歷史性協議。

二〇一六年……英國公投決定脫離歐盟。

二〇一七年……朝鮮半島危機。

二〇一八年……朝韓兩國元首簽訂《平壤共同宣言》，結束長達半個世紀的軍事敵對關係。

Chapter 5

人類的未來

當科學家們把從猿到人的進化史拼圖歸於原貌時，這樣的一個問題將越來越清晰：人類的未來將會是怎樣的？當然，科學無法準確預測出未來二百年、一千年直至上百萬年間的環境變化，也無法知曉人類是否能適應這樣的變化。但人類作為一個自然物種，進化的腳步不會停止，而且人類的好奇心從來就相當強烈。追尋人類演化的足跡，我們能否看到自己的未來？

人類沒有港灣，時間沒有邊岸；時間流逝，我們走過！

——阿爾方斯・德・拉馬丁

有時候，在恐怖時刻，我總要懷疑是否有理由希望人這樣的動物繼續生存下去。

——伯特蘭特・羅素

我不是自己居所的主人。

——佛洛依德

導讀

人類失去幻想，世界將會怎樣？

對於這個問題，也許沒有人有足夠的想像力，能描述出失去幻想的人類社會。然而，人類對於未來自身的模樣從來都給予了足夠的好奇、熱情與關注，但在這種好奇、關注中又摻雜著一絲莫名的恐懼，因為，即使是最有想像力的人，他也總是把未來的人類想像成與我們現在一樣。人類對於人類未來的模樣就是持著這種複雜的情感。

然而，隨著人類的進化，人類的模樣肯定將發生很大的變化。科學家們指出，人類的樣子會隨著環境的改變繼續變化，比如會變得矮小以節約空間，而腦袋則會繼續變大以容納更多的神經元，甚至成為人體最大的器官。

人類不僅害怕自身形象的變化，這點可以從眾多的科幻電影中看出──無論人類怎樣變化，其自身的形象與容貌都沒有太大的變化，同樣也會害怕一些巨大的災害──因為人的力量有限，難以阻擋種種巨大的災難。不過即便是再大的災難，人類也會鼓足勇氣去面對。然而，對於一些細小的、看不見的災難，人類往往會慌亂、會舉止失措，比如病毒，就是一種讓人失去勇氣的對手。

另外，人類對於自身的優越感來自於人類是地球上擁有最高水準智慧的生命體，而當有另外一個群種擁有人類一樣的智慧，甚至超越人類自身的時候，肯定會引起人類的恐慌。電腦與機器人就是引發這種恐慌的最合適「人」選。

人類賦予了機器人堅固、有力的身體，又給了機器人智慧，使機器人可以思考。然而，就是這兩樣由人類製造的東西，將會讓人類感到從未有過的恐慌。因為大自然可以用沒有生命的物質進化出擁有智力的人類，那麼在機器製造機器的未來，也很可能會進化出有自我意識的機器人。

人類對於未來的危機感，不僅來自於核戰爭、外星人、機器人或是其他生物威脅人類的統治地位，人類也害怕大自然對自己的懲罰。因為人類為了自己的私欲不斷地破壞大自然，而大自然對於人類的報復就是地球越來越不適合人類生存。畢竟，地球的資源是有限的，人類的子子孫孫是無窮盡的。也許在五千年後，由於地球兩極冰層融化，人們只有在水上生活，這時泥土和淡水都成了極其珍貴的東西，而類似紙張之類的物品更是昂貴的奢侈品，陸地更是只有在傳說當中才出現過。人類文明完全崩潰，只剩下散落的遊民在海面上過著野蠻人的生活。

也許在幾百萬年甚至幾億年乃至我們無法說出來的年代後，外星人會來到地球，那時的地球已經進入冰河時代，而人類已經從地球上消失，外星人對人類創造的諸多文明感到驚奇，但他們也不知道人類最終去了何方。也許，當地球不再適合人類居住的時候，人類會告別故鄉，開始新的旅程——人類的進步與探險密不可分，只要條件成熟，人類就要踏上遠航的征程。因為自從人類知道地球外還有更廣闊的空間後，就沒有停止過對太空漫遊的嚮往。在太空漫遊已經成為現實的時候，人類當然會開始憧憬可以永久居住的太空站和太空殖民地。

當人類尋找的太空站與太空殖民地其能量消耗盡之後，它們終將毀滅，到時候，人類或者說知性的生命體終將走向何處？

二百年後的人類

二〇〇六年的新年異常寒冷，幾乎整個北半球都遭受著極度低溫的考驗，來自西伯利亞的持續寒流在俄羅斯、烏克蘭、東歐和日本奪去了上千條人命，並波及中國河南和隴海地區，就連往常屬於溫暖地帶的南歐和印度也降起了暴雪，並導致大批人畜凍死。

二〇〇六年的新年為什麼會這麼冷？科學家們對此紛紛提出了不同的解釋。在他們看來，我們的地球在溫室化的同時，也面臨著突然進入「冰川時代」的可能。在地球氣候變遷的歷史上，間冰期和冰河時期總是交替出現，它們為地球增減衣裳，變換新裝。

在這個即將到來的冰川前期，人類生活的地球環境將變得越來越熱。在過去的一萬年裡，地球平均溫度升高最快的時間就是在最近的一百多年裡。如果地球溫度以此速率繼續上升，它將造成乾旱及沙漠綿延擴展，地球上的生命將面臨災難，同時還會由於極地冰雪融化而引發水災。如果全球溫度繼續升高，二十二世紀末的海平面將比現在升高七百公釐，這將使像孟加拉這樣地勢較低的國家遭受嚴重的水災。因為在過去的一百年裡，全球海平面高度平均上升了一百五十公釐，而且這種上升速率將隨著全球溫度的升高而逐漸加快。「如果我們不儘快採取行動，我們可能會在未來面臨四至六公尺的海平面上升。」美國俄亥俄州立大學的地質學家約翰·默瑟在一九七八年時這麼說。

現在的金髮人群將在二百年後消失，因為金色頭髮是「隱性金髮基因」作用的結果，只有親代都屬於「純正的金髮」人群，後代才可能有一頭漂亮的金髮，但由於目前進行此類婚配的幾率越來越小，「自然金髮」可能消失。據預測，最後一位純金髮的人將於二二〇二年在芬蘭誕生。

在未來的二百年中的城市裡，人們將會越來越過分地依賴汽車，然而，石油的匱乏與汽車產生的越來越多的廢氣將是人類永續發展的瓶頸。為了解決這個問題，人類將開始使用無廢氣汽車。無廢氣汽車以高級電池或氫燃料電池提供動力，這些電池透過一種「清潔」的化學反應產生電能。同時，一些由組合馬達和汽油引擎所組成的組合汽車也將產生，超高速客機與超高速火車將出現。由於磁懸浮列車的大量出現，這種速度快、低耗能的交通工具將成為人們出行的首選。

在下一個二百年裡，由於電腦與網路的極大普及，人類開始進入數位資訊時代，大量的資訊將導致人類的出行變得越來越少，因為「秀才不出門，能知天下事」。同時由於資訊的發達與科技的進步，專家可以在美洲的家中指導非洲的科研研發，而不必待在現場，因為各式各樣的感測器及和病毒一樣大小的機器人會將情況及時回報。

依照目前的人口增長速度，到了二〇五〇年，世界人口將達到八十億至一百二十億，隨著人口的激增，人類或許將陷於糧食危機中，於是人類將出現以蔬菜為主的飲食方式和以飼養小家畜為主的飼養方式，因為肉食的生產要比蔬菜佔用更多的資源，而且小的家畜飼養要比大家畜飼養見效更快。一隻肉雞的飼養只需幾週的時間，你能想像一頭牛經過幾週的時間能長多少肉嗎？在一年的時間裡，飼養肉雞產生的肉比飼養肉牛產生的肉要多得多。另外，為了抑制人口爆炸，人類將更多地使用更先進的避孕措施，在世界範圍內，更多的國家將實施生育許可制度。

由於科技的發展，人類還將擁有登上太空的天梯。人類將建造一條長達十．五萬公里的合成纜繩，由地球雷射光束提供能量的機器人升降車可沿著這條纜繩升降，將貨物和衛星等送入太空。當然，最開始享受這種服務的是從事這方面的小型機器人，在未來的二百年裡，人類還無法透過這條纜繩進行太空之旅。

現在，讓我們來預測一下近二百年來的人類社會會發生哪些事情：

・二〇三〇年：人類成功登上火星。

・二〇四四年：由於微夸克管和量子疊加技術的實現，人類可以製造出具有很高分析性的機器人，這些機器人從理論上可以勝任各種惡劣的星際環境下的工作，包括星際資源採集，這讓人類在太空走得更遠。

・二〇四六年：由於能源危機，世界各國開始限制人民擁有私人車輛。

・二一二一年：三美國科學家發現人類有百分之七十的男性精子存活率偏低，每一毫升精液只有百分之三的健康精子。

・二一六三年：人類遭遇到了智慧外星飛行物，並成功地進行了一分鐘的電磁訊號交流，但人類無法破譯交流的內容。

・二二〇〇年：全球溫室效應使得孟加拉處於嚴重水災之中，世界其他各國紛紛將工業重鎮進行「乾坤大挪移」。

一千年後的人類

據資料記載，最早的現代人類女性身高平均為一百二十公分，體重三十公斤，全身毛茸茸的，智商較低，腦袋比現在的女人小三分之一。這一情況持續了兩百多萬年，但「突然」之間（幾萬年的時間），女性的身高增加了近五十公分，並有寬寬的雙肩和大大的腦袋。然後，女性的身高不僅沒有再增長反而減少了近十公分，而腰圍增加了。十九世紀，年輕人的機體生長到二五至二六歲時停止，二十世紀上半葉，到到了二十至二十一歲身高就已停止增長，而現在的年輕人在十八至十九歲時機體就會停止生長。

這種進化的趨勢在下一個千年裡還將繼續，到西元三〇〇〇年，人類面部的骨骼將變得越來越短，估計人的臉部長度將比現在短四至五公分，只有十八至十九公分。這可能是由於精細的食物使得人類的咬合骨不再需要那麼大的力量，導致人的骨骼變細縮短，因而臉部長度變短。人類的進化不僅會影響到人的臉部，人類的體型也會發生變化，身高普遍增加，而腰圍卻越來越粗。

在下一個千年，將有百分之五、六十的女性呈現長方形身材，上下一般粗；超過百分之十五的女性是「梨形身材」，臀部比胸部大；百分之十左右的女性是「倒三角」，胸圍比臀圍大；百分之十左右的人擁有符合如今審美標準的「沙漏形身材」。這種進化的另一個原因是人類的智力水準在不斷地增高，由於人類的智力水準天生地受到女性骨盆的影響（因為人類在降生時必須通過女性狹小的骨盆縫，所以女性的骨盆決定了人類的腦袋大小，而大腦袋所能容納的神經元會更多，神經元更多就有可能使人更聰明），所以未來的女性腰圍將越來越粗，以便讓大腦袋的胎兒通過。

人類進化的結果使女性不再像「女性」，對男性而言，可能後果會更為嚴重，因為男人能來到世上就是多虧了Y性染色體，而數百萬年前Y染色體上有基因一千五百個，現在總共卻只剩下四十個，出現了「枯竭」現象。如果這個過程不停止，男人就有可能和Y染色體一起完全消失。

在西元三〇〇〇年，由於人口的增長和土地的逐漸沙漠化，人類將使用一種新型的糧食生產方式來解決饑荒問題。因為人類透過糧食攝取的主要是蛋白質（含C、H、O、N、S等元素），碳水化合物（含C、H、O等元素）以及脂肪等，人類完全可以透過其他的方式來重新組織這些元素以使它們適於人類的生理需要。在太陽光提供的能量下，人類控制的微生物透過它們的生理活動使C、H、O、N、S等元素重新組合，使得原子、分子等形成蛋白質、碳水化合物和脂肪等，這樣人類不用透過種植就可以得到「糧食」。

由於未來的人類不再吃現代人吃的食物，所以他們不再有智齒和上門齒，牙齒也開始減少和變小，當他們不再吃簡單而粗糙的飯食而直接飲用高濃縮的液體功能飲料後，剩下的牙齒也將消失，在拳擊比賽中耳朵被咬掉的情景將不再出現。

到西元三〇〇〇年，全球變暖的速率會比現在快三倍，世界地圖將會由於全球變暖而被重新繪製。到那時，全球平均氣溫比現在會高十五℃，讓夏季變得更加炎熱，或者是全球氣候先變得更冷然後再變得更熱，海洋表面溫度先下降三℃左右，但隨著北極冰雪的融化，在不到二十年的時間裡，溫度會突然回轉，猛然上升八℃左右，接著持續上升。而另外一些地方則會忽冷忽熱，讓人難以忍受。由於溫度的升高，海平面會上升十一公尺以上，那些大洋上的島國、高腳屋和人工建築可能出現「桑田變成滄海」的境況，畢竟，海平面上升一公尺就會淹沒孟加拉、美國佛羅里達和地球上其他許多地勢比較低的城市，數以億計的人不得不撤離。

由於煤炭和核能等原材料已經告罄，人類不得不尋找新的能源。由天然氣和水結合在一起的固體可燃冰可能是人類的一種新能源，但人類由於在太空的科研活動增多，使得人類把尋找能源的目光投向了月球、火星或是更遠的外太空。在人類尋找新能源的過程中，會不斷地更加無限制地使用自然資源，與此同時，還破壞著生態環境。也許，宇宙中的黑洞將成為人類一種最清潔、最強大、效率最高的「綠色」能量來源。因為科學家們發現，宇宙間最高效的能源發動機就是「黑洞」中飛旋出的粒子。黑洞——這個高密度銀河中心將幾乎所有物質都能吸入其中，「黑洞」中飛旋出的粒子構成了宇宙的能量引擎。美國史丹佛大學和史丹佛線性加速器中心的教授史蒂夫．艾倫說，黑洞粒子所發出的能量，比人類建造的任何發電廠功效都要高出二十五倍，這包括人類建造的核子發電廠。艾倫說：「如果你建造一部汽車引擎，其能量好似一個黑洞粒子引擎的話，那你就可以用一加侖汽油行走十億英里。在任何人的書中，這都將是相當環保的燃料。」同時由於黑洞巨大的引力，黑洞或許會成為人類最大最好的垃圾處理廠。

在下一個千禧年裡，各式各樣的機器人將越來越多，於是人類開始利用它們來處理日漸增多的廢物。那種和細菌、病毒一樣大的機器人將會有更大的用途，在你搬家後，大大小小的機器人將會為你收拾屋子，將各式各樣的細菌、病毒統統處理掉。在上一個千年裡深埋於地下的各式各樣的有腐蝕性的、有毒的、有輻射的廢料將在這些機器人的面前統統消失。

隨著科技的進步和網路的不斷分佈，遠距離的手術將成為可能。遠距離手術操縱系統將由操縱台、效應器和監視裝置三部分組成，操縱台有操縱桿式和按鍵式兩種，效應器分為「機械臂式」效應器和「機器人式」效應器兩種，前者和操縱桿式操縱台配套工作，後者則與按鍵式操作台配套工作。監視裝置由安裝在效應器上的攝影機與麥克風、安裝在操作台上的三維圖像傳輸系統和身歷聲裝置，透過衛星通信網路傳輸信號，監視裝置可將遠方的每一個細節都透過效應器傳過來，借助監視裝置，醫生坐在操縱台前透過指導「機械臂」或「機器人」為患者進行手術。由於監視裝置可以從不同的角度拍攝手術時的傷口情況，因此會比即時手術觀察得更清晰。

未來的太空之旅可能是這樣的：太空梯的一段設置在赤道的正下方，另一端搭載小行星的殘骸上。在人進入太空梯之後，一開始會很慢，不久太空梯上升的速率會越來越快，不出數分鐘即穿過雲層，天空越來越暗，很快一片漆黑。二十分鐘後，太空梯到達宇宙空間，乘客俯瞰地球。從穿過地球的大氣層開始，太空梯的速度正式加快。三小時後太空梯到達中點，此時地球在人眼中變得越來越小，六小時後，天梯抵達太空基地。乘客解開安全帶，因為重力消失於是乘客漂浮在太空中。這只是人類到達太空的旅程，若想到達更遠的地方，則需要換乘天梯。

在下一個千年裡，越來越多的經驗讓我們懂得，地球上的資源並不是取之不盡、用之不竭的，我們生活的世界是一個資源趨於枯竭的世界。人類的今後以及遙遠的未來，全都取決於我們是否有能力很好地處理自己與這個正在走向終結的自然世界在各種機遇與限制方面的關係。當然，這是一個相當複雜的問題，人類目前面臨的各種問題表明人類自身還沒有明智地處理這類問題的能力。如何扮演自己的角色、如何做出反應、如何處理面臨的問題以及接受挑戰都將考驗人類的智慧。學會使用一種新的方式確立各種目標以及它們的先後順序，做出新一代人所認同的是必要的。

人類的大結局：猜想之一

正如過去的人類看不到現在的人類一樣，現在的人類也無法看到未來的人類是什麼樣子，但人類沒法不關注自己的命運：五萬年、十萬年、五百萬年、一億年後的人類將是什麼模樣？我們可以根據人類的進化規律以及人類科技的發展來預測一下人類發展的趨勢。

人類也許會面臨不幸的境遇，科學雜誌《自然》的榮譽編輯約翰．馬多克斯爵士預言，人類將是註定要滅絕的諸多物種之一——假如人類不進行科學技術的改進以拯救人類的話，因為人類

▲天災示意圖。

「每個人的身體裡都有一個正常的基因，它製造一種亨丁頓蛋白質。人類繁衍的過程中，細胞分裂時這個基因的末端會產生一個小的無義片段，當這個片段超過一定長度時，就會使人患上亨丁頓症」。另外，人類還可能面臨其他的威脅，愛滋病可能只是未來幾十年裡的幾種傳染病中的一個。一些已知的微生物會變得更易致病，而且原來局限於其他物種體內的微生物會逐漸變得適合在人體內生長，所有這些都將讓人類變得更加脆弱……

英國古生物與古人類學家多格爾．狄克森認為生物的進化程度越高，衰亡也就越快。人類是地球上進化程度最高的生物，經過了幾百萬年的進化歷程，現在已開始走下坡路。同時由於先進的醫學技術，使得許多疾病都能得到治療，這樣一來，一些病人就把體內的致病、易致病基因遺傳給了下一代，再加上人類自身一些突變而來的致病基因，結果使人群中致病基因一代比一代高，導致人類開始走下坡路。

另外一些科學家表示，環境污染對人類造成的破壞程度將會遠遠超過以前的估計。環境污染可能會引起人類基因突變，然後在人類一代代的遺傳中不斷壯大自己，引起人類不育，最終毀滅整個人類。加拿大科學家在二〇〇四年進行的一項研究發現，老鼠接觸到含污染物的空氣後，基因突變的概率明顯增高。

愛丁堡大學進化生物學研究所的博士勞倫斯．洛維說：「以前我們都認為環境污染造成的這種小的突變對生物界不會有什麼影響……但我們現在發現，這種有害突變經過長時間的積聚就會嚴重影響人類的健康……由於現在的嚴重污染，使得我們的基因在慢慢地發生突變。一旦積累到一定程度，人類的滅亡將成為不可更改的事實。」

一些著名的古生物學家認為人類現在的環境改變將導致人類的滅亡，他們認為地球生命演化史經歷過五次大規模的生物滅絕，這些生物的滅絕無不與環境的急劇變化有密切關係。而現在，「人類活動引起的全球氣溫變暖與距今約四千五百萬年前地球經歷的一次氣溫變暖十分相似，它們都導致了大量動植物種類滅絕。」英國皇家學會會員、劍橋大學的西蒙·莫瑞斯教授說。如果人類的這些朋友都滅絕了的話，人類的大限也就該到了。而現在，「人類活動造成的物種滅絕比自然滅絕的速度高一千倍，平均每小時就有一個物種滅絕」。

我們現在來預估一下人類的悲劇性未來：

·二二五〇年：地球上的溫室效應發展到了極其危險的地步，颶風、旱災、洪水頻繁發生，全世界的農業受到了嚴重的摧殘，即便是最先進的國家都出現了糧荒。

·二三〇〇年：沒有具體的措施來限制人口的增長，也沒有認真地推行環保措施；窮國的饑荒造成慘重災情，富國沒有伸出援手，反用武力保護自己的生活，對窮國見死不救。

·二四〇〇年：溫室效應相當嚴重，生物蛋白質、海草及浮游生物成了二百億人的主食。

·二八〇〇年，任何改良的政策都沒有帶來預期的效果，世界人口達到一千億，後來由於溫室效應引發自然災害和大饑荒，百分之七十五的動植物滅絕，世界人口大幅下降。

・三五○○年：世界人口下降到一百億，倖存者重振文明卻無功而返，因為能源、礦物、潔淨的飲水和肥沃的泥土都不足，人們不得不過著農耕般的生活。

・四五○○年：由於在三十六世紀前排放的煙塵無法消除，同時由於三百年前的戰爭中使用的各種生化武器的影響，全球氣候出現如電影《明天過後》中出現的時冷時熱的惡劣天氣，人類出現各式各樣的奇怪疾病。

・五○○○年：由於自然災害，人口下降到人類五千年來的最低點，一千年前被破壞的地球環境還沒有恢復，人類生活在物質相對匱乏的狀況中。

・八○○○年：環境污染導致人類出生了相當多的畸胎，成人的患病率極高，對人類的過去有記憶力的人都去世了。

・一五○○○年：人類殘喘了相當長的一段時間，最終滅亡。從此之後，宇宙中的知性生命體不再由人類來主宰了。

人類的大結局：猜想之二

前面我們預測了人類的悲劇性大結局，這裡我們預測在大自然的物種選擇與未來突飛猛進的科技面前，人類將會面臨怎樣的發展趨勢。

以加拿大自然博物館人類學家盧瑟爾和塞格京為代表的科學家從達爾文的進化論出發，認為人類的誕生和進化是沿著一條直線發展的。人的雙手會變得越來越靈活，大腦變得越來越發達，智力水準越來越高。相比之下，肢體將逐漸退化，最終人類會演化成大腦袋、大眼睛、細長四肢的人種。

而更多的科學家則贊成這樣一種更加正統和謹慎的人類進化理論，即人類體質的改變，大腦體積的增加，與社會進步、人類智慧的高度發達相比是微不足道的，即人類相對不會出現太大的變化，因為人類體質上的靜止不變對人類是有利的。在人類誕生的過程中，人類是從好幾支不同的動物進化中脫穎而出的，這說明人類能夠生存下來肯定具有多種優越性，體質上的靜止不變正好將這些生物學特徵上的優越性保持下去。

▲機器人示意圖。

但是，人類隨著時間的流逝肯定會不斷進化，如果人類延續的時間足夠長，由於資源和空間等的關係，人類一定會向太空擴張，在與地球不一樣的環境下肯定會形成新的人種。然而，由於太空探險的不確定性，人類如何在失重的太空旅行中繁衍後代以及作為地球生命的人類能否在太空極端的環境中生存下來可能都是一個問題。因此，科學家可能會把製造人的指令而不是實體的人送到宇宙的一個角落，當機器人在某個星球上建設了基地之後，利用收到的人類指令製造出新的人類——天文人。

人類還能透過改變基因的方法改造人類，用類固醇藥物打造肌肉男是科學技術打造新人種的一個早期範例。當人類突破道德上的爭議，對種系幹細胞進行修改就可以打造出新一代的超人。當然，由於對種系幹細胞操作的不確定性，也可能帶來無法預料的後果，甚至將人變成怪物。

隨著社會的發展與變遷，當人類處於高度全球化的背景下時，不同膚色的人將會逐漸融合，其人種文化上的差異將會逐漸消失，加上人類基因庫自身的逐漸收縮，將使人種出現大融合的情況，進而導致單一人種的誕生。當然，由於單一人種基因的單一性，在融合的輝煌——從未有過的和諧世界——背後將是受到某種病害對人類毀滅性的打擊——一個倒、倒一片的骨牌效應將會發生。

當然，人類也可能透過與越來越先進的高科技機器結合產生出新的人類，透過植入晶片到人的大腦中，使之成為有思想能勞動的新型人類，成為人工智慧人。這可能是人類的終極進化。

當人類高度發達的科技揭開了人腦的全部奧秘後，科學家將人腦的功能濃縮到一些小小的晶片裡，再植入人類的腦內，成為人類腦內進行思維和記憶的主要部分。由於這些人造晶片能大大地提高人類的記憶和思維能力，因此它會使人類變得聰明很多。

人類正是由於懂得使用工具才成為世界的主宰，一旦發明了更先進的工具，人類一定會把這種工具使用到淋漓盡致。人造晶片讓人變得更加聰明，使得人類無法抗拒地要使用它。同樣，社會的競爭也會讓越來越多的人使用它，因為裝有這種晶片的人在社會上更具競爭優勢。同樣的，國家之間的競爭也會促使人類安裝更高品質的晶片。適者生存的自然法則在哪裡都是適用的。

當然，由於科技的進步與人類的進化，有相當一部分人不需要安裝晶片就可以在社會中憑藉其聰明才智立足，因此，人類社會就成了不裝晶片的自然人與裝有晶片的機器人並存的社會，此時自然人和機器人的區別實際上只是是否安裝了思維晶片而已。因為，人如果想變成機器人，只要安裝思維晶片就行了。從這一點意義上來說，自然人和機器人實際上沒有什麼區別，也就不可能出現機器人消滅人類的現象，兩者是一種和諧發展的關係。

所以我們大可不必像某些科幻小說中想像的那樣恐懼：人類會變成任由機器人宰殺的奴隸或供機器人觀賞的低級動物。但有一點人類不能忽視，那就是人類是一個比機器人更脆弱的群體，在突然出現的毀滅性災難面前，機器人可能先保護自己而放棄對人類的保護。

另外，俄羅斯社會科學院的一些科學家稱，地球上似乎存在一種新的人種——「靛色系小孩」。這種新的人種有超能力，可以看到靈異現象，能預測將要發生的事情；他們的共同特徵是智力很高、直覺性強、非常敏感等；從人體能量攝影的圖片中發現，代表精神力的藍色，在他們身上特別明顯，因此被稱為「靛色系小孩」。科學家們推測說，可能由於基因變異的關係，地球上數以千計的居民已經不再屬於「舊人類」，一個拯救人類的新的種族正在誕生。

讓我們來預測人類在大自然和高科技面前的進化趨勢：

・二二五〇年：機器人的數量比人類還多，人的一生有大半時間不需要工作。
・二四〇〇年：地球上相當多的地方都建立了自然環境保護區，糧食可以由機器製造。
・二五〇〇年：太空梯完成，人類的太空之旅變得更加容易。
・二七〇〇年：無人太空艇探查鄰近的恆星四周，發現了可能適於人類居住的行星。
・二九〇〇年；世界進一步融合，五個大的合眾國產生。
・三五〇〇年：火星的地球化環境工程完成。
・五〇〇〇年：火星上開始有了殖民城市。
・一〇〇〇〇年：出現冰河期的前兆，部分人類開始向赤道附近移動，部分向火星移民。
・一〇〇〇〇〇年：各式各樣的人類在其他恆星周圍的行星上產生。
・一〇〇〇〇〇〇年：新的人類把銀河系各處的行星變成殖民地，人類開始想到銀河系周邊的宇宙中尋找新生命。

外星人和人類的相處

人類是孤獨的，當然，這並不僅僅是指人類作為一個單個的生命體是孤獨的，作為一個能夠發展出文明的物種來說，在數千光年的範圍內，我們很可能都是孤獨的。

二〇〇五年八月，美國天文學家在對「史匹哲」軌道望遠鏡所獲取的資料進行研究後進行推測，地球之外不但存在著外星人，而且他們在一定程度上與我們人類相類似——至少，他們也是由有機物質構成，而並不是由什麼電漿體或其他外星物質構成的。而且，「史匹哲」科學研究中心的天文學家們所取得的資料還顯示，能構造有機生命的這些「磚塊瓦片」比宇宙本身年輕不了多少。看來，人類不僅有鄰居，而且我們的鄰居和我們差不多是在同一起跑線上。

然而，到目前為止，我們還是沒有發現真正的外星人。外星人真的存在嗎？他們以怎樣的形態生活著？將來他們會與我們和平相處嗎？

現在人們普遍認為外星人，也就是說地外文明的存在幾率為百分之百，然而人類的研究發現概率卻為零。這種矛盾該如何來調和呢？事實上，存在與發現之間肯定會有差距，而且有時可能是極大的差距。目前人類尋找外星人的途徑主要是透過發射電波，然而，在一個星系裡面的其他理性社會，如果它們之間不能進行通訊的話，我們發射的電波當然檢測不到它。電波的檢測概率需要透過一連串的概數來實現：一顆恆星周圍有行星的概率、一顆行星產生生命的概率、生命產生以後它演化出理性的概率，最後這裡面還會有一個社會因數，社會因數就是這個文明的社會到底能持續多久。如果其他概率的因數比較大，而社會因數的概率相當小，那樣也是很難相遇的。另外，如果文明不能維持很長的一段時間（文明是一個短命的社會現象，一個文明發祥了很快就會湮滅，並被另一種文明取代，新老交替的規律無處不在），由於文明的不能共生會導致文明的交流很困難。當然，人類不能檢測到外星人的信號也許是人類的探測設備不夠精確，也許是人類尋找的方式還不正確，也許是人類檢查電子波譜的波段不正確，使得我們目前還無法檢測到外星人的存在。

當前，人類透過不同的方式檢測外星人的存在，但說不定外星人也在透過不同的管道打聽我們呢！加拿大多倫多大學的學者艾倫·圖赫認為，在我們探索太空的時候，也許外星生命早已發射了探測器在偵察地球，我們應該嚴肅地對待這一可能，並對外星「竊聽器」進行反搜索。艾倫·圖赫認為，這些外星人的機械間諜「可能比我們人類中的任何一員都更精明並且知識更淵博，然而……它們可能還沒有一個籃球或棒球大」。更小是為了更好，因為小不僅可以減少能量消耗，而且也較容易隱藏，不會輕易為被探測星球上的智慧生命發覺或扣留。

如果人類真的與外星人遭遇，我們將會面臨怎樣的狀況？其實，人類與外星人遭遇既有好處也有壞處。好處就是結束了我們的孤獨，我們有了我們的同類；另外一個好處就是外星人給了我們一個生存的信號，人類目前面臨著很多環境問題，如大氣污染、核戰爭威脅、核污染、臭氧破洞以及人口爆炸等等，也許我們可以問一下外星人，看他們是怎樣解決他們的文明社會持續發展的問題的，或許外星人會告訴我們如何用政治、經濟或科學技術的手段來維持生命的生存。

另外，如果外星人遵循著人類同樣的進化規律，那麼，這些有肢體、有眼睛、有呼吸空氣的肺葉、有嗅覺的生命體將給我們人類帶來福音。畢竟，我們生活的這個星球已經變得千瘡百孔了，我們完全可以移居到外星人生活的星球上去。當然，這種美妙的設想也許只是我們的一廂情願，人類在數百萬年中才進化成了現在的這副尊容，在漫長的進化年代裡，在很多地方肯定會發生一些其他的變化，我們人類會適應外星人生活的星際空間嗎？另外，外星人會讓我們共用他們的這種星球資源嗎？

壞處就是外星人會為我們招來橫禍，惹來是非。然而這個問題到現在考慮已經太遲了，因為我們在半個世紀以前就已經有雷達的電磁活動了，雷達的電磁活動已經向外星人表明了人類的存在，到時候能否和外星人和平相處就看外星人的態度了。不過，電影《異形》中的外星人肯定是不友好的；《世界大戰》中的外星人為了奪取地球而殺戮弱小的人類，讓人不寒而慄；《ID4：星際終結者》中所的外星人肯定會為人類帶來無窮的禍患。

以我們人類目前的技術看，我們根本不可能到達更遠的星球去。在有行星繞行的恆星中，離地球最近的至少有六光年（一光年＝946,080,000公里，近十兆公里），如果人類能夠與外星人相遇，那也肯定是外星人來到我們生活的星球上，這樣無疑就是外星人在技術方面佔有優勢，這樣，弱勢的人類在面對外星人時會不會出現《世界大戰》中的情形？

另外，外星人到達地球肯定有他們的目的，因為有可能存在生命體的星球離地球最近的也有六光年遠，即使以光速飛行，到達地球也需要六年的時間，這中間需要大量的時間（六年）、能量與金錢（將十磅重的探測器發射到近地並讓它減速至少需要近一兆焦耳的能量。如果從電力公司購買這麼多能量，至少需要支付二．五億美元），由於地球上的一些自然資源是太陽系其他地方所沒有的（最主要的就是大量的液體水），在太陽系中，水資源是十分稀少的，由此我們足以相信其他地方也是如此，也許這些天外來客就是太空海盜，他們企圖掠奪銀河系裡稀少的水資源。由於他們擁有我們無法抵抗的先進技術，我們只能祈禱他們是閒情逸致的太空旅行者，他們只是在探測陌生的星球。

人類在太空中的生活

鳥兒飛過天空，雖未留下痕跡，卻讓人類留下了飛翔的夢想。一九〇三年，美國萊特兄弟駕駛著他們在自行車修理車間裡製造的第一架飛機「飛行者一號」，成功地飛向了藍天，實現了人類飛天史上的第一個奇蹟。

也是在這一年，雙耳失聰的俄國科學家齊奧爾科夫斯基提出了著名的「火箭公式」，論證了用火箭發射太空載具的可行性。「地球是人類的搖籃，但是人類不會永遠生活在搖籃裡，一開始他們將

▲太空生活示意圖。

小心翼翼地穿出大氣層，然後去征服太陽系。」這位科學家說。正是憑著這位「航太之父」的天才構想，一扇通往太空的科學之門打開了。

當人類的棲息地變得越來越糟、當地球的資源供養不了越來越多的人、當人類能延續到足夠長的時間時，人類終會將目光投向遙遠的太空，那麼人類將在太空中如何生活，他們會生活得舒適愜意嗎？

現在我們來設想一下，未來的人類將在太空中如何生活。首先來說未來的人類的衣著，畢竟，當人類最先從猿分化出來走向文明的時候，他們最先懂得的就是在腰間圍上以樹枝樹葉遮蔽。此後，人們對於服裝的認識多局限於遮蔽、保暖、美觀等特點，然而，在太空環境下，這些功能中的一部分將變得越來越次要，因為在太空接近真空的壓力環境、極端的溫度環境下，人類的生存變成了首要的問題，衣服的功能就是保障人在太空環境中更好地生存。在缺乏生命所需的氧氣、空間遍佈隕塵與碎片以及輻射威脅、低溫等惡劣條件下，都需要服裝給人體提供一個良好的防護和保障系統。

當人類乘坐的太空載具在飛向太空的過程中，如果飛船座艙發生洩漏、壓力突然降低，這將對人的生存構成極大的威脅，這時就需要一套服裝保證人體能夠及時接通艙內的供氧、供氣系統，以維持人體所需要的恆溫條件及保障正常的通話聯繫功能。當人類從太空載具中出來進入太空中從事日常工作時，人類就需要另外一套服裝，因為太空中的環境與太空載具中的環境是大不相同的，這套服裝是人類進入開放的宇宙空間進行活動的保障和支援系統。它不僅具備獨立的生命保障系統和保證人正常工作的能力，包括極端熱環境的防護和人體平衡控制、氧氣供應和壓力控制、服裝內微環境的通風淨化、測控與通信系統、電源系統以及人類視覺防護與保障，而且還具有良好活動性能的關節保護系統以及在主要系統出現故障的情況下的應急供氧系統等。這種服裝在結構上將由微流量防護層、真空隔熱遮罩層、氣密限制層、通風結構和液冷服等多層結構組成，猶如一個獨立的生命保障系統。由於這諸多的功能，使得這樣一套衣服通常比一個健碩的人還要重，而且其價格不菲。

由於太空中的失重環境，人的活動很難自我控制，這時太空服上的「太空噴氣背包」就可以大派用場。這種背包內裝有液氮，在各個方向上安裝有微型噴嘴。在太空中，人們透過開關控制這些微型噴嘴，噴射出背包裡的壓縮氮氣，形成各個方向大小不同的反推力，讓人在不同方向上移動。這樣，人類就能在茫茫太空中隨心所欲地前後左右自由行進了。

解決了人類的穿衣問題，我們再來說說在太空中的飲食問題。也許當人類在太空中生活時，人類的飲食方式與食物結構早已和現在不一樣，人類透過高壓縮、高能量的液體功能飲料來獲取能量。如果是這樣，人類在太空中的吃飯問題將會變得簡單一些，因為太空中極其微弱的引力會讓固體食物飛來飛去，食物殘渣也可能會在空中飄來蕩去，它們既有可能飛入人的鼻子眼睛導致人不舒適甚至生病，也有可能鑽到太空艙部件中影響太空艙的正常工作。即便如此，在太空中進食液體功能飲料也不是一件容易的事情，因為不管是朝下放還是朝上放，杯子裡的水都會四處飄浮或流動，在這裡，喝水並不輕鬆，為了防止水珠散落在艙中，人們將直接從塑膠口袋或牙膏狀的軟管裡，前面用手擠壓，後面用嘴巴一點一點地慢慢吞咽。

當人類在太空艙中穿好衣服、吃飽肚子後就該好好進行日常工作了，他們將在太空中行走以到達目的地。由於太空載具密閉艙內的人造氣壓、空氣組成基本上和地面的相同，所以人體內含有一定量的氮氣，當人從太空艙中走向太空時，由於氣壓的變化，溶解在人體血液中的氮會游離出來但卻不能透過血液帶到肺部排出而在人體內形成氣泡，因此會造成氣栓堵塞血管，引發嚴重疾病，所以人在出艙前需要吸取純氧將體內氮氣排出。

當人步入茫茫太空時，由於廣袤的空間中沒有參照物，所以人無法分清物體的遠近大小、速度快慢，再加上太空載具和人體自身都在運動，因此在太空中活動的人有時會被搞得暈頭轉向，如此就很容易出現危險，所以人在太空行走需要採取保險措施——繫上安全帶。安全帶將人與太空艙連接起來，以防人在太空中走失成為人體衛星，當人不能依靠自己的力量返回時，就可以利用安全帶把他拉回來。

人的一生有三分之一的時間是在睡眠中度過的，因此一個舒適的、能保證良好睡眠的環境極為重要。即便在太空，人類也一樣需要睡覺以解除疲勞、鬆弛神經，但在太空中缺少重力的情況下，睡眠可以不受姿勢的限制，躺著睡，坐著睡，站著睡，甚至倒立著睡，只要你願意你可以選擇任意一種姿勢。在微重力條件下睡眠的最大優點是不需要床，你只要在居住艙中找上一個安靜的角落，便可舒舒服服地睡上一覺。不過在睡前一定要用一根帶子將自己固定在某個地方，否則當你睡著後，由於呼吸的推力會將你的身體推到空中，在艙內漂來漂去，直到碰撞到某個物體上而撞醒。在太空中睡覺時最好將手臂放進睡袋中，把雙手束在胸前，以免無意中碰著儀器設備的開關，也是為了不給自己造成虛驚。因為在微重力環境中，頭和四肢有與軀體分離的感覺，在睡夢中會把放在睡袋外邊的手臂當成向自己飄來的不明物體。

在太空微重力環境下大小便是一件麻煩和複雜的事情，這主要是由於在微重力情況下，排出的大小便有可能從馬桶中飄出來，在太空艙內飛舞盤旋。在太空艙中，人們上廁所的關鍵是要將自己固定好。首先固定好鞋，然後固定好下身，雙手握住馬桶兩邊的扶手，但最要緊的是屁股必須與馬桶的邊緣貼緊，使馬桶內部與外部完全密封成為「抽氣馬桶」，在這裡，「抽水馬桶」是沒有用的——在沒有重力的作用下，水不能將排泄物帶走。抽氣馬桶內裝有離心泵，打開離心泵開關後，葉片使桶內的空氣發生顫動；空氣的顫動將大便中成形的部分粉碎，然後被全部吸進馬桶底部大便收集器中的便袋裡，因此沒有臭氣散發出來。小便將會用一個特製的漏斗收集，在漏斗下方水泵的作用下，將小便收集和輸送到小便桶中。

在太空中大小便是一件難事，個人清潔衛生的處理則更是麻煩。如在太空中刷牙，牙膏泡沫很容易飄浮起來，水珠在艙內飄動，將會影響人的健康和儀器的正常運轉，所以太空中的人將咀嚼特製的橡皮糖來達到清潔牙齒的目的；男人刮鬍子也不是一件樂事，因為刮下來的鬍渣會飛起來，而散落在艙中的鬍渣會很難清理。所以，人們將使用一種密封式刮鬍刀，它透過一條密封管同吸塵器連起來，吸塵器最終將鬍渣吸進廢物處理箱中。洗澡就更是麻煩了，十五分鐘的洗澡時間前後需要近三個小時的準備與收拾。當人進入浴室後，要穿上固定的拖鞋，這樣人就不會飄浮起來；為了不使水珠飛濺，洗澡要在一個密閉容器中進行，用壓力將水從上方壓出來，水在出了噴管後，碰到人體就會附著在身體表面上，為了防止附著在口鼻上的水嗆人，就需要將耳朵塞上並帶上護目鏡。洗澡後的髒水用水泵從下邊抽出去，那些附著在器壁上的水珠，則需要用吸塵器吸納到一起然後才能收拾乾淨。在太空中洗澡，一般不需要太多水，因為水很容易粘附在皮膚上，不會從皮膚上流掉。

另外，人在失重環境中長期生活會引起肌肉鬆弛，骨鈣流失，而且由於不用力就能搬動物體，所以體力消耗極少。為了防止肌肉鬆弛和保持體力，必須使全身的肌肉有收縮運動的機會，太空中的人類將在跑台上賽跑，還將騎自行車進行比賽，用彈簧拉力器鍛鍊臂力……

人的生命有限，如果人類要想在太空中生活下去，人類就必須考慮到人類的繁衍問題，定居太空的人類將如何在這種環境下繁衍自己的後代呢？一九九四年夏天，科學家們在太空梭裡讓兩條小淡水魚成功地進行了第一次的有趣太空性生活：兩條身體緊緊地糾纏在一起，接著全身像被電擊一般顫抖——這對情侶完全進入了愛的境地，就這樣「粘」在一起足足過了半分鐘才訇然分開。

「太空如果有性愛，就為這孤獨而又單調的生活增添了一份生活的情趣」，美國航空航太管理局中心人員這樣認為。南加利福尼亞大學人類學家勞倫斯．帕里卡斯就人類在太空中的生活說過這樣的話：「因為火星的任務實在太漫長，他們（指太空人）都是健康正常的人，也都有性需要。這是一個嚴肅的問題，同時也是一個不可迴避的問題。」原美國國家航空暨太空總署的首席飛行醫學專家、美國太空人聯合會的顧問理查・詹寧斯說：「人類在太空中過性生活將會一點問題也沒有。」但其他人並不像理查這麼樂觀，他們認為，在太空環境下，性愛將變得非常困難。與在地球上的性愛活動相比，太空性愛的感覺可能會更熱辣，身體會更潮濕。因為在零重力情況下，是不可能有自然通風對流的，這樣，身體散發的熱量就不可能被帶走。而且，科學家還發現，在微重力條件下，人體傾向於出汗更多。太空性愛時的大量出汗和身體分泌的體液，會凝結成一粒粒漂浮的小水滴，這些飄來飄去的小水珠對生活在太空艙的人是很有威脅的。另外在太空進行性愛將需要更加複雜的性技巧，《飛行》一書的作者邦特這樣認為。邦特說，在失重狀態類比飛行實驗期間，甚至連女方想要親吻一下她的伴侶都不是一件容易的事，更別說他們還必須努力將身體結合在一起或保持連接狀態，除此之外，他們還必須將身體固定在牆上，因此，他們穿的衣服必須有專門設計的扣帶和拉鏈。而且，太空性愛還會因微重力導致男人的生殖器官變小而變得索然寡味，太空性愛還須預防太空人常患的運動病……太空人在太空的失重狀態下，雙方如何親吻、擁抱，太空人的性心理、性慾和性能力是什麼狀態？所有的這些問題，都是人類將要考慮的問題。

由於人類能在太空生活多久或者向其他星球移民在很大程度上依賴在那個環境下的再生產和繁殖能力，所以人類有可能將性愛活動移到太空。而且，這些在太空環境中受精成長發育的孩子會與我們面貌有異。「我們的孩子、孫子和後代會成為太空的異形人，」美國航空航太管理局中心醫生洛根說：「他們將使人類的面貌發生改變。他們會與我們有所不同。也許如果我們真的要去太空，這些變化有利於適應太空環境，但我想這肯定會是非常痛苦的過程。這是令人不快的，但是如果我們要向銀河系移民要播撒太空文明，也是我們不得不考慮的問題。」

人類最終能在太空生活嗎？解決這個問題的關鍵就是人是否能適應失重環境、能否防止輻射，此外，大氣壓力的變化、溫度驟變、多種有害氣體、雜訊、思鄉病（對地球的思戀）、恐懼症、人際關係緊張等心理變化，都將影響到人類的最終走向。

人類的終極歸宿

在地球誕生的這四十七億年中，曾出現過許許多多的生命。在地球誕生後的十億年時間裡，那些沒有生命的物質最終形成了生命；十多億年前，地球上開始有了比較複雜的生命；後來，出現了人科成員，並最終進化成了現代唯一具有智慧的生命體。在人類的未來，那些沒有生命的物質創造出生命的過程會不會出現相反的情況，最終，生命體是否會走向虛無？

我們知道，當生命的第一個細胞開始進行分裂，一分為二，二分為四，四分為八……當它分裂到第四十七次時（此時已有一百兆個細胞），於是這個龐大的細胞體就有可能組合成一個人了（當然在組合的過程中有很多細胞中途會離開），人就是這些不同的細胞體的集合。每一個細胞都帶有一整套基因密碼——我們身體的指令手冊，所以它不僅知道該怎樣做自己的工作，而且對其他細胞的任何一項工作都爛熟於心，它們通力合作，保證我們能夠站立行走、蹦蹦跳跳、身體健康，還讓我們快樂憂傷、產生思想，並擁有智慧。

說到底，細胞就是由C、H、O、N、S、P等不同的化學元素組成的活物，它們的生存時間是有限度的。它們的壽命很少超過一個月，不過也有一些明顯的例外，如肝細胞就可以存活幾年，雖然它們的內部成分每隔幾天就更換一次；大腦細胞和人的壽命一樣長，這是人體壽命最長的細胞。與肝細胞一樣，腦細胞的組成部分也在不停地更新。從我們成為一個「人」起，大約擁有一千億個細胞，這也就是我們所能擁有的細胞數的最高點。據估計，人體每小時大約丟失五百個細胞，每天大約有包括細胞在內的幾十億個微小組織從身上脫落，我們留在佈滿灰塵的桌上的劃痕在很大程度上就是那些死去的細胞造成的。不過，令人欣慰的是，不管是肝細胞、腦細胞（它們細胞內部的成分在不斷地更新）還是身體的其他細胞（它們透過死亡而不斷得到更新），在細胞這個「複雜的化學精煉廠」的調控下，我們身上的任何一個部位——除了那些迷途的分子外——都與七年前大不相同。所以，從更新的細胞方面來說，我們都是年輕人。

然而，儘管細胞在不斷地更新，細胞還是有壽命的，當細胞不再被需要時，它們就會死去。當一個細胞沒有收到另一個細胞發出的活動指令，也就是當它沒有收到繼續活著的指令時，它就會拆下

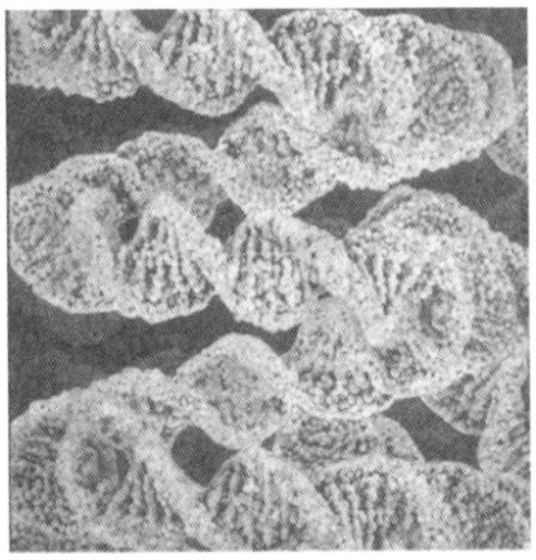

▲雙股螺旋。

所有支撐它的支柱與拱壁，然後不動聲色地吞噬掉其組成部分。在我們的身體裡，每天都有數十億個細胞死去，還有數十億個細胞清掃它們的遺體。當然，在我們的身體裡，肯定會有一些調皮的小傢伙——迷途的分子，它們不是按照指令死去，而是「拼命」地進行分裂與複製，在這種情況下，這就表明我們的身體出了故障——癌症發生了。一般來說，每十億億次的細胞分裂中會出現這樣一種情況，所以，癌症無論從哪種意義上說都是運氣極其糟糕的表現。當人體大量的細胞都接受不到其他細胞的指令時，人的「大限」也就到了。

現今的科學認為，生命的本質無非是一個物質的過程而已，生即有，死歸無——回歸冰冷的物質形態，徹底，不留絲毫痕跡。「生，寄也；死，歸也」，於是「人」最終將與曾經的敵人、曾經不屑一顧的其他動植物駢首抵足。

既然人類的單個個體最終會走向消亡，人類同樣也會走上這一條不歸路，「生命原本來源於塵埃，最終又復歸於塵埃」。說到底，人就是由蛋白質與核酸聚合而成的一堆有機物，與同是有機物組合的恐龍比較一下，我們就會發現彼此的基因之間的差別很小。中生代侏羅紀的恐龍，曾經一統天下，然而，我們現在只能在高科技的合成剪輯中看到牠們的身影。

在地球上，每過一個小時，就有一個歷經千百萬年進化的生物永久性地消失，對於現代的人類來說，我們這種當前進化得最為徹底的生物還能走多遠？中國科學院研究員陳均遠說：「人類是目前看起來最龐大但最脆弱的物種。生命的演化史告訴我們，貌似龐大的物種往往在自然環境變化的時候最先被退出歷史舞台。恐龍統治了中生代一億多年，在白堊紀末由於小行星的撞擊和地球上核冬天的自然環境下，被迫退出了歷史舞台。我們人類今天也像一個恐龍，如果地球進入極端環境，那麼我們很可能會最先退出歷史舞台……所有的物種都有生命，作為特別進化的人類，其生命會更長一些，我們的物種已經有兩百萬年了，自然留給我們的壽命也可能不會很長。」美國國家科學院院士威廉．蕭普夫說過類似的話：「在一般情形下，人類的生命大概最多有一千萬年」。在這個一千萬年之後，人類將退出歷史舞台，或者到時候在這個藍色的星球上佔統治地位的知性生命體不再是人類。當然，現在的人類有智慧，我們可以醫治影響我們生命長短的疾病，可以改變我們的環境以使之更適於我們居住更長壽。但大自然幾十億年形成的規律終不可違抗，而且，核戰爭以及小行星的撞擊都有可能讓人類在瞬間灰飛煙滅，另外，氣候的巨變也會讓人類束手無策，人類終究要退出歷史舞台。

地球的歷史表明：在每次大滅絕後，留下的都是一個景象淒涼的世界，然而在漫長的歷史時期中，整個世界將會不斷地調整自己，繼續發展下去。當人類的大限到來之後，世界將會怎樣？如果人類消亡了，「人類」會再從猿類開始重新進化嗎？

對於這些問題要進行具體分析，看是什麼原因導致了人類的滅亡。恐龍被哺乳動物而不是被爬行類動物取代，是因為氣候有利於內溫動物的生存。如果導致我們滅亡的原因是單一物種的瘟疫，那麼在未來，很可能會有另一種猿類進化出更高的智慧並變成完全的兩足動物，至於他們是不是「人」，我們現在完全是一無所知。如果導致人類滅亡的原因是核爆炸、小行星撞擊或者失控的溫室效應，那麼，極有可能是所有的靈長類動物都將滅絕。在這種情況下，地球上的統治者則有可能是昆蟲或是深海魚類——甚至可能是無處不在的細菌，於是「天下熙熙，皆為利來；天下攘攘，皆為利往」的法則將不復存在，而「強權即公理」會得到最大限度的發揮。當然，在由美國科學界知名學者組成的「拯救文明聯盟」組織者的眼裡，在人類隨時可能面臨的核戰爭、小行星撞擊、氣候劇變、海平面上升等致命的末日式危險時，人類肯定早就會在月球上建立專門的「月球方舟」，儲存地球上所有生命的DNA樣本以及人類所有文明知識的備份，這樣倖存的人類就可以利用月球上儲存的人類精子和卵子樣本，透過試管受精手術繁育出更多的「人類」。如果沒有倖存者，地球將會是一片死寂的沉靜。

宇宙的終結

宇宙在誕生的那天起就開始在不斷地膨脹，直到現在仍是如此，而且它膨脹的速度相當驚人，天文學家觀察到所有的銀河都在飛向四面八方。我們生活的這個宇宙就這樣一直膨脹下去，直到某一天它開始轉向收縮，形成新的黑洞。

在不斷膨脹中，宇宙燃燒產生的高溫由於不能抵消自身的重力，於是宇宙不斷縮小。在五十億年後，太陽的燃料——氫將逐漸耗盡，這時，太陽將開始膨脹，顏色也會由黃色變成深紅色。

在太陽膨脹時，地球將開始乾涸，於是，巨大的沙塵暴將使地球表面大部分都不再適合糧食作物生長，整個地球會像現在的火星一樣荒涼、貧瘠。在接下來的十萬年裡，太陽的直徑將增加到現在的一百五十倍，巨大的太陽將佔據整個天空，不斷膨脹的太陽外層最終將爆炸，只剩下一個被炸壞了的核，並最終消失。這樣，使得地球上的生命都將蕩然無存。為了使人類能夠從太陽的消亡中倖存下來，人類必須離開太陽系，並且到另一個太陽系中尋找到一顆適於人類居住的行星。也許，巨大的太空船這時會派上用場。

當然，生命在地球上的終結並不意味著人類的終結。到那時候，人類也許會增加木星的品質，這樣啟動了的木星就可能變成一個新的太陽，它的幾個月球就可能變成人類居住的行星。科幻作家克拉克在他的作品《二〇〇一太空漫遊》中就這樣說。另外一種人類逃脫命運安排的方法是躲進巨大的太空船中，由於太空船要在太空中運行數千年，因此人類將在太空旅行的「休眠狀態」中生存。

將來有一天，我們的後代也許會回頭眺望太空中一顆正在消逝的恆星，並指向曾經是藍色、圍繞那顆恆星運行的行星殘骸說：「人類的生活就是從那裡開始的。」

在所有星星中，壽命最長的是光芒模糊的棕矮星，它的壽命是太陽的一百倍，當太陽消失後，宇宙中最後留存下來的就應該是這類星星。等到大爆炸紀元二〇〇兆至五〇〇兆年時，太陽系就會形成一個巨大的黑洞，黑洞外面就是這些壽命最長的棕矮星。

在大爆炸紀元一〇一五年時，那些星星的殘骸將在巨大的黑洞周圍徘徊，但最終也將掉到黑洞中去。在這個暗無天日的世界裡，如果有知性的生命體存在，他們應該會團結在一起，在黑洞的周圍生活，並從黑洞中獲取能源以滿足他們的生理需求。黑洞在大爆炸一〇三〇年時，最終將所有的星星都吞噬掉。一些物理學家還認為：在大爆炸一〇三八至一〇四二年，所有的構成物質的原子都將自行解體，回歸於無，如此一來，物質將無法存在。如果知性生命體還能存活的話，也只能是依靠技術讓自己存活的純粹的能量體。

黑洞在不斷形成的過程中，會在吞噬星星殘骸的同時繼續擴大，但是黑洞也不是無止境地擴張下去，黑洞最終也將消失，回歸於無。不過，這是一個漫長的過程——黑洞會慢慢地失去能量，變小，最後蒸發。如果是和太陽差不多大小的小黑洞，在大爆炸一〇七〇年後就會消失不見，如果是位於銀河系正中央的巨大黑洞，估計在大爆炸一〇一〇〇年後還將會存在下去。

在這段時間裡，大宇宙裡不再會有太多的事情發生，宇宙只是在不斷地膨脹、膨脹，在宇宙大爆炸一〇一〇〇年後，我們所能看到的這個宇宙就是這樣不斷地膨脹著，直到宇宙成為一個浩瀚無邊的黑暗世界。

有知性的生命體會在這樣暗無天日的環境中生存嗎？如果未來的人類能夠製造出不需要固體狀態的生命，那麼這種生命體就有可能在原子解體之後仍然活著。然而，這種生命體的存在肯定需要能量，否則就不是知性的生命體了。當最後的黑洞消失後，能量也將變得越來越稀薄，在空中擴散而去。空中越來越少的能量根本不可能滿足生命體的生命需求，這種生命體將如何獲取能量？最終的結果是宇宙和生命的全部歷史將在此畫上句號。當然，知性的生命體也許會透過黑洞這種「平行宇宙」的入口進入別的宇宙中去，和外星人經過紛爭後最終融合在一起，這種知性的生命體和外星人在一起，創造出一個真正多元化的社會——一個我們現在不能理解的社會。

人類在最近短短的一、兩百年裡，瞭解了眾多有關宇宙的問題。日後，在生物科技、電腦技術一日千里的發展態勢下，在以後的幾十億年、幾十兆年乃至不可勝數的年月裡，聰明的知性生命體也許會創造出更多奇蹟來。

人類簡史：一趟橫跨人類三百萬年的時空之旅

作　　者　梅朝榮

發 行 人　林敬彬
主　　編　楊安瑜
編　　輯　林奕慈
內頁編排　張靜怡
封面設計　蔡致傑
編輯協力　陳于雯
出　　版　大旗出版社
發　　行　大都會文化事業有限公司
11051 臺北市信義區基隆路一段 432 號 4 樓之 9
讀者服務專線：(02) 27235216
讀者服務傳真：(02) 27235220
電子郵件信箱：metro@ms21.hinet.net
網　　址：www.metrobook.com.tw
郵政劃撥　14050529 大都會文化事業有限公司
出版日期　2018 年 12 月修訂初版一刷
定　　價　480 元
ISBN　978-986-96561-8-4
書　　號　History-98

Metropolitan Culture Enterprise Co., Ltd.
4F-9, Double Hero Bldg., 432, Keelung Rd., Sec. 1,
Taipei 11051, Taiwan
Tel:+886-2-2723-5216　Fax:+886-2-2723-5220
E-mail:metro@ms21.hinet.net
Web-site:www.metrobook.com.tw

國家圖書館出版品預行編目（CIP）資料

人類簡史：一趟橫跨人類三百萬年的時空之旅 /
梅朝榮著 . -- 修訂初版 . -- 臺北市：大旗出版：
大都會文化發行, 2018.12
464 面；　17×23 公分 . -- (大旗藏史館)
ISBN 978-986-96561-8-4(平裝)

1. 世界史 2. 人類史

711　　107013966